CÓDIGO DE ÉTICA E PROCESSO ÉTICO FARMACÊUTICO

E NORMAS COMPLEMENTARES

RESOLUÇÃO CFF Nº 596, DE 21 DE FEVEREIRO DE 2014

O livro é a porta que se abre para a realização do homem.

Jair Lot Vieira

2ª EDIÇÃO
2018

Supervisão editorial
JAIR LOT VIEIRA

CÓDIGO DE ÉTICA E PROCESSO ÉTICO FARMACÊUTICO

E NORMAS COMPLEMENTARES

RESOLUÇÃO CFF Nº 596, DE 21 DE FEVEREIRO DE 2014

- CÓDIGO DE ÉTICA FARMACÊUTICA
- CÓDIGO DE PROCESSO ÉTICO FARMACÊUTICO
- INFRAÇÕES PENAIS
- SANÇÕES ÉTICAS E DISCIPLINARES
- NORMAS COMPLEMENTARES

edipro

Grafia conforme o novo Acordo Ortográfico da Língua Portuguesa.

2ª edição 2018

Atualizada até o *DOU* de 26.4.2018

Editores: Jair Lot Vieira e Maíra Lot Vieira Micales
Coordenação editorial: Fernanda Godoy Tarcinalli
Editoração: Alexandre Rudyard Benevides
Revisão: Sandra Cristina Lopes
Diagramação e Arte: Karine Moreto de Almeida e Ana Laura Padovan

Dados Internacionais de Catalogação na Publicação (CIP)
(Câmara Brasileira do Livro, SP, Brasil)

Código de ética e processo ético farmacêutico e normas complementares : Resolução CFF nº 596, de 21.2.2014 / supervisão editorial Jair Lot Vieira. – 2. ed. – São Paulo : Edipro, 2018. – (Série legislação)

Conteúdo: Código de ética farmacêutica – Código de processo ético farmacêutico – Infrações penais – Sanções éticas e disciplinares – Normas complementares.

ISBN 978-85-521-0031-7

1. Farmacêuticos – Ética médica – Leis e legislação – Brasil I. Vieira, Jair Lot. II. Série.

18-14366 CDU-34:614.253(81)(094)

Índice para catálogo sistemático:
1. Brasil : Leis : Farmacêuticos : Direitos e obrigações : 34:614.253(81)(094)

EDITORA AFILIADA

edipro

São Paulo: (11) 3107-4788 • Bauru: (14) 3234-4121
www.edipro.com.br • edipro@edipro.com.br
@editoraedipro @editoraedipro

SUMÁRIO

CÓDIGO DE ÉTICA E PROCESSO ÉTICO FARMACÊUTICO E NORMAS COMPLEMENTARES

CÓDIGO DE ÉTICA E PROCESSO ÉTICO FARMACÊUTICO

RESOLUÇÃO CFF Nº 596, DE 21 DE FEVEREIRO DE 2014

ANEXO I
CÓDIGO DE ÉTICA FARMACÊUTICA
(arts. 1º a 28)

ANEXO II
CÓDIGO DE PROCESSO ÉTICO
(arts. 1º a 38)

ANEXO III

NORMAS COMPLEMENTARES

LEIS, DECRETOS-LEIS E DECRETOS

PORTARIAS E RESOLUÇÕES DO MINISTÉRIO DA SAÚDE E DA ANVISA

RESOLUÇÕES DO CONSELHO FEDERAL DE FARMÁCIA

CÓDIGO DE ÉTICA E PROCESSO ÉTICO FARMACÊUTICO

RESOLUÇÃO CFF Nº 596, DE 21 DE FEVEREIRO DE 2014

Dispõe sobre o Código de Ética Farmacêutica, o Código de Processo Ético e estabelece as infrações e as regras de aplicação das sanções disciplinares.

O Conselho Federal de Farmácia (CFF), no exercício das atribuições que lhe confere o art. 6º, alínea "g", da Lei nº 3.820, de 11 de novembro de 1960,

Resolve:

Art. 1º. Aprovar o CÓDIGO DE ÉTICA FARMACÊUTICA, nos termos do Anexo I desta Resolução.

Art. 2º. Aprovar o CÓDIGO DE PROCESSO ÉTICO, nos termos do Anexo II desta Resolução.

Art. 3º. Estabelecer as infrações e as regras de aplicação das sanções disciplinares, nos termos do Anexo III desta Resolução.

Art. 4º. Esta Resolução entra em vigor na data de sua publicação, revogando-se as disposições em contrário, em especial as Resoluções nº 160/1982, nº 231/1991, nº 417/2004, nº 418/2004 e nº 461/2007 do Conselho Federal de Farmácia, mantendo-se a aplicação das regulamentações anteriores nos procedimentos em trâmite quando da publicação desta norma.

Walter da Silva Jorge João, Presidente CFF – DOU de 25.3.2014

ANEXO I
CÓDIGO DE ÉTICA FARMACÊUTICA

Preâmbulo

O Conselho Federal de Farmácia, pessoa jurídica de direito público e classificado como autarquia especial criada por lei, é uma entidade fiscalizadora do exercício profissional e da ética farmacêutica no país.

O Código de Ética Farmacêutica contém as normas que devem ser observadas pelos farmacêuticos e os demais inscritos nos Conselhos Regionais de Farmácia no exercício do âmbito profissional respectivo, inclusive nas atividades relativas ao ensino, à pesquisa e à administração de serviços de saúde, bem como quaisquer outras atividades em que se utilize o conhecimento advindo do estudo da Farmácia, em prol do zelo pela saúde.

O FARMACÊUTICO É UM PROFISSIONAL DA SAÚDE, CUMPRINDO-LHE EXECUTAR TODAS AS ATIVIDADES INERENTES AO ÂMBITO PROFISSIONAL FARMACÊUTICO, DE MODO A CONTRIBUIR PARA A SALVAGUARDA DA SAÚDE E, AINDA, TODAS AS AÇÕES DE EDUCAÇÃO DIRIGIDAS À COLETIVIDADE NA PROMOÇÃO DA SAÚDE.

TÍTULO I
DO EXERCÍCIO PROFISSIONAL

Capítulo I
DOS PRINCÍPIOS FUNDAMENTAIS

Art. 1º. O exercício da profissão farmacêutica tem dimensões de valores éticos e morais que são reguladas por este Código, além de atos regulatórios e diplomas legais vigentes, cuja transgressão poderá resultar em sanções disciplinares por parte do Conselho Regional de Farmácia (CRF), após apuração de sua Comissão de Ética, observado o direito ao devido processo legal, ao contraditório e à ampla defesa, independentemente das demais penalidades estabelecidas pela legislação em vigor no país.

Art. 2º. O farmacêutico atuará com respeito à vida humana, ao meio ambiente e à liberdade de consciência nas situações de conflito entre a ciência e os direitos e garantias fundamentais previstos na Constituição Federal.

Art. 3º. A dimensão ética farmacêutica é determinada em todos os seus atos, sem qualquer discriminação, pelo benefício ao ser humano, ao meio ambiente e pela responsabilidade social.

Art. 4º. O farmacêutico responde individual ou solidariamente, ainda que por omissão, pelos atos que praticar, autorizar ou delegar no exercício da profissão.

Art. 5º. O farmacêutico deve exercer a profissão com honra e dignidade, devendo dispor de condições de trabalho e receber justa remuneração por seu desempenho.

Art. 6º. O farmacêutico deve zelar pelo desempenho ético, mantendo o prestígio e o elevado conceito de sua profissão.

Art. 7º. O farmacêutico deve manter atualizados os seus conhecimentos técnicos e científicos para aprimorar, de forma contínua, o desempenho de sua atividade profissional.

Art. 8º. A profissão farmacêutica, em qualquer circunstância, não pode ser exercida sobrepondo-se à promoção, prevenção e recuperação da saúde e com fins meramente comerciais.

Art. 9º. O trabalho do farmacêutico deve ser exercido com autonomia técnica e sem a inadequada interferência de terceiros, tampouco com objetivo meramente de lucro, finalidade política, religiosa ou outra forma de exploração em desfavor da sociedade.

Art. 10. O farmacêutico deve cumprir as disposições legais e regulamentares que regem a prática profissional no país, sob pena de aplicação de sanções disciplinares e éticas regidas por este regulamento.

Capítulo II
DOS DIREITOS

Art. 11. É direito do farmacêutico:

I – exercer a sua profissão sem qualquer discriminação, seja por motivo de religião, etnia, orientação sexual, raça, nacionalidade, idade, condição social, opinião política, deficiência ou de qualquer outra natureza vedada por lei;

II – interagir com o profissional prescritor, quando necessário, para garantir a segurança e a eficácia da terapêutica, observado o uso racional de medicamentos;

III – exigir dos profissionais da saúde o cumprimento da legislação sanitária vigente, em especial quanto à legibilidade da prescrição;

IV – recusar-se a exercer a profissão em instituição pública ou privada sem condições dignas de trabalho ou que possam prejudicar o usuário, com direito a representação às autoridades sanitárias e profissionais;

V – opor-se a exercer a profissão ou suspender a sua atividade em instituição pública ou privada sem remuneração ou condições dignas de trabalho, ressalvadas as situações de urgência ou emergência, devendo comunicá-las imediatamente às autoridades sanitárias e profissionais;

VI – negar-se a realizar atos farmacêuticos que sejam contrários aos ditames da ciência, da ética e da técnica, comunicando o fato, quando for o caso, ao usuário, a outros profissionais envolvidos e ao respectivo Conselho Regional de Farmácia;

VII – ser fiscalizado no âmbito profissional e sanitário, obrigatoriamente por farmacêutico;

VIII – exercer sua profissão com autonomia, não sendo obrigado a prestar serviços que contrariem os ditames da legislação vigente;

IX – ser valorizado e respeitado no exercício da profissão, independentemente da função que exerce ou cargo que ocupe;

X – ter acesso a todas as informações técnicas relacionadas ao seu local de trabalho e ao pleno exercício da profissão;

XI – decidir, justificadamente, sobre o aviamento ou não de qualquer prescrição, bem como fornecer as informações solicitadas pelo usuário;

XII – não ser limitado, por disposição estatutária ou regimental de estabelecimento farmacêutico, tampouco de instituição pública ou privada, na escolha dos meios cientificamente reconhecidos a serem utilizados no exercício da sua profissão.

Capítulo III
DOS DEVERES

Art. 12. O farmacêutico, durante o tempo em que permanecer inscrito em um Conselho Regional de Farmácia, independentemente de estar ou não no exercício efetivo da profissão, deve:

I – comunicar ao Conselho Regional de Farmácia e às demais autoridades competentes os fatos que caracterizem infringência a este Código e às normas que regulam o exercício das atividades farmacêuticas;

II – dispor seus serviços profissionais às autoridades constituídas, ainda que sem remuneração ou qualquer outra vantagem pessoal, em caso de conflito social interno, catástrofe ou epidemia;

III – exercer a profissão farmacêutica respeitando os atos, as diretrizes, as normas técnicas e a legislação vigentes;

IV – respeitar o direito de decisão do usuário sobre seu tratamento, sua própria saúde e bem-estar, excetuando-se aquele que, mediante laudo médico ou determinação judicial, for considerado incapaz de discernir sobre opções de tratamento ou decidir sobre sua própria saúde e bem-estar;

V – comunicar ao Conselho Regional de Farmácia e às demais autoridades competentes a recusa em se submeter à prática de atividade contrária à lei ou regulamento, bem como a desvinculação do cargo, função ou emprego, motivadas pela necessidade de preservar os legítimos interesses da profissão e da saúde;

VI – guardar sigilo de fatos e informações de que tenha conhecimento no exercício da profissão, excetuando-se os casos amparados pela legislação vigente, cujo dever legal exija comunicação, denúncia ou relato a quem de direito;

VII – respeitar a vida, jamais cooperando com atos que intencionalmente atentem contra ela ou que coloquem em risco a integridade do ser humano ou da coletividade;

VIII – assumir, com responsabilidade social, ética, sanitária, ambiental e educativa, sua função na determinação de padrões desejáveis em todo o âmbito profissional;

IX – contribuir para a promoção, proteção e recuperação da saúde individual e coletiva, sobretudo quando, nessa área, ocupar cargo ou desempenhar função pública;

X – garantir ao usuário o acesso à informação independente sobre as práticas terapêuticas oficialmente reconhecidas no país, de modo a possibilitar a sua livre escolha;

XI – selecionar e supervisionar, nos limites da lei, os colaboradores para atuarem no auxílio ao exercício das suas atividades;

XII – denunciar às autoridades competentes quaisquer formas de agressão ao meio ambiente e riscos inerentes ao trabalho, que sejam prejudiciais à saúde e à vida;

XIII – comunicar ao Conselho Regional de Farmácia, em 5 (cinco) dias, o encerramento de seu vínculo profissional de qualquer natureza, independentemente de retenção de documentos pelo empregador;

XIV – recusar o recebimento de mercadorias ou produtos sem rastreabilidade de sua origem, sem nota fiscal ou em desacordo com a legislação vigente;

XV – basear suas relações com os demais profissionais, farmacêuticos ou não, na urbanidade, no respeito mútuo, na liberdade e na independência de cada um;

XVI – respeitar as normas éticas nacionais vigentes, bem como proteger a vulnerabilidade dos envolvidos, ao participar de pesquisas envolvendo seres humanos ou animais.

Art. 13. O farmacêutico deve comunicar previamente ao Conselho Regional de Farmácia, por escrito, o afastamento temporário das atividades profissionais pelas quais detém responsabilidade técnica, quando não houver outro farmacêutico que, legalmente, o substitua.

§ 1º. Na hipótese de afastamento por motivo de doença, acidente pessoal, óbito familiar ou por outro imprevisível, que requeira avaliação pelo Conselho Regional de Farmácia, a comunicação formal e documentada deverá ocorrer em 5 (cinco) dias úteis após o fato.

§ 2º. Quando o afastamento ocorrer por motivo de férias, congressos, cursos de aperfeiçoamento, atividades administrativas ou outras previamente agendadas, a comunicação ao Conselho Regional de Farmácia deverá ocorrer com antecedência mínima de 48 (quarenta e oito) horas.

Capítulo IV
DAS PROIBIÇÕES

Art. 14. É proibido ao farmacêutico:

I – participar de qualquer tipo de experiência com fins bélicos, raciais ou eugênicos, bem como de pesquisa não aprovada por Comitê de Ética em Pesquisa/Comissão Nacional de Ética em Pesquisa (CEP/CONEP) ou Comissão de Ética no Uso de Animais;

II – exercer simultaneamente a Medicina;

III – exercer atividade farmacêutica com fundamento em procedimento não reconhecido pelo CFF;

IV – praticar ato profissional que cause dano material, físico, moral ou psicológico, que possa ser caracterizado como imperícia, negligência ou imprudência;

V – deixar de prestar assistência técnica efetiva ao estabelecimento com o qual mantém vínculo profissional, ou permitir a utilização do seu nome por qualquer estabelecimento ou instituição onde não exerça pessoal e efetivamente sua função;

VI – realizar ou participar de atos fraudulentos em qualquer área da profissão farmacêutica;

VII – fornecer meio, instrumento, substância ou conhecimento para induzir à prática, ou dela participar, de tortura, eutanásia, aborto ilegal, toxicomania ou de quaisquer outras formas de procedimento degradante ou cruel em relação ao ser humano e aos animais;

VIII – produzir, fornecer, dispensar ou permitir que sejam dispensados meio, instrumento, substância, conhecimento, medicamento, fórmula magistral ou especialidade farmacêutica, fracionada ou não, que não inclua a identificação clara e precisa sobre a(s) substância(s) ativa(s) nela contida(s), bem como suas respectivas quantidades, contrariando as normas legais e técnicas, excetuando-se a dispensação hospitalar interna, em que poderá haver a codificação do medicamento que for fracionado sem, contudo, omitir o seu nome ou fórmula;

IX – obstar ou dificultar a ação fiscalizadora ou desacatar as autoridades sanitárias ou profissionais, quando no exercício das suas funções;

X – aceitar remuneração abaixo do estabelecido como o piso salarial oriundo de acordo, convenção coletiva ou dissídio da categoria;

XI – declarar possuir títulos científicos ou especialização que não possa comprovar, nos termos da lei;

XII – aceitar ser perito, auditor ou relator de qualquer processo ou procedimento, quando houver interesse, envolvimento pessoal ou institucional;

XIII – permitir interferência nos resultados apresentados como perito ou auditor;

XIV – exercer a profissão farmacêutica quando estiver sob a sanção disciplinar de suspensão;

XV – extrair, produzir, fabricar, transformar, beneficiar, preparar, distribuir, transportar, manipular, purificar, fracionar, importar, exportar, embalar, reembalar, manter em depósito, expor, comercializar, dispensar ou entregar ao consumo medicamento, produto sujeito ao controle sanitário, ou substância, em contrariedade à legislação vigente, ou permitir que tais práticas sejam realizadas;

XVI – exercer a profissão em estabelecimento não registrado, cadastrado e licenciado nos órgãos de fiscalização sanitária, do exercício profissional, na Junta Comercial e na Secretaria de Fazenda da localidade de seu funcionamento;

XVII – aceitar a interferência de leigos em seus trabalhos e em suas decisões de natureza profissional;

XVIII – delegar a outros profissionais atos ou atribuições exclusivos da profissão farmacêutica;

XIX – omitir-se ou acumpliciar-se com os que exercem ilegalmente a Farmácia ou com profissionais ou instituições que pratiquem atos ilícitos relacionados à atividade farmacêutica, em qualquer das suas áreas de abrangência;

XX – assinar trabalho realizado por outrem, alheio à sua execução, orientação, supervisão ou fiscalização ou, ainda, assumir responsabilidade por ato farmacêutico que não praticou ou do qual não participou;

XXI – prevalecer-se de cargo de chefia ou empregador para desrespeitar a dignidade de subordinados;

XXII – pleitear, de forma desleal, para si ou para outrem, emprego, cargo ou função exercidos por outro farmacêutico, bem como praticar atos de concorrência desleal;

XXIII – fornecer, dispensar ou permitir que sejam dispensados, sob qualquer forma, substância, medicamento ou fármaco para uso diverso da indicação para a qual foi licenciado, salvo quando baseado em evidência ou mediante entendimento formal com o prescritor;

XXIV – exercer atividade no âmbito da profissão farmacêutica em interação com outras profissões, concedendo vantagem ou não aos demais profissionais habilitados para direcionamento de usuário, visando ao interesse econômico e ferindo o direito deste de escolher livremente o serviço e o profissional;

XXV – receber remuneração por serviços que não tenha efetivamente prestado;

XXVI – coordenar, supervisionar, assessorar ou exercer a fiscalização sanitária ou profissional quando for sócio ou acionista de qualquer categoria, ou interessado por qualquer forma, bem como prestar serviços a empresa ou estabelecimento que forneça drogas, medicamentos, insumos farmacêuticos e correlatos, laboratórios, distribuidoras ou indústrias, com ou sem vínculo empregatício;

XXVII – submeter-se a fins meramente mercantilistas que venham a comprometer o seu desempenho técnico, em prejuízo da sua atividade profissional;

XXVIII – deixar de obter de participante de pesquisa ou de seu representante legal o Termo de Consentimento Livre e Esclarecido (TCLE) para sua realização envolvendo seres humanos, após as devidas explicações sobre a sua natureza e as suas consequências;

XXIX – utilizar-se de conhecimentos da profissão com a finalidade de cometer ou favorecer atos ilícitos de qualquer espécie;

XXX – fazer uso de documento, atestado, certidão ou declaração falsos ou alterados;

XXXI – permitir que terceiros tenham acesso a senhas pessoais, sigilosas e intransferíveis, utilizadas em sistemas informatizados e inerentes à sua atividade profissional;

XXXII – exercer interação com outros estabelecimentos, farmacêuticos ou não, de forma a viabilizar a realização de prática vedada em lei ou regulamento;

XXXIII – assinar laudo ou qualquer outro documento farmacêutico em branco, de forma a possibilitar, ainda que por negligência, o uso indevido do seu nome ou atividade profissional;

XXXIV – intitular-se responsável técnico por qualquer estabelecimento sem a autorização prévia do Conselho Regional de Farmácia, comprovada mediante a Certidão de Regularidade correspondente;

XXXV – divulgar informação sobre temas farmacêuticos de conteúdo inverídico, sensacionalista, promocional ou que contrarie a legislação vigente;

XXXVI – promover a utilização de substâncias ou a comercialização de produtos que não tenham a indicação terapêutica analisada e aprovada, bem como que não estejam descritos em literatura ou compêndio nacionais ou internacionais reconhecidos pelo órgão sanitário federal;

XXXVII – utilizar-se de qualquer meio ou forma para difamar, caluniar, injuriar ou divulgar preconceitos e apologia a atos ilícitos ou vedados por lei específica;

XXXVIII – exercer sem a qualificação necessária o magistério, bem como utilizar esta prática para aproveitar-se de terceiros em benefício próprio ou para obter quaisquer vantagens pessoais;

XXXIX – exercer a profissão e funções relacionadas à Farmácia, exclusivas ou não, sem a necessária habilitação legal;

XL – aviar receitas com prescrições médicas ou de outras profissões, em desacordo com a técnica farmacêutica e a legislação vigentes;

XLI – produzir, fabricar, fornecer, em desacordo com a legislação vigente, radiofármacos e conjuntos de reativos ou reagentes, destinados às diferentes análises complementares do diagnóstico clínico;

XLII – alterar o processo de fabricação de produtos sujeitos a controle sanitário, modificar os seus componentes básicos, nomes e demais elementos objeto do registro, contrariando as disposições legais e regulamentares;

XLIII – fazer declarações injuriosas, caluniosas, difamatórias ou que depreciem o farmacêutico, a profissão ou instituições e entidades farmacêuticas, sob qualquer forma.

Art. 15. Quando atuando no serviço público, é vedado ao farmacêutico:

I – utilizar-se do serviço, emprego ou cargo para executar trabalhos de empresa privada de sua propriedade ou de outrem, como forma de obter vantagens pessoais;

II – cobrar ou receber remuneração do usuário do serviço;

III – reduzir, irregularmente, quando em função de chefia ou coordenação, a remuneração devida a outro farmacêutico.

Capítulo V
DA PUBLICIDADE E DOS TRABALHOS CIENTÍFICOS

Art. 16. É vedado ao farmacêutico:

I – divulgar assunto ou descoberta de conteúdo inverídico;

II – publicar, em seu nome, trabalho científico do qual não tenha participado, ou atribuir-se a autoria exclusiva, quando houver participação de subordinados ou outros profissionais, farmacêuticos ou não;

III – promover publicidade enganosa ou abusiva da boa-fé do usuário;

IV – anunciar produtos farmacêuticos ou processos por quaisquer meios capazes de induzir ao uso indevido e indiscriminado de medicamentos ou de outros produtos farmacêuticos;

V – utilizar-se, sem referência ao autor ou sem a sua autorização expressa, de dados ou informações, publicados ou não.

TÍTULO II
DAS RELAÇÕES PROFISSIONAIS

Art. 17. O farmacêutico, perante seus pares e demais profissionais da equipe de saúde, deve comprometer-se a:

I – manter relações cordiais com a sua equipe de trabalho, observados os preceitos éticos;

II – adotar critério justo nas suas atividades e nos pronunciamentos sobre serviços e funções confiados anteriormente a outro farmacêutico;

III – prestar colaboração aos colegas que dela necessitem, assegurando-lhes consideração, apoio e solidariedade que reflitam a harmonia e o prestígio da categoria;

IV – prestigiar iniciativas de interesse da categoria;

V – empenhar-se em elevar e firmar seu próprio conceito, procurando manter a confiança dos membros da equipe de trabalho e dos destinatários do seu serviço;

VI – manter relacionamento harmonioso com outros profissionais, limitando-se às suas atribuições, no sentido de garantir unidade de ação na realização das atividades a que se propõe em benefício individual e coletivo;

VII – denunciar atos que contrariem os postulados éticos da profissão;

VIII – respeitar as opiniões de farmacêuticos e outros profissionais, mantendo as discussões no plano técnico-científico;

IX – tratar com respeito e urbanidade os farmacêuticos fiscais, permitindo que promovam todos os atos necessários à verificação do exercício profissional.

TÍTULO III
DAS RELAÇÕES COM OS CONSELHOS FEDERAL E REGIONAIS DE FARMÁCIA

Art. 18. Na relação com os Conselhos, obriga-se o farmacêutico a:

I – observar as normas (resoluções e deliberações) e as determinações (acórdãos e decisões) dos Conselhos Federal e Regionais de Farmácia;

II – prestar com fidelidade as informações que lhe forem solicitadas a respeito do seu exercício profissional;

III – comunicar ao Conselho Regional de Farmácia em que estiver inscrito toda e qualquer conduta ilegal ou antiética que observar na prática profissional;

IV – atender convocação, intimação, notificação ou requisição administrativa no prazo determinado, feitas pelos Conselhos Federal e Regionais de Farmácia, a não ser por motivo de força maior, comprovadamente justificado;

V – tratar com respeito e urbanidade os empregados, conselheiros, diretores e demais representantes dos Conselhos Federal e Regionais de Farmácia.

Art. 19. O farmacêutico, no exercício profissional, é obrigado a informar por escrito ao respectivo Conselho Regional de Farmácia sobre todos os seus vínculos, com dados completos da empresa (razão social, nome(s) do(s) sócio(s), Cadastro Nacional da Pessoa Jurídica – C.N.P.J., endereço, horários de funcionamento, de responsabilidade técnica – RT), mantendo atualizados os seus endereços residencial e eletrônico, os horários de responsabilidade técnica ou de substituição, bem como sobre qualquer outra atividade profissional que exerça, com seus respectivos horários e atribuições.

TÍTULO IV
DAS INFRAÇÕES E SANÇÕES DISCIPLINARES

Art. 20. As sanções disciplinares, definidas nos termos do Anexo III desta Resolução, e conforme previstas na Lei Federal nº 3.820/1960, consistem em:

I – advertência ou advertência com emprego da palavra "censura";

II – multa no valor de 1 (um) salário mínimo a 3 (três) salários mínimos regionais;

III – suspensão de 3 (três) meses a 1 (um) ano;

IV – eliminação.

TÍTULO V
DAS DISPOSIÇÕES GERAIS

Art. 21. As normas deste Código aplicam-se a todos os inscritos nos Conselhos Regionais de Farmácia.

Parágrafo único. Os farmacêuticos que exercem funções em organizações, instituições ou serviços estão sujeitos às normas deste Código.

Art. 22. A verificação do cumprimento das normas estabelecidas neste Código é atribuição precípua do CFF, dos Conselhos Regionais de Farmácia e suas Comissões de Ética, sem prejuízo das autoridades da área da saúde, policial e judicial, dos farmacêuticos e da sociedade.

Art. 23. A apuração das infrações éticas compete ao Conselho Regional de Farmácia em que o profissional estiver inscrito, ao tempo do fato punível em que incorreu.

Art. 24. O farmacêutico portador de doença que o incapacite ao exercício da profissão farmacêutica, atestada em instância administrativa, judicial ou médica, e certificada pelo Conselho Regional de Farmácia, terá o seu registro e as suas atividades profissionais suspensas de ofício enquanto perdurar sua incapacidade.

Art. 25. O profissional condenado por sentença criminal transitada em julgado em razão do exercício da profissão ficará *ex officio* suspenso da atividade, enquanto durar a execução da pena.

Parágrafo único. O profissional preso, provisória ou preventivamente, em razão do exercício da profissão, também ficará *ex officio* suspenso de exercer as suas atividades, enquanto durar a pena restritiva de liberdade.

Art. 26. Prescreve em 24 (vinte e quatro) meses a constatação fiscal de ausência do farmacêutico no estabelecimento, por meio de auto de infração ou termo de visita, para efeito de instauração de processo ético.

Art. 27. O Conselho Federal de Farmácia, ouvidos os Conselhos Regionais de Farmácia e a categoria farmacêutica, promoverá, quando necessário, a revisão e a atualização deste Código.

Art. 28. As omissões deste Código serão decididas pelo Conselho Federal de Farmácia.

ANEXO II
CÓDIGO DE PROCESSO ÉTICO

TÍTULO I
DAS DISPOSIÇÕES GERAIS

Capítulo I
DO PROCESSO

Art. 1º. A apuração ética, nos Conselhos Regionais de Farmácia, reger-se-á por este Código, aplicando-se, supletivamente, os princípios gerais de direito aos casos omissos ou lacunosos.

Art. 2º. A competência disciplinar é do Conselho Regional de Farmácia em que o faltoso estiver inscrito ao tempo do fato punível em que incorreu, devendo o processo ser instaurado, instruído e julgado em caráter sigiloso, sendo permitida vista dos autos apenas às partes e aos procuradores constituídos, fornecendo-se cópias das peças expressamente requeridas.

§ 1º. No decurso da apuração ética, poderá o profissional solicitar transferência para outro Conselho Regional de Farmácia, sem interrupção do processo ético no Conselho Regional de Farmácia em que se apura a falta cometida, devendo o Conselho Regional de Farmácia julgador, após o processo transitado em julgado, informar ao Conselho Regional de Farmácia em que o profissional estiver inscrito quanto ao teor do veredicto e à penalidade imposta.

§ 2º. Por se tratar de direito intertemporal, o processo ético não será suspenso nem encerrado na hipótese de pedido de desligamento ou cancelamento de inscrição profissional, e deverá seguir seu regular procedimento.

Art. 3º. Os Conselhos Regionais de Farmácia instituirão Comissões de Ética com a competência de emitir parecer, justificadamente, pela abertura ou não de processo ético-disciplinar, sendo que a decisão denegatória deverá ser submetida ao Presidente do Conselho Regional de Farmácia para deliberação.

§ 1º. Cada Comissão de Ética será composta por, no mínimo, 3 (três) farmacêuticos nomeados pelo Presidente do Conselho Regional de Farmácia e homologados pelo Plenário, com mandato igual ao da Diretoria.

§ 2º. Compete à Comissão de Ética escolher, dentre os seus membros, o seu Presidente.

§ 3º. É vedada à Diretoria, aos conselheiros e empregados do Conselho Regional de Farmácia a participação como membro da Comissão de Ética.

§ 4º. Verificada a ocorrência de vaga na Comissão de Ética, o Presidente do Conselho Regional de Farmácia indicará o substituto para ocupar o cargo, mediante homologação pelo Plenário e mandato igual ao da Diretoria.

§ 5º. Os custos necessários à realização dos trabalhos da Comissão de Ética deverão ser arcados pelo Conselho Regional de Farmácia, vedado o pagamento de qualquer tipo de gratificação aos seus membros.

Art. 4º. A apuração ética obedecerá cronologicamente para sua tramitação os seguintes passos:

I – Recebimento da denúncia;

II – Instauração ou arquivamento;

III – Montagem do processo ético-disciplinar;

IV – Instalação dos trabalhos;

V – Conclusão da Comissão de Ética;

VI – Julgamento;

VII – Recursos e revisões;

VIII – Execução.

Art. 5º. Compete ao Conselho Regional de Farmácia processar e julgar em primeira instância os profissionais sob sua jurisdição e seus membros colegiados, inclusive gestores e conselheiros, observado o princípio da segregação.

Art. 6º. Compete ao Plenário do Conselho Federal de Farmácia julgar em instância recursal os processos disciplinares éticos.

TÍTULO II
DOS PROCEDIMENTOS

Capítulo I
DO RECEBIMENTO DA DENÚNCIA

Art. 7º. A apuração do processo ético-disciplinar inicia-se por ato do Presidente do Conselho Regional de Farmácia, quando este:

I – tomar ciência inequívoca do ato ou matéria que caracterize infração ética profissional;

II – tomar conhecimento de infração ética profissional por meio do Relatório de Fiscalização do Conselho Regional de Farmácia.

Art. 8º. O Presidente do Conselho Regional de Farmácia encaminhará, em 20 (vinte) dias do conhecimento do fato, despacho ao Presidente da Comissão de Ética, determinando a análise e decisão sobre a viabilidade de abertura de processo ético-disciplinar, com base nos indícios apresentados na denúncia recebida.

§ 1º. O Presidente da Comissão de Ética terá o prazo de 30 (trinta) dias, contados a partir do recebimento da solicitação, para entregar a análise, que pode ser monocrática ou em conjunto com os demais membros.

§ 2º. A análise da Comissão de Ética deverá conter uma parte expositiva, em que serão fundamentados os motivos, e uma conclusiva, na qual será aposta a expressão "pela instauração de processo ético-disciplinar" ou "pelo arquivamento", sendo que, no primeiro caso, deverão constar os dispositivos do Código de Ética, em tese, infringidos.

Capítulo II
DA INSTAURAÇÃO OU ARQUIVAMENTO

Art. 9º. O Presidente do Conselho Regional de Farmácia analisará o parecer do Presidente da Comissão de Ética e despachará, em 30 (trinta) dias, pelo arquivamento ou pela instauração de processo ético-disciplinar.

Capítulo III
DA MONTAGEM DO PROCESSO ÉTICO-DISCIPLINAR

Art. 10. Instaurado o processo ético-disciplinar, mediante despacho do Presidente do Conselho Regional de Farmácia, a Secretaria o registrará por escrito, atribuindo-lhe um número e, de imediato, o encaminhará à Comissão de Ética.

Art. 11. O processo será formalizado por meio de autos, com peças anexadas por termo, com folhas numeradas, sendo os despachos, pareceres e decisões juntados, preferencialmente, em ordem cronológica.

Capítulo IV
DA INSTALAÇÃO DOS TRABALHOS

Art. 12. Recebido o processo, a Comissão de Ética o instalará e deverá observar os prazos prescricionais previstos em lei para concluir os seus trabalhos, obedecendo aos seguintes procedimentos:

I – lavrar o competente termo de instalação dos trabalhos;

II – designar, dentre os seus membros, o relator do processo;

III – designar um empregado do Conselho Regional de Farmácia para secretariar os trabalhos;

IV – determinar local, dia e hora para a Sessão de Depoimento do indiciado e oitiva de testemunha;

V – determinar a imediata comunicação por correspondência ao indiciado, relatando-lhe sobre:

a) a abertura do processo ético;

b) o local, a data e a hora designados para a sessão em que ocorrerá o seu depoimento;

c) o direito de arrolar até 3 (três) testemunhas na sua defesa prévia, cujos nomes e endereços completos devem ser apresentados em 10 (dez) dias anteriores à data da audiência;

d) a obrigatoriedade de comparecimento das testemunhas arroladas na Sessão de Depoimento designada pela Comissão de Ética, independentemente da intimação.

§ 1º. O indiciado ou seu procurador constituído terá acesso ao processo sempre que desejar consultá-lo, observando-se o horário de expediente da Secretaria do Conselho Regional de Farmácia, sendo vedada a retirada dos autos originais, facultando-lhe a obtenção de cópias mediante o pagamento de taxa respectiva.

§ 2º. Na hipótese da ausência não justificada da testemunha arrolada na audiência de depoimento, será da responsabilidade do indiciado, sob pena de preclusão, o seu comparecimento em nova data de oitiva a ser agendada pela Comissão de Ética.

Art. 13. Compete ao Relator da Comissão de Ética no processo ético-disciplinar:

I – instruir o processo para julgamento;

II – intimar pessoas mediante correspondência com Aviso de Recebimento (AR) ou ciência inequívoca;

III – requerer perícias e demais provas ou diligências consideradas necessárias à instrução do processo;

IV – emitir relatório;

V – requerer ao Presidente da Comissão de Ética a realização de nova Sessão de Depoimento, se necessário.

Art. 14. A Sessão de Depoimento do indiciado obedecerá ao que segue:

I – somente poderão estar presentes no recinto os membros da Comissão de Ética, o depoente e seu procurador, as testemunhas, o advogado do Conselho Regional de Farmácia e o empregado do Conselho Regional de Farmácia responsável por secretariar a Comissão de Ética;

II – cabe ao Presidente da Comissão de Ética determinar a ordem de entrada e a permanência no recinto dos participantes da sessão;

III – a Sessão de Depoimento poderá ser gravada em áudio, sendo as gravações anexadas ao processo;

IV – ao final da Sessão de Depoimento, o Relator do processo oferecerá aos presentes o "Termo de Depoimento", por escrito, em duas vias de igual teor, o qual deverá ser lido e assinado pelos presentes.

Art. 15. O Presidente da Comissão de Ética notificará, na audiência, o indiciado para, no prazo de 15 (quinze) dias, apresentar as razões finais.

Art. 16. Caso o indiciado não se manifeste à Comissão de Ética e também não compareça ao local, no dia e hora marcados para prestar depoimento, o Presidente da Comissão de Ética somente o convocará novamente se houver apresentação de justificativa plausível de eventual impedimento, declarando-o revel, se ausente, sendo que, no prazo de 10 (dez) dias, o Presidente da Comissão de Ética comunicará o ocorrido ao Presidente do Conselho Regional de Farmácia, requerendo-lhe a nomeação de Defensor Dativo.

§ 1º. O Presidente do Conselho Regional de Farmácia terá o prazo de 15 (quinze) dias para proceder à nomeação do Defensor Dativo.

§ 2º. O Defensor Dativo, a partir de sua nomeação, terá o prazo de 30 (trinta) dias para apresentar, por escrito, à Comissão de Ética, a defesa do indiciado.

Art. 17. O revel poderá intervir no processo em qualquer fase, não lhe sendo devolvido prazo já vencido.

Capítulo V
DA CONCLUSÃO DA COMISSÃO DE ÉTICA

Art. 18. Concluída a instrução processual, a Comissão de Ética apresentará seu relatório.

Parágrafo único. O relatório a que alude o *caput* deste artigo conterá uma parte expositiva, que inclui um sucinto relato dos fatos, a explícita referência ao local, data e hora da infração, e a apreciação das provas acolhidas, além de uma parte conclusiva, com a apreciação do valor probatório das provas, indicando expressamente a infração e os dispositivos do Código de Ética infringidos, e se houve ou não culpa.

Art. 19. Concluído o processo, o Presidente da Comissão de Ética remeterá os autos ao Presidente do Conselho Regional de Farmácia para as providências cabíveis.

Capítulo VI
DO JULGAMENTO

Art. 20. Recebido o processo, o Presidente do Conselho Regional de Farmácia terá o prazo de 30 (trinta) dias para:

a) marcar a data de julgamento do processo em reunião plenária;

b) designar um Conselheiro Relator entre os Conselheiros Efetivos, por distribuição da Secretaria, observados os eventuais impedimentos e suspeições;

c) comunicar ao indiciado a data de julgamento, com antecedência mínima de 15 (quinze) dias.

Parágrafo único. A reunião plenária de julgamento do processo ético-disciplinar deverá ser realizada no prazo de 180 (cento e oitenta) dias corridos, contados a partir da data de recebimento do processo ético-disciplinar pelo Presidente do Conselho Regional de Farmácia.

Art. 21. O Conselheiro Relator designado deverá apresentar seu parecer na data da reunião plenária em que o processo será submetido a julgamento.

§ 1º. O Conselheiro Relator, uma vez observada a não iminência de prescrição e desde que devidamente justificado, poderá permanecer com os autos por até 2 (duas) reuniões plenárias, podendo-se prorrogar por mais 2 (duas) se assim for deliberado pelo Plenário, sob pena de instauração de processo ético e demais procedimentos cabíveis em seu desfavor, observado o princípio da segregação.

§ 2º. Não apresentando o Conselheiro Relator o parecer, tampouco a justificativa prévia, o Presidente do Conselho Regional de Farmácia determinará a instauração de processo ético nos moldes do parágrafo anterior e designará outro relator, que o apresentará na reunião plenária subsequente.

Art. 22. Aberta a Sessão de Julgamento, o Presidente da reunião plenária concederá a palavra ao Conselheiro Relator, que lerá seu parecer e, após a concessão de direito à defesa oral por 10 (dez) minutos ao indiciado ou seu procurador legalmente constituído, proferirá o seu voto, em julgamento realizado em sessão secreta.

Parágrafo único. Apenas podem permanecer no recinto de julgamento os conselheiros membros do Plenário, as partes interessadas e os empregados necessários à sua condução.

Art. 23. Cumprido o disposto nos artigos anteriores, o Presidente da reunião plenária dará a palavra, pela ordem, ao conselheiro que a solicitar, para:

I – pedir vista dos autos;

II – requerer a conversão do julgamento em diligência, com aprovação do Plenário, caso em que determinará as providências a serem adotadas pela Comissão de Ética;

III – opinar sobre a matéria, os fundamentos ou conclusões do Conselheiro Relator, devendo as suas razões serem reduzidas a termo em ata;

IV – proferir seu voto.

Art. 24. Na hipótese de pedido de vista dos autos ou conversão do julgamento em diligência, o processo será retirado de pauta.

§ 1º. Neste caso, cumpridas as respectivas providências, os autos serão devolvidos ao Conselheiro Relator para juntar seu parecer.

§ 2º. A Comissão de Ética terá o prazo de 60 (sessenta) dias, contados a partir da data da realização da reunião plenária que deu origem ao pedido de vista ou diligência, para devolver ao Presidente do Conselho Regional de Farmácia o processo ético-disciplinar considerado, sendo que este prazo poderá ser prorrogado por igual período, desde que plenamente justificado e aprovado pelo Plenário.

§ 3º. Cumprida a diligência, o Presidente da Comissão de Ética remeterá ao Presidente do Conselho Regional de Farmácia o processo ético-disciplinar, quando serão contados novamente os prazos previstos no art. 20.

Art. 25. A decisão do Plenário do Conselho Regional de Farmácia será fundamentada no parecer e voto do Relator.

Parágrafo único. Na hipótese de divergência do voto do Relator e, havendo pedido de revisão por outro conselheiro, o Presidente do Conselho Regional de Farmácia designará este como Revisor, o qual deverá apresentar voto, por escrito, na sessão subsequente ou extraordinária.

Art. 26. A decisão do Plenário terá a forma de acórdão, a ser lavrado de acordo com o parecer do conselheiro cujo voto tenha sido adotado, com expressa numeração própria, número do processo, nomes das partes, procuradores, relator e revisor, se houver, além de ementa com palavras-chave de pesquisa, dispositivo infringido, pena aplicada, forma de votação e data, sob pena de nulidade.

Capítulo VII
DOS RECURSOS E REVISÕES

Art. 27. Da decisão do Conselho Regional de Farmácia caberá recurso ao Conselho Federal de Farmácia no prazo de 30 (trinta) dias corridos, a contar da data em que o infrator dela tomar conhecimento.

§ 1º. Interposto tempestivamente, o recurso terá efeito suspensivo nos casos previstos em lei.

§ 2º. No caso de interposição intempestiva, que deverá ser certificada nos autos pelo Conselho Regional de Farmácia, o processo será arquivado, com certidão de trânsito em julgado.

Art. 28. O recurso administrativo será julgado de acordo com o que dispuserem as normas do CFF.

Art. 29. No prazo de 1 (um) ano, a contar do trânsito em julgado da decisão, o punido poderá requerer revisão do processo ao Conselho Regional de Farmácia, com base em fato novo ou na hipótese de a decisão condenatória ter sido fundada em depoimento, exame pericial ou documento cuja falsidade vier a ser comprovada.

Parágrafo único. Considera-se fato novo aquele que o punido conheceu somente após o trânsito em julgado da decisão e que dê condição, por si só, ou em conjunto com as demais provas já produzidas, de criar nos julgadores uma convicção diversa daquela já firmada.

Art. 30. A revisão terá início por petição dirigida ao Presidente do Conselho Regional de Farmácia, instruída com certidão de trânsito em julgado da decisão e as provas documentais comprobatórias dos fatos arguidos.

Parágrafo único. O Presidente do Conselho Regional de Farmácia, ao acatar o pedido, nomeará um relator para emissão de parecer, que será submetido a julgamento em sessão plenária do Conselho Regional de Farmácia, no prazo máximo de 180 (cento e oitenta) dias.

Capítulo VIII
DA EXECUÇÃO

Art. 31. Compete ao Conselho Regional de Farmácia a execução da decisão proferida em processo ético-disciplinar, que se processará nos estritos termos do acórdão e será anotada no prontuário do infrator.

§ 1º. Na execução da penalidade de eliminação da inscrição do profissional no quadro do Conselho Regional de Farmácia, além dos editais e das comunicações feitas às autoridades e interessados, proceder-se-á à apreensão da cédula e da carteira profissional do infrator, inclusive mediante ação judicial, se necessário.

§ 2º. Na hipótese de aplicação definitiva de penalidade de suspensão, o Conselho Regional de Farmácia deverá promover publicidade da decisão, as anotações necessárias, além da apreensão temporária da cédula e da carteira profissional.

Capítulo IX
DOS PRAZOS

Art. 32. Considera-se prorrogado o prazo até o 1º (primeiro) dia útil subsequente, se o vencimento se der em feriado ou em recesso do Conselho Regional de Farmácia.

Parágrafo único. Os prazos serão contados a partir da juntada de Aviso de Recebimento (AR) aos autos, mediante certidão respectiva lavrada pelo Conselho Regional de Farmácia ou por ciência inequívoca do interessado.

Art. 33. A representação por procurador deverá estar instruída com o respectivo instrumento, com firma devidamente reconhecida, excetuando-se aquela outorgada a advogado.

Art. 34. A punibilidade por falta sujeita a processo ético-disciplinar pelo Conselho Regional de Farmácia em que o profissional está inscrito prescreve em 5 (cinco) anos, contados da data de verificação do fato respectivo ou, no caso de infração permanente ou continuada, do dia em que tiver cessado.

Art. 35. O conhecimento expresso ou a notificação feita diretamente ao profissional faltoso interrompe, mas não suspende, o prazo prescricional de que trata o artigo anterior.

Parágrafo único. O conhecimento expresso ou a notificação de que trata este artigo ensejará defesa escrita ou a termo, a partir de quando recomeçará a fluir o prazo prescricional.

Art. 36. Todo processo ético-disciplinar paralisado há mais de 3 (três) anos, pendente de despacho ou julgamento, será arquivado *ex officio*, ou a requerimento da parte interessada, sem prejuízo de serem apuradas as responsabilidades pela paralisação.

Art. 37. Para abertura de processo ético-disciplinar com fundamento na ausência do profissional no estabelecimento a que presta assistência técnica, conforme dispõe o Código de Ética, serão necessárias, no mínimo, 3 (três) constatações fiscais, no período de 24 (vinte e quatro) meses.

Parágrafo único. O prazo prescricional inicia-se a partir da data da terceira constatação necessária à instauração do processo ético-disciplinar.

Art. 38. Os casos omissos serão resolvidos pelo Plenário do Conselho Federal de Farmácia, podendo inclusive decidir em processos em andamento, desde que observada a ampla defesa e o devido processo legal.

ANEXO III
ESTABELECE AS INFRAÇÕES E AS REGRAS DE APLICAÇÃO DAS SANÇÕES DISCIPLINARES

Art. 1º. As transgressões às normas (resoluções e deliberações) e às determinações (acórdãos e decisões) dos Conselhos Federal e Regionais de Farmácia, bem como às infrações à legislação farmacêutica e correlata, são passíveis de apenação, ressalvadas as previstas em normas especiais.

Art. 2º. Nas infrações éticas e disciplinares serão observadas a tipificação da conduta, a reincidência, a análise do fato e as suas consequências ao exercício profissional e à saúde coletiva, sem prejuízo das sanções de natureza civil ou penal cabíveis.

Art. 3º. Em grau de recurso, deve ser observado o princípio do *reformatio in pejus*, que consiste na impossibilidade de tratamento mais severo do que o registrado na decisão recorrida, sem que haja recurso interposto neste sentido.

Art. 4º. Considera-se reincidente aquele que tiver antecedentes disciplinares em processos findados administrativamente ou com decisão transitada em julgado.

Parágrafo único. Verifica-se a reincidência quando se comete outra infração ética durante o prazo de 5 (cinco) anos após o trânsito em julgado da decisão administrativa que o tenha condenado anteriormente.

Art. 5º. Quando aplicada a pena de suspensão e eliminação, deve esta ser publicada no órgão de divulgação oficial do Conselho Regional de Farmácia, depois do trânsito em julgado.

Art. 6º. As sanções aplicadas serão objeto de registro na ficha individual do farmacêutico, devendo ainda ser comunicadas, no caso de suspensão, ao empregador e ao órgão sanitário competente, além da apreensão da cédula e da carteira profissional.

Art. 7º. Às infrações éticas e disciplinares leves devem ser aplicadas as penas de advertência sem publicidade na primeira vez; advertência por inscrito, sem publicidade, com o emprego da palavra “censura” na segunda vez; multa no valor de 1 (um) salário mínimo a 3 (três) salários mínimos regionais, que serão elevados ao dobro no caso de reincidência, cabíveis no caso de terceira falta e outras subsequentes, sendo elas:

I – deixar de comunicar ao Conselho Regional de Farmácia e às demais autoridades competentes os fatos que caracterizem infringência a este Código e às normas que regulam o exercício das atividades farmacêuticas;

II – desrespeitar o direito de decisão do usuário sobre seu tratamento, sua própria saúde e bem-estar, excetuando-se aquele que, mediante laudo médico ou determinação judicial, for considerado incapaz de discernir sobre opções de tratamento ou decidir sobre sua própria saúde e bem-estar;

III – exercer a profissão farmacêutica sem condições dignas de trabalho e justa remuneração por seu desempenho;

IV – afastar-se temporariamente das atividades profissionais por motivo de doença, férias, congressos, cursos de aperfeiçoamento ou outras atividades inerentes ao exercício profissional, quando não houver outro farmacêutico que legalmente o substitua, sem comunicar ao Conselho Regional de Farmácia;

V – aceitar a interferência de leigos em seus trabalhos e em suas decisões de natureza profissional;

VI – deixar de informar, por escrito, ao Conselho Regional de Farmácia sobre todos os seus vínculos, com dados completos da empresa (razão social, nome(s) do(s) sócio(s), CNPJ, endereço, horários de funcionamento, de responsabilidade técnica – RT), bem como deixar de manter atualizados os seus endereços residencial e eletrônico, os horários de responsabilidade técnica ou de substituição, bem como qualquer outra atividade profissional que exerça, com seus respectivos horários e atribuições;

VII – prevalecer-se de cargo de chefia ou empregador para desrespeitar a dignidade de subordinados;

VIII – submeter-se a fins meramente mercantilistas que venham a comprometer o seu desempenho técnico, em prejuízo da sua atividade profissional;

IX – deixar de obter de participante de pesquisa ou de seu representante legal o Termo de Consentimento Livre e Esclarecido (TCLE) para sua realização envolvendo seres humanos, após as devidas explicações sobre a sua natureza e as suas consequências;

X – permitir que terceiros tenham acesso a senhas pessoais, sigilosas e intransferíveis, utilizadas em sistemas informatizados e inerentes à sua atividade profissional;

XI – exercer sem a qualificação necessária o magistério, bem como utilizar esta prática para aproveitar-se de terceiros em benefício próprio ou para obter quaisquer vantagens pessoais;

XII – utilizar-se, sem referência ao autor ou sem a sua autorização expressa, de dados ou informações, publicados ou não.

Art. 8º. Às infrações éticas e disciplinares medianas, devem ser aplicadas a pena de multa no valor de 1 (um) salário mínimo a 3 (três) salários mínimos regionais, que serão elevados ao dobro, ou aplicada a pena de suspensão, no caso de reincidência, sendo elas:

I – exercer simultaneamente a Medicina;

II – produzir, fornecer, dispensar ou permitir que sejam dispensados meio, instrumento, substância, conhecimento, medicamento, fórmula magistral ou especialidade farmacêutica, fracionada ou não, que não inclua a identificação clara e precisa sobre a(s) substância(s) ativa(s) nela contida(s), bem como suas respectivas quantidades, contrariando as normas legais e técnicas, excetuando-se a dispensação hospitalar interna, em que poderá haver a codificação do medicamento que for fracionado sem, contudo, omitir o seu nome ou fórmula;

III – extrair, produzir, fabricar, transformar, beneficiar, preparar, distribuir, transportar, manipular, purificar, fracionar, importar, exportar, embalar, reembalar, manter em depósito, expor, comercializar, dispensar ou entregar ao consumo medicamento, produto sujeito ao controle sanitário, ou substância, em contrariedade à legislação vigente, ou permitir que tais práticas sejam realizadas;

IV – realizar exames e perícias técnico-legais, e emitir laudos técnicos em relação às atividades profissionais, em desacordo à legislação vigente;

V – obstar ou dificultar a ação fiscalizadora ou desacatar as autoridades sanitárias ou profissionais, quando no exercício das suas funções;

VI – omitir das autoridades competentes quaisquer formas de agressão ao meio ambiente e riscos inerentes ao trabalho, que sejam prejudiciais à saúde e à vida;

VII – aceitar remuneração abaixo do estabelecido como o piso salarial oriundo de acordo, convenção coletiva ou dissídio da categoria;

VIII – delegar a outros profissionais atos ou atribuições exclusivos da profissão farmacêutica;

IX – exercer a profissão e funções relacionadas à Farmácia, exclusivas ou não, sem a necessária habilitação legal;

X – deixar de prestar assistência técnica efetiva ao estabelecimento com o qual mantém vínculo profissional, ou permitir a utilização do seu nome por qualquer estabelecimento ou instituição onde não exerça pessoal e efetivamente sua função;

XI – não comunicar em 5 (cinco) dias ao Conselho Regional de Farmácia o encerramento de seu vínculo profissional de qualquer natureza, independentemente de retenção de documentos pelo empregador;

XII – declarar possuir títulos científicos ou especialização que não possa comprovar, nos termos da lei;

XIII – deixar-se explorar por terceiros, com finalidade política ou religiosa;

XIV – exercer a profissão em estabelecimento não registrado, cadastrado e licenciado nos órgãos de fiscalização sanitária, do exercício profissional, na Junta Comercial e na Secretaria de Fazenda da localidade de seu funcionamento;

XV – assinar trabalho realizado por outrem, alheio à sua execução, orientação, supervisão ou fiscalização ou, ainda, assumir a responsabilidade por ato farmacêutico que não praticou ou do qual não participou;

XVI – publicar, em seu nome, trabalho científico do qual não tenha participado, ou atribuir-se autoria exclusiva, quando houver participação de subordinados ou outros profissionais, farmacêuticos ou não;

XVII – aviar receitas com prescrições médicas ou de outras profissões, em desacordo com a técnica farmacêutica e a legislação vigentes;

XVIII – coordenar, supervisionar, assessorar ou exercer a fiscalização sanitária ou profissional quando for sócio ou acionista de qualquer categoria, ou interessado por qualquer forma, bem como prestar serviços à empresa ou estabelecimento que forneça drogas, medicamentos, insumos farmacêuticos e correlatos, laboratórios, distribuidoras ou indústrias, com ou sem vínculo empregatício;

XIX – promover publicidade enganosa ou abusiva da boa-fé do usuário, bem como em relação a produtos farmacêuticos e à divulgação de assuntos científicos não fundamentados na promoção, proteção e recuperação da saúde;

XX – inobservar as normas (resoluções e deliberações) e as determinações (acórdãos e decisões) dos Conselhos Federal e Regionais de Farmácia;

XXI – permitir interferência nos resultados apresentados como perito ou auditor;

XXII – aceitar ser perito, auditor ou relator de qualquer processo ou procedimento, quando houver interesse, envolvimento pessoal ou institucional;

XXIII – pleitear, de forma desleal, para si ou para outrem, emprego, cargo ou função exercidos por outro farmacêutico, bem como praticar atos de concorrência desleal;

XXIV – exercer atividade no âmbito da profissão farmacêutica em interação com outras profissões, concedendo vantagem ou não aos demais profissionais habilitados para direcionamento de usuário, visando ao interesse econômico e ferindo o direito deste de escolher livremente o serviço e o profissional;

XXV – receber remuneração por serviços que não tenha efetivamente prestado;

XXVI – exercer interação com outros estabelecimentos, farmacêuticos ou não, de forma a viabilizar a realização de prática vedada em lei ou regulamento;

XXVII – intitular-se responsável técnico por qualquer estabelecimento sem a autorização prévia do Conselho Regional de Farmácia, comprovada mediante a Certidão de Regularidade correspondente;

XXVIII – divulgar informação sobre temas farmacêuticos de conteúdo inverídico, sensacionalista, promocional ou que contrarie a legislação vigente;

XXIX – promover a utilização de substâncias ou a comercialização de produtos que não tenham a indicação terapêutica analisada e aprovada, bem como que não estejam descritos em literatura ou compêndio nacionais ou internacionais reconhecidos pelo órgão sanitário federal;

XXX – quando atuando no serviço público, utilizar-se do serviço, emprego ou cargo para executar trabalhos de empresa privada de sua propriedade ou de outrem, como forma de obter vantagens pessoais, cobrar ou receber remuneração do usuário do serviço, reduzir, irregularmente, quando em função de chefia ou coordenação, a remuneração devida a outro farmacêutico;

XXXI – anunciar produtos farmacêuticos ou processos por quaisquer meios capazes de induzir ao uso indevido e indiscriminado de medicamentos ou de outros produtos farmacêuticos.

Art. 9º. Às infrações éticas e disciplinares graves devem ser aplicadas as penas de suspensão de 3 (três) meses na primeira vez; de 6 (seis) meses na segunda vez; e de 12 (doze) meses na terceira vez, sendo elas:

I – violar o sigilo de fatos e informações de que tenha tomado conhecimento no exercício da profissão, excetuando-se os amparados pela legislação vigente, cujo dever legal exija comunicação, denúncia ou relato a quem de direito;

II – participar de qualquer tipo de experiência com fins bélicos, raciais ou eugênicos, bem como de pesquisa não aprovada por Comitê de Ética em Pesquisa/ Comissão Nacional de Ética em Pesquisa (CEP/CONEP) ou Comissão de Ética no Uso de Animais;

III – exercer atividade farmacêutica com fundamento em procedimento não reconhecido pelo CFF;

IV – fornecer meio, instrumento, substância ou conhecimento para induzir à prática, ou dela participar, de tortura, eutanásia, aborto ilegal, toxicomania ou de quaisquer outras formas de procedimento degradante ou cruel em relação ao ser humano e aos animais;

V – desrespeitar a vida, jamais cooperando com atos que intencionalmente atentem contra ela ou que coloquem em risco a integridade do ser humano ou da coletividade;

VI – produzir, fabricar, fornecer, em desacordo com a legislação vigente, radiofármacos e conjuntos de reativos ou reagentes, destinados às diferentes análises complementares do diagnóstico clínico;

VII – omitir-se ou acumpliciar-se com os que exercem ilegalmente a Farmácia ou com os profissionais ou instituições que pratiquem atos ilícitos relacionados à atividade farmacêutica, em qualquer das suas áreas de abrangência;

VIII – fornecer, dispensar ou permitir que sejam dispensados, sob qualquer forma, substância, medicamento ou fármaco para uso diverso da indicação para a qual foi licenciado, salvo quando baseado em evidência ou mediante entendimento formal com o prescritor;

IX – alterar o processo de fabricação de produtos sujeitos a controle sanitário, modificar os seus componentes básicos, nomes e demais elementos objeto do registro, contrariando as disposições legais e regulamentares;

X – praticar ato profissional que cause dano material, físico, moral ou psicológico, que possa ser caracterizado como imperícia, negligência ou imprudência;

XI – utilizar-se de conhecimentos da profissão com a finalidade de cometer ou favorecer atos ilícitos de qualquer espécie;

XII – fazer uso de documento, atestado, certidão ou declaração falsos ou alterados;

XIII – assinar laudo ou qualquer outro documento farmacêutico em branco, de forma a possibilitar, ainda que por negligência, o uso indevido do seu nome ou atividade profissional;

XIV – realizar ou participar de atos fraudulentos em qualquer área da profissão farmacêutica;

XV – utilizar-se de qualquer meio ou forma para difamar, caluniar, injuriar ou divulgar preconceitos e apologia a atos ilícitos ou vedados por lei específica;

XVI – receber ou receptar mercadorias ou produtos sem rastreabilidade de sua origem, sem nota fiscal ou em desacordo com a legislação vigente;

XVII – fazer declarações injuriosas, caluniosas, difamatórias ou que depreciem o farmacêutico, a profissão ou instituições e entidades farmacêuticas, sob qualquer forma.

Art. 10. Àquele que continuar a exercer a profissão, mesmo enquanto estiver sob a sanção disciplinar de suspensão, será aplicada idêntica pena pelo prazo em dobro ao originariamente determinado.

Art. 11. A pena de suspensão de 3 (três) a 12 (doze) meses será diretamente aplicada por motivo de pronúncia criminal ou de prisão em virtude de sentença.

Art. 12. A pena de eliminação será imposta aos que porventura tiverem perdido algum dos requisitos dos arts. 15 e 16 da Lei nº 3.820/1960 para fazer parte do Conselho Regional de Farmácia, inclusive aos que, por faltas graves, já tenham sido três vezes condenados definitivamente à pena de suspensão, ainda que em Conselhos Regionais de Farmácia diversos.

Art. 13. Na hipótese de diversas condutas praticadas pelo indiciado, oriundas do mesmo fato ou processo ético-disciplinar, as punições serão aplicadas de forma cumulativa e sequencial, delineando-se a pena por cada infração apurada.

Art. 14. Os casos omissos serão resolvidos pelo Plenário do Conselho Federal de Farmácia.

NORMAS COMPLEMENTARES

LEIS, DECRETOS-LEIS E DECRETOS

DECRETO-LEI Nº 2.848, DE 7 DE DEZEMBRO DE 1940

CÓDIGO PENAL *(Excertos)*

(*) Atualizado até a Lei nº 13.654, de 23.4.2018.

O Presidente da República, usando da atribuição que lhe confere o art. 180 da Constituição, decreta a seguinte Lei:

....

PARTE ESPECIAL

....

Falsificação, corrupção, adulteração ou alteração de produto destinado a fins terapêuticos ou medicinais

(*) Item com redação dada pela Lei nº 9.677, de 2.7.1998.

Art. 273. Falsificar, corromper, adulterar ou alterar produto destinado a fins terapêuticos ou medicinais:

Pena – reclusão, de 10 (dez) a 15 (quinze) anos, e multa.

(*) Art. 273, *caput*, com redação dada pela Lei nº 9.677, de 2.7.1998.

§ 1º. Nas mesmas penas incorre quem importa, vende, expõe à venda, tem em depósito para vender ou, de qualquer forma, distribui ou entrega a consumo o produto falsificado, corrompido, adulterado ou alterado.

(*) § 1º com redação dada pela Lei nº 9.677, de 2.7.1998.

§ 1º-A. Incluem-se entre os produtos a que se refere este artigo os medicamentos, as matérias-primas, os insumos farmacêuticos, os cosméticos, os saneantes e os de uso em diagnóstico.

(*) § 1º-A acrescido pela Lei nº 9.677, de 2.7.1998.

§ 1º-B. Está sujeito às penas deste artigo quem pratica as ações previstas no § 1º em relação a produtos em qualquer das seguintes condições:

I – sem registro, quando exigível, no órgão de vigilância sanitária competente;

II – em desacordo com a fórmula constante do registro previsto no inciso anterior;

III – sem as características de identidade e qualidade admitidas para a sua comercialização;

IV – com redução de seu valor terapêutico ou de sua atividade;

V – de procedência ignorada;

VI – adquiridos de estabelecimento sem licença da autoridade sanitária competente.

(*) § 1º-B acrescido pela Lei nº 9.677, de 2.7.1998.

Modalidade culposa

§ 2º. Se o crime é culposo:

Pena – detenção, de 1 (um) a 3 (três) anos, e multa.

(*) § 2º com redação dada pela Lei nº 9.677, de 2.7.1998.

Emprego de processo proibido ou de substância não permitida

Art. 274. Empregar, no fabrico de produto destinado a consumo, revestimento, gaseificação artificial, matéria corante, substância aromática, antisséptica, conservadora ou qualquer outra não expressamente permitida pela legislação sanitária:

Pena – reclusão, de 1 (um) a 5 (cinco) anos, e multa.

(*) Pena com redação dada pela Lei nº 9.677, de 2.7.1998.

Invólucro ou recipiente com falsa indicação

Art. 275. Inculcar, em invólucro ou recipiente de produtos alimentícios, terapêuticos ou medicinais, a existência de substância que não se encontra em seu conteúdo ou que nele existe em quantidade menor que a mencionada:

Pena – reclusão, de 1 (um) a 5 (cinco) anos, e multa.

(*) Art. 275 com redação dada pela Lei nº 9.677, de 2.7.1998.

Produto ou substância nas condições dos dois artigos anteriores

Art. 276. Vender, expor à venda, ter em depósito para vender ou, de qualquer forma, entregar a consumo produto nas condições dos arts. 274 e 275.

Pena – reclusão, de 1 (um) a 5 (cinco) anos, e multa.

(*) Pena com redação dada pela Lei nº 9.677, de 2.7.1998.

Substância destinada à falsificação

Art. 277. Vender, expor à venda, ter em depósito ou ceder substância destinada à falsificação de produtos alimentícios, terapêuticos ou medicinais:

Pena – reclusão, de 1 (um) a 5 (cinco) anos, e multa.

(*) Art. 277 com redação dada pela Lei nº 9.677, de 2.7.1998.

Outras substâncias nocivas à saúde pública

Art. 278. Fabricar, vender, expor à venda, ter em depósito para vender ou, de qualquer forma, entregar a consumo coisa ou substância nociva à saúde, ainda que não destinada à alimentação ou a fim medicinal:

Pena – detenção, de 1 (um) a 3 (três) anos, e multa.

Modalidade culposa

Parágrafo único. Se o crime é culposo:

Pena – detenção, de 2 (dois) meses a 1 (um) ano.

Art. 279. (Revogado).

(*) Art. 279 revogado pela Lei nº 8.137, de 27.12.1990.

Medicamento em desacordo com receita médica

Art. 280. Fornecer substância medicinal em desacordo com receita médica:

Pena – detenção, de 1 (um) a 3 (três) anos, ou multa.

Modalidade culposa

Parágrafo único. Se o crime é culposo:

Pena – detenção, de 2 (dois) meses a 1 (um) ano.

Art. 281. (Revogado).

(*) Art. 281 revogado pela Lei nº 6.368, de 21.10.1976.

Exercício ilegal da medicina, arte dentária ou farmacêutica

Art. 282. Exercer, ainda que a título gratuito, a profissão de médico, dentista ou farmacêutico, sem autorização legal ou excedendo-lhe os limites:

Pena – detenção, de 6 (seis) meses a 2 (dois) anos.

Parágrafo único. Se o crime é praticado com o fim de lucro, aplica-se também multa.

Charlatanismo

Art. 283. Inculcar ou anunciar cura por meio secreto ou infalível:

Pena – detenção, de 3 (três) meses a 1 (um) ano, e multa.

Curandeirismo

Art. 284. Exercer o curandeirismo:

I – prescrevendo, ministrando ou aplicando, habitualmente, qualquer substância;

II – usando gestos, palavras ou qualquer outro meio;

III – fazendo diagnósticos:

Pena – detenção, de 6 (seis) meses a 2 (dois) anos.

Parágrafo único. Se o crime é praticado mediante remuneração, o agente fica também sujeito à multa.

....

Rio de Janeiro, 7 de dezembro de 1940; 119º da Independência e 52º da República.

Getulio Vargas

DOU de 31.12.1940

LEI Nº 3.820, DE 11 DE NOVEMBRO DE 1960

Cria o Conselho Federal e os Conselhos Regionais de Farmácia, e dá outras providências.

O Presidente da República, faço saber que o Congresso Nacional decreta e eu sanciono a seguinte Lei:

Art. 1º. Ficam criados os Conselhos Federal e Regionais de Farmácia, dotados de personalidade jurídica de direito público, autonomia administrativa e financeira, destinados a zelar pela fiel observância dos princípios da ética e da disciplina da classe dos que exercem atividades profissionais farmacêuticas no País.

Capítulo I
DO CONSELHO FEDERAL E DOS CONSELHOS REGIONAIS DE FARMÁCIA

Art. 2º. O Conselho Federal de Farmácia é o órgão supremo dos Conselhos Regionais, com jurisdição em todo o território nacional e sede no Distrito Federal.

Art. 3º. O Conselho Federal será constituído de tantos membros quantos forem os Conselhos Regionais.

§ 1º. Cada conselheiro federal será eleito, em seu Estado de origem, juntamente com um suplente.

§ 2º. Perderá o mandato o conselheiro federal que, sem prévia licença do Conselho, faltar a três reuniões plenárias consecutivas, sendo sucedido pelo suplente.

§ 3º. A eleição para o Conselho Federal e para os Conselhos Regionais far-se-á através do voto direto e secreto, por maioria simples, exigido o comparecimento da maioria absoluta dos inscritos.

(*) Art. 3º com redação dada pela Lei nº 9.120, de 27.10.1995.

Art. 4º. (Revogado).

(*) Art. 4º revogado pela Lei nº 9.120, de 27.10.1995.

Art. 5º. O mandato dos membros do Conselho Federal é privativo de farmacêuticos de nacionalidade brasileira, será gratuito, meramente honorífico e terá a duração de quatro anos.

(*) Art. 5º, *caput*, com redação dada pela Lei nº 9.120, de 27.10.1995.

Parágrafo único. O mandato da diretoria do Conselho Federal terá a duração de dois anos, sendo seus membros eleitos através do voto direto e secreto, por maioria absoluta.

(*) Parágrafo único acrescido pela Lei nº 9.120, de 27.10.1995.

Art. 6º. São atribuições do Conselho Federal:

a) organizar o seu regimento interno;

b) eleger, na primeira reunião ordinária de cada biênio, sua diretoria, composta de Presidente, Vice-Presidente, Secretário-Geral e Tesoureiro;

(*) Alínea "b" com redação dada pela Lei nº 9.120, de 27.10.1995.

c) aprovar os regimentos internos organizados pelos Conselhos Regionais, modificando o que se tornar necessário, a fim de manter a unidade de ação;

d) tomar conhecimento de quaisquer dúvidas suscitadas pelos Conselhos Regionais e dirimi-las;

e) julgar em última instância os recursos das deliberações dos Conselhos Regionais;

f) publicar o relatório anual dos seus trabalhos e, periodicamente, a relação de todos os profissionais registrados;

g) expedir as resoluções que se tornarem necessárias para a fiel interpretação e execução da presente lei;

h) propor às autoridades competentes as modificações que se tornarem necessárias à regulamentação do exercício profissional, assim como colaborar com elas na disciplina das matérias de ciência e técnica farmacêutica, ou que, de qualquer forma digam respeito à atividade profissional;

i) organizar o Código de Deontologia Farmacêutica;

j) deliberar sobre questões oriundas do exercício de atividades afins às do farmacêutico;

k) realizar reuniões gerais dos Conselhos Regionais de Farmácia para o estudo de questões profissionais de interesse nacional;

l) ampliar o limite de competência do exercício profissional, conforme o currículo escolar ou mediante curso ou prova de especialização realizado ou prestada em escola ou instituto oficial;

m) expedir resoluções, definindo ou modificando atribuições ou competência dos profissionais de farmácia, conforme as necessidades futuras;

n) regulamentar a maneira de se organizar e funcionarem as assembleias gerais, ordinárias ou extraordinárias, do Conselho Federal e dos Conselhos Regionais;

o) fixar a composição dos Conselhos Regionais, organizando-os à sua semelhança e promovendo a instalação de tantos órgãos quantos forem julgados necessários, determinando suas sedes e zonas de jurisdição;

p) zelar pela saúde pública, promovendo a assistência farmacêutica;

(*) Alínea "p" acrescida
pela Lei nº 9.120, de 27.10.1995.

q) (vetada);

r) estabelecer as normas de processo eleitoral aplicáveis às instâncias Federal e Regional.

(*) Alínea "r" acrescida
pela Lei nº 9.120, de 27.10.1995.

Parágrafo único. As questões referentes às atividades afins com as outras profissões serão resolvidas através de entendimentos com as entidades reguladoras dessas profissões.

Art. 7º. O Conselho Federal deliberará com a presença mínima de metade mais um de seus membros.

Parágrafo único. As resoluções referentes às alíneas "g" e "r" do art. 6º só serão válidas quando aprovadas pela maioria dos membros do Conselho Federal.

(*) Parágrafo único com redação dada
pela Lei nº 9.120, de 27.10.1995.

Art. 8º. Ao Presidente do Conselho Federal compete, além da direção geral do Conselho, a suspensão de decisão que este tome e lhe pareça inconveniente.

Parágrafo único. O ato de suspensão vigorará até novo julgamento do caso, para o qual o Presidente convocará segunda reunião, no prazo de 30 dias contados do seu ato. Se no segundo julgamento o Conselho mantiver por maioria absoluta de seus membros a decisão suspensa, esta entrará em vigor imediatamente.

(*) Parágrafo único com redação dada
pela Lei nº 9.120, de 27.10.1995.

Art. 9º. O Presidente do Conselho Federal é o responsável administrativo pelo referido Conselho, inclusive pela prestação de contas perante o órgão federal competente.

Art. 10. As atribuições dos Conselhos Regionais são as seguintes:

a) registrar os profissionais de acordo com a presente lei e expedir a carteira profissional;

b) examinar reclamações e representações escritas acerca dos serviços de registro e das infrações desta Lei e decidir;

c) fiscalizar o exercício da profissão, impedindo e punindo as infrações à lei, bem como enviando às autoridades competentes relatórios documentados sobre os fatos que apurarem e cuja solução não seja de sua alçada;

d) organizar o seu regimento interno, submetendo-o à aprovação do Conselho Federal;

e) sugerir ao Conselho Federal as medidas necessárias à regularidade dos serviços e à fiscalização do exercício profissional;

f) eleger seu representante e respectivo suplente para o Conselho Federal;

(*) Alínea "f" com redação dada
pela Lei nº 9.120, de 27.10.1995.

g) dirimir dúvidas relativas à competência e âmbito das atividades profissionais farmacêuticas, com recurso suspensivo para o Conselho Federal.

Art. 11. A responsabilidade administrativa de cada Conselho Regional cabe ao respectivo Presidente, inclusive a prestação de contas perante o órgão federal competente.

Art. 12. O mandato dos membros dos Conselhos Regionais é privativo de farmacêuticos de nacionalidade brasileira, será gratuito, meramente honorífico e terá a duração de quatro anos.

(*) Art. 12, *caput*, com redação dada
pela Lei nº 9.120, de 27.10.1995.

Parágrafo único. O mandato da diretoria dos Conselhos Regionais terá a duração de dois anos, sendo seus membros eleitos através do voto direto e secreto, por maioria absoluta.

(*) Parágrafo único incluído
pela Lei nº 9.120, de 27.10.1995.

Capítulo II
DOS QUADROS E INSCRIÇÕES

Art. 13. Somente aos membros inscritos nos Conselhos Regionais de Farmácia será permitido o exercício de atividades profissionais farmacêuticas no País.

Art. 14. Em cada Conselho Regional serão inscritos os profissionais de Farmácia que tenham exercício em seus territórios e que constituirão o seu quadro de farmacêuticos.

Parágrafo único. Serão inscritos, em quadros distintos, podendo representar-se nas discussões, em assuntos concernentes às suas próprias categorias:

a) os profissionais que, embora não farmacêuticos, exerçam sua atividade (quando a lei autorize) como responsáveis ou auxiliares técnicos de laboratórios industriais farmacêuticos, laboratórios de análises clínicas e laboratórios de controle e pesquisas relativas a alimentos, drogas, tóxicos e medicamentos;

b) os práticos ou oficiais de Farmácia licenciados.

Art. 15. Para inscrição no quadro de farmacêuticos dos Conselhos Regionais é necessário, além dos requisitos legais de capacidade civil:

1) ser diplomado ou graduado em Farmácia por Instituto de Ensino Oficial ou a este equiparado;

2) estar com seu diploma registrado na repartição sanitária competente;

3) não ser nem estar proibido de exercer a profissão farmacêutica;

4) gozar de boa reputação por sua conduta pública, atestada por 3 (três) farmacêuticos inscritos.

Art. 16. Para inscrição nos quadros a que se refere o parágrafo único do art. 14, além de preencher os requisitos legais de capacidade civil, o interessado deverá:

1) ter diploma, certificado, atestado ou documento comprobatório da atividade profissional, quando se trate de responsáveis ou auxiliares técnicos não farmacêuticos, devidamente autorizados por lei;

2) ter licença, certificado ou título, passado por autoridade competente, quando se trate de práticos ou oficiais de Farmácia licenciados;

3) não ser nem estar proibido de exercer sua atividade profissional;

4) gozar de boa reputação por sua conduta pública, atestada por 3 (três) farmacêuticos devidamente inscritos.

Art. 17. A inscrição far-se-á mediante requerimento escrito dirigido ao Presidente do Conselho Regional, acompanhado dos documentos comprobatórios do preenchimento dos requisitos dos arts. 15 e 16, conforme o caso, constando obrigatoriamente: nome por extenso, filiação, lugar e data de nascimento, currículo educacional e profissional, estabelecimento em que haja exercido atividade profissional e respectivos endereços, residência e situação atual.

§ 1º. Qualquer membro do Conselho Regional, ou pessoa interessada, poderá representar documentadamente ao Conselho contra o candidato proposto.

§ 2º. Em caso de recusar a inscrição, o Conselho dará ciência ao candidato dos motivos de recusa, e conceder-lhe-á o prazo de 15 (quinze) dias para que os conteste documentadamente e peça reconsideração.

Art. 18. Aceita a inscrição, o candidato prestará, antes de lhe ser entregue a carteira profissional perante o Presidente do Conselho Regional, o compromisso de bem exercer a profissão, com dignidade e zelo.

Art. 19. Os Conselhos Regionais expedirão carteiras de identidade profissional aos inscritos em seus quadros, aos quais habilitarão ao exercício da respectiva profissão em todo o País.

§ 1º. No caso em que o interessado tenha de exercer temporariamente a profissão em outra jurisdição, apresentará sua carteira para ser visada pelo Presidente do respectivo Conselho Regional.

§ 2º. Se o exercício da profissão passar a ser feito, de modo permanente, em outra jurisdição, assim se entendendo o exercício da profissão por mais de 90 (noventa) dias da nova jurisdição, ficará obrigado a inscrever-se no respectivo Conselho Regional.

Art. 20. A exibição da carteira profissional poderá, em qualquer oportunidade, ser exigida por qualquer interessado, para fins de verificação, da habilitação profissional.

Art. 21. No prontuário do profissional de Farmácia, o Conselho Regional fará toda e qualquer anotação referente ao mesmo, inclusive elogios e penalidades.

Parágrafo único. No caso de expedição de nova carteira, serão transcritas todas as anotações constantes dos livros do Conselho Regional sobre o profissional.

Capítulo III
DAS ANUIDADES E TAXAS

Art. 22. O profissional de Farmácia, para o exercício de sua profissão, é obrigado ao registro no Conselho Regional de Farmácia a cuja jurisdição estiver sujeito, ficando obrigado ao pagamento de uma anuidade ao respectivo Conselho Regional até 31 de março de cada ano, acrescida de 20% (vinte por cento) de mora, quando fora desse prazo.

Parágrafo único. As empresas que exploram serviços para os quais são necessárias atividades profissionais farmacêuticas estão igualmente sujeitas ao pagamento de uma anuidade, incidindo na mesma mora de 20% (vinte por cento), quando fora do prazo.

Art. 23. Os Conselhos Federal e Regionais cobrarão taxas pela expedição ou substituição de carteira profissional.

Art. 24. As empresas e estabelecimentos que exploram serviços para os quais são necessárias atividades de profissional farmacêutico deverão provar perante os Conselhos Federal e Regionais que essas atividades são exercidas por profissional habilitado e registrado.

Parágrafo único. Aos infratores deste artigo será aplicada pelo respectivo Conselho Regional a multa de Cr$ 500,00 (quinhentos cruzeiros) a Cr$ 5.000,00 (cinco mil cruzeiros).

(*) Vide Lei nº 5.724, de 26.10.1971: *"**Art. 1º.** As multas previstas no parágrafo único do art. 24 e no inciso II do art. 30 da Lei nº 3.820, de 11 de novembro de 1960, passam a ser de valor igual a 1 (um) salário-mínimo e a 3 (três) salários-mínimos regionais, que serão elevados ao dobro no caso de reincidência.".*

Art. 25. As taxas e anuidades a que se referem os arts. 22 e 23 desta Lei e suas alterações posteriores serão fixadas pelos Conselhos Regionais, com intervalos não inferiores a 3 (três) anos.

Art. 26. Constitui renda do Conselho Federal o seguinte:

a) 1/4 da taxa de expedição de carteira profissional;

b) 1/4 das anuidades;

c) 1/4 das multas aplicadas de acordo com a presente lei;

d) doações ou legados;

e) subvenção dos governos, ou dos órgãos autárquicos ou dos para-estatais;

f) 1/4 da renda das certidões.

Art. 27. A renda de cada Conselho Regional será constituída do seguinte:

a) 3/4 da taxa de expedição de carteira profissional;

b) 3/4 das anuidades;

c) 3/4 das multas aplicadas de acordo com a presente lei;

d) doações ou legados;

e) subvenções dos governos, ou dos órgãos autárquicos ou dos para-estatais;

f) 3/4 da renda das certidões;

g) qualquer renda eventual.

§ 1º. Cada Conselho Regional destinará 1/4 de sua renda líquida à formação de um fundo de assistência a seus membros necessitados, quando inválidos ou enfermos.

§ 2º. Para os efeitos do disposto no parágrafo supra considera-se líquida a renda total com a só dedução das despesas de pessoal e expediente.

Capítulo IV
DAS PENALIDADES E SUA APLICAÇÃO

Art. 28. O poder de punir disciplinarmente compete, com exclusividade, ao Conselho Regional em que o faltoso estiver inscrito ao tempo do fato punível em que incorreu.

Art. 29. A jurisdição disciplinar, estabelecida no artigo anterior, não derroga a jurisdição comum, quando o fato constituía crime punido em lei.

Art. 30. As penalidades disciplinares serão as seguintes:

I – de advertência ou censura, aplicada sem publicidade, verbalmente ou por ofício do Presidente do Conselho Regional, chamando a atenção do culpado para o fato brandamente no primeiro caso, energicamente e com emprego da palavra "censura" no segundo;

II – de multa de Cr$ 500,00 (quinhentos cruzeiros) a Cr$ 5.000,00 (cinco mil cruzeiros), que serão cabíveis no caso de terceira falta e outras subsequentes, a juízo do Conselho Regional a que pertencer o faltoso;

(*) Vide Lei nº 5.724, de 26.10.1971: *"**Art. 1º.** As multas previstas no parágrafo único do art. 24 e no inciso II do art. 30 da Lei nº 3.820, de 11 de novembro de 1960, passam a ser de valor igual a 1 (um) salário-mínimo e a 3 (três) salários-mínimos regionais, que serão elevados ao dobro no caso de reincidência.".*

III – de suspensão de 3 (três) meses a um ano, que serão impostas por motivo de falta grave, de pronúncia criminal ou de prisão em virtude de sentença, aplicáveis pelo Conselho Regional em que estiver inscrito o faltoso;

IV – de eliminação que será imposta aos que porventura houverem perdido algum dos requisitos dos arts. 15 e 16 para fazer parte do Conselho Regional de Farmácia, inclusive aos que forem convencidos perante o Conselho Federal de Farmácia ou em juízo, de incontinência pública e escandalosa ou de embriaguez habitual; e aos que, por faltas graves, já tenham sido três vezes condenados definitivamente a penas de suspensão, ainda que em Conselhos Regionais diversos.

§ 1º. A deliberação do Conselho procederá, sempre audiência do acusado, sendo-lhe dado defensor, se não for encontrado ou se deixar o processo à revelia.

§ 2º. Da imposição de qualquer penalidade caberá recurso, no prazo de 30 (trinta) dias, contados da ciência, para o Conselho Federal sem efeito suspensivo, salvo nos casos dos números III e IV deste artigo, em que o efeito será suspensivo.

Capítulo V
DA PRESTAÇÃO DE CONTAS

Art. 31. Os Presidentes do Conselho Federal e dos Conselhos Regionais de Farmácia prestarão, anualmente, suas contas perante o Tribunal de Contas da União.

§ 1º. A prestação de contas do Presidente do Conselho Federal será feita diretamente ao referido Tribunal após aprovação do Conselho.

§ 2º. A prestação de contas dos Presidentes dos Conselhos Regionais será feita ao referido Tribunal por intermédio do Conselho Federal de Farmácia.

§ 3º. Cabe aos Presidentes de cada Conselho a responsabilidade pela prestação de contas.

Capítulo VI
DAS DISPOSIÇÕES GERAIS E TRANSITÓRIAS

Art. 32. A inscrição dos profissionais e práticos já registrados nos órgãos de Saúde Pública na data desta Lei, será feita, seja pela apresentação de títulos, diplomas, certificados ou cartas registradas no Ministério da Educação e Cultura, ou Departamentos Estaduais, seja mediante prova de registro na repartição competente.

Parágrafo único. Os licenciados, práticos habilitados, passarão a denominar-se, em todo território nacional, "oficial de Farmácia".

Art. 33. Os práticos e oficiais de Farmácia, já habilitados na forma da lei, poderão ser provisionados para assumirem a responsabilidade técnico-profissional para farmácia de sua propriedade, desde que, na data da vigência desta Lei, os respectivos certificados de habilitação tenham sido expedidos há mais de 6 (seis) anos pelo Serviço Nacional de Fiscalização da Medicina ou pelas repartições sanitárias competentes dos Estados e Territórios, e sua condição de proprietários de farmácia datado de mais de 10 (dez) anos, sendo-lhes, porém, vedado o exercício das mais atividades privativas da profissão de farmacêutico.

§ 1º. Salvo exceção prevista neste artigo, são proibidos provisionamentos para quaisquer outras finalidades.

§ 2º. Não gozará do benefício concedido neste artigo o prático ou oficial de Farmácia estabelecido com farmácia sem a satisfação de todas as exigências legais ou regulamentares vigentes na data da publicação desta Lei.

§ 3º. Poderão ser provisionadas, nos termos deste artigo, as Irmãs de Caridade que forem responsáveis técnicas de farmácias pertencentes ou administradas por Congregações Religiosas.

(*) § 3º acrescido pela Lei nº 4.817, de 29.10.1965.

Art. 34. O pessoal a serviço dos Conselhos de Farmácia será inscrito, para efeito de previdência social, no Instituto de Previdência e Assistência dos Servidores do Estado (IPASE), em conformidade com o art. 2º do Decreto-Lei nº 3.347, de 12 de junho de 1941.

Art. 35. Os Conselhos Regionais poderão, por procuradores seus, promover perante o Juízo da Fazenda Pública, e mediante processo de executivo fiscal, a cobrança das penalidades e anuidades previstas para a execução da presente lei.

Art. 36. A assembleia que se realizar para a escolha dos membros do primeiro Conselho Federal da Farmácia será presidida pelo Consultor-Técnico do Ministério do Trabalho, Indústria e Comércio e se constituirá dos delegados-eleitores dos sindicatos e associações de farmacêuticos, com mais de 1 (um) ano de assistência legal no País, eleitos em assembleias das respectivas entidades por voto secreto e segundo as formalidades estabelecidas para a escolha de suas diretorias ou órgãos dirigentes.

§ 1º. Cada sindicato ou associação indicará um único delegado-eleitor, que deverá ser, obrigatoriamente, farmacêutico e no pleno gozo de seus direitos.

§ 2º. Os sindicatos ou associações de farmacêuticos, para obterem seus direitos de representação na assembleia a que se refere este artigo, deverão proceder, no prazo de 60 (sessenta) dias, ao seu registro prévio perante a Federação das Associações de Farmacêuticos do Brasil mediante a apresentação de seus estatutos e mais documentos julgados necessários.

§ 3º. A Federação das Associações de Farmacêuticos do Brasil, de acordo com o Consultor-Técnico do Ministério do Trabalho, Indústria e Comércio, tomará as providências necessárias à realização da assembleia de que cogita este artigo.

Art. 37. O Conselho Federal de Farmácia procederá, em sua primeira reunião, ao sorteio dos conselheiros federais que deverão exercer o mandato por um, dois ou três anos.

Art. 38. O pagamento da primeira anuidade deverá ser feito por ocasião da inscrição no Conselho Regional de Farmácia.

Art. 39. Os casos omissos verificados nesta Lei serão resolvidos pelo Conselho Federal de Farmácia. Enquanto não for votado o Código de Deontologia Farmacêutica prevalecerão em cada Conselho Regional as praxes reconhecidas pelos mesmos.

Art. 40. A presente lei entrará em vigor, em todo o território nacional, 120 (cento e vinte) dias depois de sua publicação, revogadas as disposições em contrário.

Brasília, em 11 de novembro de 1960; 139º da Independência e 72º da República.

Juscelino Kubitschek – DOU de 21.11.1960

DECRETO-LEI Nº 753, DE 11 DE AGOSTO DE 1969

Dispõe sobre a fiscalização de laboratórios que produzam ou manipulem substâncias ou produtos entorpecentes e seus equiparados, de firmas distribuidoras ou depositárias das referidas substâncias, distribuição de amostras desses produtos e dá outras providências.

O Presidente da República, usando da atribuição que lhe confere o § 1º do art. 2º do Ato Institucional nº 5, de 13 de dezembro de 1968,

Decreta:

Art. 1º. As empresas industriais que produzam ou manipulem substâncias ou produtos entorpecentes ou equiparados a entorpecentes ficam sujeitas à fiscalização do Serviço de Repressão a Tóxicos e Entorpecentes do Departamento de Polícia Federal, conforme as normas estabelecidas neste Decreto-Lei.

Parágrafo único. A fiscalização será efetuada sem prejuízo da que é exercida pelo Serviço Nacional de Fiscalização da Medicina e Farmácia do Ministério da Saúde e órgãos congêneres dos Estados e Territórios.

Art. 2º. O serviço de Repressão a Tóxicos e Entorpecentes e o Serviço Nacional de Fiscalização da Medicina e Farmácia bem como os seus órgãos subordinados e congêneres trabalharão em perfeito entrosamento.

Art. 3º. A empresas industriais a que se refere este Decreto-Lei encaminharão, mensalmente, ao Serviço de Repressão a Tóxicos e Entorpecentes, cópia da "Relação mensal de vendas de Entorpecentes", acrescida das seguintes informações:

I – número de unidades comerciais produzidas;

II – número de amostras entregues de acordo com o Plano de Distribuição de Amostras aprovado pelo Serviço Nacional de Fiscalização da Medicina e Farmácia a médicos, dentistas e veterinários, devidamente relacionados.

§ 1º. A "Relação mensal de vendas de Entorpecentes" e as informações constantes dos itens I e II deverão ser entregues ao Serviço de Repressão a Tóxicos e Entorpecentes até o dia 10 (dez) do mês subsequente.

§ 2º. As filiais de laboratórios, drogarias atacadistas e depósitos de drogas ficam sujeitos, no que couber, as exigências deste artigo.

Art. 4º. A venda ou entrega de substâncias e produtos de que trata este Decreto-Lei a empresas ou estabelecimentos não legalizados determinará a interdição da empresa ou do estabelecimento vendedor pela Polícia Federal seguida de representação ao Serviço Nacional de Fiscalização da Medicina e Farmácia que poderá, em caso de reincidência cassar a licença do estabelecimento infrator.

Parágrafo único. O disposto neste artigo aplica-se, também, aos casos de venda ou entrega de substâncias ou produtos entorpecentes e seus equiparados a profissionais que não estejam devidamente legalizados e a pessoas que não disponham de receita médica.

Art. 5º. O Serviço Nacional de Fiscalização da Medicina e Farmácia e órgãos congêneres estaduais ou territoriais providenciarão, no prazo de 48 (quarenta e oito) horas, a expedição de guias de requisição de quaisquer substâncias ou produtos sob seu controle, quando solicitadas para fins de pesquisas de interesse técnico-policial, pelo Serviço de Repressão a Tóxicos e Entorpecentes mediante ofício assinado pelo respectivo Chefe ou seu substituto legal.

Parágrafo único. A requisição deverá ser encaminhada pelo Serviço de Fiscalização da Medicina e Farmácia à fonte produtora para atendimento dentro do prazo máximo de 5 (cinco) dias.

Art. 6º. O Serviço Nacional de Fiscalização da Medicina e Farmácia comunicará ao Serviço de Repressão a Tóxicos e Entorpecentes os novos licenciamentos, alterações e cancelamentos de licenças de produtos entorpecentes e seus equiparados.

Art. 7º. A importação, exportação e trânsito das substâncias e produtos a que se refere este Decreto-Lei dependerão, para liberação e transporte, do visto da autoridade policial federal, cumpridas as demais exigências sanitárias e alfandegárias.

§ 1º. O visto de que trata este artigo será solicitado, contra apresentação do documento a ser visado, à Chefia do Serviço de Repressão a Tóxicos e Entorpecentes, diretamente ou por intermédio dos Delegados. Sub-delegados e Chefes de Postos Regionais do Departamento de Polícia Federal instalados nos Estados e Territórios, devendo ser concedido no prazo de 24 (vinte e quatro) horas.

§ 2º. No caso do visto ser solicitado através dos Delegados, Subdelegados e Chefes de Postos do Departamento de Polícia Federal, cópia autenticada do documento visado ficará retida com as referidas autoridades que se encarregarão de remetê-la, dentro de 10 (dez) dias contados da data do visto à Chefia do Serviço de Repressão a Tóxicos e Entorpecentes do Departamento de Polícia Federal, em Brasília.

Art. 8º. Este Decreto-Lei entrará em vigor na data de sua publicação, revogados o Decreto nº 62.391, de 12 de março de 1968, e demais disposições em contrário.

Brasília, 11 de agosto de 1969; 148º da Independência e 81º da República.

A. Costa e Silva – DOU de 12.8.1969

LEI Nº 5.991, DE 17 DE DEZEMBRO DE 1973

Dispõe sobre o controle sanitário do comércio de drogas, medicamentos, insumos farmacêuticos e correlatos, e dá outras providências.

(*) Regulamentada pelo Decreto nº 74.170, de 10.6.1974, presente nesta edição.

O Presidente da República,

Faço saber que o Congresso Nacional decreta e eu sanciono a seguinte Lei:

Capítulo I
DISPOSIÇÕES PRELIMINARES

Art. 1º. O controle sanitário do comércio de drogas, medicamentos, insumos farmacêuticos e correlatos, em todo o território nacional, rege-se por esta Lei.

Art. 2º. As disposições desta Lei abrangem as unidades congêneres que integram o serviço público civil e militar da administração direta e indireta, da União, dos Estados, do Distrito Federal, dos Territórios e demais entidades paraestatais, no que concerne aos conceitos, definições e responsabilidade técnica.

Art. 3º. Aplica-se o disposto nesta Lei às unidades de dispensação das instituições de caráter filantrópico ou beneficentes sem fins lucrativos.

Art. 4º. Para efeito desta Lei, são adotados os seguintes conceitos:

I – Droga – substância ou matéria-prima que tenha finalidade medicamentosa ou sanitária;

II – Medicamento – produto farmacêutico, tecnicamente obtido ou elaborado, com finalidade profilática, curativa, paliativa ou para fins de diagnósticos;

III – Insumo Farmacêutico – droga ou matéria-prima aditiva ou complementar de qualquer natureza, destinada a emprego em medicamentos, quando for o caso, e seus recipientes;

IV – Correlato – a substância, produto, aparelho ou acessório não enquadrado nos conceitos anteriores, cujo uso ou aplicação esteja ligado à defesa e proteção da saúde individual ou coletiva, à higiene pessoal ou de ambientes, ou afins diagnósticos e analíticos, os cosméticos e perfumes, e ainda os produtos dietéticos, óticos, de acústica médica, odontológicos e veterinários;

V – Órgão sanitário competente – órgão de fiscalização do Ministério da Saúde, dos Estados, do Distrito Federal, dos Territórios e dos Municípios;

VI – Laboratório Oficial – O laboratório do Ministério da Saúde ou congênere da União, dos Estados, do Distrito Federal e dos Territórios, com competência delegada através de convênio ou credenciamento, destinado a análise de drogas, medicamentos, insumos farmacêuticos e correlatos;

VII – Análise fiscal – a efetuada em drogas, medicamentos, insumos farmacêuticos e correlatos, destinada a comprovar a sua conformidade com a fórmula que deu origem ao registro;

VIII – Empresa – pessoa física ou jurídica, de direito público ou privado, que exerça como atividade principal ou subsidiária o comércio, venda, fornecimento e distribuição de drogas, medicamentos, insumos farmacêuticos e correlatos, equiparando-se à mesma, para efeitos desta Lei, as unidades dos órgãos de administração direta ou indireta, federal ou estadual, do Distrito Federal, dos Territórios, dos Municípios e entidades paraestatais, incumbidas de serviços correspondentes;

IX – Estabelecimento – unidade da empresa destinada ao comércio de drogas, medicamentos, insumos farmacêuticos e correlatos;

X – Farmácia – estabelecimento de manipulação de fórmulas magistrais e oficinais, de comércio de drogas, medicamentos, insumos farmacêuticos e correlatos, compreendendo o de dispensação e o de atendimento privativo de unidade hospitalar ou de qualquer outra equivalente de assistência médica;

XI – Drogaria – estabelecimento de dispensação e comércio de drogas, medicamentos, insumos farmacêuticos e correlatos em suas embalagens originais;

XII – Ervanaria – estabelecimento que realize dispensação de plantas medicinais;

XIII – Posto de medicamentos e unidades volante – estabelecimento destinado exclusivamente à venda de medicamentos industrializados em suas embalagens originais e constantes de relação elaborada pelo órgão sanitário federal, publicada na imprensa oficial, para atendimento a localidades desprovidas de farmácia ou drogaria;

XIV – Dispensário de medicamentos – setor de fornecimento de medicamentos industrializados, privativo de pequena unidade hospitalar ou equivalente;

XV – Dispensação – ato de fornecimento ao consumidor de drogas, medicamentos, insumos farmacêuticos e correlatos, a título remunerado ou não;

XVI – Distribuidor, representante, importador e exportador – empresa que exerça direta ou indiretamente o comércio atacadista de drogas, medicamentos em que suas embalagens originais, insumos farmacêuticos e de correlatos;

XVII – Produto dietético – produto tecnicamente elaborado para atender às necessidades dietéticas de pessoas em condições fisiológicas especiais;

XVIII – Supermercado – estabelecimento que comercializa, mediante auto-serviço, grande variedade de mercadorias, em especial produtos alimentícios em geral e produtos de higiene e limpeza;

(*) Inciso XVII acrescido pela Lei nº 9.069, de 29.6.1995.

XIX – Armazém e empório – estabelecimento que comercializa, no atacado ou no varejo, grande variedade de mercadorias e, de modo especial, gêneros alimentícios e produtos de higiene e limpeza;

(*) Inciso XIX acrescido pela Lei nº 9.069, de 29.6.1995.

XX – Loja de conveniência e "*drugstore*" – estabelecimento que, mediante auto-serviço ou não, comercializa diversas mercadorias, com ênfase para aquelas de primeira necessidade, dentre as quais alimentos em geral, produtos de higiene e limpeza e apetrechos domésticos, podendo funcionar em qualquer período do dia e da noite, inclusive nos domingos e feriados.

(*) Inciso XX acrescido pela Lei nº 9.069, de 29.6.1995.

Capítulo II
DO COMÉRCIO FARMACÊUTICO

Art. 5º. O comércio de drogas, medicamentos e de insumos farmacêuticos é privativo das empresas e dos estabelecimentos definidos nesta Lei.

§ 1º. O comércio de determinados correlatos, tais como aparelhos e acessórios, produtos utilizados para fins diagnósticos e analíticos, odontológicos, veterinários, de higiene pessoal ou de ambiente, cosméticos e perfumes, exercido por estabelecimentos especializados, poderá ser extensivo às farmácias e drogarias, observado o disposto em lei federal e na supletiva dos Estados, do Distrito Federal e dos Territórios.

§ 2º. A venda de produtos dietéticos será realizada nos estabelecimentos de dispensação e, desde que não contenham substâncias medicamentosas, pelos do comércio fixo.

Art. 6º. A dispensação de medicamentos é privativa de:

a) farmácia;

b) drogaria;

c) posto de medicamento e unidade volante;

d) dispensário de medicamentos.

Parágrafo único. Para atendimento exclusivo a seus usuários, os estabelecimentos hoteleiros e similares poderão dispor de medicamentos anódinos, que não dependam de receita médica, observada a relação elaborada pelo órgão sanitário federal.

Art. 7º. A dispensação de plantas medicinais é privativa das farmácias e ervanarias, observados o acondicionamento adequado e classificação botânica.

Art. 8º. Apenas poderão ser entregues à dispensação drogas, medicamentos, insumos farmacêuticos e correlatos que obedeçam aos padrões de qualidade oficialmente reconhecidos.

Capítulo III
DA FARMÁCIA HOMEOPÁTICA

Art. 9º. O comércio de medicamentos homeopáticos obedecerá às disposições desta Lei, atendidas as suas peculiaridades.

Art. 10. A farmácia homeopática só poderá manipular fórmulas oficinais e magistrais, obedecida a farmacotécnica homeopática.

Parágrafo único. A manipulação de medicamentos homeopáticos não constantes das farmacopeias ou dos formulários homeopáticos depende de aprovação do órgão sanitário federal.

Art. 11. O Serviço Nacional de Fiscalização da Medicina e Farmácia baixará instruções sobre o receituário, utensílios, equipamentos e relação do estoque mínimo de produtos homeopáticos.

Art. 12. É permitido às farmácias homeopáticas manter seções de vendas de correlatos e de medicamentos não homeopáticos quando apresentados em suas embalagens originais.

Art. 13. Dependerá de receita médica a dispensação de medicamentos homeopáticos, cuja concentração de substância ativa corresponda às doses máximas farmacologicamente estabelecidas.

Art. 14. Nas localidades desprovidas de farmácia homeopática, poderá ser autorizado o funcionamento de posto de medicamentos homeopáticos ou a dispensação dos produtos em farmácia alopática.

Capítulo IV
DA ASSISTÊNCIA E RESPONSABILIDADE TÉCNICAS

Art. 15. A farmácia e a drogaria terão, obrigatoriamente, a assistência de técnico responsável, inscrito no Conselho Regional de Farmácia, na forma da lei.

§ 1º. A presença do técnico responsável será obrigatória durante todo o horário de funcionamento do estabelecimento.

§ 2º. Os estabelecimentos de que trata este artigo poderão manter técnico responsável substituto, para os casos de impedimento ou ausência do titular.

§ 3º. Em razão do interesse público, caracterizada a necessidade da existência de farmácia ou drogaria, e na falta do farmacêutico, o órgão sanitário de fiscalização local licenciará os estabelecimentos sob a responsabilidade técnica de prático de farmácia, oficial de farmácia ou outro, igualmente inscrito no Conselho Regional de Farmácia, na forma da lei.

Art. 16. A responsabilidade técnica do estabelecimento será comprovada por declaração de firma individual, pelos estatutos ou contrato social, ou pelo contrato de trabalho do profissional responsável.

§ 1º. Cessada a assistência técnica pelo término ou alteração da declaração de firma individual, contrato social ou estatutos de pessoa jurídica ou pela rescisão do contrato de trabalho, o profissional responderá pelos atos praticados durante o período em que deu assistência ao estabelecimento.

§ 2º. A responsabilidade referida no parágrafo anterior substituirá pelo prazo de um ano a contar da data em que o sócio ou empregado cesse o vínculo com a empresa.

Art. 17. Somente será permitido o funcionamento de farmácia e drogaria sem a assistência do técnico responsável, ou de seu substituto, pelo prazo de até trinta dias, período em que não serão aviadas fórmulas magistrais ou oficiais nem vendidos medicamentos sujeitos a regime especial de controle.

Art. 18. É facultado à farmácia ou drogaria manter serviço de atendimento ao público para aplicação de injeções a cargo de técnico habilitado, observada a prescrição médica.

§ 1º. Para efeito deste artigo o estabelecimento deverá ter local privativo, equipamento e acessório apropriados, e cumprir os preceitos sanitários pertinentes.

§ 2º. A farmácia poderá manter laboratório de análises clínicas, desde que em dependência distinta e separada, e sob a responsabilidade técnica do farmacêutico bioquímico.

Art. 19. Não dependerão de assistência técnica e responsabilidade profissional o posto de medicamentos, a unidade volante e o supermercado, o armazém e o empório, a loja de conveniência e a "*drugstore*".

(*) Art. 19 com redação dada pela Lei nº 9.069, de 29.6.1995.

Art. 20. A cada farmacêutico será permitido exercer a direção técnica de, no máximo, duas farmácias, sendo uma comercial e uma hospitalar.

Capítulo V
DO LICENCIAMENTO

Art. 21. O comércio, a dispensação, a representação ou distribuição e a importação ou exportação de drogas, medicamentos, insumos farmacêuticos e correlatos será exercido somente por empresas e estabelecimentos licenciados pelo órgão sanitário competente dos Estados, do Distrito Federal e dos Territórios, em conformidade com a legislação supletiva a ser baixada pelos mesmos, respeitadas as disposições desta Lei.

Art. 22. O pedido da licença será instruído com:

a) prova de constituição da empresa;

b) prova de relação contratual entre a empresa e seu responsável técnico, quando for o caso;

c) prova de habilitação legal do responsável técnico, expedida pelo Conselho Regional de Farmácia.

Art. 23. São condições para licença:

a) localização conveniente sob o aspecto sanitário;

b) instalações independentes e equipamentos que a satisfaçam aos requisitos técnicos adequados à manipulação e comercialização pretendidas;

c) assistência de técnico responsável, de que trata o art. 15 e seus parágrafos, ressalvadas as exceções previstas nesta Lei.

Parágrafo único. A legislação supletiva dos Estados, do Distrito Federal e dos Territórios poderá reduzir as exigências sobre a instalação e equipamentos, para o licenciamento de estabelecimentos destinados à assistência farmacêutica no perímetro suburbano e zona rural.

Art. 24. A licença, para funcionamento do estabelecimento, será expedida após verificação da observância das condições fixadas nesta Lei e na legislação supletiva.

Art. 25. A licença terá sua validade fixada em regulamentação específica pela autoridade sanitária local, de acordo com o risco sanitário das atividades desenvolvidas pelos estabelecimentos, e poderá ser revalidada por períodos iguais e sucessivos.

(*) Art. 25, *caput*, com redação dada pela Lei nº 13.097, de 19.1.2015.

Parágrafo único. A revalidação de licença deverá ser requerida nos primeiros 120 (cento e vinte) dias de cada exercício.

(*) Parágrafo único com redação dada pela Lei nº 6.318, de 22.12.1975.

Art. 25-A. Os requisitos e procedimentos para registro, ou notificação, e comercialização de produtos sujeitos à vigilância sanitária considerados de uso tradicional serão regulamentados por ato específico da Agência Nacional de Vigilância Sanitária.

(*) Art. 25-A acrescido pela Lei nº 13.097, de 19.1.2015.

Art. 25-B. A transferência de titularidade do registro de produtos sujeitos à vigilância sanitária fica condicionada ao pagamento da diferença, a maior, do valor da taxa de fiscalização sanitária.

(*) Art. 25-B acrescido pela Lei nº 13.097, de 19.1.2015.

Art. 26. A revalidação somente será concedida após a verificação do cumprimento das condições sanitárias exigidas para o licenciamento do estabelecimento, através de inspeção.

Art. 27. A transferência de propriedade e a alteração da razão social ou do nome do estabelecimento não interromperá o prazo de validade da licença, sendo porém obrigatória a comunicação das alterações referidas e a apresentação dos atos que comprovem, a averbação.

Art. 28. A mudança do estabelecimento para o local diverso do previsto no licenciamento dependerá de licença prévia do órgão sanitário competente e do atendimento das normas exigidas para o licenciamento.

Art. 29. O posto de medicamentos de que trata o item XIII do art. 4º, terá as condições de licenciamento estabelecidas na legislação supletiva dos Estados, do Distrito Federal e dos Territórios.

Art. 30. A fim de atender às necessidades e peculiaridades de regiões desprovidas de farmácia, drogaria e posto medicamentos consoante legislação supletiva dos Estados, do Distrito Federal e dos Territórios, órgão sanitário competente poderá licenciar unidade volante par a dispensação de medicamentos, constantes de relação elaborada pelo Serviço Nacional de Fiscalização da Medicina e Farmácia.

§ 1º. A dispensação será realizada em meios de transportes terrestres, marítimos, fluviais, lacustres, ou aéreos, que possuam condições adequadas à guarda dos medicamentos.

§ 2º. A licença prevista neste artigo será concedida a título provisório e cancelada tão logo se estabeleça uma farmácia na região.

Art. 31. Para o efeito de controle estatístico o órgão sanitário competente dos Estados, e do Distrito Federal e dos territórios enviará ao Serviço Nacional de Fiscalização da Medicina e Farmácia do Ministério da Saúde, anualmente, até 30 de junho, a relação numérica dos licenciamentos, das revalidações e baixas concedidas às empresas e estabelecimentos de que trata o art. 21.

Art. 32. As licenças poderão ser suspensas, cassadas, ou canceladas no interesse da saúde pública, mediante despacho fundamentado da autoridade competente, assegurado o direito de defesa em processo administrativo, instaurado pelo órgão sanitário.

Art. 33. O estabelecimento de dispensação que deixar de funcionar por mais de cento e vinte dias terá sua licença cancelada.

Art. 34. Os estabelecimentos referidos nos itens X e XI, do art. 4º desta Lei, poderão manter sucursais e filiais que, para efeito de licenciamento, instalação e responsabilidade serão considerados como autônomos.

Capítulo VI
DO RECEITUÁRIO

Art. 35. Somente será aviada a receita:

a) que estiver escrita a tinta, em vernáculo, por extenso e de modo legível, observados a nomenclatura e o sistema de pesos e medidas oficiais;

b) que contiver o nome e o endereço residencial do paciente, expressamente, o modo de usar a medicação;

c) que contiver a data e a assinatura do profissional, endereço do consultório ou residência, e o número de inscrição no respectivo Conselho profissional.

Parágrafo único. O receituário de medicamentos entorpecentes ou a estes equiparados e os demais sob regime de controle, de acordo com a sua classificação, obedecerá às disposições da legislação federal específica.

Art. 36. A receita de medicamentos magistrais e oficinais, preparados na farmácia, deverá ser registrada em livro de receituário.

§ 1º. É vedada a captação de receitas contendo prescrições magistrais e oficinais em drogarias, ervanárias e postos de medicamentos, ainda que em filiais da mesma empresa, bem como a intermediação entre empresas.

(*) § 1º acrescido pela Lei nº 11.951, de 24.6.2009.

§ 2º. É vedada às farmácias que possuem filiais a centralização total da manipulação em apenas 1 (um) dos estabelecimentos.

(*) § 2º acrescido pela Lei nº 11.951, de 24.6.2009.

Art. 37. A farmácia, a drogaria e o dispensário de medicamentos terão livro, segundo modelo oficial, destinado ao registro do receituário de medicamentos sob o regime de controle sanitário especial.

Parágrafo único. O controle do estoque dos produtos de que trata o presente artigo será feito mediante registro especial, respeitada a legislação específica para os entorpecentes e os a este equiparados, e as normas baixadas pelo Serviço Nacional de Fiscalização da Medicina e Farmácia.

Art. 38. A farmácia e a drogaria disporão de rótulos impressos para uso nas embalagens de produtos aviados, deles constando o nome e o endereço do estabelecimento, o número da licença sanitária, o nome do responsável técnico e o número do seu registro no Conselho Regional de Farmácia.

Parágrafo único. Além dos rótulos a que se refere o presente artigo, a farmácia terá impressos com os dizeres: "Uso Externo", "Uso Interno", "Agite Quando Usar", "Uso Veterinário", e "Veneno".

Art. 39. Os dizeres da receita serão transcritos integralmente no rótulo aposto ao continente ou invólucro do medicamento aviado, com a data de sua manipulação, número de ordem do registro de receituário, nome do paciente e do profissional que a prescreveu.

Parágrafo único. O responsável técnico pelo estabelecimento rubricará os rótulos das fórmulas aviadas e bem assim a receita correspondente para devolução ao cliente ou arquivo, quando for o caso.

Art. 40. A receita em código, para aviamento na farmácia privativa da instituição, somente poderá ser prescrita por profissional vinculado à unidade hospitalar.

Art. 41. Quando a dosagem do medicamento prescrito ultrapassar os limites farmacológicos ou a prescrição apresentar incompatibilidades o responsável técnico pelo estabelecimento solicitará confirmação expressa ao profissional que a prescreveu.

Art. 42. Na ausência do responsável técnico pela farmácia ou de seu substituto, será vedado o aviamento de fórmula que dependa de manipulação na qual figure substância sob regime de controle sanitário especial.

Art. 43. O registro do receituário e dos medicamentos sob regime de controle sanitário especial não poderá conter rasuras, emendas ou irregularidades que possam prejudicar a verificação da sua autenticidade.

Capítulo VII
DA FISCALIZAÇÃO

Art. 44. Compete aos órgãos de fiscalização sanitária dos Estados, do Distrito Federal e dos Territórios a fiscalização dos estabelecimentos de que trata esta Lei, para verificação das condições de licenciamento e funcionamento.

§ 1º. A fiscalização nos estabelecimentos de que trata o art. 2º obedecerá aos mesmos preceitos fixados para o controle sanitário dos demais.

§ 2º. Na hipótese de ser apurada infração ao disposto nesta Lei e demais normas pertinentes, os responsáveis ficarão sujeitos às sanções previstas na legislação penal e administrativa, sem prejuízo da ação disciplinar decorrente do regime jurídico a que estejam submetidos.

Art. 45. A fiscalização sanitária das drogas, medicamentos, insumos farmacêuticos e correlatos será exercida nos estabelecimentos que os comerciem, pelos Estados, Distrito Federal e Territórios, através de seus órgãos competentes.

Art. 46. No caso de dúvida quanto aos rótulos, bulas e ao acondicionamento de drogas, medicamentos, insumos farmacêuticos e correlatos, a fiscalização apreenderá duas unidades de produto, das quais uma será remetida para exame no órgão sanitário competente, ficando a outra em poder do detentor do produto, lavrando-se o termo de apreensão, em duas vias, que será assinado pelo agente fiscalizador e pelo responsável técnico pelo estabelecimento, ou seu substituto eventual e, na ausência deste, por duas testemunhas.

Parágrafo único. Constatada a irregularidade pelo órgão sanitário competente, será lavrado auto de infração, aplicando-se as disposições constantes do Decreto-Lei nº 785, de 25 de agosto de 1969.

(*) Decreto-Lei nº 785, de 25.8.1969, revogado.
Vide Lei nº 6.437, de 20.8.1977.

Art. 47. Para efeito de análise fiscal, proceder-se-á, periodicamente, à colheita de amostras dos produtos e materiais, nos estabelecimentos compreendidos nesta Lei, devendo a autoridade fiscalizadora, como medida preventiva, em caso de suspeita de alteração ou fraude, interditar o estoque existente no local, até o prazo máximo de sessenta dias, findo os quais o estoque ficará automaticamente liberado, salvo se houver notificação em contrário.

§ 1º. No caso de interdição do estoque, a autoridade fiscalizadora lavrará o auto de interdição correspondente, que assinará, com o representante legal da empresa e o possuidor ou detentor do produto, ou seu substituto legal e, na ausência ou recusa destes, por duas testemunhas, especificado no auto a natureza e demais características do produto interditado e o motivo da interdição.

§ 2º. A mercadoria interditada não poderá ser dada a consumo, desviada, alterada ou substituída no todo ou em parte, sob pena de ser apreendida, independentemente da ação penal cabível.

§ 3º. Para análise fiscal serão colhidas amostras que serão colocadas em quatro invólucros, lavrando a autoridade fiscalizadora o auto de apreensão, em quatro vias, que será assinado pelo autuante, pelo representante legal da empresa, pelo possuidor ou detentor do produto, ou seu substituto legal, e na ausência ou recusa destes, por duas testemunhas, especificado no auto a natureza e outras características do material apreendido.

§ 4º. O número de amostras será limitado à quantidade necessária e suficiente às análises e exames.

§ 5º. Dos quatro invólucros, tornados individualmente invioláveis e convenientemente autenticados, no ato de apreensão, um ficará em poder do detentor do produto, com a primeira via do respectivo auto para efeito de recursos; outro será remetido ao fabricante com a segunda via do auto para defesa, em caso de contraprova; o terceiro será enviado, no prazo máximo de cinco dias, ao laboratório oficial, com a terceira via do auto de apreensão para análise fiscal e o quarto ficará em poder da autoridade fiscalizadora, que será responsável pela integridade e conservação da amostra.

§ 6º. O laboratório oficial terá o prazo de trinta dias, contados da data do recebimento da amostra, para efetuar a análise e os exames.

§ 7º. Quando se tratar de amostras de produtos perecíveis em prazo inferior ao estabelecido no parágrafo anterior, a análise deverá ser feita de imediato.

§ 8º. O prazo previsto no § 6º poderá ser prorrogado, excepcionalmente, até quinze dias, por razões técnicas devidamente justificadas.

Art. 48. Concluída a análise fiscal, o laboratório oficial remeterá imediatamente o laudo respectivo à autoridade fiscalizadora competente, que procederá de acordo com a conclusão do mesmo.

§ 1º. Se o resultado da análise fiscal não comprovar alteração do produto, este será desde logo liberado.

§ 2º. Comprovada a alteração, falsificação, adulteração ou fraude, será lavrado de imediato, auto de infração e notificada a empresa para início do processo.

§ 3º. O indiciado terá o prazo de dez dias, contados da notificação, para apresentar defesa escrita ou contestar o resultado da análise, requerendo, na seguinte hipótese, perícia de contraprova.

§ 4º. A notificação do indiciado será feita por intermédio de funcionário lotado no órgão sanitário competente ou mediante registro postal e, no caso de não ser localizado ou encontrado, por meio de edital publicado no órgão oficial de divulgação.

§ 5º. Decorrido o prazo de que trata o § 3º deste artigo, sem que o notificado apresente defesa ou contestação ao resultado da análise, o laudo será considerado definitivo e proferida a decisão pela autoridade sanitária competente, consoante o disposto no Decreto-Lei nº 785, de 25 de agosto de 1969.

(*) Decreto-Lei nº 785, de 25.8.1969, revogado. Vide Lei nº 6.437, de 20.8.1977.

Art. 49. A perícia de contraprova será realizada no laboratório oficial que expedir o laudo condenatório, com a presença do perito que efetuou a análise fiscal, do perito indicado pela empresa e do perito indicado pelo órgão fiscalizador, utilizando-se as amostras constantes do invólucro em poder do detentor.

§ 1º. A perícia de contraprova será iniciada até quinze dias após o recebimento da defesa apresentada pelo indiciado, e concluída nos quinze dias subsequentes, salvo se as condições técnicas exigirem prazo maior.

§ 2º. Na data fixada para perícia de contraprova, o perito do indiciado apresentará o invólucro de amostras em seu poder.

§ 3º. A perícia de contraprova não será realizada se houver indício de alteração ou violação dos invólucros, lavrando-se ata circunstanciada sobre o fato, assinada pelos peritos.

§ 4º. Na hipótese do parágrafo anterior, prevalecerá, para todos os efeitos, o laudo de análise fiscal condenatória.

§ 5º. Aos peritos serão fornecidos todos os informes necessários à realização da perícia de contraprova.

§ 6º. Aplicar-se-á à perícia de contraprova o mesmo método de análise empregado na análise fiscal condenatória, podendo, porém, ser adotado outro método de reconhecida eficácia, se houver concordância dos peritos.

§ 7º. Os peritos lavrarão termo e laudo do ocorrido na perícia de contraprova, que ficarão arquivados no laboratório oficial, remetendo sua conclusão ao órgão sanitário de fiscalização.

Art. 50. Confirmado pela perícia de contraprova o resultado da análise fiscal condenatória, deverá a autoridade sanitária competente, ao proferir a sua decisão, determinar a inutilização do material ou produto, substância ou insumo, objeto de fraude, falsificação ou adulteração, observado o disposto no Decreto-Lei nº 785 de 25 de agosto de 1969.

(*) Decreto-Lei nº 785, de 25.8.1969, revogado. Vide Lei nº 6.437, de 20.8.1977.

Art. 51. Em caso de divergência entre os peritos quanto ao resultado da análise fiscal condenatória ou discordância entre os resultados dessa última com a da perícia de contraprova, caberá recurso da parte interessada ou do perito responsável pela análise condenatória à autoridade competente, devendo esta determinar a realização de novo exame pericial sobre a amostra em poder do laboratório oficial de controle.

§ 1º. O recurso de que trata este artigo deverá ser interposto no prazo de dez dias, contados da data da conclusão da perícia de contraprova.

§ 2º. A autoridade que receber o recurso deverá decidir sobre o mesmo no prazo de dez dias, contados da data do seu recebimento.

§ 3º. Esgotado o prazo referido no § 2º, sem decisão do recurso, prevalecerá o resultado da perícia de contraprova.

Art. 52. Configurada infração por inobservância de preceitos ético-profissionais, o órgão fiscalizador comunicará o fato Conselho Regional de Farmácia da Jurisdição.

Art. 53. Não poderá ter exercício nos órgãos de fiscalização sanitária o servidor público que for sócio ou acionista de qualquer categoria, ou que prestar serviços a empresa ou estabelecimento que explore o comércio de drogas, medicamentos, insumos farmacêuticos e correlatos.

Capítulo VIII
DISPOSIÇÕES FINAIS E TRANSITÓRIAS

Art. 54. O Serviço Nacional de Fiscalização da Medicina e Farmácia baixará normas sobre:

a) a padronização do registro do estoque e da venda ou dispensação dos medicamentos sob controle sanitário especial, atendida a legislação pertinente;

b) os estoques mínimos de determinados medicamentos nos estabelecimentos de dispensação, observado o quadro nosológico local;

c) os medicamentos e materiais destinados a atendimento de emergência, incluídos os soros profiláticos.

Art. 55. É vedado utilizar qualquer dependência da farmácia ou drogaria como consultório, ou outro fim diverso do licenciamento.

Art. 56. As farmácias e drogarias são obrigadas a plantão, pelo sistema de rodízio, para atendimento ininterrupto à comunidade, consoante normas a serem baixadas pelos Estados, Distrito Federal, Territórios e Municípios.

Art. 57. Os práticos e oficiais de farmácia, habilitados na forma da lei, que estiverem em plena atividade e provarem manter a propriedade ou co-propriedade de farmácia em 11 de novembro de 1960, serão provisionados pelo Conselho Federal e Conselhos Regionais de Farmácia para assumir a responsabilidade técnica do estabelecimento.

§ 1º. O prático e o oficial de farmácia nas condições deste artigo não poderão exercer outras atividades privativas da profissão de farmacêutico.

§ 2º. O provisionamento de que trata este artigo será efetivado no prazo máximo de noventa dias, a contar da data de entrada do respectivo requerimento, devidamente instruído.

Art. 58. Ficam revogados os Decretos do Governo Provisório nºs 19.606, de 19 de janeiro de 1931; 20.627, de 9 de novembro de 1931, que retificou o primeiro; 20.377, de 8 de setembro de 1931, ressalvados seus arts. 2º e 3º, e a Lei nº 1.472, de 22 de novembro de 1951.

Art. 59. Esta Lei entrará em vigor na data de sua publicação, revogadas as disposições em contrário.

Brasília, 17 de dezembro de 1973; 152º da Independência e 85º da República.

Emílio G. Médici – DOU de 19.12.1973

DECRETO Nº 74.170, DE 10 DE JUNHO DE 1974

Regulamenta a Lei nº 5.991, de 17 de dezembro de 1973, que dispõe sobre o controle sanitário do comércio de drogas, medicamentos, insumos farmacêuticos e correlatos.

O Presidente da República, usando da atribuição que lhe confere o art. 81, item III, da Constituição, e tendo em vista o disposto na Lei nº 5.991, de 17 de dezembro de 1973,

Decreta:

Capítulo I
DISPOSIÇÕES PRELIMINARES

Art. 1º. O controle sanitário do comércio de drogas, medicamentos, insumos farmacêuticos e correlatos, em todo o Território Nacional, abrange:

I – os estabelecimentos, ou locais de comércio, especializados, definidos no art. 3º, itens X, XI, XII, XIII, XIV, e XVI;

II – as unidades congêneres do serviço público civil e militar da administração direta e indireta da União, dos Estados, do Distrito Federal, dos Territórios e dos Municípios e de suas entidades paraestatais;

III – as unidades similares, privativas de instituições particulares, hospitalares ou de qualquer outra natureza, inclusive as de caráter filantrópico ou beneficente, sem fins lucrativos;

IV – os estabelecimentos não especializados, autorizados à comercialização de determinados produtos cuja venda não seja privativa das empresas e dos estabelecimentos mencionados no item I.

Art. 2º. Para efeito do controle sanitário serão observadas as seguintes definições:

I – *Droga* – substância ou matéria-prima que tenha finalidade medicamentosa ou sanitária;

II – *Medicamento* – produto farmacêutico, tecnicamente obtido ou elaborado, com finalidade profilática, curativa, paliativa, ou para fins de diagnóstico;

III – *Insumo farmacêutico* – droga ou matéria-prima aditiva ou complementar de qualquer natureza, destinada a emprego em medicamentos, quando for o caso, e seus recipientes;

IV – *Correlato* – a substância produto aparelho ou acessório não enquadrado nos conceitos anteriores, cujo uso ou aplicação esteja ligado à defesa e proteção da saúde individual ou coletiva, à higiene pessoal ou de ambiente, ou a fins diagnósticos e analíticos os cosméticos e perfumes, e, ainda, os produtos dietéticos, óticos, de acústica médica, odontológicos e veterinários;

V – *Órgão sanitário competente* – órgão de fiscalização do Ministério da Saúde, dos Estados, do Distrito Federal, dos Territórios e dos Municípios;

VI – *Laboratório oficial* – o laboratório do Ministério da Saúde, ou congênere da União, dos Estados, do Distrito Federal e dos Territórios com competência delegada através de convênio ou credenciamento destinado à análise de drogas, medicamentos, insumos farmacêuticos e correlatos;

VII – *Análise fiscal* – a efetuada em drogas, medicamentos, insumos farmacêuticos e correlatos, destinada a comprovar a sua conformidade com a fórmula que deu origem ao registro;

VIII – *Empresa* – pessoa física ou jurídica, de direito público ou privado que exerça com atividade principal ou subsidiária o comércio, venda, fornecimento e distribuição de drogas, medicamentos, insumos farmacêuticos e correlatos equiparando-se à mesma para os efeitos da Lei nº 5.991, de 17 de dezembro de 1973, e deste Regulamento, as unidades dos órgãos da administração direta ou indireta, da União, dos Estados, do Distrito Federal, dos Territórios dos Municípios e de suas entidades paraestatais, incumbidas de serviços correspondentes;

IX – *Estabelecimento* – unidade da empresa destinada ao comércio de drogas, medicamentos, insumos farmacêuticos e correlatos;

X – *Farmácia* – estabelecimento de manipulação de fórmulas magistrais e oficinais de comércio de drogas, medicamentos, insumos farmacêuticos e correlatos, compreendendo o de dispensação e o de atendimento privativo de unidade hospitalar ou de qualquer outra equivalente de assistência médica;

XI – *Drogaria* – estabelecimento de dispensação e comércio de drogas, medicamentos, insumos farmacêuticos e correlatos, em suas embalagens originais;

XII – *Ervanaria* – estabelecimento que realize dispensação de plantas medicinais;

XIII – *Posto de medicamentos e unidade volante* – estabelecimentos destinados exclusivamente à venda de medicamentos industrializados em suas embalagens originais e constantes de relação elaborada pelo órgão sanitário federal, publicada na imprensa oficial, para atendimento a localidade desprovidas de farmácia ou drogaria;

XIV – *Dispensário de medicamentos* – setor de fornecimento de medicamentos industrializados privativo de pequena unidade hospitalar ou equivalente;

XV – *Dispensação* – ato de fornecimento ao consumidor de drogas, medicamentos, insumos farmacêuticos e correlatos, a título remunerado ou não;

XVI – *Distribuidor, representante, importador e exportador* – empresa que exerça direta ou indiretamente o comércio atacadista de drogas, medicamentos em suas embalagens originais, insumos farmacêuticos e de correlatos;

XVII – *Produto dietético* – produto tecnicamente elaborado para atender às necessidades dietéticas de pessoas em condições fisiológicas especiais;

XVIII – *Fracionamento* – procedimento que integra a dispensação de medicamentos na forma fracionada, efetuado sob a supervisão e responsabilidade de profissional farmacêutico habilitado para atender à prescrição ou ao tratamento correspondente nos casos de medicamentos isentos de prescrição, caracterizado pela subdivisão de um medicamento em frações individualizadas, a partir de sua embalagem original, sem o rompimento da embalagem primária, mantendo seus dados de identificação;

(*) Inciso XVIII com redação dada pelo Decreto nº 5.775, de 10.5.2006.

XIX – *Embalagem original* – acondicionamento aprovado para fins de registro pelo órgão competente do Ministério da Saúde, destinado à proteção e manutenção das características de qualidade, de segurança e de eficácia do produto, compreendendo as embalagens destinadas ao fracionamento.

(*) Inciso XIX acrescido pelo Decreto nº 5.775, de 10.5.2006.

Capítulo II
DO COMÉRCIO FARMACÊUTICO

Art. 3º. O comércio de drogas, medicamentos e insumos farmacêuticos é privativo dos estabelecimentos definidos no artigo anterior, devidamente licenciados, sendo que a dispensação de medicamentos somente é permitida a:

I – farmácias;

II – drogarias;

III – dispensário de medicamento;

IV – posto de medicamentos e unidade volante.

Parágrafo único. É igualmente privativa dos estabelecimentos enumerados nos itens I, II, III e IV deste artigo, a venda dos produtos dietéticos definidos no item XVII do artigo anterior, e de livre comércio, a dos que não contenham substâncias medicamentosas.

Art. 4º. É permitido às farmácias e drogarias exercerem o comércio de determinados correlatos, como, aparelhos e acessórios usados para fins terapêuticos ou de correção estética, produtos utilizados para fins diagnósticos e analíticos, de higiene pessoal ou de ambiente, o de cosméticos e perfumes, os dietéticos mencionados no parágrafo único *in fine* do artigo anterior, os produtos óticos, de acústica médica, odontológicos, veterinários e outros, desde que observada a legislação específica federal e a supletiva, pertinente, dos Estados do Distrito Federal e dos Territórios.

Art. 5º. É facultado a farmácia ou drogaria manter serviço de atendimento ao público para aplicação de injeções a cargo de técnico habilitado, observada a prescrição médica.

Parágrafo único. Para efeito deste artigo o estabelecimento deverá ter local privativo, equipamento e acessórios apropriados, e cumprir os preceitos sanitários pertinentes.

Art. 6º. A farmácia poderá manter laboratório de análises clínicas, desde que, em dependência distinta e separada e sob a responsabilidade técnica do farmacêutico bioquímico.

Art. 7º. É privativa das farmácias e das ervanarias a venda de plantas medicinais, a qual somente poderá ser efetuada:

I – se verificado o acondicionamento adequado;

II – se indicada a classificação botânica correspondente no acondicionamento, que deve ser aposta em etiqueta ou impresso na respectiva embalagem.

Art. 8º. É permitido aos hotéis e estabelecimentos similares, para atendimento exclusivo de seus usuários, dispor de medicamentos anódinos, que não dependam de receita médica e que constem de relação elaborada pelo Serviço Nacional de Fiscalização da Medicina e Farmácia.

Art. 9º. Não poderão ser entregues ao consumo ou expostos à venda as drogas, medicamentos, insumos farmacêuticos correlatos que não tenham sido licenciados ou registrados pelo Serviço Nacional de Fiscalização da Medicina e Farmácia.

Parágrafo único. As farmácias e drogarias poderão fracionar medicamentos, desde que garantidas as características asseguradas no produto original registrado, ficando a cargo do órgão competente do Ministério da Saúde estabelecer, por norma própria, as condições técnicas e operacionais, necessárias à dispensação de medicamentos na forma fracionada.

(*) Parágrafo único com redação dada pelo Decreto nº 5.775, de 10.5.2006.

Art. 10. É permitida a outros estabelecimentos que não farmácia e drogaria, a venda de produtos ou correlatos, não enquadrados no conceito de droga, medicamento ou insumo farmacêutico, e que independam de prescrição médica.

Capítulo III
DO COMÉRCIO DE MEDICAMENTOS HOMEOPÁTICOS

Art. 11. O comércio dos medicamentos homeopáticos está sujeito ao mesmo controle dos medicamento alopatas, na forma deste Regulamento, observadas as suas peculiaridades.

§ 1º. A farmácia homeopática só poderá manipular as fórmulas oficinais e magistrais, com obediência da farmacotécnica homeopática.

§ 2º. A manipulação de medicamento homeopático que não conste das farmacopeias ou dos formulários homeopáticos depende de aprovação do Serviço Nacional de Fiscalização da Medicina e Farmácia.

§ 3º. A aprovação de que trata o parágrafo anterior será requerida pela representante legal da empresa proprietária do estabelecimento farmacêutico, ao Diretor do Serviço Nacional de Fiscalização de Medicina e Farmácia, que decidirá o pedido louvado em pronunciamento conclusivo da Comissão de Biofarmácia.

§ 4º. O pedido constituirá processo próprio, cuja decisão favorável dará lugar a licença para a manipulação do produto.

Art. 12. Dependerá de receita médica a dispensação de medicamentos homeopáticos, cuja concentração de substância ativa corresponda às doses máximas farmacologicamente estabelecidas.

Art. 13. É permitido às farmácias homeopáticas manter seções de vendas de correlatos e de medicamentos não homeopáticos, desde que estejam acondicionados em suas embalagens originais.

Capítulo IV
DO LICENCIAMENTO

Art. 14. O comércio de drogas, medicamentos, insumos farmacêuticos e correlatos, seja sob a forma de dispensação, distribuição representação, importação ou exportação, somente poderá ser exercido por estabelecimentos licenciados pelo órgão sanitário competente dos Estados do Distrito Federal e dos Territórios, em conformidade com o disposto na Lei nº 5.991, de 17 de dezembro de 1973, neste Regulamento e na legislação supletiva a ser baixada pelos mesmos.

Art. 15. O pedido de licença para o funcionamento dos estabelecimentos mencionados no artigo anterior será dirigido pelo representante legal da empresa ao dirigente do órgão sanitário competente dos Estados, do Distrito Federal e dos Territórios, e instruído com:

I – prova de constituição da empresa;

II – prova de relação contratual entre a empresa e o seu responsável técnico se este não integrar a empresa na qualidade de sócio;

III – prova de habilitação legal para o exercício da responsabilidade técnica do estabelecimento, expedida pelos Conselhos Regionais de Farmácia.

§ 1º. Tratando-se de licença para o funcionamento de farmácias e drogarias deverá acompanhar a petição, a planta e/ou projeto do estabelecimento, assinado por profissional habilitado.

§ 2º. Tratando-se de ervanaria, o pedido de licenciamento será acompanhado de prova de constituição da empresa.

Art. 16. São condições para o licenciamento de farmácias e drogarias:

I – localização conveniente, sob o aspecto sanitário;

II – instalações independentes e equipamentos que satisfaçam aos requisitos técnicos da manipulação;

III – assistência de técnico responsável.

Parágrafo único. Fica a cargo dos Estados, do Distrito Federal e dos Territórios, determinar através da respectiva legislação as condições previstas nos itens I e II deste artigo, podendo reduzir as que dizem respeito a instalações e equipamentos para o funcionamento de estabelecimento, no perímetro suburbano e zona rural, a fim de facilitar o atendimento farmacêutico em regiões menos favorecidas economicamente.

Art. 17. O posto de medicamentos previsto no item XIII do art. 2º destina-se ao atendimento das populações de localidades desprovidas de farmácia e drogaria.

Parágrafo único. Os Estados, Territórios e o Distrito Federal, ao disporem as normas de licenciamento dos postos de medicamentos, levarão em conta:

a) facultar rápido acesso para obtenção dos medicamentos, eliminando as dificuldades causadas pela distância em que se encontre o estabelecimento farmacêutico mais próximo;

b) que o local destinado ao posto tenha condições de assegurar as propriedades dos produtos;

c) que o responsável pelo estabelecimento tenha capacidade mínima necessária para promover a dispensação dos produtos;

d) que os medicamentos comercializados sejam unicamente os industrializados, em suas embalagens originais, e constem de relação elaborada pelo Serviço Nacional de Fiscalização da Medicina e Farmácia e publicada no Diário Oficial da União.

Art. 18. A fim de atender às necessidades e peculiaridades de regiões desprovidas de farmácia, drogaria e posto de medicamentos, o órgão sanitário competente dos Estados, do Distrito Federal e dos Territórios, consoante legislação supletiva que baixem poderá licenciar unidade volante, para a dispensação de medicamentos constantes de relação elaborada pelo Serviço Nacional de Fiscalização da Medicina e Farmácia e publicada no Diário Oficial da União.

§ 1º. Para efeito deste artigo, regiões são aquelas localidades mais interiorizadas, de escassa densidade demográfica e de povoação esparsa.

§ 2º. Considera-se unidade volante, a que realize atendimento através de qualquer meio de transporte, seja aéreo, rodoviário, marítimo, lacustre ou fluvial, em veículos automotores, embarcações ou aeronaves que possuam condições adequadas à guarda dos medicamentos.

§ 3º. A licença prevista neste artigo será concedida a título precário, prevalecendo apenas enquanto a região percorrida pela unidade volante licenciada não disponha de estabelecimento fixo de farmácia ou drogaria.

§ 4º. Para fim de licenciar a unidade volante, a autoridade sanitária competente dos Estados, do Distrito Federal e dos Territórios estabelecerá o itinerário a ser por ela percorrido, que deverá ser observado, sob pena de cancelamento da licença, com fundamento no art. 8º, itens I e II, do Decreto-Lei nº 785, de 25 de agosto de 1969.

(*) Decreto-Lei nº 785, de 25.8.1969, revogado. Vide Lei nº 6.437, de 20.8.1977.

Art. 19. A licença para o funcionamento dos estabelecimentos mencionados no art. 14, é privativa da autoridade sanitária competente dos Estados, do Distrito Federal e dos Territórios, observadas as condições estabelecidas na Lei nº 5.991, de 17 de dezembro de 1973, neste Regulamento, e na legislação supletiva, se houver.

Art. 20. A licença será válida pelo prazo de um ano, podendo ser revalidada por períodos iguais e sucessivos.

Art. 21. Os estabelecimentos referidos nos itens X e XI do art. 2º deste regulamento, poderão manter filiais ou sucursais que serão licenciadas como unidades autônomas e em condições idênticas às do licenciamento da matriz ou sede.

Art. 22. A revalidação da licença deverá ser requerida até cento e vinte (120) dias antes do término de sua vigência.

§ 1º. Somente será concedida a revalidação se constatado o cumprimento das condições exigidas para a licença através de inspeção realizada pela autoridade sanitária competente.

§ 2º. Se a autoridade sanitária não decidir o pedido de revalidação antes do término do prazo da licença, considerar-se-á automaticamente prorrogada aquela até a data da decisão.

Art. 23. O prazo de validade da licença ou de sua revalidação, não será interrompido pela transferência da propriedade, pela alteração da razão social da empresa ou do nome do estabelecimento, sendo, porém, obrigatória a comunicação dos fatos referidos ao órgão de fiscalização competente, acompanhada da documentação comprobatória para averbação.

Art. 24. A mudança do estabelecimento farmacêutico para local diverso do previsto na licença, não interromperá a vigência desta, ou de sua revalidação, mas ficará condicionada a prévia aprovação do órgão competente e ao atendimento do disposto nos itens I e II, do art. 16, deste Regulamento, e das normas supletivas dos Estados, do Distrito Federal e dos Territórios, que forem baixadas.

Art. 25. O estabelecimento de dispensação que deixar de funcionar por mais de cento e vinte (120) dias terá sua licença cancelada.

Parágrafo único. O cancelamento da licença, resultará de despacho fundamentado após vistoria realizada pela autoridade sanitária competente dos Estados, do Distrito Federal e dos Territórios.

Art. 26. As licenças poderão ser suspensas, cassadas ou canceladas, no interesse da saúde pública, a qualquer tempo por ato da autoridade sanitária competente dos Estados, do Distrito Federal e dos Territórios.

Parágrafo único. No caso previsto neste artigo, a sanção será imposta em decorrência de processo administrativo instaurado pelo órgão sanitário, no qual se assegure ampla defesa aos responsáveis.

Capítulo V
DA ASSISTÊNCIA E RESPONSABILIDADE TÉCNICAS

Art. 27. A farmácia e a drogaria terão, obrigatoriamente, a assistência de técnico responsável.

(*) Art. 27, *caput*, com redação dada pelo Decreto nº 793, de 5.4.1993.

§ 1º. O técnico responsável de que trata este artigo será o farmacêutico inscrito no Conselho Regional de Farmácia, na forma da lei.

(*) § 1º com redação dada pelo Decreto nº 793, de 5.4.1993.

§ 2º. Contarão também, obrigatoriamente, com a assistência técnica de farmacêutico responsável os setores de dispensação dos hospitais públicos e privados e demais unidades de saúde, distribuidores de medicamentos, casas de saúde, centros de saúde, clínicas de repouso e similares que dispensem, distribuam ou manipulem medicamentos sob controle especial ou sujeitos a prescrição médica.

(*) § 2º com redação dada pelo Decreto nº 793, de 5.4.1993.

§ 3º. A presença do farmacêutico responsável será obrigatória durante todo o horário de funcionamento dos estabelecimentos mencionados no parágrafo anterior e no *caput* deste artigo.

(*) § 3º acrescido pelo Decreto nº 793, de 5.4.1993.

§ 4º. Os estabelecimentos de dispensação poderão manter farmacêutico responsável substituto para suprir os casos de impedimento ou ausência do titular.

(*) § 4º acrescido pelo Decreto nº 793, de 5.4.1993.

§ 5º. Todos os estabelecimentos de dispensação de medicamentos, incluindo os serviços ambulatoriais e hospitalares da rede pública e do setor privado, ficam obrigados a fixar de modo visível, no principal local de atendimento ao público, e de maneira permanente, placa padronizada indicando o nome do estabelecimento, o nome do farmacêutico responsável, o número de seu registro no CRF, seu horário de trabalho no estabelecimento, bem como os números dos telefones do órgão de vigilância sanitária e do Conselho Regional de Farmácia, para receberem reclamações ou sugestões sobre infrações à lei.

(*) § 5º acrescido pelo Decreto nº 793, de 5.4.1993.

Art. 28. O poder público, através do órgão sanitário competente dos Estados, do Distrito Federal e dos Territórios, poderá licenciar farmácia ou drogaria sob a responsabilidade técnica de prático de farmácia, oficial de farmácia ou outro, igualmente inscrito no Conselho Regional de Farmácia respectivo, na forma da lei, desde que:

I – o interesse público justifique o licenciamento, uma vez caracterizada a necessidade de instalação de farmácia ou drogaria no local; e

II – que inexista farmacêutico na localidade, ou existindo não queira ou não possa esse profissional assumir a responsabilidade técnica pelo estabelecimento.

§ 1º. A medida excepcional de que trata este artigo, poderá inclusive, ser adotada, se determinada zona ou região, urbana, suburbana ou rural, de elevada densidade demográfica, não contar com estabelecimento farmacêutico, tornando obrigatório o deslocamento do público para zonas ou regiões mais distantes, com dificuldade para seu atendimento.

§ 2º. Entende-se por agente capaz de assumir a responsabilidade técnica de que trata este artigo:

(*) § 2º, *caput*, com redação dada pelo Decreto nº 793, de 5.4.1993.

a) o prático ou oficial de farmácia inscrito em Conselho Regional de Farmácia;

b) o técnico diplomado em curso de segundo grau que tenha seu diploma registrado no Ministério da Educação, inscrito no Conselho Regional de Farmácia, observadas as exigências dos arts. 22 e 23 da Lei nº 5.692, de 11 de agosto de 1971.

(*) Alínea "b" com redação dada pelo Decreto nº 793, de 5.4.1993.

§ 3º. Para fim previsto neste artigo será facultada a transferência de local do estabelecimento de propriedade do prático ou oficial de farmácia, mencionado na letra "a" do § 2º para zona desprovida de farmácia ou drogaria.

Art. 29. Ocorrendo a hipótese de que trata o artigo anterior, itens I, II e § 1º, os órgão sanitários competentes dos Estados, do Distrito Federal e dos Territórios, farão publicar edital na imprensa diária e na oficial, por oito dias consecutivos, dando conhecimento do interesse público e necessidade de instalação de farmácia ou drogaria em localidades de sua respectiva jurisdição.

Parágrafo único. Se quinze (15) dias depois da última publicação do edital não se apresentar farmacêutico, poderá ser licenciada farmácia ou drogaria sob a responsabilidade de prático de farmácia, oficial de farmácia, ou outro igualmente inscrito no Conselho Regional de Farmácia na forma de lei, mencionados no § 2º do artigo anterior, que o requeira.

Art. 30. (Revogado).

(*) Art. 30 revogado pelo Decreto nº 94.053, de 23.2.1987.

Art. 31. A assistência e responsabilidade técnicas das filias ou sucursais serão exercidas por profissional que não seja o da matriz ou sede.

Art. 32. A responsabilidade técnica do estabelecimento será comprovadas através de declaração de firma individual pelo estatuto ou contrato social ou pelo contrato de trabalho firmado com o profissional responsável.

§ 1º. Cessada a assistência técnica pelo término ou alteração da declaração de firma individual, contrato social ou estatutos da pessoa jurídica ou pela rescisão do contrato de trabalho, o profissional responderá pelos atos praticados durante o período em que deu assistência ao estabelecimento.

§ 2º. A responsabilidade referida no parágrafo anterior subsistirá pelo prazo de um ano a contar da data em que o sócio ou empregado cesse o vínculo com a empresa.

§ 3º. Não dependerão de assistência e responsabilidade técnicas o posto de medicamento e a unidade volante.

Art. 33. A responsabilidade técnica pelo laboratório de análise clínicas caberá a farmacêutico bioquímico ou a outro igualmente autorizado por lei.

Art. 34. Será permitido aos farmacêuticos exercer a direção técnica de duas farmácias, sendo uma delas comercial, e a outra privativa de unidade hospitalar, ou que lhe equipare.

Parágrafo único. A farmácia privativa de unidade hospitalar, ou que se lhe equipare, integrante de órgão público ou de instrução particular, a que se refere este artigo, é que se destina ao atendimento exclusivo a determinado grupo de usuários.

Capítulo VI
DO RECEITUÁRIO

Art. 35. Somente será aviada a receita médica ou odontológica que:

I – contiver a denominação genérica do medicamento prescrito;

II – estiver escrita à tinta, de modo legível, observadas a nomenclatura e o sistema de pesos e medidas oficiais, indicando a posologia e a duração total do tratamento;

III – contiver o nome e o endereço do paciente;

IV – contiver a data e a assinatura do profissional, endereço do seu consultório ou residência, e o número de inscrição no respectivo Conselho Regional.

§ 1º. O receituário de medicamentos entorpecentes ou a estes equiparados e os demais sob regime de controle especial, de acordo com a sua classificação, obedecerá às disposições da legislação federal específica.

§ 2º. É obrigatória a utilização das denominações genéricas (Denominação Comum Brasileira) em todas as prescrições de profissionais autorizados, nos dos serviços públicos, conveniados e contratados, no âmbito do Sistema Único de Saúde.

(*) Art. 35 com redação dada pelo Decreto nº 793, de 5.4.1993.

Art. 36. A receita de medicamentos magistrais e oficinais, preparados na farmácia, deverá ser registrada em livro de receituário.

Parágrafo único. Somente as farmácias poderão receber receitas de medicamentos magistrais ou oficinais para aviamento, vedada a intermediação sob qualquer natureza.

(*) Parágrafo único acrescido pelo Decreto nº 793, de 5.4.1993.

Art. 37. A farmácia a drogaria e o dispensário de medicamentos terão livro, segundo modelo oficial, destinada ao registro do receituário de medicamentos sob regime de controle sanitário especial.

Art. 38. A farmácia e a drogaria disporão de rótulos impressos para uso nas embalagens dos produtos aviados, deles constando nome e endereço do estabelecimento o número da licença sanitária, nome do responsável técnica e o número de seu registro no Conselho Regional de Farmácia.

Parágrafo único. Além dos rótulos a que se refere o presente artigo, a farmácia terá impressos com os dizeres "Uso Externo", "Uso Interno", "Agite quando Usar", "Uso Veterinário" e "Veneno".

Art. 39. Os dizeres da receita serão transcritos integralmente no rótulo aposto ao continente ou invólucro do medicamento aviado, com a data de sua manipulação, número de ordem do registro de receituário nome do paciente e do profissional que a prescreveu.

Parágrafo único. O responsável técnico pelo estabelecimento rubricará os rótulos das fórmula aviadas e bem assim a receita correspondente para devolução ao clientes ou arquivo, quando for o caso.

Art. 40. A receita em código, para aviamentos na farmácia privativa da instituição somente poderá ser prescrita por profissional vinculado à unidade hospitalar.

Parágrafo único. Nas compras e licitações públicas de medicamentos realizadas pela Administração Pública é obrigatória a utilização da denominação genérica nos editais, propostas licitatórias, contratos e notas fiscais.

(*) Parágrafo único acrescido pelo Decreto nº 793, de 5.4.1993.

Art. 41. Quando a dosagem do medicamento prescrito ultrapassar os limites farmacológicos ou a prescrição apresentar incompatibilidades, o responsável técnico pelo estabelecimento solicitará confirmação expressa ao profissional que a prescreveu.

Art. 42. Na ausência do responsável técnico pela farmácia ou de seu substituto, será vedado o aviamento de fórmula que depende de manipulação na qual figure substância sob regime de controle sanitário especial.

Art. 43. O registro do receituário e dos medicamentos sob regime de controle sanitário especial não poderá conter rasuras, emendas ou irregularidades que possam prejudicar a verificação da sua autenticidade.

Art. 44. Compete aos órgão de fiscalização, sanitária dos Estados, do Distrito Federal e dos Territórios a licença e a fiscalização das condições de funcionamento dos estabelecimentos sob o regime da Lei nº 5.991, de 17 de dezembro de 1973, e deste Regulamento.

Parágrafo único. A competência fixada neste artigo é privativa e intransferível, inclusive, para outras pessoas de direito público mesmo da administração direta, que não pertençam a área de saúde pública.

Capítulo VII
DA FISCALIZAÇÃO

Art. 45. A fiscalização dos estabelecimentos de que trata o art. 1º item II, obedecerá aos mesmo preceitos fixados para o controle sanitário dos demais e competirá ao órgão de saúde da respectiva alçada administrativa, civil ou militar a que pertença.

Parágrafo único. Na hipótese de ser apurada infração ao disposto na Lei nº 5.991, de 17 de dezembro de 1973, neste Regulamento e nas demais normas sanitárias e em especial à Lei nº 5.726, de 29 de outubro de 1971, e Decreto nº 69.845, de 27 de dezembro de 1971, que a regulamentou, e aos atos do Diretor do Serviço Nacional de Fiscalização da Medicina e Farmácia, baixados por força de ambas as leis mencionadas os responsáveis, além de incursos nas sanções prevista no Decreto-Lei nº 785, de 25 de agosto de 1969, ou em outras dispostas em lei especial, e na penal cabível, ficarão sujeitos a ação disciplinar própria ao regime jurídico a que estejam submetidos.

(*) Decreto-Lei nº 785, de 25.8.1969, revogado. Vide Lei nº 6.437, de 20.8.1977.

Art. 46. A fiscalização sanitária das drogas, medicamentos, insumos farmacêuticos e correlatos será exercidas nos estabelecimentos que os comerciem, pelos Estados, Distrito Federal e Território, através de seus órgãos competentes, e dos da administração pública direta indireta e paraestatal, pelas pessoas de direitos público a que estejam vinculados.

Art. 47. No caso de dúvida quanto aos rótulos, bulas e ao acondicionamentos de drogas, medicamentos, insumo farmacêuticos e correlatos a fiscalização apreenderá duas unidades do produto, das quais uma será remetida para exame no órgão sanitário competente ficando a outra em poder do detentor do produto, lavrando-se o termo de apreensão, em duas vias, que será assinado pelo agente fiscalizador e pelo responsável técnico pelo estabelecimento ou seu substituto eventual e, na ausência deste, por duas testemunhas.

Parágrafo único. Constatada a irregularidade pelo órgão sanitário competente será lavrado auto de infração aplicando-se as disposições constantes do Decreto-Lei nº 785, de 25 de agosto de 1969.

(*) Decreto-Lei nº 785, de 25.8.1969, revogado. Vide Lei nº 6.437, de 20.8.1977.

Art. 48. Para efeito de análise fiscal, proceder-se-á, periodicamente, à colheita de amostras dos produtos e materiais, nos estabelecimentos compreendidos neste regulamento, devendo a autoridade fiscalizadora, como medida preventiva, em caso de suspeita de alteração ou fraude interditar o estoque existente no local, até o prazo máximo de sessenta (60) dias, findo o qual o estoque ficará automaticamente liberado salvo se houver notificação em contrário.

§ 1º. No caso de interdição do estoque, a autoridade fiscalizadora lavrará o auto de interdição correspondente, que assinará com o representante legal da empresa e o possuidor ou detentor do produto ou seu substituto legal e, na ausência ou recusa deste, por duas testemunhas, especificadas no auto a natureza e demais características do produto interditado e o motivo da interdição.

§ 2º. A mercadoria interditada não poderá ser dada a consumo, desviada, alterada ou substituídas no todo ou em parte sob pena de ser apreendida, independentemente da ação pena cabível.

§ 3º. Para análise fiscal serão colhidas amostras que serão colocadas em quatro invólucros, lavrando a autoridade fiscalizadora o auto de apreensão em, quatro vias, que será assinado pelo autuante, pelo representante legal da empresa, pelo possuidor ou detentor do produto ou seu substituto legal, e, na ausência ou recusa deste, por duas testemunhas especificadas no auto a natureza e outras características do material apreendido.

§ 4º. O número de amostras será limitado à quantidade necessária e suficiente às análises e exames.

§ 5º. Dos quatros invólucros, tornados individualmente invioláveis e convenientemente autenticados, no atos de apreensão, um ficará em poder do detentor do produto com a primeira via do respectivo auto para efeitos de recursos; outro será remetido ao fabricante com a segunda via do auto, para defesa, em caso de contra-prova; o terceiro será enviado no prazo máximo de cinco (5) dias ao laboratório oficial, com a terceira via de auto de apreensão para a análise fiscal; e, o quatro ficará em poder da autoridade fiscalizadora, que será responsável pela integridade e conservação da amostra.

§ 6º. O laboratório oficial terá o prazo de trinta (30) dias contados da data do recebimentos das amostras, para efetuar a análise e os exames.

§ 7º. Quando se trata de amostra de produto perecível em prazo inferior ao estabelecido no parágrafo anterior, a análise deverá ser feita de imediato.

§ 8º. O prazo previsto no § 6º poderá ser prorrogados excepcionalmente, até quinze (15) dias, por razões técnicas devidamente justificadas.

Art. 49. Concluída a análise fiscal, o laboratório oficial remeterá imediatamente o laudo respectivo à autoridade fiscalizadora competente que procederá de acordo com a conclusão do mesmo.

§ 1º. Se resultado da análise fiscal não comprovar alteração do produto este será desde logo liberado.

§ 2º. Comprovada a alteração, falsificação adulteração ou fraude, será lavrado, de imediato ao auto de infração e notificada a empresa para início do processo.

§ 3º. O indiciado terá o prazo de (10) dias, contados da notificação, para apresentar defesa escrita ou contestar o resultado da análise, requerendo, na segunda hipótese, perícia de contraprova.

§ 4º. A notificação do indiciado será feita por intermédio de funcionário lotado no órgão sanitário competente ou mediante registro postal e no caso de não ser localizado ou encontrado, por meio de edital publicado no órgão oficial de divulgação.

§ 5º. Decorrido o prazo de que trata o § 3º deste artigo sem que o notificado apresente defesa ou contestação ao resultado da análise, o laudo será considerado definitivo e proferida a decisão pela autoridade sanitária competente, consoante o disposto no Decreto-Lei nº 785, de 25 de agosto de 1969.

(*) Decreto-Lei nº 785, de 25.8.1969, revogado. Vide Lei nº 6.437, de 20.8.1977.

Art. 50. A perícia de contraprova será realizada no laboratório oficial que expedir o laudo condenatório com a presença do perito que efetuou a análise fiscal, do perito indicado pela empresa e do perito indicado pelo órgão fiscalizador utilizando-se as amostras constantes do invólucro em poder do detentor.

§ 1º. A perícia de contraprova será iniciada até quinze (15) dias após o recebimento da defesa apresentada pelo indicado e concluída nos quinze (15) dias subsequentes salvo se condições técnicas exigem prazo maior.

§ 2º. Na data fixada para perícia da contraprova o perito do indiciado apresentará o invólucro de amostra em seu poder.

§ 3º. A perícia de contraprova não será realizada se houver indício de alterado ou violação dos invólucros, lavrando-se ata circunstanciada sobre o fato, assinada pelos peritos.

§ 4º. Na hipótese do parágrafo anterior, prevalecerá, para todos os efeitos, o laudo de análise fiscal condenatória.

§ 5º. Aos peritos serão fornecidos todos os informes necessários à realização da perícia de contraprova.

§ 6º. Aplicar-se-á à perícia de contraprova o mesmo método de análise empregado análise fiscal podendo, porém ser adotado outro de reconhecida eficácia, se houver concordância dos peritos.

§ 7º. Os peritos lavarão termo e laudo do ocorrido na perícia de contraprova, que ficarão arquivados no laboratório oficial, remetendo sua conclusão ao órgão sanitário de fiscalização.

Art. 51. Confirmado pela perícia de contraprova o resultado da análise fiscal condenatória, deverá a autoridade sanitária competente ao proferir a sua decisão determinar a inutilização do material ou produto, substância ou insumo, objeto de fraude, falsificação ou adulteração, observando o disposto no Decreto-Lei nº 785, de 25 de agosto de 1969.

(*) Decreto-Lei nº 785, de 25.8.1969, revogado. Vide Lei nº 6.437, de 20.8.1977.

Art. 52. Em caso de divergência entre os peritos quantos ao resultado análise fiscal condenatória ou discordância entre os resultados desta última com os da perícia de contraprova, caberá recursos da parte interessada ou do perito responsável pela análise condenatória à autoridade competente, devendo esta determinar a realização de novo exame pericial sobre a amostra em poder do laboratório oficial de controle.

§ 1º. O recurso de que trata este artigo deverá ser interposto no prazo de dez (10) dias, contatados data da conclusão da perícia de contraprova.

§ 2º. A autoridade que receber o recurso deverá decidir sobre o mesmo no prazo de dez (10) dias, contados da data do seu recebimento.

§ 3º. Esgotado o prazo referido no parágrafo anterior, sem decisão do recurso, prevalecerá o resultado da perícia de contraprova.

Art. 53. Configurada infração por inobservância de preceitos éticos – profissionais o órgão fiscalizador comunicará o fato ao Conselho Regional de Farmácia da Jurisdição.

Art. 54. Não poderá ter exercício nos órgão de fiscalização sanitária o servidor público que for sócio ou acionista de qualquer categoria, ou que prestar serviço a empresa ou estabelecimentos que explore o comércio de drogas, medicamento insumos farmacêuticos e correlatos.

Capítulo VIII
DISPOSIÇÕES FINAIS E TRANSITÓRIAS

Art. 55. O Serviço Nacional de Fiscalização da Medicina e Farmácia para o cumprimentos do disposto na Lei nº 5.991, de 17 dezembro de 1973, fará publicar no Diário Oficial da União:

I – relação dos medicamentos anódino, de que trata o art. 8º deste Regulamento;

II – relação dos medicamentos industrializados a serem vendidos em suas embalagens originais, cuja dispensação é permitida em posto de medicamentos ou em unidades volantes, de que tratam o art. 17, seu parágrafo único e o art. 18 e seus parágrafos;

III – relação dos produtos correlatos de que trata o art. 10, não submetidos a regime da lei especial, e que poderão ser liberados à venda em outras estabelecimentos além de farmácias e drogarias.

Parágrafo único. As relações referidas nos itens I, II, e III poderão ser modificadas, a qualquer tempo, seja para incluir ou excluir qualquer dos medicamentos ou correlatos nela constantes, desde que haja interesse sanitário a justificar a alteração.

Art. 56. Cabe ao Serviço Nacional de Fiscalização da Medicina e Farmácia baixar os atos que se fizerem necessários à execução deste Regulamento especialmente:

I – instruções sobre o receituário, utensílio, equipamento e relação de estoque mínimo de produtos homeopáticos;

II – normas de controle de estoque de produtos sob regime de registro sanitário especial, respeitada a legislação específica para os entorpecentes e as substâncias capazes de produzir dependência física ou psíquica;

III – normas relativas:

a) à padronização do registro do estoque e da venda ou dispensação dos medicamentos sob controle sanitário especial, atendida a legislação pertinente;

b) aos estoques mínimos de determinados medicamentos de dispensação, observando o quadro nosológico local;

c) aos medicamentos e materiais destinados a atendimentos de emergência, incluídos os soros profiláticos.

Parágrafo único. Os atos de que trata este artigo serão publicados no Diário Oficial da União.

Art. 57. É vedado utilizar qualquer dependência da farmácia ou da drogaria como consultório, ou em outro fim diverso do licenciamento.

Art. 58. As farmácias e drogarias serão obrigada a plantão, pelo sistema de rodízio, para atendimento ininterrupto à comunidade, consoante normas a serem baixadas pelos Estados, Distrito Federal, Território e Municípios.

Art. 59. Para o provisionamento de que trata o art. 57, da Lei nº 5.991, de 17 de dezembro de 1973, deverá o interessado satisfazer os seguintes requisitos, mediante petição dirigida ao Conselho Regional de Farmácia:

I – provar que é prático de farmácia ou oficial de farmácia, por meio de título legalmente expedido até 19 de dezembro de 1973;

II – estar em plena atividade profissional, comprovada mediante contrato social ou outro documento hábil;

III – provar a condição de proprietário ou co-proprietário de farmácia ou drogaria em 11 de novembro de 1960.

§ 1º. O provisionado poderá assumir livremente a responsabilidade técnica de quaisquer das farmácias de sua propriedade ou co-propriedade, proibida a acumulação e atendida a exigência de horário de trabalho prevista no § 1º, do art. 27, deste Regulamento.

§ 2º. E vedado ao prático e ao oficial de farmácia, provisionados na forma deste artigo, o exercício de outras atividades privativas da profissão de farmacêutico.

§ 3º. O provisionamento de que trata este artigo será efetivado no prazo máximo de noventa (90) dias contado da data do registro de entrada do respectivo requerimento, devidamente instruído, em Conselho Regional de Farmácia.

Art. 60. Este Decreto entrará em vigor na data de sua publicação, revogadas as disposições em contrário.

Brasília, 10 de junho de 1974; 153º da Independência e 86º da República.

Ernesto Geisel – DOU de 11.6.1974

LEI Nº 6.360, DE 23 DE SETEMBRO 1976

Dispõe sobre a vigilância sanitária a que ficam sujeitos os medicamentos, as drogas, os insumos farmacêuticos e correlatos, cosméticos, saneantes e outros produtos, e dá outras providências.

(*) Regulamentada pelo Decreto nº 8.077, de 14.8.2013, presente nesta edição.

O Presidente da República,

Faço saber que o Congresso Nacional decreta e eu sanciono a seguinte Lei:

TÍTULO I
DISPOSIÇÕES PRELIMINARES

Art. 1º. Ficam sujeitos às normas de vigilância sanitária instituídas por esta Lei os medicamentos, as drogas, os insumos farmacêuticos e correlatos, definidos na Lei nº 5.991, de 17 de dezembro de 1973, bem como os produtos de higiene, os cosméticos, perfumes, saneantes domissanitários, produtos destinados à correção estética e outros adiante definidos.

Art. 2º. Somente poderão extrair, produzir, fabricar, transformar, sintetizar, purificar, fracionar, embalar, reembalar, importar, exportar, armazenar ou expedir os produtos de que trata o art. 1º as empresas para tal fim autorizadas pelo Ministério da Saúde e cujos estabelecimentos hajam sido licenciados pelo órgão sanitário das Unidades Federativas em que se localizem.

Art. 3º. Para os efeitos desta Lei, além das definições estabelecidas nos incisos I, II, III, IV, V e VII do art. 4º da Lei nº 5.991, de 17 de dezembro de 1973, são adotadas as seguintes:

I – Produtos Dietéticos: produtos tecnicamente elaborados para atender às necessidades dietéticas de pessoas em condições fisiológicas especiais;

II – Nutrimentos: substâncias constituintes dos alimentos de valor nutricional, incluindo proteínas, gorduras, hidratos de carbono, água, elementos minerais e vitaminas;

III – Produtos de Higiene: produtos para uso externo, antissépticos ou não, destinados ao asseio ou à desinfecção corporal, compreendendo os sabonetes, xampus, dentifrícios, enxaguatórios bucais, antiperspirantes, desodorantes, produtos para barbear e após o barbear, estípticos e outros;

IV – Perfumes: produtos de composição aromática obtida à base de substâncias naturais ou sintéticas, que, em concentrações e veículos apropriados, tenham como principal finalidade a odorização de pessoas ou ambientes, incluídos os extratos, as águas perfumadas, os perfumes cremosos, preparados para banho e os odorizantes de ambientes, apresentados em forma líquida, geleificada, pastosa ou sólida;

V – Cosméticos: produtos para uso externo, destinados à proteção ou ao embelezamento das diferentes partes do corpo, tais como pós faciais, talcos, cremes de beleza, creme para as mãos e similares, máscaras faciais, loções de beleza, soluções leitosas, cremosas e adstringentes, loções para as mãos, bases de maquilagem e óleos cosméticos, ruges, "blushes", batons, lápis labiais, preparados antissolares, bronzeadores e simulatórios, rímeis, sombras, delineadores, tinturas capilares, agentes clareadores de cabelos, preparados para ondular e para alisar cabelos, fixadores de cabelos, laquês, brilhantinas e similares, loções capilares, depilatórios e epilatórios, preparados para unhas e outros;

VI – Corantes: substâncias adicionais aos medicamentos, produtos dietéticos, cosméticos, perfumes, produtos de higiene e similares, saneantes domissanitários e similares, com o efeito de lhes conferir cor e, em determinados tipos de cosméticos, transferi-la para a superfície cutânea e anexos da pele;

VII – Saneantes Domissanitários: substâncias ou preparações destinadas à higienização, desinfecção ou desinfestação domiciliar, em ambientes coletivos e/ou públicos, em lugares de uso comum e no tratamento da água compreendendo:

a) inseticidas – destinados ao combate, à prevenção e ao controle dos insetos em habitações, recintos e lugares de uso público e suas cercanias;

b) raticidas – destinados ao combate a ratos, camundongos e outros roedores, em domicílios, embarcações, recintos e lugares de uso público, contendo substâncias ativas, isoladas ou em associação, que não ofereçam risco à vida ou à saúde do homem e dos animais úteis de sangue quente, quando aplicados em conformidade com as recomendações contidas em sua apresentação;

c) desinfetantes – destinados a destruir, indiscriminada ou seletivamente, microorganismos, quando aplicados em objetos inanimados ou ambientes;

d) detergentes – destinados a dissolver gorduras e à higiene de recipientes e vasilhas, e a aplicações de uso doméstico.

VIII – Rótulo: identificação impressa ou litografada, bem como os dizeres pintados ou gravados a fogo, pressão ou decalco, aplicados diretamente sobre recipientes, vasilhames, invólucros, envoltórios, cartuchos ou qualquer outro protetor de embalagem;

IX – Embalagem: invólucro, recipiente ou qualquer forma de acondicionamento, removível ou não, destinada a cobrir, empacotar, envasar, proteger ou manter, especificamente ou não, os produtos de que trata esta Lei;

X – Registro: inscrição, em livro próprio após o despacho concessivo do dirigente do órgão do Ministério da Saúde, sob número de ordem, dos produtos de que trata esta Lei, com a indicação do nome, fabricante, da procedência, finalidade e dos outros elementos que os caracterizem;

XI – Fabricação: todas as operações que se fazem necessárias para a obtenção dos produtos abrangidos por esta Lei;

XII – Matérias-Primas: substâncias ativas ou inativas que se empregam na fabricação de medicamentos e de outros produtos abrangidos por esta Lei, tanto as que permanecem inalteradas quanto as passíveis de sofrer modificações;

XIII – Lote ou Partida: quantidade de um medicamento ou produto abrangido por esta Lei, que se produz em um ciclo de fabricação, e cuja característica essencial é a homogeneidade;

XIV – Número do Lote: designação impressa na etiqueta de um medicamento e de produtos abrangidos por esta Lei que permita identificar o lote ou a partida a que pertençam e, em caso de necessidade, localizar e rever todas as operações de fabricação e inspeção praticadas durante a produção;

XV – Controle de Qualidade: conjunto de medidas destinadas a garantir, a qualquer momento, a produção de lotes de medicamentos e demais produtos abrangidos por esta Lei, que satisfaçam às normas de atividade, pureza, eficácia e inocuidade;

XVI – Produto Semi-Elaborado: toda a substância ou mistura de substâncias ainda sob o processo de fabricação;

XVII – Pureza: grau em que uma droga determinada contém outros materiais estranhos.

XVIII – Denominação Comum Brasileira (DCB) – denominação do fármaco ou princípio farmacologicamente ativo aprovada pelo órgão federal responsável pela vigilância sanitária;

(*) Inciso XVIII acrescido pela Lei nº 9.787, de 10.2.1999.

XIX – Denominação Comum Internacional (DCI) – denominação do fármaco ou princípio farmacologicamente ativo recomendada pela Organização Mundial de Saúde;

(*) Inciso XIX acrescido pela Lei nº 9.787, de 10.2.1999.

XX – Medicamento Similar – aquele que contém o mesmo ou os mesmos princípios ativos, que apresenta a mesma concentração, forma farmacêutica, via de administração, posologia e indicação terapêutica e que é equivalente ao medicamento registrado no órgão federal responsável pela vigilância sanitária, podendo diferir somente em características relativas ao tamanho e forma do produto, prazo de validade, embalagem, rotulagem, excipientes e veículos, comprovada a sua eficácia, segurança e qualidade, devendo sempre ser identificado por nome comercial ou marca;

(*) Inciso XX acrescido pelaLei nº 9.787, de 10.2.1999, e com redação dada pela Lei nº 13.235, de 29.12.2015.

XXI – Medicamento Genérico – medicamento similar a um produto de referência ou inovador, que se pretende ser com este intercambiável, geralmente produzido após a expiração ou renúncia da proteção patentária ou de outros direitos de exclusividade, comprovada a sua eficácia, segurança e qualidade, e designado pela DCB ou, na sua ausência, pela DCI;

(*) Inciso XXI acrescido pela Lei nº 9.787, de 10.2.1999.

XXII – Medicamento de Referência – produto inovador registrado no órgão federal responsável pela vigilância sanitária e comercializado no País, cuja eficácia, segurança e qualidade foram comprovadas cientificamente junto ao órgão federal competente, por ocasião do registro;

(*) Inciso XXII acrescido pela Lei nº 9.787, de 10.2.1999.

XXIII – Produto Farmacêutico Intercambiável – equivalente terapêutico de um medicamento de referência, comprovados, essencialmente, os mesmos efeitos de eficácia e segurança;

(*) Inciso XXIII acrescido pela Lei nº 9.787, de 10.2.1999.

XXIV – Bioequivalência – consiste na demonstração de equivalência farmacêutica entre produtos apresentados sob a mesma forma farmacêutica, contendo idêntica composição qualitativa e quantitativa de princípio(s) ativo(s), e que tenham comparável biodisponibilidade, quando estudados sob um mesmo desenho experimental;

(*) Inciso XXIV acrescido pela Lei nº 9.787, de 10.2.1999.

XXV – Biodisponibilidade – indica a velocidade e a extensão de absorção de um princípio ativo em uma forma de dosagem, a partir de sua curva concentração/tempo na circulação sistêmica ou sua excreção na urina.

(*) Inciso XXV acrescido pela Lei nº 9.787, de 10.2.1999.

Parágrafo único. Até 30 de junho de 2003, no caso de medicamentos genéricos importados, cujos ensaios de bioequivalência foram realizados fora do País, devem ser apresentados os ensaios de dissolução comparativos entre o medicamento-teste, o medicamento de referência internacional utilizado no estudo de bioequivalência e o medicamento de referência nacional.

(*) Parágrafo único com redação dada pela Lei nº 10.669, de 14.5.2003.

Art. 4º. Os produtos destinados ao uso infantil não poderão conter substâncias cáusticas ou irritantes, terão embalagens isentas de partes contundentes e não poderão ser apresentados sob a forma de aerossol.

Parágrafo único. Os produtos de que trata o *caput* deverão ter características de rotulagem e de embalagem que possibilitem a sua imediata e precisa distinção daqueles destinados ao uso adulto.

(*) Parágrafo único acrescido pela Lei nº 13.236, de 29.12.2015.

Art. 5º. Os produtos de que trata esta Lei não poderão ter nomes, designações, rótulos ou embalagens que induzam a erro.

(*) Art. 5º, *caput*, com redação dada pela Lei nº 13.236, de 29.12.2015.

§ 1º. É vedada a adoção de nome igual ou assemelhado para produtos de diferente composição, ainda que do mesmo fabricante, assegurando-se a prioridade do registro com a ordem cronológica da entrada dos pedidos na repartição competente do Ministério da Saúde, quando inexistir registro anterior.

§ 2º. Poderá ser aprovado nome de produto cujo registro for requerido posteriormente, desde que denegado pedido de registro anterior, por motivos de ordem técnica ou científica.

§ 3º. Comprovada a colidência de marcas, deverá ser requerida a modificação do nome ou designação do produto, no prazo de 90 (noventa) dias da data da publicação do despacho no *Diário Oficial da União*, sob pena de indeferimento do registro.

§ 4º. Sem prejuízo do disposto neste artigo, os medicamentos contendo uma única substância ativa sobejamente conhecida, a critério do Ministério da Saúde, e os imunoterápicos, drogas e insumos farmacêuticos deverão ser identificados pela denominação constante da Farmacopeia Brasileira, não podendo, em hipótese alguma, ter nomes ou designações de fantasia.

(*) § 4º acrescido pela Lei nº 6.480, de 1º.12.1977.

§ 5º. Ficam incluídos entre os erros mencionados no *caput* os de dispensação e de administração de medicamentos, drogas e produtos correlatos.

(*) § 5º acrescido pela Lei nº 13.236, de 29.12.2015.

Art. 6º. A comprovação de que determinado produto, até então considerado útil, é nocivo à saúde ou não preenche requisitos estabelecidos em lei implica na sua imediata retirada do comércio e na exigência da modificação da fórmula de sua composição e nos dizeres dos rótulos, das bulas e embalagens, sob pena de cancelamento do registro e da apreensão do produto, em todo o território nacional.

Parágrafo único. É atribuição exclusiva do Ministério da Saúde o registro e a permissão do uso dos medicamentos, bem como a aprovação ou exigência de modificação dos seus componentes.

Art. 7º. Como medida de segurança sanitária e a vista de razões fundamentadas do órgão competente, poderá o Ministério da Saúde, a qualquer momento, suspender a fabricação e venda de qualquer dos produtos de que trata esta Lei, que, embora registrado, se torne suspeito de ter efeitos nocivos à saúde humana.

Art. 8º. Nenhum estabelecimento que fabrique ou industrialize produto abrangido por esta Lei poderá funcionar sem a assistência e responsabilidade efetivas de técnico legalmente habilitado.

Art. 9º. Independem de licença para funcionamento os estabelecimentos abrangidos por esta Lei integrantes da Administração Pública ou por ela instituídos, ficando sujeitos, porém às exigências pertinentes às instalações, aos equipamentos e à aparelhagem adequados e à assistência e responsabilidade técnicas.

Parágrafo único. Para fins de controle sanitário, previsto na legislação em vigor, é obrigatória a comunicação, pelos órgãos referidos neste artigo, ao Ministério da Saúde, da existência ou instalação de estabelecimentos de que trata a presente Lei.

Art. 10. É vedada a importação de medicamentos, drogas, insumos farmacêuticos e demais produtos de que trata esta Lei, para fins industriais e comerciais, sem prévia e expressa manifestação favorável do Ministério da Saúde.

Parágrafo único. Compreendem-se nas exigências deste artigo as aquisições ou doações que envolvam pessoas de direito público e privado, cuja quantidade e qualidade possam comprometer a execução de programas nacionais de saúde.

Art. 11. As drogas, os medicamentos e quaisquer insumos farmacêuticos correlatos, produtos de higiene, cosméticos e saneantes domissanitários, importados ou não, somente serão entregues ao consumo nas embalagens originais ou em outras previamente autorizadas pelo Ministério da Saúde.

§ 1º. Para atender ao desenvolvimento de planos e programas do Governo Federal, de produção e distribuição de medicamentos à população carente de recursos, poderá o Ministério da Saúde autorizar o emprego de embalagens ou reembalagens especiais, que, sem prejuízo da pureza e eficácia do produto, permitam a redução dos custos.

§ 2º. Os produtos importados, cuja comercialização no mercado interno independa de prescrição médica, terão acrescentados, na rotulagem, dizeres esclarecedores, no idioma português, sobre sua composição, suas indicações e seu modo de usar.

TÍTULO II
DO REGISTRO

Art. 12. Nenhum dos produtos de que trata esta Lei, inclusive os importados, poderá ser industrializado, exposto à venda ou entregue ao consumo antes de registrado no Ministério da Saúde.

§ 1º. A Agência Nacional de Vigilância Sanitária – ANVISA – definirá por ato próprio o prazo para renovação do registro dos produtos de que trata esta Lei, não superior a 10 (dez) anos, considerando a natureza do produto e o risco sanitário envolvido na sua utilização.

(*) § 1º com redação dada
pela Lei nº 13.097, de 19.1.2015.

§ 2º. Excetua-se do disposto no parágrafo anterior a validade do registro e da revalidação do registro dos produtos dietéticos, cujo prazo é de 2 (dois) anos.

§ 3º. Ressalvado o disposto nos arts. 17-A, 21 e 24-A, o registro será concedido no prazo máximo de noventa dias, a contar da data de protocolo do requerimento, salvo nos casos de inobservância, por parte do requerente, a esta Lei ou a seus regulamentos.

(*) § 3º com redação dada
pela Lei nº 13.411, de 28.12.2016.

§ 4º. Os atos referentes ao registro e à revalidação do registro somente produzirão efeitos a partir da data da publicação no *Diário Oficial da União*.

§ 5º. A concessão do registro e de sua revalidade, e as análises prévia e de controle, quando for o caso, ficam sujeitas ao pagamento de preços públicos, referido no art. 82.

§ 6º. A revalidação do registro deverá ser requerida no primeiro semestre do último ano do quinquênio de validade, considerando-se automaticamente revalidado, independentemente de decisão, se não houver sido esta proferida até a data do término daquela.

§ 7º. Será declarada a caducidade do registro do produto cuja revalidação não tenha sido solicitada no prazo referido no § 6º deste artigo.

§ 8º. Não será revalidado o registro:

(*) § 8º, *caput*, com redação dada
pela Lei nº 13.411, de 28.12.2016.

I – do produto não classificado como medicamento que não tenha sido industrializado no período de validade do registro expirado;

(*) Inciso I acrescido
pela Lei nº 13.411, de 28.12.2016.

II – do medicamento que não tenha sido comercializado durante pelo menos o tempo correspondente aos dois terços finais do período de validade do registro expirado.

(*) Inciso II acrescido
pela Lei nº 13.411, de 28.12.2016.

§ 9º. Constará obrigatoriamente do registro de que trata este artigo a fórmula da composição do produto, com a indicação dos ingredientes utilizados e respectiva dosagem.

§ 10. A Anvisa definirá por ato próprio os mecanismos para dar publicidade aos processos de registro, de alteração pós-registro e de renovação de registro, sendo obrigatória a apresentação das seguintes informações:

I – *status* da análise;

II – prazo previsto para a decisão final sobre o processo;

III – fundamentos técnicos das decisões sobre o processo.

(*) § 10 acrescido pela Lei nº 13.411, de 28.12.2016.

Art. 13. Qualquer modificação de fórmula, alteração de elementos de composição ou de seus quantitativos, adição, subtração ou inovação introduzida na elaboração do produto, dependerá de autorização prévia e expressa do Ministério da Saúde e será desde logo averbada no registro.

Art. 14. Ficam excluídos, das exigências previstas nesta Lei, os nomes ou designações de fantasia dos produtos licenciados e industrializados anteriormente à sua vigência.

(*) Art. 14 com redação dada
pela Lei nº 6.480, de 1º.12.1977.

Art. 15. O registro dos produtos de que trata esta Lei será negado sempre que não atendidas as condições, as exigências e os procedimentos para tal fim previstos em Lei, regulamento ou instrução do órgão competente.

TÍTULO III
DO REGISTRO DE DROGAS, MEDICAMENTOS E INSUMOS FARMACÊUTICOS

Art. 16. O registro de drogas, medicamentos, insumos farmacêuticos e correlatos, dadas as suas características sanitárias, medicamentosas ou profiláticas, curativas, paliativas, ou mesmo para fins de diagnóstico, fica sujeito, além do atendimento das exigências próprias, aos seguintes requisitos específicos:

(*) Art. 16, *caput*, com redação dada pela Lei nº 10.742, de 6.10.2003.

I – que o produto obedeça ao disposto no art. 5º, e seus parágrafos;

(*) Item I com redação dada pela Lei nº 6.480, de 1º.12.1977.

II – que o produto, através de comprovação científica e de análise, seja reconhecido como seguro e eficaz para o uso a que se propõe, e possua a identidade, atividade, qualidade, pureza e inocuidade necessárias;

III – tratando-se de produto novo, que sejam oferecidas amplas informações sobre a sua composição e o seu uso, para avaliação de sua natureza e determinação do grau de segurança e eficácia necessários;

IV – apresentação, quando solicitada, de amostra para análises e experiências que sejam julgadas necessárias pelos órgãos competentes do Ministério da Saúde;

V – quando houver substância nova na composição do medicamento, entrega de amostra acompanhada dos dados químicos e físico-químicos que a identifiquem;

VI – quando se trate de droga ou medicamento cuja elaboração necessite de aparelhagem técnica e específica, prova de que o estabelecimento se acha devidamente equipado e mantém pessoal habilitado ao seu manuseio ou contrato com terceiros para essa finalidade;

VII – a apresentação das seguintes informações econômicas:

a) o preço do produto praticado pela empresa em outros países;

b) o valor de aquisição da substância ativa do produto;

c) o custo do tratamento por paciente com o uso do produto;

d) o número potencial de pacientes a ser tratado;

e) a lista de preço que pretende praticar no mercado interno, com a discriminação de sua carga tributária;

f) a discriminação da proposta de comercialização do produto, incluindo os gastos previstos com o esforço de venda e com publicidade e propaganda;

g) o preço do produto que sofreu modificação, quando se tratar de mudança de fórmula ou de forma; e

h) a relação de todos os produtos substitutos existentes no mercado, acompanhada de seus respectivos preços.

(*) Inciso VII acrescido pela Lei nº 10.742, de 6.10.2003.

§ 1º. (Revogado).

(*) § 1º, revogado como parágrafo único, pela Lei nº 6.480, de 1º.12.1977.

§ 2º. A apresentação das informações constantes do inciso VII poderá ser dispensada, em parte ou no todo, em conformidade com regulamentação específica.

(*) § 2º acrescido pela Lei nº 10.742, de 6.10.2003.

Art. 17. O registro dos produtos de que trata este Título será negado sempre que não atendidas as condições, as exigências e os procedimentos para tal fim previstos em lei, regulamento ou instrução do órgão competente.

Art. 17-A. Os prazos estabelecidos para a decisão final nos processos de registro e de alteração pós-registro de medicamento levarão em conta os seguintes critérios:

I – complexidade técnica;

II – benefícios clínicos, econômicos e sociais da utilização do medicamento objeto do requerimento.

§ 1º. A aplicação dos critérios previstos no *caput*, de acordo com metodologia disposta em ato da Anvisa, determinará o enquadramento do medicamento sob avaliação nas seguintes categorias de precedência:

I – prioritária;

II – ordinária.

§ 2º. Os prazos máximos para a decisão final nos processos de registro e de alteração pós-registro de medicamento serão, respectivamente:

I – para a categoria prioritária, de cento e vinte dias e de sessenta dias, contados a partir da data do respectivo protocolo de priorização;

II – para a categoria ordinária, de trezentos e sessenta e cinco dias e de cento e oitenta dias, contados a partir da data do respectivo protocolo de registro ou de alteração pós-registro.

§ 3º. Exceto nos casos em que houver recurso contra decisão anterior, a decisão final nos processos de alteração pós-registro poderá ser tomada por aprovação condicional, presumida pela não manifestação contrária da Anvisa nos prazos definidos no § 2º.

§ 4º. A aprovação condicional de que trata o § 3º só poderá ocorrer nas hipóteses de alteração pós-registro definidas em regulamento e será automaticamente revertida, a qualquer tempo, em caso de indeferimento da alteração pós-registro pela Anvisa.

§ 5º. Os prazos mencionados no § 2º poderão ser prorrogados por até um terço do prazo original, uma única vez, mediante decisão fundamentada da Anvisa expedida em, no mínimo, quinze dias úteis antes do término do prazo original.

§ 6º. As solicitações de esclarecimento ou de retificação pela Anvisa deverão ser consolidadas em um único pedido, exceto se forem necessárias para esclarecer ou retificar informações relativas a solicitação anteriormente atendida pela empresa requerente, e suspenderão a contagem dos prazos determinados neste artigo até que sejam atendidas.

§ 7º. O descumprimento injustificado dos prazos previstos neste artigo implica apuração de responsabilidade funcional do servidor ou dos servidores que lhe derem causa, nos termos da Lei nº 8.112, de 11 de dezembro de 1990.

§ 8º. A Anvisa regulamentará o disposto neste artigo, em especial a especificação dos critérios de que trata o *caput*, com vistas ao enquadramento nas categorias de prioridade.

§ 9º. Expirado o prazo de cento e oitenta dias contados do início da vigência deste artigo sem que tenha sido publicada a regulamentação prevista no § 8º, e enquanto a matéria permanecer não regulamentada, o prazo máximo para a decisão final será de trezentos e sessenta e cinco dias nos processos de registro e de cento e oitenta dias nos de alteração pós-registro.

(*) Art. 17-A acrescido pela Lei nº 13.411, de 28.12.2016.

Art. 18. O registro de drogas, medicamentos e insumos farmacêuticos de procedência estrangeira dependerá, além das condições, das exigências e dos procedimentos previstos nesta Lei e seu regulamento, da comprovação de que já é registrado no país de origem.

§ 1º. Na impossibilidade do cumprimento do disposto no *caput* deste artigo, deverá ser apresentada comprovação do registro em vigor, emitida pela autoridade sanitária do país em que seja comercializado ou autoridade sanitária internacional e aprovado em ato próprio da Agência Nacional de Vigilância Sanitária do Ministério da Saúde.

(*) § 1º acrescido pela MP nº 2.190-34, de 23.8.2001.

§ 2º. No ato do registro de medicamento de procedência estrangeira, a empresa fabricante deverá apresentar comprovação do cumprimento das Boas Práticas de Fabricação, reconhecidas no âmbito nacional.

(*) § 2º acrescido pela MP nº 2.190-34, de 23.8.2001.

Art. 19. Será cancelado o registro de drogas, medicamentos e insumos farmacêuticos, sempre que efetuada modificação não autorizada em sua fórmula, dosagem, condições de fabricação, indicação de aplicações e especificações anunciadas em bulas, rótulos ou publicidade.

Parágrafo único. Havendo necessidade de serem modificadas a composição, posologia ou as indicações terapêuticas de produto farmacêutico tecnicamente elaborado, a empresa solicitará a competente permissão ao Ministério da Saúde, instruindo o pedido conforme o previsto no regulamento desta Lei.

Art. 20. Somente será registrado o medicamento cuja preparação necessite cuidados especiais de purificação, dosagem, esterilização ou conservação, quando:

I – tiver em sua composição substância nova;

II – tiver em sua composição substância conhecida, à qual seja dada aplicação nova ou vantajosa em terapêutica;

III – apresentar melhoramento de fórmula ou forma, sob o ponto de vista farmacêutico e/ou terapêutico.

Parágrafo único. Não poderá ser registrado o medicamento que não tenha em sua composição substância reconhecidamente benéfica do ponto de vista clínico ou terapêutico.

(*) Parágrafo único com redação dada pela Lei nº 9.782, de 26.1.1999.

Art. 21. Fica assegurado o direito de registro de medicamentos similares a outros já registrados, desde que satisfaçam as exigências estabelecidas nesta Lei.

(*) Art. 21, *caput*, com redação dada pela Lei nº 9.782, de 26.1.1999.

§ 1º. O medicamento similar a ser fabricado no País será considerado registrado após decorrido o prazo de cento e vinte dias da apresentação do respectivo pedido de registro, se até então o pedido não tiver sido indeferido e desde que atendido o disposto no § 6º deste artigo.

(*) § 1º com redação dada pela Lei nº 13.235, de 29.12.2015.

§ 2º. A contagem do prazo para registro será interrompida até a satisfação, pela empresa interessada, de exigência da autoridade sanitária, não podendo tal prazo exceder a cento e oitenta dias.

(*) § 2º com redação dada pela Lei nº 9.782, de 26.1.1999.

§ 3º. O registro, concedido nas condições dos parágrafos anteriores, perderá a sua validade, independentemente de notificação ou interpelação, se o produto não for comercializado no prazo de um ano após a data de sua concessão, prorrogável por mais seis meses, a critério da autoridade sanitária, mediante justificação escrita de iniciativa da empresa interessada.

(*) § 3º com redação dada pela Lei nº 9.782, de 26.1.1999.

§ 4º. O pedido de novo registro do produto poderá ser formulado dois anos após a verificação do fato que deu causa à perda da validade do anteriormente concedido, salvo se não for imputável à empresa interessada.

(*) § 4º com redação dada pela Lei nº 9.782, de 26.1.1999.

§ 5º. As disposições deste artigo aplicam-se aos produtos registrados e fabricados em Estado-Parte integrante do Mercado Comum do Sul – MERCOSUL, para efeito de sua comercialização no País, se corresponderem a similar nacional já registrado.

(*) § 5º com redação dada pela Lei nº 9.782, de 26.1.1999.

§ 6º. O medicamento similar, fabricado ou não no País, deverá ter a sua eficácia, segurança e qualidade comprovadas de forma equivalente à adotada para o medicamento genérico.

(*) § 6º acrescido pela Lei nº 13.235, de 29.12.2015.

Art. 22. As drogas, os medicamentos e insumos farmacêuticos que contenham substâncias entorpecentes ou determinem dependência física ou psíquica, estando sujeitos ao controle especial previsto no Decreto-Lei nº 753, de 11 de agosto de 1969, bem como em outros diplomas legais, regulamentos e demais normas pertinentes, e os medicamentos em geral, só serão registrados ou terão seus registros renovados, se, além do atendimento das condições, das exigências e do procedimento estabelecidos nesta Lei e seu regulamento, suas embalagens e sua rotulagem se enquadrarem nos padrões aprovados pelo Ministério da Saúde.

(*) Art. 22 com redação dada pela Lei nº 10.742, de 6.10.2003.

Art. 23. (Revogado).

(*) Art. 23 revogado pela Lei nº 10.742, de 6.10.2003.

Art. 24. Estão isentos de registro os medicamentos novos, destinados exclusivamente a uso experimental, sob controle médico, podendo, inclusive, ser importados mediante expressa autorização do Ministério da Saúde.

(*) Art. 24 com redação dada pela Lei nº 10.742, de 6.10.2003.

Art. 24-A. Fica estabelecida a Renovação Simplificada do Registro de Medicamentos para os medicamentos que possuam registro no órgão sanitário brasileiro durante período igual ou superior a 10 (dez)♦, que não tenham tido relatos de ineficácia e/ou de eventos adversos significativos e que estejam adequados às exigências sanitárias vigentes, independente de sua classificação de venda.

♦ A publicação oficial omitiu, aqui, a palavra "anos", presente no texto das fases anteriores do processo legislativo.

Parágrafo único. A definição do período de que trata o *caput* será feita pela Anvisa a partir de critérios que envolvam a classe terapêutica do produto, modificações realizadas na sua formulação, nas indicações e posologia e no processo produtivo, bem como a via de administração, a forma farmacêutica e a efetiva exposição do produto ao uso.

(*) Art. 24-A acrescido pela Lei nº 13.097, de 19.1.2015.

Art. 24-B. Para os fins de renovação de registro dos medicamentos a que se refere o art. 24-A, os requisitos a serem observados pelos interessados no ato serão definidos pela Anvisa em regulamento.

(*) Art. 24-B acrescido pela Lei nº 13.097, de 19.1.2015.

TÍTULO IV
DO REGISTRO DE CORRELATOS

Art. 25. Os aparelhos, instrumentos e acessórios usados em medicina, odontologia e atividades afins, bem como nas de educação física, embelezamento ou correção estética, somente poderão ser fabricados, ou importados, para entrega ao consumo e exposição à venda, depois que o Ministério da Saúde se pronunciar sobre a obrigatoriedade ou não do registro.

§ 1º. Estarão dispensados do registro os aparelhos, instrumentos ou acessórios de que trata este artigo, que figurem em relações para tal fim elaboradas pelo Ministério da Saúde, ficando, porém, sujeitos, para os demais efeitos desta Lei e de seu Regulamento, a regime de vigilância sanitária.

§ 2º. O regulamento desta Lei prescreverá as condições, as exigências e os procedimentos concernentes ao registro dos aparelhos, instrumentos ou acessórios de que trata este artigo.

TÍTULO V
DO REGISTRO DE COSMÉTICOS, PRODUTOS DE HIGIENE, PERFUMES E OUTROS

Art. 26. Somente serão registrados como cosméticos produtos para higiene pessoal, perfumes e outros de natureza e finalidade semelhantes, os produtos que se destinem a uso externo ou no ambiente, consoante suas finalidades estética, protetora, higiênica ou odorífera, sem causar irritações à pele nem danos à saúde.

Art. 27. Além de sujeito, às exigências regulamentares próprias, o registro dos cosméticos, dos produtos destinados à higiene pessoal, dos perfumes e demais, de finalidade congênere, dependerá da satisfação das seguintes exigências:

I – enquadrar-se na relação de substâncias declaradas inócuas, elaborada pelo órgão competente do Ministério da Saúde e publicada no Diário Oficial da União, a qual conterá as especificações pertinentes a cada categoria bem como às drogas, aos insumos, às matérias-primas, aos corantes, aos solventes e aos demais permitidos em sua fabricação;

II – não se enquadrando na relação referida no inciso anterior, terem reconhecida a inocuidade das respectivas fórmulas, em pareceres conclusivos, emitidos pelos órgãos competentes, de análise e técnico, do Ministério da Saúde.

Parágrafo único. A relação de substâncias a que se refere o inciso I deste artigo poderá ser alterada para exclusão de substâncias que venham a ser julgadas nocivas à saúde, ou para inclusão de outras, que venham a ser aprovadas.

Art. 28. O registro dos cosméticos, produtos destinados à higiene pessoal, e outros de finalidades idênticas, que contenham substâncias medicamentosas, embora em dose infraterapêutica, obedecerá às normas constantes dos arts. 16 e suas alíneas, 17, 18 e 19 e seu parágrafo único, 20 e 21 e do Regulamento desta Lei.

Art. 29. Somente será registrado produto referido no art. 26 que contenha em sua composição matéria-prima, solvente, corante ou insumos farmacêuticos, constantes da relação elaborada pelo órgão competente do Ministério da Saúde, publicada no *Diário Oficial da União*, desde que ressalvadas expressamente nos rótulos e embalagens as restrições de uso, quando for o caso, em conformidade com a área do corpo em que deva ser aplicado.

Parágrafo único. Quando apresentados sob a forma de aerosol, os produtos referidos no art. 26 só serão registrados se obedecerem aos padrões técnicos aprovados pelo Ministério da Saúde e às demais exigências e normas específicas.

Art. 30. Os cosméticos, produtos de higiene pessoal de adultos e crianças, perfumes e congêneres poderão ter alteradas suas fórmulas de composição desde que as alterações sejam aprovadas pelo Ministério da Saúde, com base nos competentes laudos técnicos.

Art. 31. As alterações de fórmula serão objeto de averbação no registro do produto, conforme se dispuser em regulamento.

Art. 32. O Ministério da Saúde fará publicar no *Diário Oficial da União* a relação dos corantes naturais orgânicos, artificiais e sintéticos, incluindo seus sais e suas lacas, permitidos na fabricação dos produtos de que tratam os art. 29, parágrafo único, e art. 30.

§ 1º. Será excluído da relação a que se refere este artigo todo e qualquer corante que apresente toxicidade ativa ou potencial.

§ 2º. A inclusão e exclusão de corantes e suas decorrências obedecerão a disposições constantes de regulamento.

TÍTULO VI
DO REGISTRO DOS SANEANTES DOMISSANITÁRIOS

Art. 33. O registro dos saneantes domissanitários, dos desinfetantes e detergentes obedecerá ao disposto em regulamento e em normas complementares específicas.

Art. 34. Somente poderão ser registrados os inseticidas que:

I – possam ser aplicados corretamente, em estrita observância às instruções dos rótulos e demais elementos explicativos;

II – não ofereçam qualquer possibilidade de risco à saúde humana e à dos animais domésticos de sangue quente, nas condições de uso previstas;

III – não sejam corrosivos ou prejudiciais às superfícies tratadas.

Art. 35. Somente serão registrados os inseticidas:

I – apresentados segundo as formas previstas no Regulamento desta Lei;

II – em cuja composição a substância inseticida e a sinérgica, naturais ou sintéticas, observem os índices de concentração adequados, estabelecidos pelo Ministério da Saúde;

III – cuja fórmula de composição atenda às precauções necessárias, com vistas ao seu manuseio e às medidas terapêuticas em caso de acidente, para a indispensável preservação da vida humana, segundo as instruções do Ministério da Saúde.

Parágrafo único. O regulamento desta Lei fixará as exigências, as condições e os procedimentos referentes ao registro de inseticidas.

Art. 36. Para fins de registros dos inseticidas as substâncias componentes das fórmulas respectivas serão consideradas:

I – solventes e diluentes, as empregadas como veículos nas preparações inseticidas;

II – propelentes, os agentes propulsores utilizados nas preparações premidas.

Art. 37. O Ministério da Saúde elaborará e fará publicar no *Diário Oficial da União* a relação dos solventes, diluentes e propelentes permitidos, com as respectivas concentrações máximas.

Art. 38. Será permitida a associação de inseticidas, que deverão ter, quando da mesma classe, as concentrações dos elementos ativos reduzidas proporcionalmente.

Art. 39. As associações de inseticidas deverão satisfazer aos requisitos dispostos no art. 35 e seu parágrafo único, quanto à toxicidade para animais submetidos à prova de eficiência.

Art. 40. O registro dos inseticidas só será permitido quando se destine:

I – à pronta aplicação por qualquer pessoa, para fins domésticos;

II – à aplicação e manipulação por pessoa ou organização especializada para fins profissionais.

Art. 41. Registrar-se-ão como raticidas as preparações cujas fórmulas de composição incluam substâncias ativas, isoladas ou em associação, em concentrações diversas e sob determinadas formas e tipos de apresentação.

Parágrafo único. As associações de substâncias raticidas da mesma classe deverão ser reduzidas proporcionalmente às concentrações de seus princípios ativos.

Art. 42. Aplica-se ao registro das preparações e substâncias raticidas o disposto nesta Lei, fixando-se em regulamento e em instruções do Ministério da Saúde as demais exigências específicas atinentes a essa classe de produtos.

Art. 43. O registro dos desinfetantes será efetuado segundo o disposto no Regulamento desta Lei e em instruções expedidas pelo Ministério da Saúde.

Art. 44. Para os fins desta Lei, são equiparados aos produtos domissanitários os detergentes e desinfetantes e respectivos congêneres, destinados à aplicação em objetos inanimados e em ambientes, ficando sujeitos às mesmas exigências e condições no concernente ao registro, à industrialização, entrega ao consumo e fiscalização.

Art. 45. A venda dos raticidas e sua entrega ao consumo ficarão restritas, exclusivamente, aos produtos classificados como de baixa e média toxicidade, sendo privativa das empresas especializadas ou de órgãos e entidades da Administração Pública Direta e Indireta o fornecimento e controle da aplicação dos classificados como de alta toxicidade.

TÍTULO VII
DO REGISTRO DOS PRODUTOS DIETÉTICOS

Art. 46. Serão registrados como produtos dietéticos os destinados à ingestão oral, que, não enquadrados nas disposições do Decreto-Lei nº 986, de 21 de outubro de 1969, e respectivos regulamentos, tenham seu uso ou venda dependentes de prescrição médica e se destinem:

I – a suprir necessidades dietéticas especiais;

II – a suplementar e enriquecer a alimentação habitual com vitaminas, aminoácidos, minerais e outros elementos;

III – a iludir as sensações de fome, de apetite e de paladar, substituindo os alimentos habituais nas dietas de restrição.

Art. 47. Só serão registrados como dietéticos os produtos constituídos por:

I – alimentos naturais modificados em sua composição ou características;

II – produtos naturais, ainda que não considerados alimentos habituais, contendo nutrimentos ou adicionados deles;

III – produtos minerais ou orgânicos, puros ou associados, em condições de contribuir para a elaboração de regimes especiais;

IV – substâncias isoladas ou associadas, sem valor nutritivo, destinadas a dietas de restrição;

V – complementos alimentares contendo vitaminas, minerais ou outros nutrimentos;

VI – outros produtos que, isoladamente ou em associação, possam ser caracterizados como dietéticos pelo Ministério da Saúde.

Art. 48. Dos produtos dietéticos de que trata esta Lei poderão ser apresentados sob as formas usuais dos produtos farmacêuticos, observadas a nomenclatura e as características próprias aos mesmos.

Art. 49. Para assegurar a eficiência dietética mínima necessária e evitar que sejam confundidos com os produtos terapêuticos, o teor dos componentes dos produtos dietéticos, que justifique sua indicação em dietas especiais, deverá obedecer aos padrões aceitos internacionalmente, conforme relações elaboradas pelo Ministério da Saúde.

§ 1º. Não havendo padrão estabelecido para os fins deste artigo, a taxa de nutrimentos dos produtos dietéticos dependerá de pronunciamento do Ministério da Saúde.

§ 2º. A proporção de vitaminas a adicionar aos produtos corresponderá aos padrões estabelecidos pelo Ministério da Saúde.

TÍTULO VIII
DA AUTORIZAÇÃO DAS EMPRESAS E DO LICENCIAMENTO DOS ESTABELECIMENTOS

Art. 50. O funcionamento das empresas de que trata esta Lei dependerá de autorização da Anvisa, concedida mediante a solicitação de cadastramento de suas atividades, do pagamento da respectiva Taxa de Fiscalização de Vigilância Sanitária e de outros requisitos definidos em regulamentação específica da Anvisa.

Parágrafo único. A autorização de que trata este artigo será válida para todo o território nacional e deverá ser atualizada conforme regulamentação específica da Anvisa.

(*) Art. 50 com redação dada pela Lei nº 13.097, de 19.1.2015.

Art. 51. O licenciamento, pela autoridade local, dos estabelecimentos industriais ou comerciais que exerçam as atividades de que trata esta Lei, dependerá de haver sido autorizado o funcionamento da empresa pelo Ministério da Saúde e de serem atendidas, em cada estabelecimento, as exigências de caráter técnico e sanitário estabelecidas em regulamento e instruções do Ministério da Saúde, inclusive no tocante à efetiva assistência de responsáveis técnicos habilitados aos diversos setores de atividade.

Parágrafo único. Cada estabelecimento terá licença específica e independente, ainda que exista mais de um na mesma localidade, pertencente à mesma empresa.

Art. 52. A legislação local supletiva fixará as exigências e condições para o licenciamento dos estabelecimentos a que se refere esta Lei, observados os seguintes preceitos:

I – quando um só estabelecimento industrializar ou comercializar produtos de natureza ou finalidade diferentes, será obrigatória a existência de instalações separadas para a fabricação e o acondicionamento dos materiais, substâncias e produtos acabados;

II – localização adequada das dependências e proibição de residências ou moradia nos imóveis a elas destinados e nas áreas adjacentes;

III – aprovação prévia, pelo órgão de saúde estadual dos projetos e das plantas dos edifícios e fiscalização da respectiva observância.

TÍTULO IX
DA RESPONSABILIDADE TÉCNICA

Art. 53. As empresas que exerçam as atividades previstas nesta Lei ficam obrigadas a manter responsáveis técnicos legalmente habilitados suficientes, qualitativa e quantitativamente, para a adequada cobertura das diversas espécies de produção, em cada estabelecimento.

Art. 54. Caberá ao responsável técnico elaborar o relatório a ser apresentado ao Ministério da Saúde, para fins de registro do produto, e dar assistência técnica efetiva ao setor sob sua responsabilidade profissional.

Art. 55. Embora venha a cessar a prestação de assistência ao estabelecimento, ou este deixe de funcionar, perdurará por um ano, a contar da cessação, a responsabilidade do profissional técnico pelos atos até então praticados.

Art. 56. Independentemente de outras cominações legais, inclusive penais, de que sejam passíveis os responsáveis técnicos e administrativos, a empresa responderá administrativa e civilmente por infração sanitária resultante da inobservância desta Lei e de seus regulamentos e demais normas complementares.

TÍTULO X
DA ROTULAGEM E PUBLICIDADE

Art. 57. O Poder Executivo disporá, em regulamento, sobre a rotulagem, as bulas, os impressos, as etiquetas e os prospectos referentes aos produtos de que trata esta Lei.

§ 1º. Além do nome comercial ou marca, os medicamentos deverão obrigatoriamente exibir, nas peças referidas no *caput* deste artigo, nas embalagens e nos materiais promocionais a Denominação Comum Brasileira ou, quando for o caso, a Denominação Comum Internacional, em letras e caracteres com tamanho nunca inferior à metade do tamanho das letras e caracteres do nome comercial ou marca.

(*) § 1º, primitivo parágrafo único, renumerado pela Lei nº 13.236, de 29.12.2015.

§ 2º. Os rótulos de medicamentos, de drogas e de produtos correlatos deverão possuir características que os diferenciem claramente entre si e que inibam erros de dispensação e de administração, trocas indesejadas ou uso equivocado.

(*) § 2º acrescido pela Lei nº 13.236, de 29.12.2015.

Art. 58. A propaganda, sob qualquer forma de divulgação e meio de comunicação, dos produtos sob o regime desta Lei somente poderá ser promovida após autorização do Ministério da Saúde, conforme se dispuser em regulamento.

§ 1º. Quando se tratar de droga, medicamento ou qualquer outro produto com a exigência de venda sujeita a prescrição médica ou odontológica, a propaganda ficará restrita a publicações que se destinem exclusivamente à distribuição a médicos, cirurgiões-dentistas e farmacêuticos.

§ 2º. A propaganda dos medicamentos de venda livre, dos produtos dietéticos, dos saneantes domissanitários, de cosméticos e de produtos de higiene, será objeto de normas específicas a serem dispostas em regulamento.

Art. 59. Não poderão constar de rotulagem ou de propaganda dos produtos de que trata esta Lei designações, nomes geográficos, símbolos, figuras, desenhos ou quaisquer indicações que possibilitem interpretação falsa, erro ou confusão quanto à origem, procedência, natureza, composição ou qualidade, que atribuam ao produto finalidades ou características diferentes daquelas que realmente possua.

TÍTULO XI
DAS EMBALAGENS

Art. 60. É obrigatória a aprovação, pelo Ministério da Saúde, conforme se dispuser em regulamento, das embalagens, dos equipamentos e utensílios elaborados ou revestidos internamente com substâncias que, em contato com o produto, possam alterar seus efeitos ou produzir dano à saúde.

§ 1º. Independerão de aprovação as embalagens destinadas ao acondicionamento de drogas, medicamentos, insumos farmacêuticos, produtos de higiene, cosméticos, perfumes e congêneres que não contenham internamente substância capaz de alterar as condições de pureza e eficácia do produto.

§ 2º. Não será autorizado o emprego de embalagem destinada a conter ou acondicionar droga, medicamento ou insumo farmacêutico, desde que capaz de causar direta ou indiretamente efeitos nocivos à saúde.

§ 3º. A aprovação do tipo de embalagem será precedida de análise prévia, quando for o caso.

Art. 60-A. Para conter ou acondicionar droga, medicamento ou produtos correlatos, não será autorizado o emprego de embalagem que possa induzir trocas indesejadas ou erros na dispensação, no uso ou na administração desses produtos.

(*) Art. 60-A acrescido pela Lei nº 13.236, de 29.12.2015.

TÍTULO XII
DOS MEIOS DE TRANSPORTE

Art. 61. Quando se tratar de produtos que exijam condições especiais de armazenamento e guarda, os veículos utilizados no seu transporte deverão ser dotados de equipamento que possibilite acondicionamento e conservação capazes de assegurar as condições de pureza, segurança e eficácia do produto.

Parágrafo único. Os veículos utilizados no transporte de drogas, medicamentos, insumos farmacêuticos e correlatos, produtos dietéticos, de higiene, perfumes e similares deverão ter asseguradas as condições de desinfecção e higiene necessárias à preservação da saúde humana.

TÍTULO XIII
DAS INFRAÇÕES E PENALIDADES

Art. 62. Considera-se alterado, adulterado ou impróprio para o uso o medicamento, a droga e o insumo farmacêutico:

I – que houver sido misturado ou acondicionado com substância que modifique seu valor terapêutico ou a finalidade a que se destine;

II – quando houver sido retirado ou falsificado, no todo ou em parte, elemento integrante de sua composição normal, ou substituído por outro de qualidade inferior, ou modificada a dosagem, ou lhe tiver sido acrescentada substância estranha à sua composição, de modo que esta se torne diferente da fórmula constante do registro;

III – cujo volume não corresponder à quantidade aprovada;

IV – quando suas condições de pureza, qualidade e autenticidade não satisfizerem às exigências da Farmacopeia Brasileira ou de outro Código adotado pelo Ministério da Saúde.

Parágrafo único. Ocorrendo alteração pela ação do tempo, ou causa estranha à responsabilidade do técnico ou da empresa, fica esta obrigada a retirar imediatamente o produto do comércio, para correção ou substituição, sob pena de incorrer em infração sanitária.

Art. 63. Considera-se fraudado, falsificado ou adulterado o produto de higiene, cosmético, perfume ou similar, quando:

I – for apresentado com indicações que induzam a erro, engano ou confusão quanto à sua procedência, origem, composição ou finalidade;

II – não observar os padrões e paradigmas estabelecidos nesta Lei e em regulamento, ou às especificações contidas no registro;

III – tiver modificadas a natureza, composição, as propriedades ou características que constituírem as condições do seu registro, por efeito da adição, redução ou retirada de matérias-primas ou componentes.

Parágrafo único. Incluem-se no que dispõe este artigo os insumos constituídos por matéria-prima ativa, aditiva ou complementar, de natureza química, bioquímica ou biológica, de origem natural ou sintética, ou qualquer outro material destinado à fabricação, manipulação e ao beneficiamento dos produtos de higiene, cosméticos, perfumes e similares.

Art. 64. É proibido o reaproveitamento e a utilização de vasilhame tradicionalmente usado para alimentos, bebidas, refrigerantes, produtos dietéticos, medicamentos, drogas, produtos químicos, de higiene, cosméticos e perfumes no envasilhamento de saneantes e congêneres.

Art. 65. É proibida a colocação de novas datas ou o reacondicionamento em novas embalagens de produtos cujo prazo de validade haja expirado, excetuados os soros terapêuticos que puderem ser redosados e refiltrados.

Art. 66. A inobservância dos preceitos desta Lei, de seu Regulamento e normas complementares configura infração de natureza sanitária, ficando sujeito o infrator ao processo e às penalidades previstos no Decreto-Lei nº 785, de 25 de agosto de 1969, sem prejuízo das demais cominações civis e penais cabíveis.

(*) Decreto-Lei nº 785, de 25.8.1969, revogado. Vide Lei nº 6.437, de 20.8.1977.

Parágrafo único. O processo a que se refere este artigo poderá ser instaurado e julgado pelo Ministério da Saúde ou pelas autoridades sanitárias dos Estados, do Distrito Federal e dos Territórios, como couber.

Art. 67. Independentemente das previstas no Decreto-Lei nº 785, de 25 de agosto de 1969, configuram infrações graves ou gravíssimas, nos termos desta Lei, as seguintes práticas puníveis com as sanções indicadas naquele diploma legal:

(*) Decreto-Lei nº 785, de 25.8.1969, revogado. Vide Lei nº 6.437, de 20.8.1977.

I – rotular os produtos sob o regime desta Lei ou deles fazer publicidade sem a observância do disposto nesta Lei e em seu Regulamento ou contrariando os termos e as condições do registro ou de autorização respectivos;

II – alterar processo de fabricação de produtos, sem prévio assentimento do Ministério da Saúde;

III – vender ou expor à venda produto cujo prazo de validade esteja expirado;

IV – apor novas datas em produtos cujo prazo de validade haja expirado ou reacondicioná-los em novas embalagens, excetuados os soros terapêuticos que puderem ser redosados e refiltrados;

V – industrializar produtos sem assistência de responsável técnico legalmente habilitado;

VI – utilizar, na preparação de hormônios, órgãos de animais que não estiverem sãos, ou que apresentarem sinais de decomposição no momento de serem manipulados, ou que provenham de animais doentes, estafados ou emagrecidos;

VII – revender produto biológico não guardado em refrigerador, de acordo com as indicações determinadas pelo fabricante e aprovadas pelo Ministério da Saúde;

VIII – aplicar raticidas cuja ação se produza por gás ou vapor, em galerias, bueiros, porões, sótãos ou locais de possível comunicação com residências ou locais frequentados por seres humanos ou animais úteis.

TÍTULO XIV
DA FISCALIZAÇÃO

Art. 68. A ação de vigilância sanitária abrangerá todo e qualquer produto de que trata esta Lei, inclusive os dispensados de registro, os correlatos, os estabelecimentos de fabricação, distribuição, armazenamento e venda, e os veículos destinados ao transporte dos produtos.

Parágrafo único. Ficam igualmente sujeitas à ação de vigilância a propaganda dos produtos e das marcas, por qualquer meio de comunicação, a publicidade, a rotulagem e etiquetagem.

Art. 69. A ação fiscalizadora é da competência:

I – do órgão federal de saúde:

a) quando o produto estiver em trânsito de uma para outra unidade federativa, em estrada, via fluvial, lacustre, marítima ou aérea, sob controle de órgãos federais;

b) quando se tratar de produto importado ou exportado;

c) quando se tratar de colheitas de amostras para análise de controle, prévia e fiscal.

II – do órgão de saúde estadual, dos Territórios ou do Distrito Federal:

a) quando se tratar de produto industrializado ou entregue ao consumo na área de jurisdição respectiva;

b) quanto aos estabelecimentos, instalações e equipamentos industriais ou de comércio;

c) quanto aos transportes nas estradas e vias fluviais ou lacustres, de sua área jurisdicional;

d) quando se tratar de colheita de amostras para análise fiscal.

Parágrafo único. A competência de que trata este artigo poderá ser delegada, mediante convênio, reciprocamente, pela União, pelos

Estados e pelo Distrito Federal, ressalvadas as hipóteses de poderes indelegáveis, expressamente previstas em lei.

Art. 70. A ação de vigilância sanitária se efetuará permanentemente, constituindo atividade rotineira dos órgãos da saúde.

Art. 71. As atribuições e prerrogativas dos agentes fiscalizadores serão estabelecidas no Regulamento desta Lei.

Art. 72. A apuração das infrações, nos termos desta Lei, far-se-á mediante apreensão de amostras e interdição do produto ou do estabelecimento, conforme disposto em regulamento.

§ 1º. A comprovação da infração dará motivo, conforme o caso, à apreensão e inutilização do produto, em todo o território nacional, ao cancelamento do registro e à cassação da licença do estabelecimento, que só se tornarão efetivos após a publicação da decisão condenatória irrecorrível no *Diário Oficial da União*.

§ 2º. Darão igualmente motivo à apreensão, interdição e inutilização as alterações havidas em decorrência de causas, circunstâncias e eventos naturais ou imprevisíveis, que determinem avaria, deterioração ou contaminação dos produtos, tornando-os ineficazes ou nocivos à saúde.

Art. 73. As análises fiscais e de controle, para fins de fiscalização e monitoramento dos produtos sujeitos ao regime de vigilância sanitária, deverão ser realizadas por laboratório oficial, instituído no âmbito da União, dos Estados, do Distrito Federal ou dos Municípios, ou por laboratórios públicos ou privados credenciados para tal fim.

(*) Art. 73, *caput*, com redação dada pela Lei nº 13.097, de 19.1.2015.

Parágrafo único. O credenciamento de que trata o *caput* será realizado pela Anvisa ou pelos próprios laboratórios oficiais, nos termos de regulamentação específica editada pela Anvisa.

(*) Parágrafo único acrescido pela Lei nº 13.097, de 19.1.2015.

Art. 74. Não poderão ter exercício em órgãos de fiscalização sanitária e laboratórios de controle, servidores públicos que sejam sócios, acionistas ou interessados, por qualquer forma, de empresas que exerçam atividades sujeitas ao regime desta Lei, ou lhes prestem serviços com ou sem vínculo empregatício.

TÍTULO XV
DO CONTROLE DE QUALIDADE DOS MEDICAMENTOS

Art. 75. O Ministério da Saúde baixará normas e aperfeiçoará mecanismos destinados a garantir ao consumidor a qualidade dos medicamentos, tendo em conta a identidade, atividade, pureza, eficácia e inocuidade dos produtos e abrangendo as especificações de qualidade e a fiscalização da produção.

Parágrafo único. As normas a que se refere este artigo determinarão as especificações de qualidade das matérias-primas e dos produtos semielaborados utilizados na fabricação dos medicamentos, bem como as especificações de qualidade destes, e descreverão com precisão os critérios para a respectiva aceitação.

Art. 76. Nenhuma matéria-prima ou nenhum produto semi-elaborado poderá ser empregado na fabricação de medicamento sem que haja sido verificado possuir qualidade aceitável, segundo provas que serão objeto de normas do Ministério da Saúde.

Art. 77. A inspeção da produção de medicamentos terá em vista, prioritariamente, os seguintes aspectos:

I – a fabricação, tendo em conta os fatores intrínsecos e extrínsecos desfavoráveis, inclusive a possibilidade de contaminação das matérias-primas, dos produtos semi-elaborados e do produto acabado;

II – o produto acabado, a fim de verificar o atendimento dos requisitos pertinentes aos responsáveis técnicos pela fabricação e inspeção dos produtos, aos locais e equipamentos, ao saneamento do meio, às matérias-primas e aos sistemas de inspeção e auto-inspeção e registro de medicamentos.

Art. 78. Sem prejuízo do controle e da fiscalização a cargo dos Poderes Públicos, todo estabelecimento destinado à produção de medicamentos deverá possuir Departamento Técnico de Inspeção de Qualidade, que funcione de forma autônoma em sua esfera de competência, com a finalidade de verificar a qualidade das matérias-primas ou substâncias, vigiar os aspectos qualitativos das operações de fabricação e a estabilidade dos medicamentos produzidos e realizar os demais testes necessários.

Parágrafo único. É facultado aos laboratórios industriais farmacêuticos realizar os controles previstos neste artigo, em institutos ou laboratórios oficiais, mediante convênio ou contrato.

Art. 79. Todos os informes sobre acidentes ou reações nocivas causadas por medicamentos serão transmitidos à autoridade sanitária competente.

Parágrafo único. As mudanças operadas na qualidade dos medicamentos e qualquer alteração de suas características físicas serão investigadas com todos os detalhes e, uma vez comprovadas, serão objeto das medidas corretivas cabíveis.

TÍTULO XVI
DOS ÓRGÃOS DE VIGILÂNCIA SANITÁRIA

Art. 80. As atividades de vigilância sanitária de que trata esta Lei serão exercidas:

I – no plano federal, pelo Ministério da Saúde, na forma da legislação e dos regulamentos;

II – nos Estados, Territórios e no Distrito Federal, através de seus órgãos próprios, observadas as normas federais pertinentes e a legislação local supletiva.

TÍTULO XVII
DAS DISPOSIÇÕES FINAIS E TRANSITÓRIAS

Art. 81. As empresas que já explorem as atividades de que trata esta Lei terão o prazo de 12 (doze) meses para as alterações e adaptações necessárias ao cumprimento do que nela se dispõe.

Art. 82. (Revogado).

(*) Art. 82 revogado pela MP nº 2.190-34, de 23.8.2001.

Art. 83. As drogas, os produtos químicos e os oficinais serão vendidos em suas embalagens originais e somente poderão, ser fracionados, para revenda, nos estabelecimentos comerciais, sob a responsabilidade direta do respectivo responsável técnico.

Art. 84. O disposto nesta Lei não exclui a aplicação das demais normas a que estejam sujeitas as atividades nela enquadradas, em relação a aspectos objeto de legislação específica.

Art. 85. Aos produtos mencionados no art.1º, regidos por normas especiais, aplicam-se, no que couber, as disposições desta Lei.

Art. 86. Excluem-se do regime desta Lei, visto se destinarem e se aplicarem a fins diversos dos nela estabelecidos, os produtos saneantes fitossanitários e zoossanitários, os de exclusivo uso veterinário e os destinados ao combate, na agricultura, a ratos e outros roedores.

Art. 87. O Poder Executivo baixará o regulamento e atos necessários ao exato cumprimento desta Lei.

Parágrafo único. Enquanto não forem baixados o regulamento e atos previstos neste artigo, continuarão em vigor os atuais que não conflitarem com as disposições desta Lei.

Art. 88. Esta Lei entrará em vigor 95 (noventa e cinco) dias depois de sua publicação, revogadas as disposições em contrário.

Ernesto Geisel – DOU de 24.9.1976

LEI Nº 6.437, DE 20 DE AGOSTO DE 1977

Configura infrações à legislação sanitária federal, estabelece as sanções respectivas, e dá outras providências.

O Presidente da República,

Faço saber que o Congresso Nacional decreta e eu sanciono a seguinte Lei:

TÍTULO I
DAS INFRAÇÕES E PENALIDADES

Art. 1º. As infrações à legislação sanitária federal, ressalvadas as previstas expressamente em normas especiais, são as configuradas na presente Lei.

Art. 2º. Sem prejuízo das sanções de natureza civil ou penal cabíveis, as infrações sanitárias serão punidas, alternativa ou cumulativamente, com as penalidades de:

I – advertência;

II – multa;

III – apreensão de produto;

IV – inutilização de produto;

V – interdição de produto;

VI – suspensão de vendas e/ou fabricação de produto;

VII – cancelamento de registro de produto;

VIII – interdição parcial ou total do estabelecimento;

IX – proibição de propaganda;

(*) Inciso IX com redação dada
pela Lei nº 9.695, de 20.8.1998.

X – cancelamento de autorização para funcionamento da empresa;

(*) Inciso X com redação dada
pela Lei nº 9.695, de 20.8.1998.

XI – cancelamento do alvará de licenciamento de estabelecimento;

(*) Inciso XI com redação dada
pela Lei nº 9.695, de 20.8.1998.

XI-A – intervenção no estabelecimento que receba recursos públicos de qualquer esfera;

(*) Inciso XI-A com redação dada
pela Lei nº 9.695, de 20.8.1998.

XII – imposição de mensagem retificadora;

(*) Inciso XII com redação dada
pela MP nº 2.190-34, de 23.8.2001.

XIII – suspensão de propaganda e publicidade.

(*) Inciso XIII com redação dada
pela MP nº 2.190-34, de 23.8.2001.

§ 1º. A pena de multa consiste no pagamento das seguintes quantias:

I – nas infrações leves, de R$ 2.000,00 (dois mil reais) a R$ 75.000,00 (setenta e cinco mil reais);

II – nas infrações graves, de R$ 75.000,00 (setenta e cinco mil reais) a R$ 200.000,00 (duzentos mil reais);

III – nas infrações gravíssimas, de R$ 200.000,00 (duzentos mil reais) a R$ 1.500.000,00 (um milhão e quinhentos mil reais).

(*) § 1º com redação dada
pela MP nº 2.190-34, de 23.8.2001.

§ 2º. As multas previstas neste artigo serão aplicadas em dobro em caso de reincidência.

(*) § 2º com redação dada
pela MP nº 2.190-34, de 23.8.2001.

§ 3º. Sem prejuízo do disposto nos arts. 4º e 6º desta Lei, na aplicação da penalidade de multa a autoridade sanitária competente levará em consideração a capacidade econômica do infrator.

(*) § 3º com redação dada
pela MP nº 2.190-34, de 23.8.2001.

Art. 3º. O resultado da infração sanitária é imputável a quem lhe deu causa ou para ela concorreu.

§ 1º. Considera-se causa a ação ou omissão sem a qual a infração não teria ocorrido.

§ 2º. Exclui a imputação de infração a causa decorrente de força maior ou proveniente de eventos naturais ou circunstâncias imprevisíveis, que vier a determinar avaria, deterioração ou alteração de produtos ou bens do interesse da saúde pública.

Art. 4º. As infrações sanitárias classificam-se em:

I – leves, aquelas em que o infrator seja beneficiado por circunstância atenuante;

II – graves, aquelas em que for verificada uma circunstância agravante;

III – gravíssimas, aquelas em que seja verificada a existência de duas ou mais circunstâncias agravantes.

Art. 5º. A intervenção no estabelecimento, prevista no inciso XI-A do art. 2º, será decretada pelo Ministro da Saúde, que designará interventor, o qual ficará investido de poderes de gestão, afastados os sócios, gerentes ou diretores que contratual ou estatutariamente são detentores de tais poderes e não poderá exceder a cento e oitenta dias, renováveis por igual período.

(*) Art. 5º, *caput*, com redação dada
pela Lei nº 9.695, de 20.8.1998.

§ 1º. Da decretação de intervenção caberá pedido de revisão, sem efeito suspensivo, dirigido ao Ministro da Saúde, que deverá apreciá-lo no prazo de trinta dias.

(*) § 1º com redação dada
pela Lei nº 9.695, de 20.8.1998.

§ 2º. Não apreciado o pedido de revisão no prazo assinalado no parágrafo anterior, cessará a intervenção de pleno direito, pelo simples decurso do prazo.

(*) § 2º com redação dada
pela Lei nº 9.695, de 20.8.1998.

§ 2º-A. Ao final da intervenção, o interventor apresentará prestação de contas do período que durou a intervenção.

(*) § 2º-A com redação dada
pela Lei nº 9.695, de 20.8.1998.

Art. 6º. Para a imposição da pena e a sua graduação, a autoridade sanitária levará em conta:

I – as circunstâncias atenuantes e agravantes;

II – a gravidade do fato, tendo em vista as suas consequências para a saúde pública;

III – os antecedentes do infrator quanto às normas sanitárias.

Art. 7º. São circunstâncias atenuantes:

I – a ação do infrator não ter sido fundamental para a consecução do evento;

II – a errada compreensão da norma sanitária, admitida como escusável, quanto patente a incapacidade do agente para atender o caráter ilícito do fato;

III – o infrator, por espontânea vontade, imediatamente, procurar reparar ou minorar as consequências do ato lesivo à saúde pública que lhe for imputado;

IV – ter o infrator sofrido coação, a que podia resistir, para a prática do ato;

V – ser o infrator primário, e a falta cometida, de natureza leve.

Art. 8º. São circunstâncias agravantes:

I – ser o infrator reincidente;

II – ter o infrator cometido a infração para obter vantagem pecuniária decorrente do consumo pelo público do produto elaborado em contrário ao disposto na legislação sanitária;

III – o infrator coagir outrem para a execução material da infração;

IV – ter a infração consequências calamitosas à saúde pública;

V – se, tendo conhecimento de ato lesivo à saúde pública, o infrator deixar de tomar as providências de sua alçada tendentes a evitá-lo;

VI – ter o infrator agido com dolo, ainda que eventual fraude ou má-fé.

Parágrafo único. A reincidência específica torna o infrator passível de enquadramento na penalidade máxima e a caracterização da infração como gravíssima.

Art. 9º. Havendo concurso de circunstâncias atenuantes e agravantes à aplicação da pena será considerada em razão das que sejam preponderantes.

Art. 10. São infrações sanitárias:

I – construir, instalar ou fazer funcionar, em qualquer parte do território nacional, laboratórios de produção de medicamentos, drogas, insumos, cosméticos, produtos de higiene, dietéticos, correlatos, ou quaisquer outros estabelecimentos que fabriquem alimentos, aditivos para alimentos, bebidas, embalagens, saneantes e demais produtos que interessem à saúde pública, sem registro, licença e autorizações do órgão sanitário competente ou contrariando as normas legais pertinentes:

Pena – advertência, interdição, cancelamento de autorização e de licença, e/ou multa.

II – construir, instalar ou fazer funcionar hospitais, postos ou casas de saúde, clínicas em geral, casas de repouso, serviços ou unidades de saúde, estabelecimentos ou organizações afins, que se dediquem à promoção, proteção e recuperação da saúde, sem licença do órgão sanitário competente ou contrariando normas legais e regulamentares pertinentes:

Pena – advertência, interdição, cancelamento da licença e/ou multa.

III – instalar ou manter em funcionamento consultórios médicos, odontológicos e de pesquisas clínicas, clínicas de hemodiálise, bancos de sangue, de leite humano, de olhos, e estabelecimentos de atividades afins, institutos de esteticismo, ginástica, fisioterapia e de recuperação, balneários, estâncias hidrominerais, termais, climatéricas, de repouso, e congêneres, gabinetes ou serviços que utilizem aparelhos e equipamentos geradores de raios X, substâncias radioativas, ou radiações ionizantes e outras, estabelecimentos, laboratórios, oficinas e serviços de ótica, de aparelhos ou materiais óticos, de prótese dentária, de aparelhos ou materiais para uso odontológico, ou explorar atividades comerciais, industriais, ou filantrópicas, com a participação de agentes que exerçam profissões ou ocupações técnicas e auxiliares relacionadas com a saúde, sem licença do órgão sanitário competente ou contrariando o disposto nas demais normas legais e regulamentares pertinentes:

Pena – advertência, intervenção, interdição, cancelamento da licença e/ou multa;

(*) Inciso III com redação dada pela Lei nº 9.695, de 20.8.1998.

IV – extrair, produzir, fabricar, transformar, preparar, manipular, purificar, fracionar, embalar ou reembalar, importar, exportar, armazenar, expedir, transportar, comprar, vender, ceder ou usar alimentos, produtos alimentícios, medicamentos, drogas, insumos farmacêuticos, produtos dietéticos, de higiene, cosméticos, correlatos, embalagens, saneantes, utensílios e aparelhos que interessem à saúde pública ou individual, sem registro, licença, ou autorizações do órgão sanitário competente ou contrariando o disposto na legislação sanitária pertinente:

Pena – advertência, apreensão e inutilização, interdição, cancelamento do registro, e/ou multa;

V – fazer propaganda de produtos sob vigilância sanitária, alimentos e outros, contrariando a legislação sanitária:

Pena – advertência, proibição de propaganda, suspensão de venda, imposição de mensagem retificadora, suspensão de propaganda e publicidade e multa.

(*) Inciso V, pena, com redação dada pela MP nº 2.190-34, de 23.8.2001.

VI – deixar, aquele que tiver o dever legal de fazê-lo, de notificar doença ou zoonose transmissível ao homem, de acordo com o que disponham as normas legais ou regulamentares vigentes:

Pena – advertência, e/ou multa;

VII – impedir ou dificultar a aplicação de medidas sanitárias relativas às doenças transmissíveis e ao sacrifício de animais domésticos considerados perigosos pelas autoridades sanitárias:

Pena – advertência, e/ou multa;

VIII – reter atestado de vacinação obrigatória, deixar de executar, dificultar ou opor-se à execução de medidas sanitárias que visem à prevenção das doenças transmissíveis e sua disseminação, à preservação e à manutenção da saúde:

Pena – advertência, interdição, cancelamento de licença ou autorização, e/ou multa;

IX – opor-se à exigência de provas imunológicas ou à sua execução pelas autoridades sanitárias:

Pena – advertência, e/ou multa;

X – obstar ou dificultar a ação fiscalizadora das autoridades sanitárias competentes no exercício de suas funções:

Pena – advertência, intervenção, interdição, cancelamento de licença e/ou multa;

(*) Inciso X, pena, com redação dada pela Lei nº 9.695, de 20.8.1998.

XI – aviar receita em desacordo com prescrições médicas ou determinação expressa de lei e normas regulamentares:

Pena – advertência, interdição, cancelamento de licença, e/ou multa;

XII – fornecer, vender ou praticar atos de comércio em relação a medicamentos, drogas e correlatos cuja venda e uso dependam de prescrição médica, sem observância dessa exigência e contrariando as normas legais e regulamentares:

Pena – advertência, interdição, cancelamento da licença, e/ou multa;

XIII – retirar ou aplicar sangue, proceder a operações de plasmaferese, ou desenvolver outras atividades hemoterápicas, contrariando normas legais e regulamentares:

Pena – advertência, intervenção, interdição, cancelamento da licença e registro e/ou multa;

(*) Inciso XIII, pena, com redação dada pela Lei nº 9.695, de 20.8.1998.

XIV – exportar sangue e seus derivados, placentas, órgãos, glândulas ou hormônios, bem como quaisquer substâncias ou partes do corpo humano, ou utilizá-los contrariando as disposições legais e regulamentares:

Pena – advertência, intervenção, interdição, cancelamento da licença e registro e/ou multa;

(*) Inciso XIV, pena, com redação dada pela Lei nº 9.695, de 20.8.1998.

XV – rotular alimentos e produtos alimentícios ou bebidas bem como medicamentos, drogas, insumos farmacêuticos, produtos dietéticos, de higiene, cosméticos, perfumes, correlatos, saneantes, de correção estética e quaisquer outros contrariando as normas legais e regulamentares:

Pena – advertência, inutilização, interdição, e/ou multa;

XVI – alterar o processo de fabricação dos produtos sujeitos a controle sanitário, modificar os seus componentes básicos, nome, e demais elementos objeto do registro, sem a necessária autorização do órgão sanitário competente:

Pena – advertência, interdição, cancelamento do registro da licença e autorização, e/ou multa;

XVII – reaproveitar vasilhames de saneantes, seus congêneres e de outros produtos capazes de serem nocivos à saúde, no envasilhamento de alimentos, bebidas, refrigerantes, produtos dietéticos, medicamentos, drogas, produtos de higiene, cosméticos e perfumes:

Pena – advertência, apreensão, inutilização, interdição, cancelamento do registro, e/ou multa;

XVIII – importar ou exportar, expor à venda ou entregar ao consumo produtos de interesse à saúde cujo prazo de validade tenha se expirado, ou apor-lhes novas datas, após expirado o prazo:

(*) Inciso XVIII com redação dada pela MP nº 2.190-34, de 23.8.2001.

Pena – advertência, apreensão, inutilização, interdição, cancelamento do registro, da licença e da autorização, e/ou multa.

XIX – industrializar produtos de interesse sanitário sem a assistência de responsável técnico, legalmente habilitado:

Pena – advertência, apreensão, inutilização, interdição, cancelamento do registro, e/ou multa;

XX – utilizar, na preparação de hormônios, órgãos de animais doentes, estafados ou emagrecidos ou que apresentem sinais de decomposição no momento de serem manipulados:

Pena – advertência, apreensão, inutilização, interdição, cancelamento do registro, da autorização e da licença, e/ou multa;

XXI – comercializar produtos biológicos, imunoterápicos e outros que exijam cuidados especiais de conservação, preparação, expedição, ou transporte, sem observância das condições necessárias à sua preservação:

Pena – advertência, apreensão, inutilização, interdição, cancelamento do registro, e/ou multa;

XXII – aplicação, por empresas particulares, de raticidas cuja ação se produza por gás ou vapor, em galerias, bueiros, porões, sótãos ou locais de possível comunicação com residências ou frequentados por pessoas e animais:

Pena – advertência, interdição, cancelamento de licença e de autorização, e/ou multa;

XXIII – descumprimento de normas legais e regulamentares, medidas, formalidades e outras exigências sanitárias pelas empresas de transportes, seus agentes e consignatários, comandantes ou responsáveis diretos por embarcações, aeronaves, ferrovias, veículos terrestres, nacionais e estrangeiros:

Pena – advertência, interdição, e/ou multa;

XXIV – inobservância das exigências sanitárias relativas a imóveis, pelos seus proprietários, ou por quem detenha legalmente a sua posse:

Pena – advertência, interdição, e/ou multa;

XXV – exercer profissões e ocupações relacionadas com a saúde sem a necessária habilitação legal:

Pena – interdição e/ou multa;

XXVI – cometer o exercício de encargos relacionados com a promoção, proteção e recuperação da saúde a pessoas sem a necessária habilitação legal:

Pena – interdição, e/ou multa;

XXVII – proceder à cremação de cadáveres, ou utilizá-los, contrariando as normas sanitárias pertinentes:

Pena – advertência, interdição, e/ou multa;

XXVIII – fraudar, falsificar ou adulterar alimentos, inclusive bebidas, medicamentos, drogas, insumos farmacêuticos, correlatos, cosmésticos, produtos de higiene, dietéticos, saneantes e quaisquer outros que interessem à saúde pública:

Pena – advertência, apreensão, inutilização e/ou interdição do produto, suspensão de venda e/ou fabricação do produto, cancelamento do registro do produto, interdição parcial ou total do estabelecimento, cancelamento de autorização para o funcionamento da empresa, cancelamento do alvará de licenciamento do estabelecimento e/ou multa;

(*) Inciso XXVIII, pena, com redação dada pela MP nº 2.190-34, de 23.8.2001.

XXIX – transgredir outras normas legais e regulamentares destinadas à proteção da saúde:

Pena – advertência, apreensão, inutilização e/ou interdição do produto; suspensão de venda e/ou fabricação do produto, cancelamento do registro do produto; interdição parcial ou total do estabelecimento, cancelamento de autorização para funcionamento da empresa, cancelamento do alvará de licenciamento do estabelecimento, proibição de propaganda e/ou multa;

(*) Inciso XXIX, pena, com redação dada pela MP nº 2.190-34, de 23.8.2001.

XXX – expor ou entregar ao consumo humano, sal refinado, moído ou granulado, que não contenha iodo na proporção estabelecida pelo Ministério da Saúde;

(*) Inciso XXX com redação dada pela Lei nº 9.005, de 16.3.1995.

Pena – advertência, apreensão e/ou interdição do produto, suspensão de venda e/ou fabricação do produto, cancelamento do registro do produto e interdição parcial ou total do estabelecimento, cancelamento de autorização para funcionamento da empresa, cancelamento do alvará de licenciamento do estabelecimento e/ou multa;

(*) Inciso XXX, pena, com redação dada pela MP nº 2.190-34, de 23.8.2001.

XXXI – descumprir atos emanados das autoridades sanitárias competentes visando à aplicação da legislação pertinente:

Pena – advertência, apreensão, inutilização e/ou interdição do produto, suspensão de venda e/ou de fabricação do produto, cancelamento do registro do produto; interdição parcial ou total do estabelecimento; cancelamento de autorização para funcionamento da empresa, cancelamento do alvará de licenciamento do estabelecimento, proibição de propaganda e/ou multa;

(*) Inciso XXXI, pena, com redação dada pela MP nº 2.190-34, de 23.8.2001.

XXXII – descumprimento de normas legais e regulamentares, medidas, formalidades, outras exigências sanitárias, por pessoas física ou jurídica, que operem a prestação de serviços de interesse da saúde pública em embarcações, aeronaves, veículos terrestres, terminais alfandegados, terminais aeroportuários ou portuários, estações e passagens de fronteira e pontos de apoio de veículos terrestres:

Pena – advertência, interdição, cancelamento da autorização de funcionamento e/ou multa;

(*) Inciso XXXII acrescido pela MP nº 2.190-34, de 23.8.2001.

XXXIII – descumprimento de normas legais e regulamentares, medidas, formalidades, outras exigências sanitárias, por empresas administradoras de terminais alfandegados, terminais aeroportuários ou portuários, estações e passagens de fronteira e pontos de apoio de veículos terrestres:

Pena – advertência, interdição, cancelamento da autorização de funcionamento e/ou multa;

(*) Inciso XXXIII acrescido pela MP nº 2.190-34, de 23.8.2001.

XXXIV – descumprimento de normas legais e regulamentares, medidas, formalidades, outras exigências sanitárias relacionadas à importação ou exportação, por pessoas física ou jurídica, de matérias-primas ou produtos sob vigilância sanitária:

Pena – advertência, apreensão, inutilização, interdição, cancelamento da autorização de funcionamento, cancelamento do registro do produto e/ou multa;

(*) Inciso XXXIV acrescido pela MP nº 2.190-34, de 23.8.2001.

XXXV – descumprimento de normas legais e regulamentares, medidas, formalidades, outras exigências sanitárias relacionadas a estabelecimentos e às boas práticas de fabricação de matérias-primas e de produtos sob vigilância sanitária:

Pena – advertência, apreensão, inutilização, interdição, cancelamento da autorização de funcionamento, cancelamento do registro do produto e/ou multa;

(*) Inciso XXXV acrescido pela MP nº 2.190-34, de 23.8.2001.

XXXVI – proceder a mudança de estabelecimento de armazenagem de produto importado sob interdição, sem autorização do órgão sanitário competente:

Pena – advertência, apreensão, inutilização, interdição, cancelamento da autorização de funcionamento, cancelamento do registro do produto e/ou multa;

(*) Inciso XXXVI acrescido pela MP nº 2.190-34, de 23.8.2001.

XXXVII – proceder a comercialização de produto importado sob interdição:

Pena – advertência, apreensão, inutilização, interdição, cancelamento da autorização de funcionamento, cancelamento do registro do produto e/ou multa;

(*) Inciso XXXVII acrescido pela MP nº 2.190-34, de 23.8.2001.

XXXVIII – deixar de garantir, em estabelecimentos destinados à armazenagem e/ou distribuição de produtos sob vigilância sanitária, a manutenção dos padrões de identidade e qualidade de produtos importados sob interdição ou aguardando inspeção física:

Pena – advertência, apreensão, inutilização, interdição, cancelamento da autorização de funcionamento, cancelamento do registro do produto e/ou multa;

(*) Inciso XXXVIII acrescido pela MP nº 2.190-34, de 23.8.2001.

XXXIX – interromper, suspender ou reduzir, sem justa causa, a produção ou distribuição de medicamentos de tarja vermelha, de uso continuado ou essencial à saúde do indivíduo, ou de tarja preta, provocando o desabastecimento do mercado:

Pena – advertência, interdição total ou parcial do estabelecimento, cancelamento do registro do produto, cancelamento de autorização para funcionamento da empresa, cancelamento do alvará de licenciamento do estabelecimento e/ou multa;

(*) Inciso XXXIX acrescido pela MP nº 2.190-34, de 23.8.2001.

XL – deixar de comunicar ao órgão de vigilância sanitária do Ministério da Saúde a interrupção, suspensão ou redução da fabricação ou da distribuição dos medicamentos referidos no inciso XXXIX:

Pena – advertência, interdição total ou parcial do estabelecimento, cancelamento do registro do produto, cancelamento de autorização para funcionamento da empresa, cancelamento do alvará de licenciamento do estabelecimento e/ou multa;

(*) Inciso XL acrescido
pela MP nº 2.190-34, de 23.8.2001.

XLI – descumprir normas legais e regulamentares, medidas, formalidades, outras exigências sanitárias, por pessoas física ou jurídica, que operem a prestação de serviços de interesse da saúde pública em embarcações, aeronaves, veículos terrestres, terminais alfandegados, terminais aeroportuários ou portuários, estações e passagens de fronteira e pontos de apoio de veículo terrestres:

Pena – advertência, interdição total ou parcial do estabelecimento, cancelamento do registro do produto, cancelamento de autorização para funcionamento da empresa, cancelamento do alvará de licenciamento do estabelecimento e/ou multa.

(*) Inciso XLI acrescido
pela MP nº 2.190-34, de 23.8.2001.

XLII – reincidir na manutenção de focos de vetores no imóvel por descumprimento de recomendação das autoridades sanitárias:

Pena – multa de 10% (dez por cento) dos valores previstos no inciso I do § 1º do art. 2º, aplicada em dobro em caso de nova reincidência.

(*) Inciso XLII acrescido
pela Lei nº 13.301, de 27.6.2016.

Parágrafo único. Independem de licença para funcionamento os estabelecimentos integrantes da Administração Pública ou por ela instituídos, ficando sujeitos, porém, às exigências pertinentes às instalações, aos equipamentos e à aparelhagem adequadas e à assistência e responsabilidade técnicas.

Art. 11. A inobservância ou a desobediência às normas sanitárias para o ingresso e a fixação de estrangeiro no País, implicará em impedimento do desembarque ou permanência do alienígena no território nacional, pela autoridade sanitária competente.

TÍTULO II
DO PROCESSO

Art. 12. As infrações sanitárias serão apuradas em processo administrativo próprio, iniciado com a lavratura de auto de infração, observados o rito e prazos estabelecidos nesta Lei.

Art. 13. O auto de infração será lavrado na sede da repartição competente ou no local em que for verificada a infração, pela autoridade sanitária que a houver constatado, devendo conter:

I – nome do infrator, seu domicílio e residência, bem como os demais elementos necessários à sua qualificação e identificação civil;

II – local, data e hora da lavratura onde a infração foi verificada;

III – descrição da infração e menção do dispositivo legal ou regulamentar transgredido;

IV – penalidade a que está sujeito o infrator e o respectivo preceito legal que autoriza a sua imposição;

V – ciência, pelo autuado, de que responderá pelo fato em processo administrativo;

VI – assinatura do autuado ou, na sua ausência ou recusa, de duas testemunhas, e do autuante;

VII – prazo para interposição de recurso, quando cabível.

Parágrafo único. Havendo recusa do infrator em assinar o auto, será feita, neste, a menção do fato.

Art. 14. As penalidades previstas nesta Lei serão aplicadas pelas autoridades sanitárias competentes do Ministério da Saúde, dos Estados, do Distrito Federal e dos Territórios, conforme as atribuições que lhes sejam conferidas pelas legislações respectivas ou por delegação de competência através de convênios.

Art. 15. A autoridade que determinar a lavratura de auto de infração ordenará, por despacho em processo, que o autuante proceda à prévia verificação da matéria de fato.

Art. 16. Os servidores ficam responsáveis pelas declarações que fizerem nos autos de infração, sendo passíveis de punição, por falta grave, em casos de falsidade ou omissão dolosa.

Art. 17. O infrator será notificado para ciência do auto de infração:

I – pessoalmente;

II – pelo correio ou via postal;

III – por edital, se estiver em lugar incerto ou não sabido.

§ 1º. Se o infrator for notificado pessoalmente e recusar-se a exarar ciência, deverá essa circunstância ser mencionada expressamente pela autoridade que afetou a notificação.

§ 2º. O edital referido no inciso III deste artigo será publicado uma única vez, na imprensa oficial, considerando-se efetivada a notificação cinco dias após a publicação.

Art. 18. Quando, apesar da lavratura do auto de infração, subsistir, ainda, para o infrator, obrigação a cumprir, será expedido edital fixado o prazo de trinta dias para o seu cumprimento, observado o disposto no § 2º do art. 17.

Parágrafo único. O prazo para o cumprimento da obrigação subsistente poderá ser reduzido ou aumentado, em casos excepcionais, por motivos de interesse público, mediante despacho fundamentado.

Art. 19. A desobediência à determinação contida no edital a que se alude no art. 18 desta Lei, além de sua execução forçada acarretará a imposição de multa diária, arbitrada de acordo com os valores correspondentes à classificação da infração, até o exato cumprimento da obrigação, sem prejuízo de outras penalidades previstas na legislação vigente.

Art. 20. O desrespeito ou desacato ao servidor competente, em razão de suas atribuições legais, bem como o embargo oposto a qualquer ato de fiscalização de leis ou atos regulamentares em matéria de saúde, sujeitarão o infrator à penalidade de multa.

Art. 21. As multas impostas em auto de infração poderão sofrer redução de 20% (vinte por cento) caso o infrator efetue o pagamento no prazo de 20 (vinte) dias, contados da data em que for notificado, implicando na desistência tácita de defesa ou recurso.

Art. 22. O infrator poderá oferecer defesa ou impugnação do auto de infração no prazo de 15 (quinze) dias contados de sua notificação.

§ 1º. Antes do julgamento da defesa ou da impugnação a que se refere este artigo deverá a autoridade julgadora ouvir o servidor autuante, que terá o prazo de 10 (dez) dias para se pronunciar a respeito.

§ 2º. Apresentada ou não a defesa ou impugnação, o auto de infração será julgado pelo dirigente do órgão de vigilância sanitária competente.

Art. 23. A apuração do ilícito, em se tratando de produto ou substância referidos no art. 10, inciso IV, far-se-á mediante a apreensão de amostras para a realização de análise fiscal e de interdição, se for o caso.

§ 1º. A apreensão de amostras para efeito de análise, fiscal ou de controle, não será acompanhada da interdição do produto.

§ 2º. Excetuam-se do disposto no parágrafo anterior os casos em que sejam flagrantes os indícios de alteração ou adulteração do produto, hipótese em que a interdição terá caráter preventivo ou de medida cautelar.

§ 3º. A interdição do produto será obrigatório quando resultarem provadas, em análise laboratoriais ou no exame de processos, ações fraudulentas que impliquem em falsificação ou adulteração.

§ 4º. A interdição do produto e do estabelecimento, como medida cautelar, durará o tempo necessário à realização de testes, provas, análises ou outras providências requeridas, não podendo, em qualquer caso, exceder o prazo de noventa dias, findo qual o produto ou estabelecimento será automaticamente liberado.

Art. 24. Na hipótese de interdição do produto, previsto no § 2º do art. 23, a autoridade sanitária lavrará o termo respectivo, cuja primeira via será entregue, juntamente com o auto de infração, ao infrator ou ao seu representante legal, obedecidos os mesmos requisitos daquele, quanto à aposição do ciente.

Art. 25. Se a interação for imposta como resultado de laudo laboratorial, a autoridade sanitária competente fará constar do processo o despacho respectivo e lavrará o termo de interdição, inclusive, do estabelecimento, quando for o caso.

Art. 26. O termo de apreensão e de interdição especificará a natureza, quantidade, nome e/ou marca, tipo, procedência, nome e endereço da empresa e do detentor do produto.

Art. 27. A apreensão do produto ou substância constituirá na colheita de amostra representativa do estoque existente, a qual, dividida em 3 (três) partes, será tornada inviolável, para que se assegurem as características de conservação e autenticidade, sendo uma delas entregue ao detentor ou responsável, a fim de servir como contraprova, e a duas imediatamente encaminhadas ao laboratório oficial, para realização das análises indispensáveis.

§ 1º. Se a sua quantidade ou natureza não permitir a colheita de amostras, o produto ou substâncias será encaminhado ao laboratório oficial, para realização da análise fiscal, na presença do seu detentor ou do representante legal da empresa e do perito pela mesma indicado.

§ 2º. Na hipótese prevista no § 1º deste artigo, se ausentes as pessoas mencionadas, serão convocadas duas testemunhas para presenciar a análise.

§ 3º. Será lavrado laudo minucioso e conclusivo da análise fiscal, o qual será arquivado no laboratório oficial, e extraídas cópias, uma para integrar o processo e as demais para serem entregues ao detentor ou responsável pelo produto ou substância e à empresa fabricante.

§ 4º. O infrator, discordando do resultado condenatório da análise, poderá, em separado ou juntamente com o pedido de revisão da decisão recorrida, requerer perícia de contraprova, apresentando a amostra em seu poder e indicando seu próprio perito.

§ 5º. Da perícia de contraprova será lavrada ata circunstanciada, datada e assinada por todos os participantes, cuja primeira via integrará o processo, e conterá todos os quesitos formulados pelos peritos.

§ 6º. A perícia de contraprova não será efetuada se houver indícios de violação da amostra em poder do infrator e, nessa hipótese, prevalecerá como definitivo o laudo condenatório.

§ 7º. Aplicar-se-á na perícia de contraprova o mesmo método de análise empregado na análise fiscal condenatória, salvo se houver concordância dos peritos quanto à adoção de outro.

§ 8º. A discordância entre os resultados da análise fiscal condenatória e da perícia de contraprova ensejará recurso à autoridade superior no prazo de dez dias, o qual determinará novo exame pericial, a ser realizado na segunda amostra em poder do laboratório oficial.

Art. 28. Não sendo comprovada, através da análise fiscal, ou da perícia de contraprova, a infração objeto da apuração, e sendo considerado o produto próprio para o consumo, a autoridade competente lavrará despacho liberando-o e determinando o arquivamento do processo.

Art. 29. Nas transgressões que independam de análises ou perícias, inclusive por desacato à autoridade sanitária, o processo obedecerá a rito sumaríssimo e será considerado concluso caso infrator não apresente recurso no prazo de 15 (quinze) dias.

Art. 30. Das decisões condenatórias poderá o infrator recorrer, dentro de igual prazo ao fixado para a defesa, inclusive quando se tratar de multa.

Parágrafo único. Mantida a decisão condenatória, caberá recurso para a autoridade superior, dentro da esfera governamental sob cuja jurisdição se haja instaurado o processo, no prazo de 20 (vinte) dias de sua ciência ou publicação.

Art. 31. Não caberá recurso na hipótese de condenação definitiva do produto em razão de laudo laboratorial confirmado em perícia de contraprova, ou nos casos de fraude, falsificação ou adulteração.

Art. 32. Os recursos interpostos das decisões não definitivas somente terão efeito suspensivo relativamente ao pagamento da penalidade pecuniária, não impedindo a imediata exigibilidade do cumprimento da obrigação subsistente na forma do disposto no art. 18.

Parágrafo único. O recurso previsto no § 8º do art. 27 será decidido no prazo de 10 (dez) dias.

Art. 33. Quando aplicada a pena de multa, o infrator será notificado para efetuar o pagamento no prazo de 30 (trinta) dias, contados da data da notificação, recolhendo-a à conta do Fundo Nacional de Saúde, ou às repartições fazendárias dos Estados, do Distrito Federal e dos Territórios, conforme a jurisdição administrativa em que ocorra o processo.

§ 1º. A notificação será feita mediante registro postal, ou por meio de edital publicado na imprensa oficial, se não localizado o infrator.

§ 2º. O não recolhimento da multa, dentro do prazo fixado neste artigo, implicará na sua inscrição para cobrança judicial, na forma da legislação pertinente.

Art. 34. Decorrido o prazo mencionado no parágrafo único do art. 30, sem que seja recorrida a decisão condenatória, ou requerida a perícia de contraprova, o laudo de análise condenatório será considerado definitivo e o processo, desde que não instaurado pelo órgão de vigilância sanitária federal, ser-lhe-á transmitido para ser declarado o cancelamento do registro e determinada a apreensão e inutilização do produto, em todo o território nacional, independentemente de outras penalidades cabíveis, quando for o caso.

Art. 35. A inutilização dos produtos e o cancelamento do registro, da autorização para o funcionamento da empresa e da licença dos estabelecimentos somente ocorrerão após a publicação, na imprensa oficial, de decisão irrecorrível.

Art. 36. No caso de condenação definitiva do produto cuja alteração, adulteração ou falsificação não impliquem em torná-lo impróprio para o uso ou consumo, poderá a autoridade sanitária, ao proferir a decisão, destinar a sua distribuição a estabelecimentos assistenciais, de preferência oficiais, quando esse aproveitamento for viável em programas de saúde.

Art. 37. Ultimada a instrução do processo, uma vez esgotados os prazos para recurso sem apresentação de defesa, ou apreciados os recursos, a autoridade sanitária proferirá a decisão final dando o processo por concluso, após a publicação desta última na imprensa oficial e da adoção das medidas impostas.

Art. 38. As infrações às disposições legais e regulamentares de ordem sanitária prescrevem em 5 (cinco) anos.

§ 1º. A prescrição interrompe-se pela notificação, ou outro ato da autoridade competente, que objetive a sua apuração e consequente imposição de pena.

§ 2º. Não corre o prazo prescricional enquanto houver processo administrativo pendente de decisão.

Art. 39. Esta Lei entrará em vigor na data de sua publicação.

Art. 40. Ficam revogados o Decreto-Lei nº 785, de 25 de agosto de 1969, e demais disposições em contrário.

Brasília, em 20 de agosto de 1977; 156º da Independência e 89º da República.

Ernesto Geisel – DOU de 24.8.1977

DECRETO Nº 85.878, DE 7 DE ABRIL DE 1981

Estabelece normas para a execução da Lei nº 3.820, de 11 de novembro de 1960, sobre o exercício da profissão de farmacêutico, e dá outras providências.

O Presidente da República, no uso da atribuição que lhe confere o art. 81, item III, da Constituição,

Decreta:

Art. 1º. São atribuições privativas dos profissionais farmacêuticos:

I – desempenho de funções de dispensação ou manipulação de fórmulas magistrais e farmacopéicas, quando a serviço do público em geral ou mesmo de natureza privada;

II – assessoramento e responsabilidade técnica em:

a) estabelecimentos industriais farmacêuticos em que se fabriquem produtos que tenham indicações e/ou ações terapêuticas, anestésicos ou auxiliares de diagnóstico, ou capazes de criar dependência física ou psíquica;

b) órgãos, laboratórios, setores ou estabelecimentos farmacêuticos em que se executem controle e/ou inspeção de qualidade, análise prévia, análise de controle e análise fiscal de produtos que tenham destinação terapêutica, anestésica ou auxiliar de diagnósticos ou capazes de determinar dependência física ou psíquica;

c) órgãos, laboratórios, setores ou estabelecimentos farmacêuticos em que se pratiquem extração, purificação, controle de qualidade, inspeção de qualidade, análise prévia, análise de controle e análise fiscal de insumos farmacêuticos de origem vegetal, animal e mineral;

d) depósitos de produtos farmacêuticos de qualquer natureza;

III – a fiscalização profissional sanitária e técnica de empresas, estabelecimentos, setores, fórmulas, produtos, processos e métodos farmacêuticos ou de natureza farmacêutica;

IV – a elaboração de laudos técnicos e a realização de perícias técnico-legais relacionados com atividades, produtos, fórmulas, processos e métodos farmacêuticos ou de natureza farmacêutica;

V – o magistério superior das matérias privativas constantes do currículo próprio do curso de formação farmacêutica, obedecida a legislação do ensino;

VI – desempenho de outros serviços e funções, não especificados no presente Decreto, que se situem no domínio de capacitação técnico-científica profissional.

Art. 2º. São atribuições dos profissionais farmacêuticos, as seguintes atividades afins, respeitadas as modalidades profissionais, ainda que não privativas ou exclusivas:

I – a direção, o assessoramento, a responsabilidade técnica e o desempenho de funções especializadas exercidas em:

a) órgãos, empresas, estabelecimentos, laboratórios ou setores em que se preparem ou fabriquem produtos biológicos, imunoterápicos, soros, vacinas, alérgenos, opoterápicos para uso humano e veterinário, bem como de derivados do sangue;

b) órgãos ou laboratórios de análises clínicas ou de saúde pública ou seus departamentos especializados;

c) estabelecimentos industriais em que se fabriquem produtos farmacêuticos para uso veterinário;

d) estabelecimentos industriais em que se fabriquem insumos farmacêuticos para uso humano ou veterinário e insumos para produtos dietéticos e cosméticos com indicação terapêutica;

e) estabelecimentos industriais em que se fabriquem produtos saneantes, inseticidas, raticidas, antissépticos e desinfetantes;

f) estabelecimentos industriais ou instituições governamentais onde sejam produzidos radioisótopos ou radiofármacos para uso em diagnóstico e terapêutica;

g) estabelecimentos industriais, instituições governamentais ou laboratórios especializados em que se fabriquem conjuntos de reativos ou de reagentes destinados às diferentes análises auxiliares do diagnóstico médico;

h) estabelecimentos industriais em que se fabriquem produtos cosméticos sem indicação terapêutica e produtos dietéticos e alimentares;

i) órgãos, laboratórios ou estabelecimentos em que se pratiquem exames de caráter químico-toxicológico, químico-bromatológico, químico-farmacêutico, biológicos, microbiológicos, fitoquímicos e sanitários;

j) controle, pesquisa e perícia da poluição atmosférica e tratamento dos despejos industriais.

II – tratamento e controle de qualidade das águas de consumo humano, de indústria farmacêutica, de piscinas, praias e balneários, salvo se necessário o emprego de reações químicas controladas ou operações unitárias;

III – vistoria, perícia, avaliação, arbitramento e serviços técnicos, elaboração de pareceres, laudos e atestados do âmbito das atribuições respectivas.

Art. 3º. As disposições deste Decreto abrangem o exercício da profissão de farmacêutico no serviço público da União, dos Estados, Distrito Federal, Territórios, Municípios e respectivos órgãos da administração indireta, bem como nas entidades particulares.

Art. 4º. As dúvidas provenientes do exercício de atividades afins com outras profissões regulamentadas serão resolvidas através de entendimento direto entre os Conselhos Federais interessados.

Art. 5º. Para efeito do disposto no artigo anterior, considera-se afim com a do farmacêutico a atividade da mesma natureza, exercida por outros profissionais igualmente habilitados na forma da legislação específica.

Art. 6º. Cabe ao Conselho Federal de Farmácia expedir as resoluções necessárias à interpretação e execução do disposto neste Decreto.

Art. 7º. Este Decreto entrará em vigor na data de sua publicação, revogadas as disposições em contrário.

Brasília, 7 de abril de 1981; 160º da Independência e 93º da República.

João Figueiredo – DOU de 10.11.1998

LEI Nº 9.787, DE 10 DE FEVEREIRO DE 1999

Altera a Lei nº 6.360, de 23 de setembro de 1976, que dispõe sobre a vigilância sanitária, estabelece o medicamento genérico, dispõe sobre a utilização de nomes genéricos em produtos farmacêuticos e dá outras providências.

O Presidente da República

Faço saber que o Congresso Nacional decreta e eu sanciono a seguinte Lei:

Art. 1º. A Lei nº 6.360, de 23 de setembro de 1976, passa a vigorar com as seguintes alterações:

(*) Alterações já efetuadas no corpo da Lei.

Art. 2º. O órgão federal responsável pela vigilância sanitária regulamentará, no prazo de cento e oitenta dias, contado a partir de 11 de fevereiro de 1999:

(*) Art. 2º, *caput*, com redação dada pela MP nº 2.190-34, de 24.8.2001.

I – os critérios e condições para o registro e o controle de qualidade dos medicamentos genéricos;

II – os critérios para as provas de biodisponibilidade de produtos farmacêuticos em geral;

III – os critérios para a aferição da equivalência terapêutica, mediante as provas de bioequivalência de medicamentos genéricos, para a caracterização de sua intercambialidade;

IV – os critérios para a dispensação de medicamentos genéricos nos serviços farmacêuticos governamentais e privados, respeitada a decisão expressa de não intercambialidade do profissional prescritor.

Art. 3º. As aquisições de medicamentos, sob qualquer modalidade de compra, e as prescrições médicas e odontológicas de medicamentos, no âmbito do Sistema Único de Saúde – SUS, adotarão obrigatoriamente a Denominação Comum Brasileira (DCB) ou, na sua falta, a Denominação Comum Internacional (DCI).

§ 1º. O órgão federal responsável pela vigilância sanitária editará, periodicamente, a relação de medicamentos registrados no País, de acordo com a classificação farmacológica da Relação Nacional de Medicamentos Essenciais – Rename vigente e segundo a Denominação Comum Brasileira ou, na sua falta, a Denominação Comum Internacional, seguindo-se os nomes comerciais e as correspondentes empresas fabricantes.

§ 2º. Nas aquisições de medicamentos a que se refere o *caput* deste artigo, o medicamento genérico, quando houver, terá preferência sobre os demais em condições de igualdade de preço.

§ 3º. Nos editais, propostas licitatórias e contratos de aquisição de medicamentos, no âmbito do SUS, serão exigidas, no que couber, as especificações técnicas dos produtos, os respectivos métodos de controle de qualidade e a sistemática de certificação de conformidade.

§ 4º. A entrega dos medicamentos adquiridos será acompanhada dos respectivos laudos de qualidade.

Art. 4º. É o Poder Executivo Federal autorizado a promover medidas especiais relacionadas com o registro, a fabricação, o regime econômico-fiscal, a distribuição e a dispensação de medicamentos genéricos, de que trata esta Lei, com vistas a estimular sua adoção e uso no País.

Parágrafo único. O Ministério da Saúde promoverá mecanismos que assegurem ampla comunicação, informação e educação sobre os medicamentos genéricos.

Art. 5º. O Ministério da Saúde promoverá programas de apoio ao desenvolvimento técnico-científico aplicado à melhoria da qualidade dos medicamentos.

Parágrafo único. Será buscada a cooperação de instituições nacionais e internacionais relacionadas com a aferição de qualidade de medicamentos.

Art. 6º. Os laboratórios que produzem e comercializam medicamentos com ou sem marca ou nome comercial terão o prazo de seis meses para as alterações e adaptações necessárias ao cumprimento do que dispõe esta Lei.

Art. 7º. Esta Lei entra em vigor na data de sua publicação.

Brasília, 10 de fevereiro de 1999, 178º da Independência e 111º da República.

Fernando Henrique Cardoso – DOU de 11.2.1999

DECRETO Nº 3.181, DE 23 DE SETEMBRO DE 1999

Regulamenta a Lei nº 9.787, de 10 de fevereiro de 1999, que dispõe sobre a Vigilância Sanitária, estabelece o medicamento genérico, dispõe sobre a utilização de nomes genéricos em produtos farmacêuticos e dá outras providências.

O Presidente da República, usando da atribuição que lhe confere o art. 84, inciso IV, da Constituição, e, tendo em vista o disposto no art. 57, da Lei nº 6.360, de 23 de setembro de 1976 e no art. 4º, da Lei nº 9.787, de 10 de fevereiro de 1999,

Decreta:

Art. 1º. Constarão, obrigatoriamente, das embalagens, rótulos, bulas, prospectos, textos, ou qualquer outro tipo de material de divulgação e informação médica, referentes a medicamentos, a terminologia da Denominação Comum Brasileira – DCB ou, na sua falta, a Denominação Comum Internacional – DCI.

Art. 2º. A denominação genérica dos medicamentos deverá estar situada no mesmo campo de impressão e abaixo do nome comercial ou marca.

Art. 3º. As letras deverão guardar entre si as devidas proporções de distância, indispensáveis à sua fácil leitura e destaque, principalmente, no que diz respeito à denominação genérica para a substância base, que deverá corresponder à metade do tamanho das letras e caracteres do nome comercial ou marca.

Art. 4º. O cartucho da embalagem dos medicamentos, produtos dietéticos e correlatos, que só podem ser vendidos sob prescrição médica, deverão ter uma faixa vermelha em toda sua extensão, no seu terço médio inferior, vedada a sua colocação no rodapé do cartucho, com largura não inferior a um quinto da maior face total, contendo os dizeres: "Venda sob prescrição médica".

Art. 5º. Quando se tratar de medicamento que contenha uma associação ou combinação de princípios ativos, em dose fixa, a Agência Nacional de Vigilância Sanitária, por ato administrativo, determinará as correspondências com a denominação genérica.

Art. 6º. É obrigatório o uso da denominação genérica nos formulários ou pedidos de registro e autorizações relativas à produção, comercialização e importação de medicamentos.

Art. 7º. Os laboratórios que atualmente produzem e comercializam medicamentos com ou sem marca ou nome comercial terão o prazo de quatro meses para as alterações e adaptações necessárias ao cumprimento do disposto na Lei nº 9.787, de 10 de fevereiro de 1999, e neste Decreto.

Parágrafo único. O medicamento similar só poderá ser comercializado e identificado por nome comercial ou marca.

Art. 8º. A Agência de Vigilância Sanitária, regulamentará os critérios de rotulagem referentes à Denominação Comum Brasileira – DCB em todos os medicamentos, observado o disposto nos arts. 3º e 5º deste Decreto.

Art. 9º. Este Decreto entra em vigor na data de sua publicação.

Art. 10. Fica revogado o Decreto nº 793, de 5 de abril de 1993.

Brasília, 23 de setembro de 1999; 178º da Independência e 111º da República.

Fernando Henrique Cardoso – DOU de 24.9.1999

LEI Nº 9.965, DE 27 DE ABRIL DE 2000

Restringe a venda de esteróides ou peptídeos anabolizantes e dá outras providências.

O Presidente da República,

Faço saber que o Congresso Nacional decreta e eu sanciono a seguinte Lei:

Art. 1º. A dispensação ou a venda de medicamentos do grupo terapêutico dos esteróides ou peptídeos anabolizantes para uso humano estarão restritas à apresentação e retenção, pela farmácia ou drogaria, da cópia carbonada de receita emitida por médico ou dentista devidamente registrados nos respectivos conselhos profissionais.

Parágrafo único. A receita de que trata este artigo deverá conter a identificação do profissional, o número de registro no respectivo conselho profissional (CRM ou CRO), o número do Cadastro da Pessoa Física (CPF), o endereço e telefone profissionais, além do nome, do endereço do paciente e do número do Código Internacional de Doenças (CID), devendo a mesma ficar retida no estabelecimento farmacêutico por cinco anos.

Art. 2º. A inobservância do disposto nesta Lei configurará infração sanitária, estando o infrator sujeito ao processo e penalidades previstos na Lei nº 6.437, de 20 de agosto de 1977, sem prejuízo das demais sanções civis ou penais.

Art. 3º. A União, os Estados, o Distrito Federal e os Municípios poderão celebrar convênios para a fiscalização e o controle da observância desta Lei.

Art. 4º. Esta Lei entra em vigor na data de sua publicação.

Brasília, 27 de abril de 2000; 179º da Independência e 112º da República.

Fernando Henrique Cardoso – DOU de 28.4.2000

LEI Nº 10.742, DE 6 DE OUTUBRO DE 2003

Define normas de regulação para o setor farmacêutico, cria a Câmara de Regulação do Mercado de Medicamentos – CMED e altera a Lei nº 6.360, de 23 de setembro de 1976, e dá outras providências.

O Presidente da República,

Faço saber que o Congresso Nacional decreta e eu sanciono a seguinte Lei:

Art. 1º. Esta Lei estabelece normas de regulação do setor farmacêutico, com a finalidade de promover a assistência farmacêutica à população, por meio de mecanismos que estimulem a oferta de medicamentos e a competitividade do setor.

Art. 2º. Aplica-se o disposto nesta Lei às empresas produtoras de medicamentos, às farmácias e drogarias, aos representantes, às distribuidoras de medicamentos, e, de igual modo, a quaisquer pessoas jurídicas de direito público ou privado, inclusive associações de entidades ou pessoas, constituídas de fato ou de direito, ainda que temporariamente, com ou sem personalidade jurídica, que, de alguma maneira, atuem no setor farmacêutico.

Art. 3º. Para efeitos desta Lei, são adotadas as seguintes definições:

I – *farmácia* – estabelecimento de manipulação de drogas magistrais e oficinais, de comércio de drogas, medicamentos, insumos farmacêuticos e correlatos, compreendendo o de dispensação e o de atendimento privativo de unidade hospitalar ou de qualquer outra equivalente de assistência médica, nos termos do inciso X do art. 4º da Lei nº 5.991, de 17 de dezembro de 1973;

II – *drogaria* – estabelecimento destinado à dispensação e comércio de drogas, medicamentos, insumos farmacêuticos e correlatos em suas embalagens originais, nos termos do inciso XI do art. 4º da Lei nº 5.991, de 1973;

III – *representante e distribuidor* – empresa que exerça direta ou indiretamente o comércio atacadista de drogas, medicamentos em suas embalagens originais, insumos farmacêuticos e de correlatos, nos termos do inciso XVI do art. 4º da Lei nº 5.991, de 1973;

IV – *medicamento* – todo produto farmacêutico, tecnicamente obtido ou elaborado, com finalidade profilática, curativa, paliativa ou para fins de diagnóstico, nos termos do inciso II do art. 4º da Lei nº 5.991, de 1973; e

V – *empresas produtoras de medicamentos* – estabelecimentos industriais que, operando sobre matéria-prima ou produto intermediário, modificam-lhes a natureza, o acabamento, a apresentação ou a finalidade do produto, gerando, por meio desse processo, medicamentos.

Parágrafo único. Equiparam-se às empresas produtoras de medicamentos os estabelecimentos importadores de medicamentos de procedência estrangeira que têm registros dos respectivos produtos importados junto à Agência Nacional de Vigilância Sanitária – ANVISA.

Art. 4º. As empresas produtoras de medicamentos deverão observar, para o ajuste e determinação de seus preços, as regras definidas nesta Lei, a partir de sua publicação, ficando vedado qualquer ajuste em desacordo com esta Lei.

§ 1º. O ajuste de preços de medicamentos será baseado em modelo de teto de preços calculado com base em um índice, em um fator de produtividade e em um fator de ajuste de preços relativos intra-setor e entre setores.

§ 2º. O índice utilizado, para fins do ajuste previsto no § 1º, é o Índice Nacional de Preços ao Consumidor Amplo – IPCA, calculado pelo Instituto Brasileiro de Geografia e Estatística – IBGE.

§ 3º. O fator de produtividade, expresso em percentual, é o mecanismo que permite repassar aos consumidores, por meio dos preços dos medicamentos, projeções de ganhos de produtividade das empresas produtoras de medicamentos.

§ 4º. O fator de ajuste de preços relativos, expresso em percentual, é composto de duas parcelas:

I – a parcela do fator de ajuste de preços relativos intra-setor, que será calculada com base no poder de mercado, que é determinado, entre outros, pelo poder de monopólio ou oligopólio, na assimetria de informação e nas barreiras à entrada; e

II – a parcela do fator de ajuste de preços relativos entre setores, que será calculada com base na variação dos custos dos insumos, desde que tais custos não sejam recuperados pelo cômputo do índice previsto no § 2º deste artigo.

§ 5º. Compete à Câmara de Regulação do Mercado de Medicamentos – CMED, criada pelo art. 5º desta Lei, propor critérios de composição dos fatores a que se refere o § 1º, bem como o grau de desagregação de tais fatores, seja por produto, por mercado relevante ou por grupos de mercados relevantes, a serem reguladas até 31 de dezembro de 2003, na forma do art. 84 da Constituição Federal.

§ 6º. A CMED dará transparência e publicidade aos critérios a que se referem os §§ 1º e 2º deste artigo.

§ 7º. Os ajustes de preços ocorrerão anualmente.

§ 8º. O primeiro ajuste, com base nos critérios estabelecidos nesta Lei, ocorrerá em março de 2004, considerando-se, para efeito desse ajuste:

I – o preço fabricante do medicamento em 31 de agosto de 2003; e

II – o IPCA acumulado a partir de setembro de 2003, inclusive.

§ 9º. Excepcionalmente, o Conselho de Ministros da CMED poderá autorizar um ajuste positivo de preços ou determinar um ajuste negativo em 31 de agosto de 2003, tendo como referência o preço fabricante em 31 de março de 2003.

(*) Decreto nº 4.937, de 29.12.2003 – Regulamenta o art. 4º da Lei nº 10.742, de 6 de outubro de 2003, para estabelecer os critérios de composição de fatores para o ajuste de preços de medicamentos.

Art. 5º. Fica criada a Câmara de Regulação do Mercado de Medicamentos – CMED, do Conselho de Governo, que tem por objetivos a adoção, implementação e coordenação de atividades relativas à regulação econômica do mercado de medicamentos, voltados a promover a assistência farmacêutica à população, por meio de mecanismos que estimulem a oferta de medicamentos e a competitividade do setor.

Parágrafo único. A composição da CMED será definida em ato do Poder Executivo.

Art. 6º. Compete à CMED, dentre outros atos necessários à consecução dos objetivos a que se destina esta Lei:

I – definir diretrizes e procedimentos relativos à regulação econômica do mercado de medicamentos;

II – estabelecer critérios para fixação e ajuste de preços de medicamentos;

III – definir, com clareza, os critérios para a fixação dos preços dos produtos novos e novas apresentações de medicamentos, nos termos do art. 7º;

IV – decidir pela exclusão de grupos, classes, subclasses de medicamentos e produtos farmacêuticos da incidência de critérios de estabelecimento ou ajuste de preços, bem como decidir pela eventual reinclusão de grupos, classes, subclasses de medicamentos e produtos farmacêuticos à incidência de critérios de determinação ou ajuste de preços, nos termos desta Lei;

V – estabelecer critérios para fixação de margens de comercialização de medicamentos a serem observados pelos representantes, distribuidores, farmácias e drogarias, inclusive das margens de farmácias voltadas especificamente ao atendimento privativo de unidade hospitalar ou de qualquer outra equivalente de assistência médica;

VI – coordenar ações dos órgãos componentes da CMED voltadas à implementação dos objetivos previstos no art. 5º;

VII – sugerir a adoção, pelos órgãos competentes, de diretrizes e procedimentos voltados à implementação da política de acesso a medicamentos;

VIII – propor a adoção de legislações e regulamentações referentes à regulação econômica do mercado de medicamentos;

IX – opinar sobre regulamentações que envolvam tributação de medicamentos;

X – assegurar o efetivo repasse aos preços dos medicamentos de qualquer alteração da carga tributária;

XI – sugerir a celebração de acordos e convênios internacionais relativos ao setor de medicamentos;

XII – monitorar, para os fins desta Lei, o mercado de medicamentos, podendo, para tanto, requisitar informações sobre produção, insumos, matérias-primas, vendas e quaisquer outros dados que julgar necessários ao exercício desta competência, em poder de pessoas de direito público ou privado;

XIII – zelar pela proteção dos interesses do consumidor de medicamentos;

XIV – decidir sobre a aplicação de penalidades previstas nesta Lei e, relativamente ao mercado de medicamentos, aquelas previstas na Lei nº 8.078, de 11 de setembro de 1990, sem prejuízo das competências dos demais órgãos do Sistema Nacional de Defesa do Consumidor;

XV – elaborar seu regimento interno.

Art. 7º. A partir da publicação desta Lei, os produtos novos e as novas apresentações de medicamentos que venham a ser incluídos na lista de produtos comercializados pela empresa produtora deverão observar, para fins da definição de preços iniciais, os critérios estabelecidos pela CMED.

§ 1º. Para fins do cálculo do preço referido no *caput* deste artigo, a CMED utilizará as informações fornecidas à ANVISA por ocasião do pedido de registro ou de sua renovação, sem prejuízo de outras que venham a ser por ela solicitadas.

§ 2º. A CMED regulamentará prazos para análises de preços de produtos novos e novas apresentações.

Art. 8º. O descumprimento de atos emanados pela CMED, no exercício de suas competências de regulação e monitoramento do mercado de medicamentos, bem como o descumprimento de norma prevista nesta Lei, sujeitam-se às sanções administrativas previstas no art. 56 da Lei nº 8.078, de 1990.

Parágrafo único. A recusa, omissão, falsidade ou retardamento injustificado de informações ou documentos requeridos nos termos desta Lei ou por ato da CMED, sujeitam-se à multa diária de R$ 10.000,00 (dez mil reais), podendo ser aumentada em até 20 (vinte) vezes, se necessário, para garantir eficácia.

Art. 9º. Fica extinta a Câmara de Medicamentos, criada pela Lei nº 10.213, de 27 de março de 2001, cujas competências e atribuições são absorvidas pela CMED.

Parágrafo único. Os processos, documentos e demais expedientes relativos às competências e atribuições absorvidas pela CMED terão sua tramitação por ela disciplinada.

Art. 10. A Lei nº 6.360, de 23 de setembro de 1976, passa a vigorar com as seguintes alterações:

(*) Alterações já efetuadas no corpo da Lei.

Art. 11. A realização do encontro de contas entre a União e a Petróleo Brasileiro S.A. – Petrobrás, previsto no art. 74 da Lei nº 9.478, de 6 de agosto de 1997, deverá ocorrer até 30 de junho de 2004.

Art. 12. Esta Lei entra em vigor na data de sua publicação.

Art. 13. Ficam revogados o art. 23 da Lei nº 6.360, de 23 de setembro de 1976, a Lei nº 10.213, de 27 de março de 2001, e a Medida Provisória nº 2.230, de 6 de setembro de 2001.

(*) Alterações já efetuadas no corpo da Lei.

Brasília, 6 de outubro de 2003; 182º da Independência e 115º da República.

Luiz Inácio Lula da Silva – DOU de 7.10.2003

DECRETO Nº 5.775, DE 10 DE MAIO DE 2006

Dispõe sobre o fracionamento de medicamentos, dá nova redação aos arts. 2º e 9º do Decreto nº 74.170, de 10 de junho de 1974, e dá outras providências.

O Presidente da República, no uso da atribuição que lhe confere o art. 84, inciso IV, da Constituição, e tendo em vista o disposto na Lei nº 5.991, de 17 de dezembro de 1973,

Decreta:

Art. 1º. Os arts. 2º e 9º do Decreto nº 74.170, de 10 de junho de 1974, passam a vigorar com a seguinte redação:

(*) Alterações já efetuadas no corpo do Decreto.

Art. 2º. As condições para a adequação das embalagens ao fracionamento por parte das empresas titulares de registro de medicamentos serão estabelecidas pelo órgão da União competente, no âmbito do Sistema Único de Saúde.

Art. 3º. Este Decreto entra em vigor na data de sua publicação.

Art. 4º. Ficam revogados os Decretos nºs 947, de 4 de outubro de 1993, e 5.348, de 19 de janeiro de 2005.

Brasília, 10 de maio de 2006; 185º da Independência e 118º da República.

Luiz Inácio Lula da Silva – DOU de 11.5.2006

LEI Nº 12.842, DE 10 DE JULHO DE 2013

Dispõe sobre o exercício da Medicina. (Excertos)

A Presidenta da República,

Faço saber que o Congresso Nacional decreta e eu sanciono a seguinte Lei:

....

Art. 4º. São atividades privativas do médico:

....

§ 5º. Excetuam-se do rol de atividades privativas do médico:

I – (vetado);

II – (vetado);

III – aspiração nasofaringeana ou orotraqueal;

IV – (vetado);

V – realização de curativo com desbridamento até o limite do tecido subcutâneo, sem a necessidade de tratamento cirúrgico;

VI – atendimento à pessoa sob risco de morte iminente;

VII – realização de exames citopatológicos e seus respectivos laudos;

VIII – coleta de material biológico para realização de análises clínico-laboratoriais;

IX – procedimentos realizados através de orifícios naturais em estruturas anatômicas visando à recuperação físico-funcional e não comprometendo a estrutura celular e tecidual.

....

§ 7º. O disposto neste artigo será aplicado de forma que sejam resguardadas as competências próprias das profissões de assistente social, biólogo, biomédico, enfermeiro, farmacêutico, fisioterapeuta, fonoaudiólogo, nutricionista, profissional de educação física, psicólogo, terapeuta ocupacional e técnico e tecnólogo de radiologia.

....

Art. 8º. Esta Lei entra em vigor 60 (sessenta) dias após a data de sua publicação.

Brasília, 10 de julho de 2013; 192º da Independência e 125º da República.

Dilma Rousseff – DOU de 11.7.2013

DECRETO Nº 8.077, DE 14 DE AGOSTO DE 2013

Regulamenta as condições para o funcionamento de empresas sujeitas ao licenciamento sanitário, e o registro, controle e monitoramento, no âmbito da vigilância sanitária, dos produtos de que trata a Lei nº 6.360, de 23 de setembro de 1976, e dá outras providências.

A Presidenta da República, no uso da atribuição que lhe confere o art. 84, *caput*, incisos IV e VI, alínea "a", da Constituição, e tendo em vista o disposto na Lei nº 6.360, de 23 de setembro de 1976 e na Lei nº 9.782, de 26 de janeiro de 1999,

Decreta:

Capítulo I
DISPOSIÇÕES PRELIMINARES

Art. 1º. Este Decreto regulamenta as condições para o funcionamento de empresas sujeitas ao licenciamento sanitário, e o registro, controle e monitoramento, no âmbito da vigilância sanitária, dos produtos de que trata a Lei nº 6.360, de 23 de setembro de 1976.

Capítulo II
DAS CONDIÇÕES PARA O FUNCIONAMENTO DE EMPRESAS

Art. 2º. O exercício de atividades relacionadas aos produtos referidos no art. 1º da Lei nº 6.360, de 1976, dependerá de autorização da Agência Nacional de Vigilância Sanitária – ANVISA e de licenciamento dos estabelecimentos pelo órgão competente de saúde dos Estados, Distrito Federal ou Municípios, observados os requisitos técnicos definidos em regulamento desses órgãos.

Parágrafo único. As atividades exercidas pela empresa e as respectivas categorias de produtos a elas relacionados constarão expressamente da autorização e do licenciamento referidos no *caput*.

Art. 3º. Para o licenciamento de estabelecimentos que exerçam atividades de que trata este Decreto pelas autoridades dos Estados, Distrito Federal ou Municípios, o estabelecimento deverá:

I – possuir autorização emitida pela ANVISA de que trata o *caput* do art. 2º;

II – comprovar capacidade técnica e operacional, e a disponibilidade de instalações, equipamentos e aparelhagem imprescindíveis e em condições adequadas à finalidade a que se propõe;

III – dispor de meios para a garantia da qualidade dos produtos e das atividades exercidas pelo estabelecimento, nos termos da regulamentação específica;

IV – dispor de recursos humanos capacitados ao exercício das atividades; e

V – dispor de meios capazes de prevenir, eliminar ou reduzir riscos ambientais decorrentes das atividades exercidas pelo estabelecimento que tenham efeitos nocivos à saúde.

Art. 4º. Os estabelecimentos terão licenças sanitárias independentes, mesmo que localizados no mesmo Município ou no Distrito Federal e pertençam a uma só empresa.

Art. 5º. Os estabelecimentos que exerçam atividades previstas neste Decreto ficam obrigados a manter responsável técnico legalmente habilitado.

Art. 6º. Os órgãos e entidades públicas que exerçam atividades abrangidas pela Lei nº 6.360, de 1976, não dependem de licença para funcionamento, ficando, porém, sujeitos às exigências quanto a instalações, equipamentos e aparelhagem adequados e à assistência e responsabilidade técnicas.

Capítulo III
DO REGISTRO DE PRODUTOS SUBMETIDOS AO REGIME DE VIGILÂNCIA SANITÁRIA

Art. 7º. Os produtos de que trata o art. 1º somente poderão ser objeto das atividades a eles relacionadas se registrados junto a ANVISA, observados seus regulamentos específicos.

§ 1º. O registro será concedido no prazo de noventa dias, contado da data de entrega do requerimento, salvo nos casos de inobservância da Lei nº 6.360, de 1976, deste Decreto ou de outras normas pertinentes.

§ 2º. Além do disposto no art. 41-A da Lei nº 9.782, de 26 de janeiro de 1999, terão prioridade, nos termos de regulamentação específica da ANVISA, as análises dos requerimentos de registro referentes a:

I – produtos estratégicos para o Sistema Único de Saúde – SUS, conforme definido em ato do Ministro de Estado da Saúde;

II – produtos objeto de transferência de tecnologia para órgãos e entidades da administração pública; e

III – produtos com inovações radicais ou incrementais fabricados no País ou que atendam sua regra de origem ou Processo Produtivo Básico, desde que o núcleo tecnológico do produto também seja fabricado no País.

§ 3º. Caso não haja riscos à saúde da população ou à fiscalização das atividades de produção e circulação, o registro dos produtos de que trata este artigo poderá ser objeto de regulamentação da ANVISA para:

I – simplificar e agilizar os procedimentos; e

II – estabelecer prioridades e metas de desempenho previstas em cláusula do contrato de gestão a que se refere o art. 19 da Lei nº 9.782, de 1999.

§ 4º. A ANVISA poderá dispensar de registro os inseticidas, imunobiológicos, medicamentos e outros insumos estratégicos quando adquiridos por intermédio de organismos multilaterais internacionais, para uso em programas de saúde pública pelo Ministério da Saúde e suas entidades vinculadas.

§ 5º. Nos casos de grave risco à saúde e desde que comprovada a indisponibilidade no mercado nacional de substitutos terapêuticos registrados, a ANVISA poderá estabelecer procedimentos simplificados para viabilizar o fornecimento de medicamentos pelo SUS.

Art. 8º. O registro dos produtos tratados no art. 7º, suas alterações e revalidações ficam sujeitos ao atendimento da Lei nº 6.360, de 1976, deste Decreto e dos demais requisitos técnicos definidos em regulamentação específica da ANVISA.

§ 1º. O registro a que se refere o art. 7º terá validade de cinco anos e poderá ser revalidado por períodos iguais e sucessivos, mantido o registro inicial.

§ 2º. A revalidação do registro deverá ser requerida com antecedência máxima de doze meses e mínima de seis meses da data do vencimento do registro.

§ 3º. Atendido o disposto no § 2º, o registro será considerado automaticamente revalidado, independentemente de decisão da ANVISA, se esta não houver sido proferida até a data do vencimento do registro.

§ 4º. A revalidação automática ocorrerá nos termos e condições em que tenha sido concedido o registro ou sua última revalidação.

§ 5º. A revalidação automática não prejudicará a continuação da análise do requerimento de revalidação, que poderá ser ratificado ou indeferido pela ANVISA, conforme regulamentação vigente.

§ 6º. O indeferimento do requerimento de revalidação de registro que tenha sido automaticamente revalidado ensejará o cancelamento do registro.

Art. 9º. Os produtos de que trata este Decreto não poderão ter nome ou designação que induza a erro quanto a sua composição, finalidade, indicação, aplicação, modo de usar e procedência.

Parágrafo único. É permitida a mudança de nome de produto registrado antes de sua comercialização, quando solicitada pela empresa.

Art. 10. A importação de produtos submetidos ao regime de vigilância sanitária está sujeita à prévia manifestação da ANVISA, que definirá em regulamentação específica os requisitos técnicos a serem observados.

§ 1º. Os procedimentos de liberação de produtos importados destinados à pesquisa tecnológica e cientifica deverão ser simplificados conforme regulamentação específica da ANVISA.

§ 2º. Independe de autorização a importação, por pessoas físicas, dos produtos abrangidos por este Decreto não submetidos a regime especial de controle e em quantidade para uso individual, que não se destinem à revenda ou ao comércio, desde que atendida a regulamentação específica da ANVISA.

Art. 11. Os produtos abrangidos pelo regime de vigilância sanitária, inclusive os importados, somente serão disponibilizados para uso ou consumo em suas embalagens originais, salvo quando houver previsão diversa em norma específica da ANVISA.

Parágrafo único. É permitida a reembalagem no País de produtos importados a granel, observados os requisitos técnicos previstos em regulamentação específica da ANVISA.

Capítulo IV
DAS ATIVIDADES DE CONTROLE E MONITORAMENTO DE PRODUTOS NO SISTEMA NACIONAL DE VIGILÂNCIA SANITÁRIA

Art. 12. As atividades de vigilância sanitária de que trata a Lei nº 6.360, de 1976, e este Decreto serão exercidas:

I – pelo Ministério da Saúde, quanto à formulação, ao acompanhamento e à avaliação da política nacional de vigilância sanitária e das diretrizes gerais do Sistema Nacional de Vigilância Sanitária;

II – pela ANVISA, conforme as atribuições conferidas pela Lei nº 9.782, de 1999; e

III – pelos Estados, Distrito Federal e Municípios, por meio de seus órgãos de vigilância sanitária competentes.

Art. 13. Os agentes a serviço da vigilância sanitária, em suas atividades de controle e monitoramento, terão, entre outras, as seguintes atribuições e prerrogativas:

I – livre acesso aos locais onde se processem, em qualquer fase, as atividades sujeitas ao controle sanitário, previstas no art. 2º deste Decreto, e aos documentos e dados relacionados;

II – realizar inspeções de rotina e para apuração de infrações sanitárias, lavrando os respectivos termos;

III – coletar as amostras necessárias às análises de controle ou fiscal, lavrando os respectivos termos;

IV – verificar o atendimento das condições de saúde e higiene exigidas aos empregados quanto às atividades de que trata o art. 2º;

V – verificar a procedência e as condições sanitárias dos produtos;

VI – interditar, parcial ou totalmente, lavrando o termo respectivo, os estabelecimentos em que se realize atividade prevista no art. 2º deste Decreto, bem como lotes dos produtos, em virtude de descumprimento da legislação sanitária aplicável;

VII – determinar e fiscalizar a imediata inutilização dos produtos cuja adulteração ou deterioração seja flagrante e apreender ou interditar o restante do lote; e

VIII – instaurar e julgar processo administrativo, conforme previsto na Lei nº 6.437, de 20 de agosto de 1977.

Art. 14. A ação de vigilância sanitária ocorrerá em caráter permanente e constituirá atividade de rotina dos órgãos de saúde.

Parágrafo único. Quando solicitadas pelos órgãos de vigilância sanitária competentes, as empresas deverão prestar as informações ou entregar documentos, nos prazos fixados, para não obstarem a ação de vigilância e as medidas que se fizerem necessárias.

Art. 15. A ação de vigilância sanitária implicará a fiscalização de todos produtos de que trata este Decreto, inclusive os isentos de registro, os estabelecimentos de fabricação, distribuição, armazenamento e venda, e os veículos destinados ao transporte dos produtos, para garantir o cumprimento das boas práticas e das exigências da legislação vigente.

§ 1º. As empresas titulares de registro, fabricantes ou importadoras, têm a responsabilidade de garantir e zelar pela manutenção da qualidade, segurança e eficácia dos produtos até o consumidor final, para evitar riscos e efeitos adversos à saúde.

§ 2º. A responsabilidade solidária de zelar pela qualidade, segurança e eficácia dos produtos e pelo consumo racional inclui os demais agentes que atuam desde a produção até o consumo.

§ 3º. A propaganda e a publicidade dos produtos e das marcas, por qualquer meio de comunicação, a rotulagem e a etiquetagem ficam sujeitas à ação de vigilância e à regulamentação específica da ANVISA para impedir a veiculação de informações inadequadas ou fraudulentas e práticas antiéticas de comercialização.

Art. 16. As ações de vigilância sanitária incluem a detecção, o monitoramento e a avaliação de problemas relacionados a produtos e outras tecnologias e a fiscalização dos estudos realizados com medicamentos novos, principalmente na fase de estudos clínicos em seres humanos.

Parágrafo único. Os eventos adversos e queixas técnicas relacionados a produtos submetidos à vigilância sanitária deverão ser notificados à ANVISA para monitoramento, análise, investigação, medidas de comunicação à população e demais ações de prevenção, redução ou eliminação do risco, conforme requisitos técnicos previstos em regulamentação específica da ANVISA.

Art. 17. As empresas devem garantir a qualidade dos produtos submetidos ao regime de vigilância sanitária por meio do atendimento aos requisitos técnicos da regulamentação específica da ANVISA.

Art. 18. A fiscalização dos órgãos integrantes da administração pública ou das entidades por ela instituídas, que exerçam atividade prevista no *caput* do art. 2º deste Decreto, observará regras fixadas para o controle dos demais estabelecimentos sujeitos à vigilância sanitária, inclusive quanto a instalações, equipamentos, assistência e responsabilidade técnica.

Capítulo V
DISPOSIÇÕES FINAIS

Art. 19. É permitida a distribuição de amostras gratuitas de medicamentos exclusivamente a médicos e cirurgiões-dentistas, exceto aquelas de produtos que contenham substâncias entorpecentes ou que produzam dependência física ou psíquica.

Parágrafo único. A quantidade de unidades farmacotécnicas das amostras deverá corresponder à quantidade regulamentada pela ANVISA, e as embalagens deverão conter a informação "USO SOB PRESCRIÇÃO MÉDICA", de acordo com requisitos de rotulagem definidos em regulamentação específica.

Art. 20. A ANVISA elaborará e publicará a relação das substâncias e medicamentos sujeitos a controle especial, previsto no art. 66 da Lei nº 11.343, de 23 de agosto de 2006.

Art. 21. Mediante solicitação da Comissão Nacional de Incorporação de Tecnologias no SUS – CONITEC, a ANVISA poderá emitir autorização de uso para fornecimento, pelo SUS, de medicamentos ou de produtos registrados nos casos em que a indicação de uso pretendida seja distinta daquela aprovada no registro, desde que demonstradas pela Conitec as evidências científicas sobre a eficácia, acurácia, a efetividade e a segurança do medicamento ou do produto para o uso pretendido na solicitação.

Art. 22. As plantas medicinais sob a forma de droga vegetal serão dispensadas de registro, conforme critérios estabelecidos em regulamentação específica pela ANVISA.

Parágrafo único. O reconhecimento da efetividade das drogas vegetais poderá ser realizado com base no uso tradicional, a partir de experiências existentes no País e no exterior.

Art. 23. A intenção da empresa de descontinuar temporária ou definitivamente a fabricação ou importação de medicamento registrado para fornecimento ao mercado interno deverá ser comunicada à ANVISA com antecedência mínima de seis meses.

Parágrafo único. O prazo de antecedência mínima previsto no *caput* poderá ser estendido para até doze meses, conforme regulamentação da ANVISA, que definirá os critérios técnicos relativos aos casos de descontinuidade da fabricação ou importação de que trata este artigo, para evitar o desabastecimento do mercado.

Art. 24. Sem prejuízo de outras cominações legais, inclusive penais, as pessoas físicas e jurídicas e os responsáveis técnicos e legais responderão civil e administrativamente por infração sanitária resultante da inobservância da Lei nº 6.360, de 1976, deste Decreto e das demais normas sanitárias, nos termos da Lei nº 6.437, de 1977.

Art. 25. Ficam revogados:

I – o Decreto nº 79.094, de 5 de janeiro de 1977; e

II – o Decreto nº 3.961, de 10 de outubro de 2001.

Art. 26. Este Decreto entra em vigor na data de sua publicação.

Brasília, 14 de agosto de 2013; 192º da Independência e 125º da República.

Dilma Rousseff – DOU de 15.8.2013

LEI Nº 13.021, DE 8 DE AGOSTO DE 2014

Dispõe sobre o exercício e a fiscalização das atividades farmacêuticas.

A Presidenta da República

Faço saber que o Congresso Nacional decreta e eu sanciono a seguinte Lei:

Capítulo I
DISPOSIÇÕES PRELIMINARES

Art. 1º. As disposições desta Lei regem as ações e serviços de assistência farmacêutica executados, isolada ou conjuntamente, em caráter permanente ou eventual, por pessoas físicas ou jurídicas de direito público ou privado.

Art. 2º. Entende-se por assistência farmacêutica o conjunto de ações e de serviços que visem a assegurar a assistência terapêutica integral e a promoção, a proteção e a recuperação da saúde nos estabelecimentos públicos e privados que desempenhem atividades farmacêuticas, tendo o medicamento como insumo essencial e visando ao seu acesso e ao seu uso racional.

Art. 3º. Farmácia é uma unidade de prestação de serviços destinada a prestar assistência farmacêutica, assistência à saúde e orientação sanitária individual e coletiva, na qual se processe a manipulação e/ou dispensação de medicamentos magistrais, oficinais, farmacopeicos ou industrializados, cosméticos, insumos farmacêuticos, produtos farmacêuticos e correlatos.

Parágrafo único. As farmácias serão classificadas segundo sua natureza como:

I – farmácia sem manipulação ou drogaria: estabelecimento de dispensação e comércio de drogas, medicamentos, insumos farmacêuticos e correlatos em suas embalagens originais;

II – farmácia com manipulação: estabelecimento de manipulação de fórmulas magistrais e oficinais, de comércio de drogas, medicamentos, insumos farmacêuticos e correlatos, compreendendo o de dispensação e o de atendimento privativo de unidade hospitalar ou de qualquer outra equivalente de assistência médica.

Art. 4º. É responsabilidade do poder público assegurar a assistência farmacêutica, segundo os princípios e diretrizes do Sistema Único de Saúde, de universalidade, equidade e integralidade.

Capítulo II
DAS ATIVIDADES FARMACÊUTICAS

Art. 5º. No âmbito da assistência farmacêutica, as farmácias de qualquer natureza requerem, obrigatoriamente, para seu funcionamento, a responsabilidade e a assistência técnica de farmacêutico habilitado na forma da lei.

Capítulo III
DOS ESTABELECIMENTOS FARMACÊUTICOS

Seção I
Das Farmácias

Art. 6º. Para o funcionamento das farmácias de qualquer natureza, exigem-se a autorização e o licenciamento da autoridade competente, além das seguintes condições:

I – ter a presença de farmacêutico durante todo o horário de funcionamento;

II – ter localização conveniente, sob o aspecto sanitário;

III – dispor de equipamentos necessários à conservação adequada de imunobiológicos;

IV – contar com equipamentos e acessórios que satisfaçam aos requisitos técnicos estabelecidos pela vigilância sanitária.

Art. 7º. Poderão as farmácias de qualquer natureza dispor, para atendimento imediato à população, de medicamentos, vacinas e soros que atendam o perfil epidemiológico de sua região demográfica.

Art. 8º. A farmácia privativa de unidade hospitalar ou similar destina-se exclusivamente ao atendimento de seus usuários.

Parágrafo único. Aplicam-se às farmácias a que se refere o *caput* as mesmas exigências legais previstas para as farmácias não privativas no que concerne a instalações, equipamentos, direção e desempenho técnico de farmacêuticos, assim como ao registro em Conselho Regional de Farmácia.

Art. 9º. (Vetado).

Seção II
Das Responsabilidades

Art. 10. O farmacêutico e o proprietário dos estabelecimentos farmacêuticos agirão sempre solidariamente, realizando todos os esforços para promover o uso racional de medicamentos.

Art. 11. O proprietário da farmácia não poderá desautorizar ou desconsiderar as orientações técnicas emitidas pelo farmacêutico.

Parágrafo único. É responsabilidade do estabelecimento farmacêutico fornecer condições adequadas ao perfeito desenvolvimento das atividades profissionais do farmacêutico.

Art. 12. Ocorrendo a baixa do profissional farmacêutico, obrigam-se os estabelecimentos à contratação de novo farmacêutico, no prazo máximo de 30 (trinta) dias, atendido o disposto nas Leis nºs 5.991, de 17 de dezembro de 1973, e 6.437, de 20 de agosto de 1977.

Art. 13. Obriga-se o farmacêutico, no exercício de suas atividades, a:

I – notificar os profissionais de saúde e os órgãos sanitários competentes, bem como o laboratório industrial, dos efeitos colaterais, das reações adversas, das intoxicações, voluntárias ou não, e da farmacodependência observados e registrados na prática da farmacovigilância;

II – organizar e manter cadastro atualizado com dados técnico-científicos das drogas, fármacos e medicamentos disponíveis na farmácia;

III – proceder ao acompanhamento farmacoterapêutico de pacientes, internados ou não, em estabelecimentos hospitalares ou ambulatoriais, de natureza pública ou privada;

IV – estabelecer protocolos de vigilância farmacológica de medicamentos, produtos farmacêuticos e correlatos, visando a assegurar o seu uso racionalizado, a sua segurança e a sua eficácia terapêutica;

V – estabelecer o perfil farmacoterapêutico no acompanhamento sistemático do paciente, mediante elaboração, preenchimento e interpretação de fichas farmacoterapêuticas;

VI – prestar orientação farmacêutica, com vistas a esclarecer ao paciente a relação benefício e risco, a conservação e a utilização de fármacos e medicamentos inerentes à terapia, bem como as suas interações medicamentosas e a importância do seu correto manuseio.

Art. 14. Cabe ao farmacêutico, na dispensação de medicamentos, visando a garantir a eficácia e a segurança da terapêutica prescrita, observar os aspectos técnicos e legais do receituário.

Capítulo IV
DA FISCALIZAÇÃO

Art. 15. (Vetado).

Art. 16. É vedado ao fiscal farmacêutico exercer outras atividades profissionais de farmacêutico, ser responsável técnico ou proprietário ou participar da sociedade em estabelecimentos farmacêuticos.

Capítulo V
DISPOSIÇÕES GERAIS E TRANSITÓRIAS

Art. 17. (Vetado).

Art. 18. (Vetado).

Brasília, 8 de agosto de 2014; 193º da Independência e 126º da República.

Dilma Rousseff – DOU de 11.8.2014 – Edição extra

PORTARIAS E RESOLUÇÕES DO MINISTÉRIO DA SAÚDE E DA ANVISA

PORTARIA SVS/MS Nº 6, DE 29 DE JANEIRO DE 1999

Aprova a Instrução Normativa da Portaria SVS/MS nº 344, de 12 de maio de 1998, que instituiu o Regulamento Técnico das substâncias e medicamentos sujeitos a controle especial e revoga os itens da Instrução Normativa que menciona.

O Secretário de Vigilância Sanitária do Ministério da Saúde no uso de suas atribuições, de acordo com o art. 106 do Regulamento Técnico aprovado pela Portaria SVS/MS nº 344/1998 e considerando a necessidade de:

a) estabelecer, aprimorar e atualizar as ações de vigilância sanitária com vistas ao aperfeiçoamento do controle e fiscalização das substâncias constantes das listas do Regulamento Técnico aprovado pela Portaria SVS/MS nº 344/1998 e suas atualizações, bem como os medicamentos que as contenham;

b) estabelecer mecanismos para evitar o comércio e o uso indevido de substâncias e/ou medicamentos objeto do Regulamento Técnico aprovado pela Portaria SVS/MS nº 344/1998;

c) estabelecer procedimentos para o atendimento da legislação vigente.

Resolve:

Art. 1º. Aprovar a Instrução Normativa, de caráter geral e específico, para estabelecer documentos, formulários e procedimentos na aplicação do Regulamento Técnico aprovado pela Portaria SVS/MS nº 344/1998.

Art. 2º. Estabelecer e coordenar programas de capacitação das Autoridades Sanitárias Estaduais, Municipais e do Distrito Federal objetivando o cumprimento da Portaria mencionada no art. 1º desta Instrução Normativa.

Art. 3º. Estabelecer que as Autoridades Sanitárias Estaduais promovam programas de capacitação para as Autoridades Municipais, e cada uma estabeleça as rotinas para o fiel cumprimento do Regulamento Técnico e da presente Instrução Normativa.

Art. 4º. Revogar os itens 003A, 003B, 003C, 004A, 004B, 004C, 005A, 005B, da Instrução Normativa SVS/MS nº 1, de 30.9.1994.

Art. 5º. Comunicar que esta Instrução Normativa entra em vigor na data de sua publicação, revogando-se as disposições em contrário.

Gonzalo Vecina Neto – DOU de 1º.2.1999

ANEXO
INSTRUÇÃO NORMATIVA

Estabelece procedimentos para a aplicação da Portaria SVS/MS nº 344, de 12 de maio de 1998, que aprovou o Regulamento Técnico sobre as substâncias e medicamentos sujeitos a controle especial, e institui documentos, formulários e dá outras providências.

Capítulo I
DA AUTORIZAÇÃO ESPECIAL

Art. 1º. A Autorização Especial será concedida aos estabelecimentos que irão exercer atividades relacionadas às substâncias constantes das listas da Portaria SVS/MS nº 344/1998 e de suas atualizações, bem como os medicamentos que as contenham.

Art. 2º. (Revogado).

(*) Art. 2º revogado pela Resolução RDC nº 16, de 1º.4.2014.

1.1. Da Concessão da Autorização Especial

Art. 3º. Os estabelecimentos abaixo relacionados, que exercerem atividades de extrair, produzir, fabricar, beneficiar, preparar, manipular, fracionar, distribuir, armazenar, importar, exportar, transformar, embalar, reembalar e transportar, para qualquer fim substâncias constantes das listas do Regulamento Técnico aprovado pela Portaria SVS/MS nº 344/1998 e de suas atualizações, bem como os medicamentos que as contenham, devem solicitar a Autorização Especial (A.E.):

a) indústrias farmacêuticas, veterinárias e farmoquímicas;

b) farmácias públicas, privadas, inclusive veterinária;

c) importadoras/distribuidoras que comercializam medicamentos e/ou substâncias;

d) empresas que desenvolvem atividades de plantio, cultivo e colheita de plantas das quais possam ser extraídas substâncias objeto do Regulamento Técnico;

e) estabelecimentos de ensino e pesquisa;

f) transportadoras de substâncias e/ou medicamentos.

§ 1º. Cada estabelecimento que desenvolver as atividades mencionadas no *caput* deste artigo deve possuir Autorização Especial (A.E.).

§ 2º. O responsável pelo estabelecimento deve protocolizar a solicitação, instruindo o processo com a documentação constante desta Instrução Normativa junto à Autoridade Sanitária, onde se encontra sediado.

§ 3º. O Relatório Técnico elaborado pela Autoridade Sanitária local após inspeção, é o documento que subsidiará o Ministério da Saúde para concessão ou não das atividades requeridas.

§ 4º. O Relatório de que trata o parágrafo anterior deve ser fundamentado e conclusivo no que se refere à capacidade técnica, operacional e ao cumprimento das Boas Práticas de Fabricação, Manipulação, Distribuição e Transporte (BPF, BPM, BPD e BPT).

§ 5º. Os estabelecimentos que possuem Autorização Especial concedida anteriormente a data da publicação da Portaria SVS/MS nº 344/1998, não necessitam solicitar uma nova Autorização.

§ 6º. Será cancelada automaticamente toda Autorização Específica, anteriormente concedida pela Portaria SVS/MS nº 82/1995, para os estabelecimentos que já possuem a Autorização Especial.

§ 7º. Os estabelecimentos que possuem a Autorização Específica, estabelecida pela Portaria SVS/MS nº 82/1995, devem informar através de ofício à Autoridade Sanitária local que encaminhará à SVS/MS, para a substituição da numeração anteriormente concedida e a publicação em Diário Oficial da União como Autorização Especial.

1.1.1. Da Autorização Especial para as Indústrias Farmacêuticas, Veterinárias e Farmoquímicas

Art. 4º. (Revogado).

(*) Art. 4º revogado pela Resolução RDC nº 16, de 1º.4.2014.

1.1.2. Da Autorização Especial para Farmácias

Art. 5º. (Revogado).

(*) Art. 5º revogado pela Resolução RDC nº 16, de 1º.4.2014.

1.1.3. Da Autorização Especial para Importadoras/Distribuidoras

Art. 6º. (Revogado).

(*) Art. 6º revogado pela Resolução RDC nº 16, de 1º.4.2014.

1.1.4. Da Autorização Especial para empresa com atividades de plantio, cultivo e colheita de plantas das quais possam ser extraídas substâncias do regulamento técnico

Art. 7º. (Revogado).

(*) Art. 7º revogado pela Resolução RDC nº 16, de 1º.4.2014.

1.1.5. Da Autorização Especial para Estabelecimentos de Ensino e Pesquisa e para trabalhos médicos científicos

Art. 8º. Documentos exigidos para formação do processo:

a) formulário de petição preenchido, no que couber, em 2 (duas) vias (original e cópia) (ANEXO I);

b) cópia de Licença de Funcionamento da Empresa, atualizada, emitida pela Autoridade Sanitária do Estado, Município ou do Distrito Federal;

c) comprovante de pagamento de Preço Público (DARF – Cód. 6470), em 2 (duas) vias (original e cópia, devidamente autenticadas e/ ou carimbadas) ou comprovante de isenção, quando for o caso;

d) cópia do R.G. e C.I.C. do dirigente do estabelecimento;

e) documento firmado pelo dirigente do estabelecimento indicando o farmacêutico responsável pelo controle e guarda das substâncias/medicamentos utilizados e os professores e pesquisadores participantes;

f) cópia do R.G. e C.I.C. das pessoas mencionadas no item "e";

g) cópia do plano integral do curso ou da pesquisa técno-científica;

h) relação das substâncias ou medicamentos e das quantidades a serem utilizadas.

§ 1º. O Órgão competente do Ministério da Saúde, após a avaliação prévia da Autoridades Sanitária local, encaminhará a aprovação da concessão da Autorização Especial através de ofício ao dirigente do estabelecimento e à Autoridade Sanitária local.

§ 2º. A concessão da Autorização Especial de que trata o *caput* deste artigo será destinada à cada plano de aula ou projeto de pesquisa e trabalho.

1.1.6. Da Autorização Especial para Transportadora

Art. 9º. (Revogado).

(*) Art. 9º revogado pela
Resolução RDC nº 16, de 1º.4.2014.

1.2. Da Isenção da Autorização Especial

Art. 10. São considerados isentos de Autorização Especial os seguintes estabelecimentos:

a) farmácia, drogaria e unidade de saúde que dispensem medicamentos em suas embalagens originais adquiridos no comércio nacional;

b) Órgãos de Repressão a Entorpecentes;

c) Laboratórios de Análises Clínicas ou de Referência, que utilizam substâncias constantes das listas da Portaria SVS/MS nº 344/1998 e de suas atualizações, com finalidade diagnóstica, realização de provas analíticas e para identificação de drogas.

1.3. Do Cancelamento da Autorização Especial

Art. 11. (Revogado).

(*) Art. 11 revogado pela
Resolução RDC nº 16, de 1º.4.2014.

1.4. Da Alteração na Autorização Especial

Art. 12. (Revogado).

(*) Art. 12 revogado pela
Resolução RDC nº 16, de 1º.4.2014.

Art. 13. (Revogado).

(*) Art. 13 revogado pela
Resolução RDC nº 16, de 1º.4.2014.

Capítulo II
DO COMÉRCIO

2.1. Internacional

2.1.1. Da Importação

2.1.1.1. Da Cota Anual

Art. 14. Os procedimentos para a importação de todas as substâncias constantes das listas "A1" e "A2" (entorpecentes), "A3", "B1" e "B2" (psicotrópicas), "C3" (imunossupressoras) e "D1" (precursoras) da Portaria SVS/MS nº 344/1998 e de suas atualizações, bem como dos medicamentos que as contenham ficam sujeitos ao tratamento administrativo obrigatório do Sistema Integrado de Comércio Exterior (SISCOMEX).

Art. 15. A empresa deve solicitar à Agência Nacional de Vigilância Sanitária do Ministério da Saúde, através do formulário próprio de petição (ANEXO II), para o ano seguinte, a fixação de sua Cota Anual de Importação de substâncias das listas "A1" e "A2" (entorpecentes), "A3", "B1" e "B2" (psicotrópicas), "C3" (imunossupressoras) e "D1" (precursoras) constantes da Portaria SVS/MS nº 344/98 e de suas atualizações, até no máximo 31 (trinta e um) de dezembro de cada ano, para uso no ano seguinte.

§ 1º. A cota pode ter sua importação efetuada na totalidade ou parceladamente.

§ 2º. A fixação de Cota Anual para importação de medicamento deve ser solicitada no quantitativo equivalente à substância ativa.

(*) Art. 15 com redação dada
pela Resolução RDC nº 229, de 11.12.2001.

Art. 16. Estão isentas de Concessão de Cota Anual para Importação as substâncias das listas "C1" (outras substâncias sujeitas a controle especial), "C2" (retinóicas), "C4" (antirretrovirais) e "C5" (anabolizantes) constantes da Portaria SVS/MS nº 344/1998 e de suas atualizações.

Art. 17. Documentos exigidos para formação do processo de Concessão da Cota Anual:

a) formulário de petição preenchido, no que couber, em 2 (duas) vias (original e cópia) (ANEXO II);

b) comprovante de pagamento de Preço Público (DARF – Cód. 6470) em 2 (duas) vias (original e cópia) devidamente autenticadas e/ou carimbadas;

c) justificativa técnica do pedido;

d) estimativa da utilização e distribuição da substância ou medicamentos quando se tratar da primeira concessão de cota;

e) quadro demonstrativo da utilização/distribuição da substância até a data da petição.

§ 1º. Toda a documentação deve ser assinada pelo Representante Legal da Empresa e protocolizada junto ao Órgão competente do Ministério da Saúde.

§ 2º. A documentação relativa a parte técnica, deve ser assinada pelo Responsável Técnico.

§ 3º. O resultado da análise da petição de Cota Anual de Importação, será informado pelo Órgão competente do Ministério da Saúde ao Responsável Técnico ou Legal do estabelecimento solicitante e à Autoridade Sanitária onde está sediada a empresa.

§ 4º. A Autoridade Sanitária Estadual, Municipal ou do Distrito Federal deve juntar o documento constante do § 3º deste artigo, aos demais documentos relativos a importação da Cota Anual ou suplementar.

2.1.1.2. Da Concessão da Cota Suplementar de Importação

Art. 18. Os procedimentos para importação de todas as substâncias constantes das listas "A1" e "A2" (entorpecentes), "A3", "B1" e "B2" (psicotrópicas), "C3" (imunossupressoras) e "D1" (precursoras) da Portaria SVS/MS nº 344/1998 e de suas atualizações, bem como dos medicamentos que as contenham ficam sujeitos ao tratamento administrativo obrigatório do Sistema Integrado de Comércio Exterior – SISCOMEX.

Art. 19. A empresa deve solicitar, através do formulário próprio de petição (ANEXO II), a Cota Suplementar de Importação de substâncias constantes das listas "A1" e "A2" (entorpecentes), "A3", "B1" e "B2" (psicotrópicas), "C3" (imunossupressoras) e "D1" (precursoras) da Portaria SVS/MS nº 344/98 e de suas atualizações, à Agência Nacional de Vigilância Sanitária do Ministério da Saúde até no máximo 30 (trinta) de setembro de cada ano.

Parágrafo único. A fixação de Cota Suplementar para importação de medicamento deve ser solicitada no quantitativo equivalente à substância ativa.

(*) Art. 19 com redação dada pela Resolução RDC nº 229, de 11.12.2001.

Art. 20. Documentos exigidos para a concessão de Cota Suplementar:

a) formulário de petição preenchido, no que couber, em 2 (duas) vias (original e cópia) (ANEXO II);

b) comprovante de pagamento de Preço Público (DARF – Cód. 6470) em 2 (duas) vias (original e cópia) devidamente autenticadas e/ou carimbadas;

c) justificativa técnica;

d) quadro demonstrativo da utilização/distribuição da substância até a data da petição.

Art. 21. Estão isentas de solicitação da Cota Suplementar para Importação as substâncias das listas "C1" (outras substâncias sujeitas a controle especial), "C2" (retinóicas), "C4" (antirretrovirais) e "C5" (anabolizantes) constantes da Portaria SVS/MS nº 344/1998 e de suas atualizações.

2.1.1.3. *Da Emissão da Autorização de Importação e do Certificado de Não Objeção*

Art. 22. Documentos exigidos para a solicitação da emissão da Autorização de Importação (ANEXO II constante da Portaria SVS/MS nº 344/1998) e do Certificado de Não Objeção (ANEXO III constante da Portaria SVS/MS nº 344/1998):

a) formulário de petição preenchido, no que couber, em 2 (duas) vias (original e cópia) (ANEXO II);

b) comprovante de pagamento de Preço Público (DARF – Cód. 6470) em 2 (duas) vias (original e cópia) devidamente autenticadas e/ou carimbadas;

c) justificativa técnica;

d) nota pró-forma emitida pela empresa exportadora constando o quantitativo a ser efetivamente importado.

§ 1º. Toda a documentação deve ser assinada pelo Representante Legal da Empresa e protocolizada no Órgão competente do Ministério da Saúde.

§ 2º. A documentação relativa a parte técnica, deve ser assinada pelo Responsável Técnico.

Art. 23. A Secretaria de Vigilância Sanitária do Ministério da Saúde emitirá a Autorização de Importação e o Certificado de não Objeção, em 6 (seis) e 5 (cinco) vias, respectivamente, que terão a seguinte destinação:

1ª via: órgão competente do Ministério da Saúde;

2ª via: importador;

3ª via: exportador;

4ª via: autoridade competente do país exportador;

5ª via: delegacia de Repressão a Entorpecentes do Departamento da Polícia Federal do Estado do Rio de Janeiro e/ou dos demais Estados, exceto para o Certificado de Não Objeção;

6ª via: autoridade sanitária competente do Estado ou Distrito Federal, em que estiver sediada a empresa autorizada.

Parágrafo único. A 1ª via ficará retida pelo Órgão competente do Ministério da Saúde, devendo a empresa se incumbir do envio das demais vias aos respectivos órgãos.

Art. 24. Para a importação das substâncias constantes da lista "D1" (precursoras), que fazem parte da Convenção das Nações Unidas Contra Tráfico Ilícito de Entorpecentes e de Substâncias Psicotrópicas, de 1988, constantes da Portaria SVS/MS nº 344/1998 e de suas atualizações, bem como os medicamentos que as contenham, será emitida uma Autorização de Importação, conforme ANEXO III.

Parágrafo único. Quando solicitado pelo país exportador, a autorização de que trata o *caput* deste artigo será emitida, pela Secretaria de Vigilância Sanitária do Ministério da Saúde, para as substâncias das listas "C1" (outras substâncias sujeitas a controle especial), "C2" (retinóicas), "C4" (antirretrovirais) e "C5" (anabolizantes) constantes da Portaria SVS/MS nº 344/1998 e de suas atualizações, bem como os medicamentos que as contenham.

Art. 25. A Secretaria de Vigilância Sanitária do Ministério da Saúde emitirá a Autorização de Importação de que trata o art. 24 desta Instrução Normativa, em 6 (seis) vias que terão a seguinte destinação:

1ª via: órgão competente do Ministério da Saúde;

2ª via: importador;

3ª via: exportador;

4ª via: autoridade competente do país exportador;

5ª via: delegacia de Repressão a Entorpecentes do Departamento da Polícia Federal do Estado do Rio de Janeiro e/ou dos demais Estados, exceto para as substâncias das listas "C1" (outras substâncias sujeitas a controle especial), "C2" (retinóicas), "C4" (antirretrovirais) e "C5" (anabolizantes) constantes da Portaria SVS/MS nº 344/1998 e de suas atualizações, bem como os medicamentos que as contenham.

6ª via: autoridade sanitária competente do Estado ou Distrito Federal, em que estiver sediada a empresa autorizada.

Parágrafo único. A 1ª via ficará retida pelo Órgão competente do Ministério da Saúde, devendo a empresa se incumbir do envio das demais vias aos respectivos órgãos.

Art. 26. É vedado à empresa promover alteração nos dados constantes das Autorizações de Importação de que trata o item 2.1.1.3. desta Instrução Normativa sem a prévia aprovação da Autoridade Sanitária do país exportador.

§ 1º. Fica a empresa obrigada a apresentar à Secretaria de Vigilância Sanitária do Ministério da Saúde o documento que comprove a aprovação da eventual alteração da Autoridade Sanitária do país exportador.

§ 2º. A Secretaria de Vigilância Sanitária do Ministério da Saúde emitirá, mediante solicitação da empresa, uma Autorização para fins de desembaraço junto à Autoridade Sanitária competente.

§ 3º. A Autorização de que trata o parágrafo anterior deve ser solicitada mediante pagamento de preço público (DARF – Cód. 6470).

2.1.1.4. Da Anuência Prévia da Importação

Art. 27. Dependem de anuência prévia da Secretaria de Vigilância Sanitária do Ministério da Saúde, na Licença de Importação (L.I.), através do SISCOMEX, as substâncias constantes das listas da Portaria SVS/MS nº 344/1998 e de suas atualizações e os medicamentos que as contenham.

Art. 28. Para a anuência prévia na Licença de Importação (L.I.) – SISCOMEX das substâncias das listas da Portaria SVS/MS nº 344/1998 e de suas atualizações, bem como os medicamentos que as contenham, a empresa deve prestar à Autoridade Sanitária do Ministério da Saúde as informações apontadas no formulário para tratamento administrativo,

ANEXO IV, devidamente assinado pelo seu Responsável Técnico.

Art. 29. As importações das substâncias das listas "A1", "A2" (entorpecentes), "A3", "B1" e "B2" (psicotrópicas), "C3" (imunossupressoras) e "D1" (precursoras) constantes da Portaria SVS/MS nº 344/1998 e de suas atualizações e os medicamentos que as contenham, somente podem ser efetuadas através das respectivas Inspetorias da Receita Federal do Porto ou Aeroporto Internacional do Rio de Janeiro ou de outros Estados que venham a ser autorizados pelo Ministério da Saúde, em conjunto com outros órgãos envolvidos.

2.1.2. Da Exportação

2.1.2.1. Da Emissão da Autorização de Exportação

Art. 30. Para exportar as substâncias constantes das listas "A1" e "A2" (entorpecentes), "A3", "B1" e "B2" (psicotrópicas), "C3" (imunossupressoras) e "D1" (precursoras) e suas atualizações e os medicamentos que as contenham, a empresa deve solicitar junto à Secretaria de Vigilância Sanitária do Ministério da Saúde, a Autorização de Exportação.

Art. 31. Documentos exigidos para formação do processo de Autorização de Exportação e do Certificado de Não Objeção (ANEXO III constante da Portaria SVS/MS nº 344/1998):

a) formulário de petição preenchido, no que couber, em 2 (duas) vias (original e cópia) (ANEXO II);

b) comprovante de pagamento de Preço Público (DARF – Cód. 6470) em 2 (duas) vias (original e cópia) devidamente autenticadas e/ou carimbadas;

c) original da autorização de importação emitida pela Autoridade Competente do país importador;

§ 1º. Toda a documentação deve ser assinada pelo Representante Legal da Empresa e protocolizada junto ao Órgão competente do Ministério da Saúde.

§ 2º. A documentação relativa a parte técnica, deve ser assinada pelo Responsável Técnico.

Art. 32. A Secretaria de Vigilância Sanitária do Ministério da Saúde emitirá a Autorização de Exportação (ANEXO IV constante da Portaria SVS/MS nº 344/1998) em 6 (seis) vias que terão o seguinte destino:

1ª via: órgão competente do Ministério da Saúde;

2ª via: importador;

3ª via: exportador;

4ª via: autoridade competente do país importador;

5ª via: delegacia de Repressão a Entorpecentes do Departamento de Polícia Federal do Rio de Janeiro;

6ª via: autoridade Sanitária competente do Estado ou Distrito Federal onde estiver sediada a empresa autorizada.

Parágrafo único. A 1ª via ficará retida pelo Órgão competente do Ministério da Saúde, devendo a empresa se incumbir do envio das demais vias aos órgãos competentes.

Art. 33. Para a exportação das substâncias constantes da lista "D1" (precursoras), que fazem parte da Convenção das Nações Unidas Contra Tráfico Ilícito de Entorpecentes e de Substâncias Psicotrópicas, de 1988, constantes da Portaria SVS/MS nº 344/1998 e de suas atualizações, bem como os medicamentos que as contenham, será emitida uma Autorização de Exportação, conforme ANEXO V.

Parágrafo único. Quando solicitado pelo país importador, a autorização de que trata o *caput* deste artigo será emitida, pela Secretaria de Vigilância Sanitária do Ministério da Saúde, para as substâncias das listas "C1" (outras substâncias sujeitas a controle especial), "C2" (retinóicas), "C4" (antirretrovirais) e "C5" (anabolizantes) constantes da Portaria SVS/MS nº 344/1998 e de suas atualizações, bem como os medicamentos que as contenham.

Art. 34. A Secretaria de Vigilância Sanitária do Ministério da Saúde emitirá a Autorização de Exportação de que trata o art. 33 desta Instrução Normativa, em 6 (seis) vias e o Certificado de não Objeção, em 5 (cinco) vias, que terão a seguinte destinação:

1ª via: órgão competente do Ministério da Saúde;

2ª via: importador;

3ª via: exportador;

4ª via: autoridade competente do país importador;

5ª via: delegacia de Repressão a Entorpecentes do Departamento da Polícia Federal do Estado do Rio de Janeiro e/ou dos demais Estados, exceto para as substâncias das listas "C1" (outras substâncias sujeitas a controle especial), "C2" (retinóicas), "C4" (antirretrovirais) e "C5" (anabolizantes) constantes da Portaria SVS/MS nº 344/1998 e de suas atualizações, bem como os medicamentos que as contenham e para o Certificado de Não Objeção.

6ª via: autoridade sanitária competente do Estado ou Distrito Federal, em que estiver sediada a empresa autorizada.

Parágrafo único. A 1ª via ficará retida pelo Órgão competente do Ministério da Saúde, devendo a empresa se incumbir do envio das demais vias aos respectivos órgãos.

2.1.2.2. Da Emissão da Autorização de Fabricação para fim Exclusivo de Exportação

Art. 35. A Secretaria de Vigilância Sanitária do Ministério da Saúde emitirá a Autorização de Fabricação para fim Exclusivo de Exportação (ANEXO VI) para os medicamentos e apresentações não registrados, no Brasil, a base de substâncias constantes das listas da Portaria SVS/MS nº 344/1998 e de suas atualizações.

Parágrafo único. Fica proibida a comercialização do medicamento de que trata o *caput* deste artigo em todo Território Nacional.

Art. 36. Documentos exigidos para a formação do processo da Autorização de Fabricação para fim Exclusivo de Exportação:

a) formulário de petição preenchido, no que couber, em 2 (duas) vias (original e cópia) (ANEXO II);

b) comprovante de pagamento de Preço Público (DARF – Cód. 6470), em 2 (duas) vias (original e cópia, devidamente autenticadas e/ou carimbadas);

c) cópia do Certificado de Registro do Medicamento ou documento similar emitido pela Autoridade Sanitária do país importador, onde deve constar o número do registro e a fórmula completa.

Art. 37. A Secretaria de Vigilância Sanitária do Ministério da Saúde emitirá a Autorização de Fabricação para fim Exclusivo de Exportação em 6 (seis) vias que terão o seguinte destino:

1ª via: órgão competente do Ministério da Saúde;

2ª via: importador;

3ª via: exportador;

4ª via: autoridade competente do país importador;

5ª via: delegacia de Repressão a Entorpecentes do Departamento de Polícia Federal do Rio de Janeiro, se for o caso;

6ª via: autoridade Sanitária competente do Estado ou Distrito Federal em que estiver sediada a empresa autorizada.

Parágrafo único. A 1ª via ficará retida pelo Órgão competente do Ministério da Saúde, devendo a empresa se incumbir do envio das demais vias aos órgãos competentes.

Art. 38. É vedado a empresa promover alteração nos dados constantes das Autorizações de Exportação e Autorizações de Fabricação para fim Exclusivo de Exportação de que tratam, respectivamente, os itens 2.1.2.1. e 2.1.2.2. desta Instrução Normativa sem a prévia aprovação da Autoridade Sanitária do país importador.

§ 1º. Fica a empresa obrigada a apresentar à Secretaria de Vigilância Sanitária do Ministério da Saúde o documento que comprove a aprovação da eventual alteração efetuada pela Autoridade Sanitária do país importador, quando couber.

§ 2º. A Secretaria de Vigilância Sanitária do Ministério da Saúde emitirá, mediante solicitação da empresa, uma Autorização para fins de desembaraço junto à Autoridade Sanitária competente.

§ 3º. A Autorização de que trata o parágrafo anterior deve ser solicitada mediante pagamento de preço público (DARF- Cód. 6470).

2.1.2.3. Da Anuência Prévia da Exportação

Art. 39. A exportação das substâncias constantes das listas da Portaria SVS/MS nº 344/1998 e de suas atualizações, bem como os medicamentos que as contenham, dependerá de Anuência Prévia da Secretaria de Vigilância Sanitária do Ministério da Saúde no Registro de Operações de Exportações (R.O.E.) através do Sistema Integrado de Comércio Exterior – SISCOMEX.

Art. 40. Para a anuência prévia no Registro de Operações de Exportações (R.O.E.) – SISCOMEX das substâncias das listas da Portaria SVS/MS nº 344/1998 e de suas atualizações, bem como os medicamentos que as contenham, a empresa deve comunicar à Autoridade Sanitária do Ministério da Saúde as informações apontadas no formulário para tratamento administrativo, ANEXO VII, devidamente assinado pelo seu Responsável Técnico.

Art. 41. As exportações das substâncias das listas "A1", "A2" (entorpecentes), "A3", "B1" e "B2" (psicotrópicas), "C3" (imunossupressoras) e "D1" (precursoras) constantes da Portaria SVS/MS nº 344/1998 e de suas atualizações e os medicamentos que as contenham somente podem ser efetuadas através das respectivas Inspetorias da Receita Federal do Porto ou Aeroporto Internacional do Rio de Janeiro ou de outros Estados que venham a ser autorizados pelo Ministério da Saúde em conjunto com outros órgãos envolvidos.

2.1.3. Do Desembaraço Aduaneiro

2.1.3.1. Da Importação

Art. 42. (Revogado).

(*) Art. 42 revogado
pela Resolução RDC nº 62, de 11.2.2016.

Art. 43. (Revogado).

(*) Art. 43 revogado
pela Resolução RDC nº 62, de 11.2.2016.

Art. 44. (Revogado).

(*) Art. 44 revogado
pela Resolução RDC nº 62, de 11.2.2016.

Art. 45. (Revogado).

(*) Art. 45 revogado
pela Resolução RDC nº 62, de 11.2.2016.

Art. 46. (Revogado).

(*) Art. 46 revogado
pela Resolução RDC nº 62, de 11.2.2016.

Art. 47. Para liberação da carga a ser importada de substâncias das listas "C1" (outras substâncias sujeitas a controle especial), "C2" (retinóides), "C4" (antirretrovirais) e "C5" (anabolizantes), constantes da Portaria SVS/MS nº 344/1998 e de suas atualizações, e medicamentos que as contenham a serem desembaraçadas, nos terminais alfandegários, a empresa deve solicitar a inspeção sanitária ao Serviço de Vigilância Sanitária do Ministério da Saúde no Porto ou Aeroporto Internacional, onde deve apresentar os seguintes documentos:

a) anuência prévia na Licença de Importação (L.I.), através do SISCOMEX (original e cópia);

b) autorização de exportação (original e cópia) emitida pela Autoridade Sanitária competente do país exportador;

c) lista de especificação de carga;

d) certificado de controle de qualidade por lote ou partida (original e cópia) emitido pelo fabricante.

2.1.3.2. Da Exportação

Art. 48. Para liberação da carga a ser exportada de substâncias das listas "A1" e "A2" (entorpecentes), "A3", "B1" e "B2" (psicotrópicas) e "D1" (precursoras) constantes da Portaria SVS/MS nº 344/1998 de suas atualizações, bem como medicamentos que as contenham a serem desembaraçados, com exceção dos que contém as substâncias da lista "D1" (precursores), nos terminais alfandegários, a empresa deverá solicitar a inspeção sanitária juntamente ao Serviço de Vigilância Sanitária do Ministério da Saúde no Rio de Janeiro, onde deverá apresentar os seguintes documentos:

a) autorização de exportação (cópia autenticada) ou Certificado de Não Objeção emitidos pela Secretaria de Vigilância Sanitária do Ministério da Saúde;

b) autorização de importação (cópia autenticada) emitida pela Autoridade Sanitária competente do país importador;

c) fatura comercial;

d) lista de especificação de cargas;

e) certificado de controle de qualidade por lote ou partida (original e cópia) emitido pelo fabricante.

2.1.4. Da Devolução e Retorno

Art. 49. Quando não ocorrer a efetivação do desembaraço aduaneiro as substâncias constantes das listas da Portaria SVS/MS nº 344/1998 de suas atualizações, bem como os medicamentos que as contenham, serão devolvidos ou retornados ao país de origem após verificação da Autoridade Sanitária do Porto e Aeroporto do Rio de Janeiro ou dos demais Estados.

§ 1º. A empresa deverá solicitar o cancelamento da documentação relativa ao que consta no *caput* deste artigo.

§ 2º. A empresa deve cumprir as disposições do item 2.1.2. desta Instrução Normativa, no que couber.

2.2. Do Comércio Nacional

Art. 50. (Revogado).

(*) Art. 50 revogado
pela Resolução RDC nº 11, de 22.3.2011.

Art. 51. (Revogado).

(*) Art. 51 revogado pela Resolução RDC nº 11, de 22.3.2011.

Art. 52. (Revogado).

(*) Art. 52 revogado pela Resolução RDC nº 11, de 22.3.2011.

Art. 53. A Autoridade Sanitária deve possuir um livro ou ficha para cadastrar os estabelecimentos, para conferência, registro e controle da concessão do visto, podendo ser manuscrito ou informatizado.

Art. 54. No registro do livro ou ficha devem constar:

a) dados dos estabelecimento fornecedor: C.N.P.J./C.G.C., Razão Social, nome fantasia, endereço completo;

b) dados do estabelecimento comprador: C.N.P.J./C.G.C., Razão Social, nome fantasia, endereço completo;

c) data do visto;

d) nº sequencial do visto;

e) nome e quantidade da substância ou medicamento, concentração e apresentação autorizado e nº de lote;

f) nº da Nota Fiscal ou Nota Fiscal Fatura;

g) observação (cancelamento da Nota Fiscal, ou outras ocorrências de interesse).

Art. 55. O visto será aplicado através de carimbo próprio ou de etiqueta, no anverso da Nota Fiscal ou Nota Fiscal Fatura, fazendo constar a data, número de ordem sequencial, assinatura da Autoridade Sanitária local, nome completo da Autoridade Sanitária (pode ser em forma de carimbo ou letra de forma).

Art. 56. A Autoridade Sanitária local devolverá ao fornecedor a Nota Fiscal ou Nota Fiscal Fatura visada, dentro de 48 (quarenta e oito) a 72 (setenta e duas) horas.

Art. 57. Para o visto, além das vias normais, a empresa ou estabelecimento deve apresentar uma cópia da Nota Fiscal, que será a via do arquivo da Autoridade Sanitária local.

Art. 58. A empresa que não atender uma Nota Fiscal visada, deve solicitar o cancelamento do visto, através do requerimento ou ofício, devendo anexar todas as vias da Nota Fiscal.

Art. 59. A Autoridade Sanitária local deve efetuar o cancelamento também na via de seus arquivos e anotação no livro de registro dos vistos.

Art. 60. A Autoridade Sanitária local deve solicitar informações, quando necessário, a outras Autoridades Sanitárias em caso de dúvida quanto a veracidade dos dados constantes do documento do estabelecimento comprador.

Art. 61. A compra, venda, transferência e devolução das substâncias constantes das listas "A1" e "A2" (entorpecentes), "A3", "B1" e "B2" (psicotrópicas), "C1" (outras substâncias sujeitas a controle especial), "C2" (retinóides), "C4" (antirretrovirais), "C5" (anabolizantes), e "D1" (precursores) da Portaria SVS/MS nº 344/ 1998 e de suas atualizações, bem como os medicamentos que as contenham, devem estar acompanhadas de nota fiscal ou nota fiscal fatura, isentos do visto da Autoridade Sanitária local de domicílio do remetente.

Parágrafo único. Ficam igualmente isentos do visto os medicamentos que contenham as substâncias, referidas no *caput* do artigo, constantes dos adendos das listas, onde estabelece que a prescrição seja em Receita de Controle Especial em 2 (duas) vias contendo tarja vermelha em sua embalagem.

Capítulo III
DO TRANSPORTE

3.1. Da Pessoa Jurídica

Art. 62. A transportadora de substâncias e medicamentos objeto da Portaria SVS/MS nº 344/ 1998 deve ser autorizada e licenciada pela Autoridade Sanitária competente, onde estiver situada a empresa.

Parágrafo único. Os locais de armazenamento das empresas e seus veículos devem assegurar as condições de segurança, limpeza e higiene necessárias à preservação e eficácia do medicamento.

Art. 63. Cabe à Autoridade Sanitária dos Estados, Municípios ou do Distrito Federal em conjunto com as Autoridades Policiais e Fazendária fiscalizar o transporte de substâncias constantes das listas da Portaria SVS/MS nº 344/1998 e de suas atualizações e dos medicamentos que as contenham, em qualquer via, tomando medidas legais cabíveis e procedendo apreensão, quando necessário.

3.2. Da Pessoa Física

Art. 64. Em viagem internacional, quando da saída ou chegada, somente podem transportar medicamentos a base de substâncias constantes das listas da Portaria SVS/MS nº 344/1998 e de suas atualizações, as pessoas que estiverem de posse de receita médica na quantidade suficiente para o seu uso individual.

Capítulo IV
DA PRESCRIÇÃO

4.1. Da Notificação de Receita

Art. 65. A Notificação de Receita é o documento que acompanhado de receita autoriza a dispensação ou aviamento de medicamentos a base de substâncias constantes das listas "A1" e "A2" (entorpecentes), "A3", "B1" e "B2" (psicotrópicos), "C2" (retinóides para uso sistêmico) e "C3" (imunossupressores), do Regulamento Técnico aprovado pela Portaria SVS/MS nº 344/1998 e de suas atualizações.

(*) Art. 65 revogado, unicamente no que se refere à substância Talidomida, pela Resolução RDC nº 11, de 22.3.2011.

Art. 66. Os profissionais médicos, médicos-veterinários e cirurgiões-dentistas que forem utilizar Notificações de Receitas, devem procurar a Autoridade Sanitária da localidade do consultório ou da instituição, para preencher a ficha cadastral.

Art. 67. O talonário de Notificação de Receita "A" (ANEXO IX constante da Portaria SVS/MS nº 344/1998 será fornecido gratuitamente aos profissionais e instituição ou unidade hospitalar, para a prescrição de medicamentos a base de substâncias constantes das listas "A1" e "A2" (entorpecentes), "A3" (psicotrópicas) constantes da Portaria SVS/MS nº 344/1998 e de suas atualizações.

Art. 68. No ato da entrega do talonário de Notificação de Receita "A", o profissional ou diretor clínico ou a pessoa por eles autorizada deve estar de posse do carimbo de identificação do profissional ou instituição. A Autoridade Sanitária deve em todas as folhas do talonário apor o carimbo no campo "Identificação do Emitente".

4.1.1. Da Notificação de Receita "A"

4.1.1.1. Da Distribuição da Notificação de Receita "A" para Profissionais

Art. 69. A Autoridade Sanitária deve organizar um sistema de controle de distribuição de blocos de Notificação de Receita "A" que pode ser em forma de livro de escrituração, ficha manuscrita ou informatizada, bem como fornecer informação aos profissionais da documentação que será necessária para retirar o talonário.

§ 1º. Para preencher a Ficha Cadastral, assinará com pelo menos 3 (três) autógrafos, e receber o primeiro talonário, o profissional deve ir pessoalmente a Autoridade Sanitária local, munido de:

a) carteira do Conselho Regional de Medicina (CRM) ou Conselho Regional de Odontologia (CRO) ou Conselho Regional de Medicina Veterinária (CRMV);

b) comprovante de endereço residencial ou do consultório, podendo ser uma conta de luz ou telefone e carimbo com os dados: nome e endereço completo do profissional e o Conselho Regional correspondente.

§ 2º. A Autoridade Sanitária deve anotar na Ficha Cadastral (ANEXO VIII) o número de talonários e a numeração correspondente concedida. O profissional deve assinar no verso o recebimento.

Art. 70. Na hipótese de o profissional não poder comparecer pessoalmente à autoridade Sanitária local, poderá solicitar por escrito, o seu cadastramento e os talonários necessários, através de um portador autorizado.

Parágrafo único. O procedimento para o portador retirar o talão da Notificação de Receita "A" será:

a) o profissional, por escrito, indicará a pessoa que retirará a ficha cadastral e o talão;

b) a Autoridade Sanitária fornecerá a Ficha Cadastral do profissional para o portador, que deverá ser identificado pela sua Carteira de Identidade (R.G.) ou outro documento equivalente;

c) a referida ficha deve ser preenchida e assinada pelo profissional, reconhecida a assinatura em cartório;

d) portador deve devolver a Ficha acompanhada da cópia dos seguintes documentos: Carteira do CRM, CRO ou CRMV, comprovante de endereço residencial ou do consultório podendo ser uma conta de luz ou telefone e carimbo, com os dados: nome e endereço completo do profissional;

e) portador deve assinar o recebimento no verso da Ficha Cadastral.

4.1.1.2. Da Distribuição do Talonário "A" para Instituição ou Unidade Hospitalar

Art. 71. O talonário de Notificação de Receita "A", para instituição ou hospitais, clínicas, pode ser retirado pelo diretor clínico ou por pessoa indicada por ele, para prescrição de pacientes em tratamento ambulatorial ou em alta hospitalar.

Art. 72. O talonário de Notificação de Receita "A" da instituição somente pode ser utilizado por médicos do corpo clínico da instituição ou hospital e somente neste local.

Art. 73. A guarda do talonário da Notificação de Receita "A" e a distribuição aos profissionais do hospital ou instituição deve ficar sob a responsabilidade do diretor clínico ou de quem ele indicar, podendo ser o farmacêutico da farmácia da instituição.

Art. 74. O procedimento da Autoridade Sanitária para a entrega dos talonários para hospitais ou instituições deve ser o mesmo estabelecido para os profissionais.

4.1.2. Da Notificação de Receita "B" e da Notificação de Receita Especial

4.1.2.1. Da Distribuição da Numeração para confeccionar Notificação de Receita "B" e Notificação de Receita Especial

Art. 75. O profissional deve retirar a numeração para a confecção do talonário de Notificação de Receita "B" (ANEXO XI constante da Portaria SVS/MS nº 344/1998) e da Notificação de Receita Especial (Retinóides e Imunossupressores – ANEXOS XII e XIII constantes da Portaria SVS/MS nº 344/1998) junto a Autoridade Sanitária da localidade do consultório ou da instituição, para a prescrição de medicamentos a base de substâncias constantes das listas "B1" e "B2" (psicotrópicos), "C2" (retinóides de uso sistêmico) e da lista "C3" (imunossupressores) da Portaria SVS/MS nº 344/1998 e de suas atualizações.

Parágrafo único. A numeração do talonário da Notificação de Receita Especial (Lista "C3" – imunossupressoras da Portaria SVS/MS nº 344/1998) para Talidomida, será distribuída pela Autoridade Sanitária local e confeccionado as expensas do serviço público.

Art. 76. A Autoridade Sanitária deve organizar um sistema de controle de distribuição da numeração para os talonários de Notificação de Receita "B" e Notificação de Receita Especial para Retinóides, que pode ser em forma de livro de escrituração, ficha manuscrita ou informatizada.

Art. 77. Cabe à Autoridade Sanitária:

a) controlar e distribuir a numeração para confecção do talonário de Notificação de Receita "B" e Notificação de Receita Especial (Retinóides e Talidomida);

b) fornecer modelo das Notificações para o profissional ou instituição;

c) completar os campos que competem à Autoridade Sanitária da Requisição da Notificação de Receita em 2 (duas) vias, (ANEXO VI constante da Portaria SVS/MS nº 344/1998) e arquivar a 2ª via;

d) anotar no livro ou ficha de registro da Autoridade Sanitária, a numeração concedida;

e) orientar o profissional ou a pessoa responsável pela retirada da numeração que a 1ª via da Requisição que deve ser encaminhada à gráfica para confecção do talonário de Notificação de Receita e devolvida ao profissional juntamente com os talonários confeccionados.

Art. 78. A numeração de todas as Notificações deve ser composta de oito dígitos assim constituídos:

a) os dois primeiros dígitos representarão o código da Autoridade Sanitária Estadual;

b) os seis dígitos subsequentes, correspondem à numeração sequencial fornecida ao profissional ou à instituição.

Art. 79. As anotações de mudança de endereço, suspensão da entrega de talonários, ou ocorrência de roubo ou furto (neste caso deverá ser registrado Boletim de Ocorrência Policial – B.O.) devem ser anotadas no campo de observação da Ficha Cadastral.

4.1.2.2. Da Entrega, para terceiros, da Numeração para Confecção da Notificação de Receita "B" e/ou Notificação de Receita Especial

Art. 80. A cada solicitação o portador deve:

a) estar devidamente autorizado por escrito, pelo profissional prescritor;

b) estar munido do documento de identificação pessoal (R.G./C.I.C.);

c) portar o carimbo do profissional prescritor;

d) assinar, na presença da Autoridade Sanitária, no campo específico da Ficha Cadastral do profissional ou da instituição ou do hospital o recebimento do talonário ou da numeração concedida.

4.1.3. Do Preenchimento das Notificações de Receitas

Art. 81. Campos de preenchimento exclusivos do prescritor:

a) identificação do emitente: no local correspondente à identificação do emitente deve constar devidamente impressos, o nome, endereço e inscrição do profissional no Conselho Regional com a sigla da respectiva Unidade da Federação ou o nome do estabelecimento ou da instituição com o endereço completo;

b) assinatura do médico, cirurgião-dentista ou médico-veterinário: neste espaço deverá conter a assinatura do profissional prescritor. Quando os dados do profissional estiverem devidamente impressos no campo do emitente, este poderá apenas assinar a Notificação de Receita. No caso de o profissional pertencer a uma instituição ou estabelecimento hospitalar, deverá identificar a assinatura com carimbo, constando a inscrição no Conselho Regional ou manuscrita, de forma legível;

c) paciente: nome e endereço completo do paciente e, no caso de uso veterinário, nome e endereço completo do proprietário e identificação do animal;

d) numeração: deverá ser numerada em ordem cronológica devidamente impressa conforme numeração concedida pela Autoridade Sanitária.

Art. 82. Campos de preenchimento exclusivos do Fornecedor:

a) identificação do comprador: nome e endereço completo do comprador, número do R.G., órgão expedidor e telefone quando houver;

b) identificação do fornecedor: o responsável pelo atendimento, deve utilizar o carimbo de identificação do estabelecimento contendo o C.N.P.J./C.G.C., nome e endereço completo, datar e colocar seu nome de forma legível abaixo do carimbo de identificação do estabelecimento;

c) identificação da quantidade aviada ou número de registro: a farmácia ou drogaria deve ter um carimbo próprio (ANEXO IX) e anotar no verso da Notificação de Receita a quantidade dispensada e quando tratar-se de formulações magistrais, o número de registro da receita no livro de receituário.

Art. 83. (Revogado).

(*) Art. 83 revogado
pela Resolução RDC nº 11, de 22.3.2011.

4.2. Da Receita

Art. 84. O profissional médico, médico-veterinário e cirurgião-dentista prescreverá em Receita de Controle Especial em 2 (duas) vias ou receita comum (ANEXO XVII constante da Portaria nº 344/1998 – SVS/MS), em duas vias, sendo a 1ª via retida pela farmácia ou drogaria e a 2ª via do paciente, substâncias constantes das listas "C1" (outras substâncias sujeitas ao controle especial), "C4" (antirretrovirais), "C5" (anabolizantes), da Portaria SVS/MS nº 344/1998 e de suas atualizações, e referentes adendos:

1. da lista "A1" (entorpecentes);
2. da lista "A2" (entorpecentes);
3. da lista "B1" (psicotrópicas);
4. ou medicamentos que as contenham, desde que sejam observadas as dosagens, cor e dizeres da tarja apostos nas embalagens, rótulos e bulas.

Art. 85. A Receita de Controle Especial ou receita comum, válida em todo território nacional, pode ser manuscrita, datilografada ou por sistema informatizado ou impressa, devendo conter os dizeres abaixo:

a) identificação do emitente – não necessita que seja colocado em um quadrado:

1. nome completo do profissional ou nome da instituição;
2. número da inscrição do profissional no Conselho Regional respectivo;
3. UF – Unidade Federativa;
4. endereço completo – rua, bairro, número, telefone (opcional) do consultório ou da residência do profissional ou da clínica, hospital, outro quando for caso;
5. cidade – nome completo da cidade;

b) prescrição:

1. paciente – nome completo do paciente;
2. endereço – nome da rua, bairro, nº, cidade, unidade federativa;
3. prescrição – uso, fórmula ou nome do medicamento, dosagem, quantidade, posologia ou modo de usar;
4. data – dia, mês e ano;
5. assinatura – o profissional deve usar sua rubrica usual.

c) identificação do comprador e do fornecedor: os dados constantes destes campos podem ser apostos mediante carimbo e devidamente preenchidos pela farmácia ou drogaria.

§ 1º. A validade da receita é de 30 (trinta) dias, a partir da data do preenchimento.

§ 2º. Fica dispensada o uso do carimbo contendo o nome do profissional e de sua inscrição no respectivo Conselho Regional, para identificar a assinatura, quando estes dados estiverem constando do campo do emitente.

Art. 86. Fica proibida a dispensação das receitas com substâncias ou medicamentos constantes da lista "C4" (antirretrovirais) quando prescritas por médico-veterinário ou cirurgiões-dentistas.

Art. 87. A Receita contendo substâncias das listas "C1" (outras substâncias sujeitas ao controle especial) e "C5" (anabolizantes) conterá a quantidade para tratamento de no máximo de 60 (sessenta) dias ou, no máximo, 3 (três) substâncias constantes das listas mencionadas "C1" (outras substâncias sujeitas ao controle especial) e "C5" (anabolizantes) ou 3 (três) medicamentos que contenham substâncias constantes das listas; "C1" (outras substâncias sujeitas ao controle especial) e "C5" (anabolizantes); 5 (cinco) substâncias constantes da lista "C4" (antirretrovirais) ou medicamentos que as contenham.

§ 1º. Cada Receita pode conter a quantidade máxima para um tratamento de 60 (sessenta) dias.

§ 2º. A quantidade dos medicamentos com a ação antiparkinsoniana e anticonvulsivante pode ser prescrita para até 6 (seis) meses de tratamento.

4.3. Do Preenchimento dos Termos de Consentimento de Imunossupressores (Talidomida) e Retinóides

Art. 88. (Revogado).

(*) Art. 88 revogado pela Resolução RDC nº 11, de 22.3.2011.

4.4. Da Farmacovigilância

Art. 89. A Autoridade Sanitária local, deve estabelecer mecanismos para efetuar a farmacovigilância dos medicamentos a base das substâncias constantes das listas da Portaria SVS/MS nº 344/1998 e de suas atualizações, quando forem considerados de risco aumentado para a saúde individual ou coletiva.

Parágrafo único. Fica instituído o modelo de ficha de farmacovigilância para os medicamentos retinóides de uso sistêmico (ANEXO X) e a Autoridade Sanitária poderá adotar o formulário de notificações de Reações Adversas (ANEXO XI).

4.5. Da Destinação de Medicamentos Não Utilizados

Art. 90. Quando, por qualquer motivo, for interrompida a administração de medicamentos a base de substâncias constantes das listas da Portaria SVS/MS nº 344/1998 e de suas atualizações, o prescritor e/ou a Autoridade Sanitária local devem recomendar ao paciente ou seu responsável que façam a entrega destes medicamentos no Órgão competente de Vigilância Sanitária. A Autoridade Sanitária emitirá um documento comprobatório do recebimento e, posteriormente, dará o destino conveniente (inutilização ou doação).

Capítulo V
DA ESCRITURAÇÃO

5.1. Dos Livros

Art. 91. Todo estabelecimento que exercer quaisquer das atividades descritas no art. 62 da Portaria SVS/MS nº 344/1998, deve escriturar e manter para efeito de fiscalização e controle, os livros conforme descritos abaixo, sendo necessário Termo de Abertura e Encerramento realizado pela Autoridade Sanitária local.

Parágrafo único. Excetua-se da obrigação da escrituração de que trata este capítulo, as empresas que exercem exclusivamente a atividade de transportar.

Art. 92. Livro de Receituário Geral: é o livro que se destina ao registro de todas as receitas aviadas em farmácias.

§ 1º. O registro no livro obedecerá a ordem sequencial de recebimento da receita. A farmácia ao receber a receita médica, numerará a mesma através de carimbo ou etiqueta.

§ 2º. O registro deve conter os seguintes dados:

a) nº de ordem da receita;

b) data do aviamento;

c) nome e endereço do paciente;

d) nome do médico e número do CRM;

e) descrição da formulação contendo todos os componentes e concentrações;

f) visto do Responsável Técnico, ou de seu substituto;

g) data da dispensação.

Art. 93. Livros de Registro Específico (ANEXO XVIII constante da Portaria SVS/MS nº 344/1998): é o livro destinado ao registro da movimentação de estoque de substâncias e medicamentos entorpecentes, psicotrópicos e outras de controle especial que fazem parte das listas constantes da Portaria SVS/MS nº 344/1998 e de suas atualizações. Serão necessários os seguintes livros de registros específicos:

§ 1º. Livro para as substâncias constantes das listas "A1" e "A2" (entorpecentes) e dos medicamentos que as contenham.

§ 2º. Livro para as substâncias constantes das listas "A3", "B1" e "B2" (psicotrópicas) e dos medicamentos que as contenham.

§ 3º. Livro para as substâncias constantes das listas "C1" (outras substâncias sujeitas a controle especial), "C2" (retinóicas), "C4" (antirretrovirais), "C5" (anabolizantes) e dos medicamentos que as contenham. Também será escriturado neste livro os medicamentos constantes dos adendos das listas "A1", "A2" (entorpecentes) e "B1" (psicotrópicos), cuja prescrição se dá com retenção da Receita de Controle Especial em 2 (duas) vias.

§ 4º. Os documentos abaixo descritos são documentos hábeis para a escrituração:

a) entrada: Nota Fiscal ou Nota Fiscal Fatura, ou documento equivalente da Instituição Pública;

b) saída: Receitas, Notificações de Receitas "A", "B" e Especial, Prescrição Diária de Medicamentos ou Receitas privativas da Unidade Hospitalar;

c) perdas: justificativa da perda – (vencidos, quebra, extravio (Boletim de Ocorrência Policial), perda no processo, requisição para amostra do Controle de Qualidade, Termo de Inutilização expedido pelo Órgão competente de Vigilância Sanitária.

§ 5º. (Revogado).

(*) § 5º revogado
pela Resolução RDC nº 11, de 22.3.2011.

I – O Livro de Registro de Notificação de Receita Especial da Talidomida deve conter os seguintes dados, registrados em ordem cronológica:

a) data da dispensação;

b) nome, idade e sexo do paciente;

c) nome do médico e número do CRM;

d) nome do técnico responsável pela dispensação;

e) CID da doença;

f) quantidade de comprimidos.

II – Este livro deve permanecer na unidade de dispensação do medicamento Talidomida pelo período de 10 (dez) anos, após o seu encerramento.

III – Livro de Registro Específico da Talidomida: destina-se a anotação em ordem cronológica de estoque de entradas (por aquisição ou produção) e saída (por venda, processamento ou uso) e perdas. Este livro e demais documentos (Notas Fiscais, Guias de Remessa ou Notificações de Receitas) devem ser mantidos pelo período de 5 (cinco) anos, findo o qual poderão ser inutilizados.

§ 6º. Para efetuar a autenticação dos livros de registros, a Autoridade Sanitária deverá verificar se:

a) o estabelecimento está devidamente licenciado;

b) se houve recolhimento da taxa correspondente, se for o caso.

5.2. Do Termo de Abertura e Encerramento dos Livros

Art. 94. Os livros de registros específicos devem ser escriturados manuscritos ou por sistema informatizado, desde que atendam aos dados estabelecidos no modelo do ANEXO XVIII da Portaria SVS/MS nº 344/1998, previamente submetido à análise e aprovação da Autoridade Sanitária a quem compete, também, estabelecer os critérios para controle e verificação por ocasião das inspeções.

§ 1º. Semanalmente deve ser atualizada a escrituração dos livros de registros específicos.

§ 2º. A Autoridade Sanitária deve preencher e assinar o Termo de Abertura, com as seguintes informações:

a) razão social;

b) denominação comercial;

c) endereço completo do estabelecimento;

d) finalidade a que se destina o livro de registro;

e) número do C.N.P.J./C.G.C.

§ 3º. O Termo de Encerramento lavrado no verso da última folha numerada, deve conter os mesmos dados do § 2º do art. 94 e a quantidade de folhas escrituradas.

§ 4º. O Termo de Encerramento só pode ser preenchido após o uso ou finalização do livro.

Art. 95. Em caso de estabelecimentos que possuem matriz e filiais, cada um de seus estabelecimentos deve possuir livros para a devida escrituração.

Art. 96. No caso de um estabelecimento optar pelo registro informatizado, os responsáveis devem criar um programa e solicitar por escrito à Autoridade Sanitária local, substituição do livro oficial pelo sistema informatizado. O formulário contínuo deve seguir a ordem numérica consecutiva, reiniciando a cada encerramento.

Art. 97. Quando da solicitação por parte do estabelecimento da abertura dos livros por sistema informatizado, a autoridade sanitária deve avaliar as informações nele contidas e deferir ou não a solicitação.

Art. 98. Na escrituração, manuscrita ou informatizada o campo "Histórico" dos livros de registros específicos (entorpecentes, psicotrópicos e outras substâncias sujeitas a controle especial) deve ser preenchido, no mínimo, com os seguintes dados:

a) farmácias – com a numeração sequencial do livro de registro geral; número da Nota Fiscal; número da requisição de amostras de análise de controle de qualidade;

b) drogaria – com o número da Notificação de Receita; nome e endereço do paciente; ou numeração interna definida pelo estabelecimento; número da Nota Fiscal;

c) unidade de saúde/hospitalar – receita com a numeração definida pelo estabelecimento ou número do prontuário e/ou da prescrição médica; número da Nota Fiscal ou equivalente.

d) indústria – número da Nota Fiscal; número da ordem de fabricação ou produção; número da requisição de amostras destinadas ao controle de qualidade e amostra de retenção;

e) distribuidor/importador – número da Nota Fiscal; número da ordem de fracionamento; número da requisição de amostra para análise de controle de qualidade e amostra de retenção.

Art. 99. O estabelecimento pode optar por suprimir a coluna "Observação", desde que as eventuais observações sejam impressas logo após o registro dos dados, no final de cada folha (rodapé). O estabelecimento pode optar em manter a coluna "Observação" para inserir (manuscrita ou não) informações após a emissão do formulário contínuo, com a devida autenticação pelo farmacêutico ou responsável técnico do estabelecimento.

Art. 100. Deve ser efetuada a autenticação prévia no "Termo de Abertura" para os livros dos produtos controlados em formulário contínuo, recolhendo as taxas correspondentes ao número de folhas autorizadas. Ao término do preenchimento da quantidade de folhas autorizadas no "Termo de Abertura", o responsável técnico deve providenciar o encaminhamento à autoridade sanitária local assinaturas no "Termo de Encerramento". As folhas devem estar numeradas.

Art. 101. O programa informatizado da empresa/estabelecimento deve permitir a Visualização/Impressão de Relatórios, para:

a) livro de registro geral;

b) livro de registro específico de substâncias e medicamentos entorpecentes;

c) livro de registro específico de substâncias e medicamentos psicotrópicos;

d) livro de registro específico de substâncias e medicamentos sujeitos a controle especial;

e) cadastro dos compradores e dos fornecedores;

f) cadastro dos prescritores e dos pacientes;

g) cadastro das substâncias e/ou medicamentos;

h) controle de estoque.

Art. 102. Esse programa deve fazer parte do sistema dotado de outros recursos, tais como opções de consulta, emissão de relatórios, produção de cópia de segurança e restauração de dados. Todos os dados devem estar disponíveis para a Autoridade Sanitária competente no momento da inspeção. Sempre que necessário, e devidamente justificado, a Autoridade Sanitária pode requisitar cópia dos relatórios previstos no artigo anterior.

Capítulo VI
DO BALANÇO

Art. 103. As farmácias, inclusive a hospitalar, indústria farmoquímica, importador, distribuidor e indústria ou laboratório farmacêutico que manipule, produzam, fabriquem e/ou distribua substâncias entorpecentes (listas "A1" e "A2"), psicotrópicas (listas "A3", "B1" e "B2"), precursoras ("D1") e outras sujeitas a controle especial ("C1", "C2", "C3", "C4" e "C5"), excetuando-se insumos químicos constantes da lista "D2", devem entregar os Balanços Trimestrais e Anuais de Substâncias Psicoativas e Outras Sujeitas a Controle Especial – BSPO (ANEXO XX constante da Portaria SVS/MS nº 344/98).

§ 1º. Os balanços trimestrais devem ser manuscritos de forma legível ou preenchidos por sistema informatizado, conforme modelo do BSPO, e deverão ser entregues até o dia 15 (quinze) dos meses de janeiro, abril, julho e outubro. Os balanços anuais devem ser entregues até o dia 31 (trinta e um) de janeiro de cada ano.

§ 2º. Os Balanços trimestrais e anuais deverão ser entregues no Órgão competente de Vigilância Sanitária em 3 (três) vias, conforme a seguinte destinação:

1ª via: a empresa ou estabelecimento deve remeter à Agência Nacional de Vigilância Sanitária/ANVISA;

2ª via: retida pela Autoridade Sanitária Estadual;

3ª via: retida na empresa como comprovante da entrega.

§ 3º. Excetua-se do disposto no parágrafo anterior as farmácias de manipulação as quais deverão entregar o BSPO em apenas 2 vias, sendo a 1ª via retida pela Autoridade Sanitária Estadual e a 2ª via deverá ser retida na empresa como comprovante da entrega.

§ 4º. Quando as ações de vigilância sanitária estiverem descentralizadas, a 2ª via deverá ser entregue somente à Autoridade Sanitária local.

(*) Art. 103 com redação dada
pela Resolução RDC nº 13, de 19.3.2009.

Art. 104. Balanços Trimestral e Anual de Medicamentos Psicoativos e Outros Sujeitos a Controle Especial – BMPO (ANEXO XXI constante da Portaria SVS/MS nº 344/1998) – os estabelecimentos devem preencher o BMPO trimestralmente e anualmente. As farmácias e drogarias que comercializam medicamentos à base de substâncias constantes das listas "A1" e "A2" (entorpecentes), "A3" e "B2" (psicotrópicos) e "C4" (antirretrovirais), manuscritos de forma legível, datilografados ou por sistema informatizado.

§ 1º. O balanço trimestral deve ser apresentado à Autoridade Sanitária local (quando as ações de Vigilância Sanitária estiverem descentralizadas) ou Estadual ou do Distrito Federal até o dia 15 (quinze) dos meses de janeiro, abril, julho e outubro em 2 (duas) vias.

§ 2º. O balanço anual deve ser apresentado até o dia 31 (trinta e um) de janeiro do ano subsequente, em 2 (duas) vias. Após o carimbo da Autoridade Sanitária, o destino das vias do balanço BMPO será:

1ª via: retida pela Autoridade Sanitária;

2ª via: retida na farmácia ou drogaria.

Art. 105. (Revogado).

(*) Art. 105 revogado
pela Resolução RDC nº 11, de 22.3.2011.

Art. 106. Relação Mensal de Vendas (ANEXO XXIII constante da Portaria SVS/MS nº 344/1998): os fornecedores (indústrias e distribuidoras) devem enviar até o dia 15 (quinze) de cada mês à Autoridade Sanitária Estadual ou local a Relação Mensal de Vendas de medicamentos à base de substâncias constantes das listas "A1" e "A2" (entorpecentes), "A3", "B1" e "B2" (psicotrópicas), "C1" (outras substâncias sujeitas a controle especial), "C2" (retinóides), "C4" (antirretrovirais) e "C5" (anabolizantes), manuscrito de modo legível, datilografado ou por sistema informatizado, referente ao mês antecedente, devendo constar:

a) nº do código da DCB;

b) nome genérico (DCB);

c) nome do medicamento;

d) forma de apresentação e concentração;

e) quantidade vendida;

f) nº do lote do medicamento;

g) nº da Nota Fiscal ou Nota Fiscal Fatura;

h) data da Nota Fiscal ou Nota Fiscal Fatura;

i) data e nº do visto da Nota Fiscal, das substâncias e medicamentos da lista "C3" (imunossupressores-talidomida);

j) nome do estabelecimento comprador e endereço completo;

l) C.N.P.J./C.G.C. do comprador;

m) Unidade Federativa do comprador.

Art. 107. A Relação Mensal das Notificações de Receitas "A" – RMNRA (ANEXO XXIV constante da Portaria SVS/MS nº 344/1998), deve ser encaminhada pelas farmácias e drogarias em 2 (duas) vias às Autoridades Sanitárias Estaduais, Municipais ou do Distrito Federal, acompanhadas das Notificações de Receitas "A" e da justificativa quando as quantidades estiverem acima do previsto na Portaria SVS/MS nº 344/1998 ou quando for de outra Unidade Federativa.

§ 1º. A Autoridade Sanitária carimbará as vias da Relação Mensal das NRA, retendo a 1ª via. A 2ª via ficará no estabelecimento como comprovante da entrega. A devolução das Notificações de Receitas se dará no prazo de 30 (trinta) dias com a apresentação da 2ª via.

§ 2º. Recebida a Notificação de Receita "A", a Autoridade Sanitária procederá a investigação e averiguação pertinentes ao preenchimento, ao uso e venda corretos do medicamento, visando um diagnóstico da incidência da prescrição dos medicamentos.

§ 3º. Em caso de desvio ou uso irregular de medicamentos ou talonário, a Autoridade Sanitária elaborará relatório contendo informações precisas e claras sobre o levantamento das Notificações de Receitas, informando inclusive o nome das farmácias ou drogarias envolvidas.

§ 4º. Este relatório, de caráter sigiloso, deve ser protocolizado no Órgão competente de Vigilância Sanitária e encaminhado cópia para os órgãos de classe dos profissionais envolvidos e aos órgãos dos Ministérios da Saúde e da Justiça, para que sejam tomadas as medidas cabíveis conforme legislação vigente.

Art. 108. Este mapa deve ser apresentado até o dia 15 (quinze) dos meses de janeiro, abril, julho e outubro, em 3 (três) vias. Após o visto da Autoridade Sanitária, o destino das vias será:

1ª via: retida pela Autoridade Sanitária;

2ª via: a farmácia da unidade de saúde encaminhará para a Coordenação Estadual dos respectivos programas;

3ª via: retida na unidade de saúde.

Capítulo VII
DA EMBALAGEM

Art. 109. A comercialização por drogaria dos medicamentos à base de substâncias constantes das listas da Portaria SVS/MS nº 344/1998, e de suas atualizações, deve ser feita em suas embalagens originais, intactas e invioláveis.

§ 1º. Não será permitido em drogarias o fracionamento das embalagens dos medicamentos de que trata o *caput* deste artigo.

§ 2º. No caso dos medicamentos na forma farmacêutica injetável, a dispensação poderá ser feita de acordo com o número de unidades constante da prescrição.

Art. 110. O fracionamento somente será permitido em farmácias, inclusive as hospitalares ou de dispensação pública, quando realizado por farmacêutico e obedecidas as disposições da legislação específica.

Art. 111. A rotulagem dos medicamentos industrializados que contêm substâncias das listas do Regulamento Técnico aprovado pela Portaria SVS/MS nº 344/1998, devem obedecer às cores da tarja e às advertências estabelecidas no referido Regulamento Técnico, sem prejuízo do disposto na Lei nº 6.360/1976, Decreto nº 79.094/1977, obedecendo também, a aprovação dos dizeres pelo Órgão competente do Ministério da Saúde, quando tratar de medicamentos de "Uso restrito Hospitalar" e demais normas legais vigentes.

Parágrafo único. No caso de medicamentos destinados, a amostra grátis, a embalagem além do disposto no *caput* deste artigo deve constar a expressão em destaque "Amostra Grátis" – "Tributada".

Art. 112. As farmácias que manipulam substâncias constantes das listas do Regulamento Técnico devem possuir etiquetas para utilização nas embalagens das formulações magistrais contendo as mesmas cores e dizeres de advertência estabelecidos no Regulamento Técnico para os medicamentos industrializados.

Capítulo VIII
DA RESPONSABILIDADE

8.1. Da Baixa de Responsabilidade Técnica

Art. 113. Para se desligar da Responsabilidade Técnica, o farmacêutico deve apresentar à Autoridade Sanitária local um levantamento de estoque das substâncias e dos medicamentos que as contenham constantes das listas da Portaria SVS/MS nº 344/1998 e de suas atualizações até seu último dia de trabalho naquele estabelecimento.

8.2. Da Admissão de novo Responsável Técnico

Art. 114. No caso de admissão de novo responsável técnico, o mesmo após estar de posse do Termo de Responsabilidade, assinado junto à Autoridade Sanitária local, deve assinar o livro de registro específico, logo abaixo da assinatura do responsável técnico anterior, identificando-a e datando.

Parágrafo único. O novo responsável técnico deve apresentar o Balanço das substâncias e dos medicamentos que as contenham objeto da Portaria SVS/MS nº 344/1998 e de suas atualizações, quando for solicitado pela Autoridade Sanitária local.

8.3. Do Encerramento de Atividades

Art. 115. No caso de encerramento de atividades dos estabelecimentos, objeto desta Instrução Normativa, deve ser adotado um dos seguintes procedimentos, no que se refere às listas das substâncias e medicamentos que as contenham, constantes da Portaria SVS/MS nº 344/1998 e de suas atualizações.

§ 1º. Entrega das substâncias e/ou medicamentos ao Órgão competente de Vigilância Sanitária: o estabelecimento elaborará um documento em 2 (duas) vias que contenha informações cadastrais do mesmo, relação das substâncias e/ou medicamentos com as respectivas quantidades, apresentações, lotes e prazo de validade. A primeira via deverá ficar retida no Órgão competente de Vigilância Sanitária e a segunda via carimbada devolvida ao estabelecimento como comprovação de recebimento.

§ 2º. Transferência das substâncias e/ou medicamentos para outro estabelecimento: deve ser feita através de Nota Fiscal, devidamente visada pela Autoridade Sanitária local do remetente. Não será permitida a transferência através de Nota Fiscal ao consumidor.

Art. 116. A Autoridade Sanitária Estadual, Municipal ou do Distrito Federal que receber as substâncias e/ou medicamentos de que trata o § 1º do art. 115 desta Instrução Normativa, poderá doar os mesmos aos estabelecimentos da rede pública de saúde, seguindo os ritos estabelecidos pela legislação sanitária em vigor. A referida doação deve ser escriturada nos livros de registros correspondentes.

Capítulo IX
DA MALETA DE EMERGÊNCIA

Art. 117. Maleta de Emergência é o utensílio destinado à guarda, com segurança, de medicamentos psicotrópicos e/ou entorpecentes para aplicação em casos específicos e/ou de emergência, destinados aos profissionais médicos, médicos-veterinários e cirurgiões-dentistas não vinculados a clínicas ou unidades hospitalares, serviços médicos e/ou ambulatoriais que não possuam Dispensário de Medicamentos; ou ainda, ambulância, embarcações e aeronaves.

Art. 118. Cabe a Autoridade Sanitária Estadual, Municipal ou do Distrito Federal autorizar e controlar o estoque inicial e os suprimentos posteriores da maleta de emergência.

Art. 119. A quantidade de medicamentos permitidos na maleta de emergência será definida pela Autoridade Sanitária local mediante prévia solicitação do interessado.

Art. 120. Aplica-se às aeronaves e embarcações de passageiros e de cargas, ambas nacionais, o disposto no artigo anterior, ficando o comandante responsável por registrar no diário de bordo, o consumo da quantidade e providenciar junto à Autoridade Sanitária local a sua reposição, respeitando a legislação especifica.

§ 1º. Para as embarcações e aeronaves militares, o estoque deve ser estabelecido e controlado pelo Estado Maior das Forças Armadas.

§ 2º. Em aeronaves e embarcações estrangeiras, a reposição do estoque, quando necessária, será feita mediante autorização da Autoridade Sanitária do Ministério da Saúde de Portos, Aeroportos e Fronteiras.

9.1. Da Aquisição de Medicamentos para Maleta de Emergência

9.1.2.♦ Da Solicitação

♦ Na publicação oficial, o item 9.1.1 foi erroneamente numerado como item 9.1.2.

Art. 121. O profissional deve dirigir-se a Autoridade Sanitária Estadual, Municipal ou do Distrito Federal, para retirar 1 (um) bloco de Notificação de Receita "A" e a sequência numérica para impressão da Notificação de Receita "B". No ato da retirada de talonário de Notificação de Receita "A", o profissional deve portar o seu carimbo identificador, que será aposto no campo de identificação do emitente da Notificação de Receita "A".

9.1.3.♦ Da Primeira Aquisição

♦ Na publicação oficial, o item 9.1.2 foi erroneamente numerado como item 9.1.3.

Art. 122. O profissional ou dirigente do serviço médico deve preencher a Notificação de Receita para cada medicamento entorpecente e/ou psicotrópico, constando no campo destinado ao nome do paciente, "Maleta de Emergência", e no campo destinado ao endereço do paciente, o "Endereço Profissional", bem como nome do medicamento, sua concentração, data, carimbo e assinatura do profissional e a quantidade a ser inicialmente adquirida.

Parágrafo único. A Autoridade Sanitária local deve avaliar a solicitação e, verificada a pertinência, autorizar a aquisição em farmácia ou drogaria através do visto no verso de cada Notificação de Receita.

9.1.4.♦ Da Reposição

♦ Na publicação oficial, o item 9.1.3 foi erroneamente numerado como item 9.1.4.

Art. 123. A reposição dos medicamentos da "Maleta de Emergência" se fará através de aquisição em farmácia ou drogaria, mediante apresentação de Notificação de Receita devidamente preenchida com a quantidade administrada na emergência, contendo o nome e endereço completos do paciente ou nome e endereço completos do proprietário e identificação do animal, no caso de médico-veterinário.

Parágrafo único. Somente será autorizada a aquisição de medicamentos para a "Maleta de Emergência" aos profissionais cadastrados pelo Órgão competente de Vigilância Sanitária.

Capítulo X
DO CADASTRO DE ESTABELECIMENTOS

Art. 124. Deverão requerer o cadastro junto da Autoridade Sanitária local, com os documentos abaixo relacionados, os estabelecimentos hospitalares que utilizam medicamentos a base de misoprostol (lista "C1" – outras substâncias sujeitas a controle especial da Portaria SVS/MS nº 344/1998) e as farmácias e drogaria que dispensam medicamentos de uso sistêmico a base de substâncias da lista "C2" (retinóides) da Portaria SVS/MS nº 344/1998 e de suas atualizações:

a) petição em forma de ofício, subscrita pelo responsável técnico;

b) documento de identidade do farmacêutico ou diretor clínico do estabelecimento;

c) cópia da licença de funcionamento ou equivalente, quando trata-se de órgãos públicos;

d) cópia do C.N.P.J./C.G.C.;

e) relação dos medicamentos, quantidades estimadas e a justificativa do uso ou a venda, quando for o caso.

Parágrafo único. A Autoridade Sanitária Estadual, Municipal ou do Distrito Federal após aprovação do cadastro, deve preencher a Ficha Cadastral (ANEXO VIII), manuscrita ou por sistema informatizado, e publicar a aprovação do referido cadastro, em Diário Oficial ou em jornal local.

Art. 125. O Cadastro estabelecido no art. 124 poderá ser utilizado também para os estabelecimentos veterinários com finalidade de fornecer informação em atendimento as legislações específicas.

Capítulo XI
DA DISTRIBUIÇÃO DE AMOSTRA GRÁTIS

Art. 126. Fica proibida a distribuição de amostras grátis de medicamentos a base de substâncias constantes das listas "A1" e "A2" (entorpecentes), "A3", "B1" e "B2" (psicotrópicos), "C2" (retinóides de uso sistêmico), "C3" (imunossupressores), "C5" (anabolizantes) e o misoprostol constante das listas "C1" da Portaria SVS/MS nº 344/1998 e de suas atualizações.

Parágrafo único. Fica igualmente proibida a distribuição dos medicamentos constantes nos adendos das listas citadas no *caput* deste artigo.

Art. 127. Fica proibida a distribuição de amostras grátis de substâncias para qualquer fim, constantes das listas "A1" e "A2" (entorpecentes), "A3", "B1" e "B2" (psicotrópicas), "C1" (outras substâncias sujeitas a controle especial), "C2" (retinóides de uso sistêmico), "C3" (imunossupressoras), "C4" (antirretrovirais), "C5" (anabolizantes) e "D1" (precursoras) da Portaria SVS/MS nº 344/1998 e de suas atualizações, quando não seguir as disposições legais do Comércio Internacional ou Nacional e ao tratamento administrativo do SISCOMEX.

Art. 128. A produção anual de medicamentos constantes das listas "C1" (outras substâncias sujeitas a controle especial) e "C4" (antirretrovirais) destinada para "amostra grátis" deve corresponder, no máximo, a 5% do total das unidades originais vendidas no comércio, durante o ano fiscal anterior contendo na embalagem e no rótulo a expressão "tributada", em caracteres impressos com destaque.

Art. 129. É permitida a distribuição de amostra grátis de medicamentos contendo substâncias constantes da lista "C1" (outras substâncias sujeitas a controle especial), nas embalagens originais, exclusivamente a médicos, cirurgiões-dentistas e médicos-veterinários, mediante comprovante da distribuição (ANEXO XII) devidamente assinado pelos referidos profissionais.

§ 1º. É vedada ao médico-veterinário e cirurgiões-dentistas a distribuição de amostra grátis de medicamentos contendo substâncias constantes da lista "C4" (antirretrovirais).

§ 2º. As amostras grátis, de que trata o *caput* deste artigo, devem corresponder, em quantidade ao número de unidades necessárias a um tratamento do paciente, o número de unidades da menor embalagem da apresentação comercial do mesmo produto para venda ao consumidor, conforme registrado no Ministério da Saúde.

§ 3º. As amostras grátis, de que trata o *caput* deste artigo, só podem sair da empresa fabricante ou produtora, mediante Nota fiscal tendo como destinatários seus funcionários que exercem a atividade de propagandista junto aos profissionais médicos, cirurgiões-dentistas e médicos-veterinários.

§ 4º. As Notas Fiscais de distribuição de amostras grátis devem ser registrados no livro de registro específico correspondente da Portaria SVS/MS nº 344/1998 e os comprovantes assinados pelos profissionais, arquivados à disposição da Autoridade Sanitária por 2 (dois) anos.

Capítulo XII
DA DISPOSIÇÃO FINAL

Art. 130. Excetua-se do *caput* deste artigo, os estabelecimentos que exercem, exclusivamente, atividades com as substâncias constantes da lista "D2" (insumos químicos) sujeitas ao controle e fiscalização do Ministério da Justiça conforme Lei nº 9.017/1995.

Art. 131. A Autoridade Sanitária Estadual, Municipal ou do Distrito Federal deve informar ao órgão competente do Ministério da Saúde as irregularidades encontradas nas inspeções ou em laudo de análise, sem prejuízo das demais sanções penais ou do processo administrativo em sua esfera.

Art. 132. A Autoridade Sanitária Estadual, Municipal ou do Distrito Federal poderá estabelecer procedimento complementar de rotina em cada esfera de governo para cumprir e fazer cumprir ao disposto nesta Instrução Normativa e no Regulamento Técnico estabelecido pela Portaria SVS/MS nº 344/1998.

ANEXOS

(*) Anexos disponíveis em: <http://portal.anvisa.gov.br/documents/10181/2718376/PRT_6_1999_COMP.pdf/40f3bcb6-29a0-4b71-986c-c88c8eb18e23>.

ANEXO I
FORMULÁRIO DE PETIÇÃO

(*) Anexo I revogado pela Resolução RDC nº 16, de 1º.4.2014.

ANEXO II
FORMULÁRIO DE PETIÇÃO (COMÉRCIO INTERNACIONAL)

ANEXO III
AUTORIZAÇÃO DE IMPORTAÇÃO DE SUBSTÂNCIA E/OU MEDICAMENTOS SOB CONTROLE ESPECIAL

ANEXO IV
FORMULÁRIO PARA TRATAMENTO ADMINISTRATIVO DA LICENÇA DE IMPORTAÇÃO (L.I.) DOS PRODUTOS SOB CONTROLE ESPECIAL

ANEXO V
AUTORIZAÇÃO DE EXPORTAÇÃO DE SUBSTÂNCIA E/OU MEDICAMENTOS SOB CONTROLE ESPECIAL

ANEXO VI
AUTORIZAÇÃO DE FABRICAÇÃO PARA FIM EXCLUSIVO DE EXPORTAÇÃO

ANEXO VII
FORMULÁRIO PARA TRATAMENTO ADMINISTRATIVO DO REGISTRO DE OPERAÇÃO DE EXPORTAÇÃO (R.O.E.) DOS PRODUTOS SOB CONTROLE ESPECIAL

ANEXO VIII
FICHA CADASTRAL

ANEXO IX
MODELO DE CARIMBO

ANEXO X
FICHA DE FARMACOVIGILÂNCIA PARA RETINÓIDES DE USO SISTÊMICO POR PACIENTES DO SEXO FEMININO

ANEXO XI
FORMULÁRIO DE NOTIFICAÇÃO DE REAÇÕES ADVERSAS

ANEXO XII
DISTRIBUIÇÃO DE AMOSTRAS GRÁTIS

PORTARIA SAS/MS Nº 1.017, DE 23 DE DEZEMBRO DE 2002

Estabelece que as Farmácias Hospitalares e/ou dispensários de medicamentos existentes nos Hospitais integrantes do Sistema Único de Saúde deverão funcionar, obrigatoriamente, sob a Responsabilidade Técnica de Profissional Farmacêutico devidamente inscrito no respectivo Conselho Regional de Farmácia.

O Secretário de Assistência à Saúde, no uso de suas atribuições legais,

Considerando o disposto na Lei nº 5.991/1973 e nos Decretos nºs 20.377/1931, 20.931/1932 e 85.878/1981;

Considerando o disposto na Lei nº 9.787/1999 e na Resolução da Agência Nacional de Vigilância Sanitária – RDC nº 10, de 2 de janeiro de 2001;

Considerando a Portaria GM/MS nº 3.916, de 30 de outubro de 1998, que aprova a Política Nacional de Medicamentos;

Considerando a necessidade de criar mecanismos que contribuam para a melhoria da qualidade da assistência prestada aos pacientes, em especial a assistência farmacêutica, promovendo o uso seguro e racional de medicamentos e correlatos;

Considerando a necessidade de, respeitada ética e tecnicamente a prescrição médica, racionalizar e otimizar o uso de medicamentos por meio de sua seleção, padronização e intercambialidade com medicamentos genéricos;

Considerando a importância do papel que desempenha o profissional farmacêutico na farmácia hospitalar e/ou dispensário de medicamentos na redução do grau de morbimortalidade relacionada a erros na dispensação de medicamentos, no índice de intoxicação pelo uso incorreto de medicamentos e, ainda, a necessidade de identificar e comunicar a ocorrência de efeitos adversos decorrentes de seu uso, resolve:

Art. 1º. Estabelecer que as Farmácias Hospitalares e/ou dispensários de medicamentos existentes nos Hospitais integrantes do Sistema Único de Saúde deverão funcionar, obrigatoriamente, sob a Responsabilidade Técnica de Profissional Farmacêutico devidamente inscrito no respectivo Conselho Regional de Farmácia.

Parágrafo único. Os demais Profissionais Farmacêuticos deverão ser em número adequado ao porte do hospital e suficientes para o exercício das ações inerentes à sua atividade profissional na farmácia hospitalar e/ou dispensário de medicamentos.

Art. 2º. Estabelecer o prazo de 06 (seis) meses, a contar da publicação desta Portaria, para o pleno cumprimento do estabelecido em seu art. 1º.

Art. 3º. Esta Portaria entra em vigor na data de sua publicação, revogadas as disposições em contrário.

Renilson Rehem de Souza – Secretário –
Fonte: www.cff.org.br

RESOLUÇÃO ANVISA RDC Nº 44, DE 17 DE AGOSTO DE 2009

Dispõe sobre Boas Práticas Farmacêuticas para o controle sanitário do funcionamento, da dispensação e da comercialização de produtos e da prestação de serviços farmacêuticos em farmácias e drogarias e dá outras providências.

A Diretoria Colegiada da Agência Nacional de Vigilância Sanitária, no uso da atribuição que lhe confere o inciso IV do art. 11 do Regulamento da ANVISA aprovado pelo Decreto nº 3.029, de 16 de abril de 1999, e tendo em vista o disposto no inciso II e nos §§ 1º e 3º do art. 54 do Regimento Interno aprovado nos termos do Anexo I da Portaria nº 354 da ANVISA, de 11 de agosto de 2006, republicada no DOU de 21 de agosto de 2006, e a Consulta Pública nº 69, de 11 de julho de 2007, publicada no Diário Oficial da União nº 134, de 13 de julho de 2007, seção 1, pág. 86, em reunião realizada em 14 de julho de 2009, resolve:

Capítulo I
DAS DISPOSIÇÕES INICIAIS

Art. 1º. Esta Resolução estabelece os critérios e condições mínimas para o cumprimento das Boas Práticas Farmacêuticas para o controle sanitário do funcionamento, da dispensação e da comercialização de produtos e da prestação de serviços farmacêuticos em farmácias e drogarias.

§ 1º. Para fins desta Resolução, entende-se por Boas Práticas Farmacêuticas o conjunto de técnicas e medidas que visam assegurar a manutenção da qualidade e segurança dos produtos disponibilizados e dos serviços prestados em farmácias e drogarias, com o fim de contribuir para o uso racional desses produtos e a melhoria da qualidade de vida dos usuários.

§ 2º. O disposto nesta Resolução se aplica às farmácias e drogarias em todo território nacional e, no que couber, às farmácias públicas, aos postos de medicamentos e às unidades volantes.

§ 3º. Os estabelecimentos de atendimento privativo de unidade hospitalar ou de qualquer outra equivalente de assistência médica ficam sujeitos às disposições contidas em legislação específica.

Capítulo II
DAS CONDIÇÕES GERAIS

Art. 2º. As farmácias e drogarias devem possuir os seguintes documentos no estabelecimento:

I – Autorização de Funcionamento de Empresa (AFE) expedida pela ANVISA;

II – Autorização Especial de Funcionamento (AE) para farmácias, quando aplicável;

III – Licença ou Alvará Sanitário expedido pelo órgão Estadual ou Municipal de Vigilância Sanitária, segundo legislação vigente;

IV – Certidão de Regularidade Técnica, emitido pelo Conselho Regional de Farmácia da respectiva jurisdição; e

V – Manual de Boas Práticas Farmacêuticas, conforme a legislação vigente e as especificidades de cada estabelecimento.

§ 1º. O estabelecimento deve manter a Licença ou Alvará Sanitário e a Certidão de Regularidade Técnica afixados em local visível ao público.

§ 2º. Adicionalmente, quando as informações a seguir indicadas não constarem dos documentos mencionados no parágrafo anterior, o estabelecimento deverá manter afixado, em local visível ao público, cartaz informativo contendo:

I – razão social;

II – número de inscrição no Cadastro Nacional de Pessoa Jurídica;

III – número da Autorização de Funcionamento de Empresa (AFE) expedida pela ANVISA;

IV – número da Autorização Especial de Funcionamento (AE) para farmácias, quando aplicável;

V – nome do Farmacêutico Responsável Técnico, e de seu(s) substituto(s), seguido do número de inscrição no Conselho Regional de Farmácia;

VI – horário de trabalho de cada farmacêutico; e

VII – números atualizados de telefone do Conselho Regional de Farmácia e do órgão Estadual e Municipal de Vigilância Sanitária.

Art. 3º. As farmácias e as drogarias devem ter, obrigatoriamente, a assistência de farmacêutico responsável técnico ou de seu substituto, durante todo o horário de funcionamento do estabelecimento, nos termos da legislação vigente.

Art. 4º. Esses estabelecimentos têm a responsabilidade de garantir e zelar pela manutenção da qualidade e segurança dos produtos objeto desta Resolução, bem como pelo uso racional de medicamentos, a fim de evitar riscos e efeitos nocivos à saúde.

Parágrafo único. As empresas responsáveis pelas etapas de produção, importação, distribuição, transporte e dispensação são solidariamente responsáveis pela qualidade e segurança dos produtos farmacêuticos objetos de suas atividades específicas.

Capítulo III
DA INFRAESTRUTURA FÍSICA

Seção I
Das Condições Gerais

Art. 5º. As farmácias e drogarias devem ser localizadas, projetadas, dimensionadas, construídas ou adaptadas com infraestrutura compatível com as atividades a serem desenvolvidas, possuindo, no mínimo, ambientes para atividades administrativas, recebimento e armazenamento dos produtos, dispensação de medicamentos, depósito de material de limpeza e sanitário.

Art. 6º. As áreas internas e externas devem permanecer em boas condições físicas e estruturais, de modo a permitir a higiene e a não oferecer risco ao usuário e aos funcionários.

§ 1º. As instalações devem possuir superfícies internas (piso, paredes e teto) lisas e impermeáveis, em perfeitas condições, resistentes aos agentes sanitizantes e facilmente laváveis.

§ 2º. Os ambientes devem ser mantidos em boas condições de higiene e protegidos contra a entrada de insetos, roedores ou outros animais.

§ 3º. As condições de ventilação e iluminação devem ser compatíveis com as atividades desenvolvidas em cada ambiente.

§ 4º. O estabelecimento deve possuir equipamentos de combate a incêndio em quantidade suficiente, conforme legislação específica.

Art. 7º. O programa de sanitização, incluindo desratização e desinsetização, deve ser executado por empresa licenciada para este fim perante os órgãos competentes.

Parágrafo único. Devem ser mantidos, no estabelecimento, os registros da execução das atividades relativas ao programa de que trata este artigo.

Art. 8º. Os materiais de limpeza e germicidas em estoque devem estar regularizados junto à ANVISA e serem armazenados em área ou local especificamente designado e identificado.

Art. 9º. O sanitário deve ser de fácil acesso, possuir pia com água corrente e dispor de toalha de uso individual e descartável, sabonete líquido, lixeira com pedal e tampa.

Parágrafo único. O local deve permanecer em boas condições de higiene e limpeza.

Art. 10. Deve ser definido local específico para guarda dos pertences dos funcionários no ambiente destinado às atividades administrativas.

Art. 11. As salas de descanso e refeitório, quando existentes, devem estar separadas dos demais ambientes.

Art. 12. O estabelecimento deve ser abastecido com água potável e, quando possuir caixa d'água própria, ela deve estar devidamente protegida para evitar a entrada de animais de qualquer porte, sujidades ou quaisquer outros contaminantes, devendo definir procedimentos escritos para a limpeza da caixa d'água e manter os registros que comprovem sua realização.

Art. 13. O acesso às instalações das farmácias e drogarias deve ser independente de forma a não permitir a comunicação com residências ou qualquer outro local distinto do estabelecimento.

§ 1º. Tal comunicação somente é permitida quando a farmácia ou drogaria estiverem localizadas no interior de galerias de shoppings e supermercados.

§ 2º. As farmácias e drogarias localizadas no interior de galerias de shoppings e supermercados podem compartilhar as áreas comuns destes estabelecimentos destinadas para sanitário, depósito de material de limpeza e local para guarda dos pertences dos funcionários.

Art. 14. As farmácias magistrais devem observar as exigências relacionadas à infraestrutura física estabelecidas na legislação específica de Boas Práticas de Manipulação de Preparações Magistrais e Oficinais para Uso Humano.

Seção II
Do Ambiente Destinado aos Serviços Farmacêuticos

Art. 15. O ambiente destinado aos serviços farmacêuticos deve ser diverso daquele destinado à dispensação e à circulação de pessoas em geral, devendo o estabelecimento dispor de espaço específico para esse fim.

§ 1º. O ambiente para prestação dos serviços que demandam atendimento individualizado deve garantir a privacidade e o conforto dos usuários, possuindo dimensões, mobiliário e infraestrutura compatíveis com as atividades e serviços a serem oferecidos.

§ 2º. O ambiente deve ser provido de lavatório contendo água corrente e dispor de toalha de uso individual e descartável, sabonete líquido, gel bactericida e lixeira com pedal e tampa.

§ 3º. O acesso ao sanitário, caso exista, não deve se dar através do ambiente destinado aos serviços farmacêuticos.

§ 4º. O conjunto de materiais para primeiros-socorros deve estar identificado e de fácil acesso nesse ambiente.

Art. 16. O procedimento de limpeza do espaço para a prestação de serviços farmacêuticos deve ser registrado e realizado diariamente no início e ao término do horário de funcionamento.

§ 1º. O ambiente deve estar limpo antes de todos os atendimentos nele realizados, a fim de minimizar riscos à saúde dos usuários e dos funcionários do estabelecimento.

§ 2º. Após a prestação de cada serviço deve ser verificada a necessidade de realizar novo procedimento de limpeza, a fim de garantir o cumprimento ao parágrafo anterior.

Capítulo IV
DOS RECURSOS HUMANOS

Seção I
Das Condições Gerais

Art. 17. Os funcionários devem permanecer identificados e com uniformes limpos e em boas condições de uso.

Parágrafo único. O uniforme ou a identificação usada pelo farmacêutico deve distingui-lo dos demais funcionários de modo a facilitar sua identificação pelos usuários da farmácia ou drogaria.

Art. 18. Para assegurar a proteção do funcionário, do usuário e do produto contra contaminação ou danos à saúde, devem ser disponibilizados aos funcionários envolvidos na prestação de serviços farmacêuticos equipamentos de proteção individual (EPIs).

Seção II
Das Responsabilidades e Atribuições

Art. 19. As atribuições e responsabilidades individuais devem estar descritas no Manual de Boas Práticas Farmacêuticas do estabelecimento e ser compreensíveis a todos os funcionários.

Art. 20. As atribuições do farmacêutico responsável técnico são aquelas estabelecidas pelos conselhos federal e regional de farmácia, observadas a legislação sanitária vigente para farmácias e drogarias.

Parágrafo único. O farmacêutico responsável técnico pode delegar algumas das atribuições para outro farmacêutico, com exceção das relacionadas à supervisão e responsabilidade pela assistência técnica do estabelecimento, bem como daquelas consideradas indelegáveis pela legislação específica dos conselhos federal e regional de farmácia.

Art. 21. A prestação de serviço farmacêutico deve ser realizada por profissional devidamente capacitado, respeitando-se as determinações estabelecidas pelos conselhos federal e regional de farmácia.

Art. 22. Os técnicos auxiliares devem realizar as atividades que não são privativas de farmacêutico respeitando os Procedimentos Operacionais Padrão (POPs) do estabelecimento e o limite de atribuições e competências estabelecidos pela legislação vigente, sob supervisão do farmacêutico responsável técnico ou do farmacêutico substituto.

Art. 23. São atribuições do responsável legal do estabelecimento:

I – prover os recursos financeiros, humanos e materiais necessários ao funcionamento do estabelecimento;

II – prover as condições necessárias para o cumprimento desta Resolução, assim como das demais normas sanitárias federais, estaduais e municipais vigentes e aplicáveis às farmácias e drogarias;

III – assegurar as condições necessárias à promoção do uso racional de medicamentos no estabelecimento; e

IV – prover as condições necessárias para capacitação e treinamento de todos os profissionais envolvidos nas atividades do estabelecimento.

Seção III
Da Capacitação dos Funcionários

Art. 24. Todos os funcionários devem ser capacitados quanto ao cumprimento da legislação sanitária vigente e aplicável às farmácias e drogarias, bem como dos Procedimentos Operacionais Padrão (POPs) do estabelecimento.

Art. 25. Todo o pessoal, inclusive de limpeza e manutenção, deve receber treinamento inicial e continuado com relação à importância do autocuidado, incluídas instruções de higiene pessoal e de ambiente, saúde, conduta e elementos básicos em microbiologia, relevantes para a qualidade dos produtos e serviços oferecidos aos usuários.

Art. 26. Deve ser fornecido treinamento inicial e contínuo quanto ao uso e descarte de EPIs, de acordo com o Plano de Gerenciamento de Resíduos de Serviços de Saúde – PGRSS, conforme legislação específica.

Art. 27. Nos treinamentos, os funcionários devem ser instruídos sobre procedimentos a serem adotados em caso de acidente e episódios envolvendo riscos à saúde dos funcionários ou dos usuários das farmácias e drogarias.

Art. 28. Devem ser mantidos registros de cursos e treinamentos dos funcionários contendo, no mínimo, as seguintes informações:

I – descrição das atividades de capacitação realizadas;

II – data da realização e carga horária;

III – conteúdo ministrado;

IV – trabalhadores treinados e suas respectivas assinaturas;

V – identificação e assinatura do profissional, equipe ou empresa que executou o curso ou treinamento; e

VI – resultado da avaliação.

Capítulo V
DA COMERCIALIZAÇÃO E DISPENSAÇÃO DE PRODUTOS

Seção I
Dos Produtos com Dispensação ou Comercialização Permitidas

Art. 29. Além de medicamentos, o comércio e dispensação de determinados correlatos poderá ser extensivo às farmácias e drogarias em todo território nacional, conforme relação, requisitos e condições estabelecidos em legislação sanitária específica.

Seção II
Da Aquisição e Recebimento

Art. 30. Somente podem ser adquiridos produtos regularizados junto à ANVISA, conforme legislação vigente.

§ 1º. A regularidade dos produtos consiste no registro, notificação ou cadastro, conforme a exigência determinada em legislação sanitária específica para cada categoria de produto.

§ 2º. A legislação sanitária pode estabelecer, ainda, a isenção do registro, notificação ou cadastro de determinados produtos junto à ANVISA.

Art. 31. As farmácias e drogarias devem estabelecer, documentar e implementar critérios para garantir a origem e qualidade dos produtos adquiridos.

§ 1º. A aquisição de produtos deve ser feita por meio de distribuidores legalmente autorizados e licenciados conforme legislação sanitária vigente.

§ 2º. O nome, o número do lote e o fabricante dos produtos adquiridos devem estar discriminados na nota fiscal de compra e serem conferidos no momento do recebimento.

Art. 32. O recebimento dos produtos deve ser realizado em área específica e por pessoa treinada e em conformidade com Procedimento Operacional Padrão (POP) e com as disposições desta Resolução.

Art. 33. Somente é permitido o recebimento de produtos que atendam aos critérios definidos para a aquisição e que tenham sido transportados conforme especificações do fabricante e condições estabelecidas na legislação sanitária específica.

Art. 34. No momento do recebimento deverá ser verificado o bom estado de conservação, a legibilidade do número de lote e prazo de validade e a presença de mecanismo de conferência da autenticidade e origem do produto, além de observadas outras especificidades legais e regulamentares vigentes sobre rótulo e embalagem, a fim de evitar a exposição dos usuários a produtos falsificados, corrompidos, adulterados, alterados ou impróprios para o uso.

§ 1º. Caso haja suspeita de que os produtos sujeitos às normas de vigilância sanitária tenham sido falsificados, corrompidos, adulterados, alterados ou impróprios para o uso, estes devem ser imediatamente separados dos demais produtos, em ambiente seguro e diverso da área de dispensação, devendo a sua identificação indicar claramente que não se destinam ao uso ou comercialização.

§ 2º. No caso do parágrafo anterior, o farmacêutico deve notificar imediatamente a autoridade sanitária competente, informando os dados de identificação do produto, de forma a permitir as ações sanitárias pertinentes.

Seção III
Das Condições de Armazenamento

Art. 35. Todos os produtos devem ser armazenados de forma ordenada, seguindo as especificações do fabricante e sob condições que garantam a manutenção de sua identidade, integridade, qualidade, segurança, eficácia e rastreabilidade.

§ 1º. O ambiente destinado ao armazenamento deve ter capacidade suficiente para assegurar o armazenamento ordenado das diversas categorias de produtos.

§ 2º. O ambiente deve ser mantido limpo, protegido da ação direta da luz solar, umidade e calor, de modo a preservar a identidade e integridade química, física e microbiológica, garantindo a qualidade e segurança dos mesmos.

§ 3º. Para aqueles produtos que exigem armazenamento em temperatura abaixo da temperatura ambiente, devem ser obedecidas as especificações declaradas na respectiva embalagem, devendo a temperatura do local ser medida e registrada diariamente.

§ 4º. Deve ser definida em Procedimento Operacional Padrão (POP) a metodologia de verificação da temperatura e umidade, especificando faixa de horário para medida considerando aquela na qual há maior probabilidade de se encontrar a maior temperatura e umidade do dia.

§ 5º. O Procedimento Operacional Padrão (POP) deverá definir medidas a serem tomadas quando forem verificadas condições inadequadas para o armazenamento, considerando o disposto nesta Resolução.

Art. 36. Os produtos devem ser armazenados em gavetas, prateleiras ou suporte equivalente, afastados do piso, parede e teto, a fim de permitir sua fácil limpeza e inspeção.

Art. 37. O estabelecimento que realizar dispensação de medicamentos sujeitos a controle especial deve dispor de sistema segregado (armário resistente ou sala própria) com chave para o seu armazenamento, sob a guarda do farmacêutico, observando as demais condições estabelecidas em legislação específica.

Art. 38. Os produtos violados, vencidos, sob suspeita de falsificação, corrupção, adulteração ou alteração devem ser segregados em ambiente seguro e diverso da área de dispensação e identificados quanto a sua condição e destino, de modo a evitar sua entrega ao consumo.

§ 1º. Esses produtos não podem ser comercializados ou utilizados e seu destino deve observar legislação específica federal, estadual ou municipal.

§ 2º. A inutilização e o descarte desses produtos deve obedecer às exigências de legislação específica para Gerenciamento de Resíduos de Serviços de Saúde, assim como normas estaduais ou municipais complementares.

§ 3º. Quando o impedimento de uso for determinado por ato da autoridade de vigilância sanitária ou por iniciativa do fabricante, importador ou distribuidor, o recolhimento destes produtos deve seguir regulamentação específica.

§ 4º. A política da empresa em relação aos produtos com o prazo de validade próximo ao vencimento deve estar clara a todos os funcionários e descrita no Manual de Boas Práticas Farmacêuticas do estabelecimento.

Art. 39. O armazenamento de produtos corrosivos, inflamáveis ou explosivos deve ser justificado em Procedimento Operacional Padrão (POP), o qual deve determinar sua guarda longe de fontes de calor e de materiais que provoquem faíscas e de acordo com a legislação específica.

Seção IV
Da Organização e Exposição dos Produtos

Art. 40. Os produtos de dispensação e comercialização permitidas em farmácias e drogarias nos termos da legislação vigente devem ser organizados em área de circulação comum ou em área de circulação restrita aos funcionários, conforme o tipo e categoria do produto.

§ 1º. Os medicamentos deverão permanecer em área de circulação restrita aos funcionários, não sendo permitida sua exposição direta ao alcance dos usuários do estabelecimento.

§ 2º. Os medicamentos isentos de prescrição poderão permanecer ao alcance dos usuários para obtenção por meio de autosserviço no estabelecimento.

(*) § 2º com redação dada
pela Resolução RDC nº 41, de 26.7.2012.

§ 3º. Os demais produtos poderão permanecer expostos em área de circulação comum.

Art. 41. Na área destinada aos medicamentos, deve estar exposto cartaz, em local visível ao público, contendo a seguinte orientação, de forma legível e ostensiva, permitindo a fácil leitura a partir da área de circulação comum: "MEDICAMENTOS PODEM CAUSAR EFEITOS INDESEJADOS. EVITE A AUTOMEDICAÇÃO: INFORME-SE COM O FARMACÊUTICO.".

(*) Art. 41, *caput*, com redação dada
pela Resolução RDC nº 41, de 26.7.2012.

§ 1°. Os medicamentos isentos de prescrição e de mesmo princípio ativo ou de mesmos princípios ativos (no caso de associações) devem permanecer organizados em um mesmo local e serem identificados, de forma visível e ostensiva ao usuário, com a Denominação Comum Brasileira (DCB) do(s) princípio(s) ativo(s) ou, em sua falta, da Denominação Comum Internacional (DCI), de modo a permitir a fácil identificação dos produtos pelo usuário.

(*) § 1° acrescido
pela Resolução RDC nº 41, de 26.7.2012.

§ 2°. Os medicamentos isentos de prescrição devem ser dispostos de forma separada dos demais produtos comercializados na área de autosserviço.

(*) § 2° acrescido
pela Resolução RDC nº 41, de 26.7.2012.

Seção V
Da Dispensação de Medicamentos

Art. 42. O estabelecimento farmacêutico deve assegurar ao usuário o direito à informação e orientação quanto ao uso de medicamentos.

§ 1º. O estabelecimento deve manter à disposição dos usuários, em local de fácil visualização e de modo a permitir a imediata identificação, lista atualizada dos medicamentos genéricos comercializados no país, conforme relação divulgada pela ANVISA e disponibilizada no seu sítio eletrônico no endereço http://www.anvisa.gov.br.

§ 2º. São elementos importantes da orientação, entre outros, a ênfase no cumprimento da posologia, a influência dos alimentos, a interação com outros medicamentos, o reconhecimento de reações adversas potenciais e as condições de conservação do produto.

Art. 43. Os medicamentos sujeitos à prescrição somente podem ser dispensados mediante apresentação da respectiva receita.

Art. 44. O farmacêutico deverá avaliar as receitas observando os seguintes itens:

I – legibilidade e ausência de rasuras e emendas;

II – identificação do usuário;

III – identificação do medicamento, concentração, dosagem, forma farmacêutica e quantidade;

IV – modo de usar ou posologia;

V – duração do tratamento;

VI – local e data da emissão; e

VII – assinatura e identificação do prescritor com o número de registro no respectivo conselho profissional.

Parágrafo único. O prescritor deve ser contatado para esclarecer eventuais problemas ou dúvidas detectadas no momento da avaliação da receita.

Art. 45. Não podem ser dispensados medicamentos cujas receitas estiverem ilegíveis ou que possam induzir a erro ou confusão.

Art. 46. No momento da dispensação dos medicamentos deve ser feita a inspeção visual para verificar, no mínimo, a identificação do medicamento, o prazo de validade e a integridade da embalagem.

Art. 47. A dispensação de medicamentos genéricos, no que tange à intercambialidade, deve ser feita de acordo com o disposto na legislação específica.

Art. 48. Para o fracionamento de medicamentos devem ser cumpridos os critérios e condições estabelecidos na legislação específica.

Art. 49. A dispensação de medicamentos sujeitos a controle especial deve atender às disposições contidas na legislação específica.

Art. 50. É vedada a captação de receitas contendo prescrições magistrais e oficinais em drogarias, ervanárias e postos de medicamentos, ainda que em filiais da mesma empresa, bem como a intermediação entre empresas.

Art. 51. A política da empresa em relação aos produtos com o prazo de validade próximo ao vencimento deve estar clara a todos os funcionários e descrita no Procedimento Operacional Padrão (POP) e prevista no Manual de Boas Práticas Farmacêuticas do estabelecimento.

§ 1º. O usuário deve ser alertado quando for dispensado produto com prazo de validade próximo ao seu vencimento.

§ 2º. É vedado dispensar medicamentos cuja posologia para o tratamento não possa ser concluída no prazo de validade.

Subseção I
Da Solicitação Remota para Dispensação de Medicamentos

Art. 52. Somente farmácias e drogarias abertas ao público, com farmacêutico responsável presente durante todo o horário de funcionamento, podem realizar a dispensação de medicamentos solicitados por meio remoto, como telefone, fac-símile (fax) e internet.

§ 1º. É imprescindível a apresentação e a avaliação da receita pelo farmacêutico para a dispensação de medicamentos sujeitos à prescrição, solicitados por meio remoto.

§ 2º. É vedada a comercialização de medicamentos sujeitos a controle especial solicitados por meio remoto.

§ 3º. O local onde se encontram armazenados os estoques de medicamentos para dispensação solicitada por meio remoto deverá necessariamente ser uma farmácia ou drogaria aberta ao público nos termos da legislação vigente.

Art. 53. O pedido pela internet deve ser feito por meio do sítio eletrônico do estabelecimento ou da respectiva rede de farmácia ou drogaria.

§ 1º. O sítio eletrônico deve utilizar apenas o domínio ".com.br", e deve conter, na página principal, os seguintes dados e informações:

I – razão social e nome fantasia da farmácia ou drogaria responsável pela dispensação, CNPJ, endereço geográfico completo, horário de funcionamento e telefone;

II – nome e número de inscrição no Conselho do Farmacêutico Responsável Técnico;

III – Licença ou Alvará Sanitário expedido pelo órgão Estadual ou Municipal de Vigilância Sanitária, segundo legislação vigente;

IV – Autorização de Funcionamento de Empresa (AFE) expedida pela ANVISA;

V – Autorização Especial de Funcionamento (AE) para farmácias, quando aplicável; e

VI – link direto para informações sobre:

a) nome e número de inscrição no Conselho do Farmacêutico, no momento do atendimento;

b) mensagens de alerta e recomendações sanitárias determinadas pela ANVISA;

c) condição de que os medicamentos sob prescrição só serão dispensados mediante a apresentação da receita e o meio pelo qual deve ser apresentada ao estabelecimento (fac-símile, e-mail ou outros).

§ 2º. É vedada a oferta de medicamentos na internet em sítio eletrônico que não pertença a farmácias ou drogarias autorizadas e licenciadas pelos órgãos de vigilância sanitária competentes.

Art. 54. É vedada a utilização de imagens, propaganda, publicidade e promoção de medicamentos de venda sob prescrição médica em qualquer parte do sítio eletrônico.

§ 1º. A divulgação dos preços dos medicamentos disponíveis para compra na farmácia ou drogaria deve ser feita por meio de listas nas quais devem constar somente:

I – o nome comercial do produto;

II – o(s) princípio(s) ativo(s), conforme Denominação Comum Brasileira;

III – a apresentação do medicamento, incluindo a concentração, forma farmacêutica e a quantidade;

IV – o número de registro na ANVISA;

V – o nome do detentor do registro; e

VI – o preço do medicamento.

§ 2º. As listas de preços não poderão utilizar designações, símbolos, figuras, imagens, desenhos, marcas figurativas ou mistas, *slogans* e quaisquer argumentos de cunho publicitário em relação aos medicamentos.

§ 3º. As propagandas de medicamentos isentos de prescrição e as propagandas e materiais que divulgam descontos de preços devem atender integralmente ao disposto na legislação específica.

§ 4º. As frases de advertências exigidas para os medicamentos isentos de prescrição devem ser apresentadas em destaque, conforme legislação específica.

Art. 55. As farmácias e drogarias que realizarem a dispensação de medicamentos solicitados por meio da internet devem informar o endereço do seu sítio eletrônico na Autorização de Funcionamento (AFE) expedida pela ANVISA.

Art. 56. O transporte do medicamento para dispensação solicitada por meio remoto é responsabilidade do estabelecimento farmacêutico e deve assegurar condições que preservem a integridade e qualidade do produto, respeitando as restrições de temperatura e umidade descritas na embalagem do medicamento pelo detentor do registro, além de atender as Boas Práticas de Transporte previstas na legislação específica.

§ 1º. Os produtos termossensíveis devem ser transportados em embalagens especiais que mantenham temperatura compatível com sua conservação.

§ 2º. Os medicamentos não devem ser transportados juntamente com produtos ou substâncias que possam afetar suas características de qualidade, segurança e eficácia.

§ 3º. O estabelecimento deve manter Procedimentos Operacionais Padrão (POPs) contendo as condições para o transporte e criar mecanismos que garantam a sua inclusão na rotina de trabalho de maneira sistemática.

§ 4º. No caso de terceirização do serviço de transporte, este deve ser feito por empresa devidamente regularizada conforme a legislação vigente.

Art. 57. É permitida às farmácias e drogarias a entrega de medicamentos por via postal desde que atendidas as condições sanitárias que assegurem a integridade e a qualidade dos produtos, conforme legislação vigente.

Art. 58. O estabelecimento farmacêutico deve assegurar ao usuário o direito à informação e orientação quanto ao uso de medicamentos solicitados por meio remoto.

§ 1º. Para os fins deste artigo, deve ser garantido aos usuários meios para comunicação direta e imediata com o Farmacêutico Responsável Técnico, ou seu substituto, presente no estabelecimento.

§ 2º. Junto ao medicamento solicitado deve ser entregue cartão, ou material impresso equivalente, com o nome do farmacêutico, telefone e endereço do estabelecimento, contendo recomendação ao usuário para que entre em contato com o farmacêutico em caso de dúvidas ou para receber orientações relativas ao uso do medicamento.

§ 3º. O cartão ou material descrito no parágrafo anterior não poderá utilizar designações, símbolos, figuras, imagens, marcas figurativas ou mistas, *slogans* e quaisquer argumentos de cunho publicitário em relação a medicamentos.

Art. 59. É responsabilidade do estabelecimento farmacêutico detentor do sítio eletrônico, ou da respectiva rede de farmácia ou drogaria, quando for o caso, assegurar a confidencialidade dos dados, a privacidade do usuário e a garantia de que acessos indevidos ou não autorizados a estes dados sejam evitados e que seu sigilo seja garantido.

Parágrafo único. Os dados dos usuários não podem ser utilizados para qualquer forma de promoção, publicidade, propaganda ou outra forma de indução de consumo de medicamentos.

Seção VI
Da Dispensação de outros Produtos

Art. 60. O usuário dos produtos comercializados em farmácias e drogarias, conforme legislação vigente, tem o direito a obter informações acerca do uso correto e seguro, assim como orientações sobre as condições ideais de armazenamento.

Capítulo VI
DOS SERVIÇOS FARMACÊUTICOS

Art. 61. Além da dispensação, poderá ser permitida às farmácias e drogarias a prestação de serviços farmacêuticos conforme requisitos e condições estabelecidos nesta Resolução.

§ 1º. São considerados serviços farmacêuticos passíveis de serem prestados em farmácias ou drogarias a atenção farmacêutica e a perfuração de lóbulo auricular para colocação de brincos.

§ 2º. A prestação de serviço de atenção farmacêutica compreende a atenção farmacêutica domiciliar, a aferição de parâmetros fisiológicos e bioquímico e a administração de medicamentos.

§ 3º. Somente serão considerados regulares os serviços farmacêuticos devidamente indicados no licenciamento de cada estabelecimento, sendo vedado utilizar qualquer dependência da farmácia ou drogaria como consultório ou outro fim diverso do licenciamento, nos termos da lei.

§ 4º. A prestação de serviços farmacêuticos em farmácias e drogarias deve ser permitida por autoridade sanitária mediante prévia inspeção para verificação do atendimento aos requisitos mínimos dispostos nesta Resolução, sem prejuízo das disposições contidas em normas sanitárias complementares estaduais e municipais.

§ 5º. É vedado à farmácia e drogaria prestar serviços não abrangidos por esta Resolução.

Art. 62. O estabelecimento deve manter disponível, para informar ao usuário, lista atualizada com a identificação dos estabelecimentos públicos de saúde mais próximos, contendo a indicação de endereço e telefone.

Seção I
Da Atenção Farmacêutica

Art. 63. A atenção farmacêutica deve ter como objetivos a prevenção, detecção e resolução de problemas relacionados a medicamentos, promover o uso racional dos medicamentos, a fim de melhorar a saúde e qualidade de vida dos usuários.

§ 1º. Para subsidiar informações quanto ao estado de saúde do usuário e situações de risco, assim como permitir o acompanhamento ou a avaliação da eficácia do tratamento prescrito por profissional habilitado, fica permitida a aferição de determinados parâmetros fisiológicos e bioquímico do usuário, nos termos e condições desta Resolução.

§ 2º. Também fica permitida a administração de medicamentos, nos termos e condições desta Resolução.

Art. 64. Devem ser elaborados protocolos para as atividades relacionadas à atenção farmacêutica, incluídas referências bibliográficas e indicadores para avaliação dos resultados.

§ 1º. As atividades devem ser documentadas de forma sistemática e contínua, com o consentimento expresso do usuário.

§ 2º. Os registros devem conter, no mínimo, informações referentes ao usuário (nome, endereço e telefone), às orientações e intervenções farmacêuticas realizadas e aos resultados delas decorrentes, bem como informações do profissional responsável pela execução do serviço (nome e número de inscrição no Conselho Regional de Farmácia).

Art. 65. As ações relacionadas à atenção farmacêutica devem ser registradas de modo a permitir a avaliação de seus resultados.

Parágrafo único. Procedimento Operacional Padrão deverá dispor sobre a metodologia de avaliação dos resultados.

Art. 66. O farmacêutico deve orientar o usuário a buscar assistência de outros profissionais de saúde, quando julgar necessário, considerando as informações ou resultados decorrentes das ações de atenção farmacêutica.

Art. 67. O farmacêutico deve contribuir para a farmacovigilância, notificando a ocorrência ou suspeita de evento adverso ou queixa técnica às autoridades sanitárias.

Subseção I
Da Atenção Farmacêutica Domiciliar

Art. 68. A atenção farmacêutica domiciliar consiste no serviço de atenção farmacêutica disponibilizado pelo estabelecimento farmacêutico no domicílio do usuário, nos termos desta Resolução.

Parágrafo único. A prestação de atenção farmacêutica domiciliar por farmácias e drogarias somente é permitida a estabelecimentos devidamente licenciados e autorizados pelos órgãos sanitários competentes.

Subseção II
Da Aferição dos Parâmetros Fisiológicos e Bioquímico Permitidos

Art. 69. A aferição de parâmetros fisiológicos ou bioquímico oferecida na farmácia e drogaria deve ter como finalidade fornecer subsídios para a atenção farmacêutica e o monitoramento da terapia medicamentosa, visando à melhoria da sua qualidade de vida, não possuindo, em nenhuma hipótese, o objetivo de diagnóstico.

§ 1º. Os parâmetros fisiológicos cuja aferição é permitida nos termos desta Resolução são pressão arterial e temperatura corporal.

§ 2º. O parâmetro bioquímico cuja aferição é permitida nos termos desta Resolução é a glicemia capilar.

§ 3º. Verificada discrepância entre os valores encontrados e os valores de referência constantes em literatura técnico-científica idônea, o usuário deverá ser orientado a procurar assistência médica.

§ 4º. Ainda que seja verificada discrepância entre os valores encontrados e os valores de referência, não poderão ser indicados medicamentos ou alterados os medicamentos em uso pelo paciente quando estes possuam restrição de "venda sob prescrição médica".

Art. 70. As medições do parâmetro bioquímico de glicemia capilar devem ser realizadas por meio de equipamentos de autoteste.

Parágrafo único. A aferição de glicemia capilar em farmácias e drogarias realizadas por meio de equipamentos de autoteste no contexto da atenção farmacêutica não é considerada um Teste Laboratorial Remoto – TLR, nos termos da legislação específica.

Art. 71. Para a medição de parâmetros fisiológicos e bioquímico permitidos deverão ser utilizados materiais, aparelhos e acessórios que possuam registro, notificação, cadastro ou que sejam legalmente dispensados de tais requisitos junto à ANVISA.

Parágrafo único. Devem ser mantidos registros das manutenções e calibrações periódicas dos aparelhos, segundo regulamentação específica do órgão competente e instruções do fabricante do equipamento.

Art. 72. Os Procedimentos Operacionais Padrão (POPs) relacionados aos procedimentos de aferição de parâmetros fisiológicos e bioquímico devem indicar claramente os equipamentos e as técnicas ou metodologias utilizadas, parâmetros de interpretação de resultados e as referências bibliográficas utilizadas.

Parágrafo único. O Procedimento Operacional Padrão (POP) deve incluir os equipamentos de proteção individual (EPIs) a serem utilizados para a medição de parâmetros fisiológicos e bioquímico, assim como trazer orientações sobre seu uso e descarte.

Art. 73. Os procedimentos que gerem resíduos de saúde, como materiais perfurocortantes, gaze ou algodão sujos com sangue, deverão ser descartados conforme as exigências de legislação específica para Gerenciamento de Resíduos de Serviços de Saúde.

Subseção III
Da Administração de Medicamentos

Art. 74. Fica permitida a administração de medicamentos nas farmácias e drogarias no contexto do acompanhamento farmacoterapêutico.

Parágrafo único. É vedada a administração de medicamentos de uso exclusivo hospitalar.

Art. 75. Os medicamentos para os quais é exigida a prescrição médica devem ser administrados mediante apresentação de receita e após sua avaliação pelo farmacêutico.

§ 1º. O farmacêutico deve entrar em contato com o profissional prescritor para esclarecer eventuais problemas ou dúvidas que tenha detectado no momento da avaliação da receita.

§ 2º. A data de validade do medicamento deve ser verificada antes da administração.

Art. 76. Os medicamentos adquiridos no estabelecimento, a serem utilizados na prestação de serviços de que trata esta seção, cujas embalagens permitam múltiplas doses, devem ser entregues ao usuário após a administração, no caso de sobra.

§ 1º. O usuário deve ser orientado quanto às condições de armazenamento necessárias à preservação da qualidade do produto.

§ 2º. É vedado o armazenamento em farmácias e drogarias de medicamentos cuja embalagem primária tenha sido violada.

Art. 77. Para a administração de medicamentos deverão ser utilizados materiais, aparelhos e acessórios que possuam registro, notificação, cadastro ou que sejam legalmente dispensados de tais requisitos junto à ANVISA.

Parágrafo único. Devem ser mantidos registros das manutenções e calibrações periódicas dos aparelhos, segundo regulamentação específica do órgão competente e instruções do fabricante do equipamento.

Seção II
Da Perfuração do Lóbulo Auricular para Colocação de Brincos

Art. 78. A perfuração do lóbulo auricular deverá ser feita com aparelho específico para esse fim e que utilize o brinco como material perfurante.

Parágrafo único. É vedada a utilização de agulhas de aplicação de injeção, agulhas de suturas e outros objetos para a realização da perfuração.

Art. 79. Os brincos e a pistola a serem oferecidos aos usuários devem estar regularizados junto à ANVISA, conforme legislação vigente.

§ 1º. Os brincos deverão ser conservados em condições que permitam a manutenção da sua esterilidade.

§ 2º. Sua embalagem deve ser aberta apenas no ambiente destinado à perfuração, sob a observação do usuário e após todos os procedimentos de assepsia e antissepsia necessários para evitar a contaminação do brinco e uma possível infecção do usuário.

Art. 80. Os procedimentos relacionados à antissepsia do lóbulo auricular do usuário e das mãos do aplicador, bem como ao uso e assepsia do aparelho utilizado para a perfuração deverão estar descritos em Procedimentos Operacionais Padrão (POPs).

§ 1º. Deve estar descrita a referência bibliográfica utilizada para o estabelecimento dos procedimentos e materiais de antissepsia e assepsia.

§ 2º. Procedimento Operacional Padrão (POP) deverá especificar os equipamentos de proteção individual a serem utilizados, assim como apresentar instruções para seu uso e descarte.

Seção III
Da Declaração de Serviço Farmacêutico

Art. 81. Após a prestação do serviço farmacêutico deve ser entregue ao usuário a Declaração de Serviço Farmacêutico.

§ 1º. A Declaração de Serviço Farmacêutico deve ser elaborada em papel com identificação do estabelecimento, contendo nome, endereço, telefone e CNPJ, assim como a identificação do usuário ou de seu responsável legal, quando for o caso.

§ 2º. A Declaração de Serviço Farmacêutico deve conter, conforme o serviço farmacêutico prestado, no mínimo, as seguintes informações:

I – atenção farmacêutica:

a) medicamento prescrito e dados do prescritor (nome e inscrição no conselho profissional), quando houver;

b) indicação de medicamento isento de prescrição e a respectiva posologia, quando houver;

c) valores dos parâmetros fisiológicos e bioquímico, quando houver, seguidos dos respectivos valores considerados normais;

d) frase de alerta, quando houver medição de parâmetros fisiológicos e bioquímico: "ESTE PROCEDIMENTO NÃO TEM FINALIDADE DE DIAGNÓSTICO E NÃO SUBSTITUI A CONSULTA MÉDICA OU A REALIZAÇÃO DE EXAMES LABORATORIAIS";

e) dados do medicamento administrado, quando houver:

1. nome comercial, exceto para genéricos;
2. denominação comum brasileira;
3. concentração e forma farmacêutica;
4. via de administração;
5. número do lote; e
6. número de registro na ANVISA.

f) orientação farmacêutica;

g) plano de intervenção, quando houver; e

h) data, assinatura e carimbo com inscrição no Conselho Regional de Farmácia (CRF) do farmacêutico responsável pelo serviço.

II – perfuração do lóbulo auricular para colocação de brincos:

a) dados do brinco:

1. nome e CNPJ do fabricante; e

2. número do lote.

b) dados da pistola:

1. nome e CNPJ do fabricante; e

2. número do lote.

c) data, assinatura e carimbo com inscrição no Conselho Regional de Farmácia (CRF) do farmacêutico responsável pelo serviço.

§ 3º. É proibido utilizar a Declaração de Serviço Farmacêutico com finalidade de propaganda ou publicidade ou para indicar o uso de medicamentos para os quais é exigida prescrição médica ou de outro profissional legalmente habilitado.

§ 4º. A Declaração de Serviço Farmacêutico deve ser emitida em duas vias, sendo que a primeira deve ser entregue ao usuário e a segunda permanecer arquivada no estabelecimento.

Art. 82. Os dados e informações obtidos em decorrência da prestação de serviços farmacêuticos devem receber tratamento sigiloso, sendo vedada sua utilização para finalidade diversa à prestação dos referidos serviços.

Art. 83. Os Procedimentos Operacionais Padrão (POPs) relacionados devem conter instruções sobre limpeza dos ambientes, uso e assepsia dos aparelhos e acessórios, uso e descarte dos materiais perfurocortantes e antissepsia aplicada ao profissional e ao usuário.

Art. 84. A execução de qualquer serviço farmacêutico deve ser precedida da antissepsia das mãos do profissional, independente do uso de Equipamentos de Proteção Individual (EPI).

Capítulo VII
DA DOCUMENTAÇÃO

Art. 85. Deve ser elaborado Manual de Boas Práticas Farmacêuticas, específico para o estabelecimento, visando ao atendimento ao disposto nesta Resolução, de acordo com as atividades a serem realizadas.

Art. 86. O estabelecimento deve manter Procedimentos Operacionais Padrão (POPs), de acordo com o previsto no Manual de Boas Práticas Farmacêuticas, no mínimo, referentes às atividades relacionadas a:

I – manutenção das condições higiênicas e sanitárias adequadas a cada ambiente da farmácia ou drogaria;

II – aquisição, recebimento e armazenamento dos produtos de comercialização permitida;

III – exposição e organização dos produtos para comercialização;

IV – dispensação de medicamentos;

V – destino dos produtos com prazos de validade vencidos;

VI – destinação dos produtos próximos ao vencimento;

VII – prestação de serviços farmacêuticos permitidos, quando houver;

VIII – utilização de materiais descartáveis e sua destinação após o uso; e

IX – outros já exigidos nesta Resolução.

Art. 87. Os Procedimentos Operacionais Padrão (POP) devem ser aprovados, assinados e datados pelo farmacêutico responsável técnico.

§ 1º. Qualquer alteração introduzida deve permitir o conhecimento de seu conteúdo original e, conforme o caso, ser justificado o motivo da alteração.

§ 2º. Devem estar previstas as formas de divulgação aos funcionários envolvidos com as atividades por eles realizadas.

§ 3º. Deve estar prevista revisão periódica dos Procedimentos Operacionais Padrão (POP) para fins de atualização ou correções que se façam necessárias.

Art. 88. O estabelecimento deve manter registros, no mínimo, referentes a:

I – treinamento de pessoal;

II – serviço farmacêutico prestado, quando houver;

III – divulgação do conteúdo dos Procedimentos Operacionais Padrão (POPs) aos funcionários, de acordo com as atividades por eles realizadas;

IV – execução de programa de combate a insetos e roedores;

V – manutenção e calibração de aparelhos ou equipamentos, quando exigido; e

IX♦ – outros já exigidos nesta Resolução.

♦ Na publicação oficial, o inciso VI foi erroneamente numerado como inciso IX.

Art. 89. Toda documentação deve ser mantida no estabelecimento por no mínimo 5 (cinco) anos, permanecendo, nesse período, à disposição do órgão de vigilância sanitária competente para fiscalização.

Capítulo VIII
DAS DISPOSIÇÕES FINAIS E TRANSITÓRIAS

Art. 90. É vedado utilizar qualquer dependência da farmácia ou da drogaria como consultório ou outro fim diverso do licenciamento.

Parágrafo único. É vedada a oferta de outros serviços que não estejam relacionados com a dispensação de medicamentos, a atenção farmacêutica e a perfuração de lóbulo auricular, nos termos desta Resolução.

Art. 91. A promoção e a propaganda de produtos sujeitos às normas de vigilância sanitária realizadas em farmácias e drogarias devem obedecer às disposições normativas descritas em legislação específica.

Parágrafo único. O mesmo regulamento deverá ser observado quanto às regras para programas de fidelização realizados em farmácias e drogarias, dirigidos ao consumidor, e anúncios de descontos para medicamentos.

Art. 92. As farmácias e drogarias podem participar de campanhas e programas de promoção da saúde e educação sanitária promovidos pelo Poder Público.

Art. 93. Fica permitido às farmácias e drogarias participar de programa de coleta de medicamentos a serem descartados pela comunidade, com vistas a preservar a saúde pública e a qualidade do meio ambiente, considerando os princípios da biossegurança de empregar medidas técnicas, administrativas e normativas para prevenir acidentes, preservando a saúde pública e o meio ambiente.

Parágrafo único. As condições técnicas e operacionais para coleta de medicamentos descartados devem atender ao disposto na legislação vigente.

Art. 94. As farmácias que possuírem atividade de manipulação de medicamentos para uso humano, além dos requisitos estabelecidos nesta Resolução, devem atender às Boas Práticas de Manipulação de Medicamentos para Uso Humano, conforme legislação específica.

Art. 95. As farmácias e drogarias que realizarem a manipulação ou dispensação de produtos sujeitos ao controle especial devem atender, complementarmente, as disposições de legislação específica vigente sobre o tema.

Art. 96. Os estabelecimentos que realizem a dispensação de medicamentos na forma fracionada, a partir de suas embalagens originais, além dos requisitos estabelecidos nesta Resolução, devem atender às Boas Práticas para Fracionamento de Medicamentos, conforme legislação específica.

Art. 97. As farmácias e drogarias devem possuir Plano de Gerenciamento de Resíduos de Serviços de Saúde – PGRSS, conforme legislação específica.

Art. 98. Os estabelecimentos abrangidos por esta Resolução terão o prazo de seis meses para promover as adequações necessárias ao cumprimento das Boas Práticas Farmacêuticas para o controle sanitário do funcionamento, da dispensação e da comercialização de produtos e da prestação de serviços farmacêuticos.

Art. 99. O descumprimento das disposições contidas nesta Resolução constitui infração sanitária, nos termos da Lei nº 6.437, de 20 de agosto de 1977, sem prejuízo das responsabilidades civil, administrativa e penal cabíveis.

Art. 100. Cabe ao Sistema Nacional de Vigilância Sanitária, além de garantir a fiscalização do cumprimento desta norma, zelar pela uniformidade das ações segundo os princípios e normas de regionalização e hierarquização do Sistema Único de Saúde.

Art. 101. Ficam revogadas as Resoluções da Diretoria Colegiada – RDC nº 328, de 22 de julho de 1999, RDC nº 149, de 11 de junho de 2003, a RDC nº 159, de 20 de junho de 2003, RDC nº 173, de 8 de julho de 2003 e RDC nº 123, de 12 de maio de 2005.

Art. 102. Esta Resolução entra em vigor na data de sua publicação.

Dirceu Raposo de Mello – Diretor-Presidente – DOU de 18.8.2009

PORTARIA DE CONSOLIDAÇÃO MS/GM Nº 2, DE 28 DE SETEMBRO DE 2017

Consolidação das normas sobre as políticas nacionais de saúde do Sistema Único de Saúde. (Excertos)

O Ministro de Estado da Saúde, no uso das atribuições que lhe confere o art. 87, parágrafo único, incisos I e II, da Constituição, resolve:

Art. 1º. As políticas nacionais de saúde do Sistema Único de Saúde (SUS) obedecerão ao disposto nesta Portaria.

Capítulo I
DAS POLÍTICAS DE SAÚDE

Seção I
Das Políticas Gerais de Promoção, Proteção e Recuperação da Saúde

Art. 2º. São políticas gerais de promoção, proteção e recuperação da Saúde:

I – Política Nacional de Promoção da Saúde (PNPS), na forma do Anexo I;

II – Política Nacional de Vigilância em Saúde;

III – Política Nacional de Sangue, Componentes e Hemoderivados, instituída pela Lei nº 10.205, de 21 de março de 2001;

IV – Política de Saúde Mental, instituída pela Lei nº 10.216, de 6 de abril de 2001, na forma do Anexo II;

V – Política Nacional de Alimentação e Nutrição (PNAN), na forma do Anexo III;

VI – Política Nacional de Plantas Medicinais e Fitoterápicos, instituída pelo Decreto nº 5.813, de 22 de junho de 2006, na forma do Anexo IV;

VII – Política Nacional de Educação Popular em Saúde (PNEPS-SUS), na forma do Anexo V.

Seção II
Das Políticas de Controle de Doenças e Enfrentamento de Agravos de Saúde

Art. 3º. São políticas de controle de doenças e enfrentamento de agravos de saúde:

I – Diretrizes para Vigilância, Atenção e Eliminação da Hanseníase como Problema de Saúde Pública, na forma do Anexo VI;

II – Política Nacional de Redução da Morbimortalidade por Acidentes e Violência, na forma do Anexo VII;

III – Diretrizes Nacionais para Prevenção do Suicídio, na forma do Anexo VIII;

IV – Política Nacional para Prevenção e Controle do Câncer (PNPCC), na forma do Anexo IX.

Seção III
Das Políticas Voltadas à Saúde de Segmentos Populacionais

Art. 4º. São políticas voltadas à saúde de segmentos populacionais:

I – Política Nacional de Atenção Integral à Saúde da Criança (PNAISC), na forma do Anexo X;

II – Diretrizes Nacionais para a Atenção Integral à Saúde de Adolescentes e Jovens na Promoção, Proteção e Recuperação da Saúde;

III – Política Nacional de Saúde da Pessoa Idosa, na forma do Anexo XI;

IV – Política Nacional de Atenção Integral à Saúde das Mulheres (PNAISM);

V – Política Nacional de Atenção Integral à Saúde do Homem, na forma do Anexo XII;

VI – Política Nacional de Saúde da Pessoa com Deficiência, na forma do Anexo XIII;

VII – Política Nacional de Atenção à Saúde dos Povos Indígenas, na forma do Anexo XIV;

VIII – Política Nacional de Saúde do Trabalhador e da Trabalhadora, na forma do Anexo XV;

IX – Política Nacional para a População em Situação de Rua, instituída pelo Decreto nº 7.053, de 23 de dezembro de 2009, na forma do Anexo XVI;

X – Política Nacional de Atenção Integral à Saúde de Adolescentes em Conflito com a Lei, em Regime de Internação e Internação Provisória, na forma do Anexo XVII;

XI – Política Nacional de Atenção Integral à Saúde das Pessoas Privadas de Liberdade no Sistema Prisional no Âmbito do SUS (PNAISP), instituída pela Portaria Interministerial MS-MJ nº 1, de 2 de janeiro de 2014, na forma do Anexo XVIII.

Seção IV
Das Políticas de Promoção da Equidade em Saúde

Art. 5º. São políticas de promoção da equidade em saúde:

I – Política Nacional de Saúde Integral da População Negra, na forma do Anexo XIX;

II – Política Nacional de Saúde Integral das Populações do Campo, da Floresta e das Águas (PNSIPCFA), na forma do Anexo XX;

III – Política Nacional de Saúde Integral de Lésbicas, Gays, Bissexuais, Travestis e Transexuais, na forma do Anexo XXI.

Capítulo II
DAS POLÍTICAS DE ORGANIZAÇÃO DA ATENÇÃO À SAÚDE

Seção I
Das Políticas Gerais de Organização da Atenção à Saúde

Art. 6º. São políticas gerais de organização da atenção à saúde:

I – Política Nacional de Atenção Básica (PNAB), na forma do Anexo XXII;

II – Política Nacional de Saúde Bucal (Brasil Sorridente), instituída por pactuação da Comissão Intergestores Tripartite (CIT), de 12 de fevereiro de 2004;

III – Política Nacional para os Hospitais de Pequeno Porte, na forma do Anexo XXIII;

IV – Política Nacional de Atenção Hospitalar (PNHOSP), na forma do Anexo XXIV;

V – Política Nacional de Práticas Integrativas e Complementares (PNPIC), na forma do Anexo XXV;

VI – Política Nacional de Regulação do Sistema Único de Saúde, na forma do Anexo XXVI;

VII – Política Nacional de Medicamentos (PNM), na forma do Anexo XXVII;

VIII – Política Nacional de Assistência Farmacêutica (PNAF), instituída pela Resolução CNS nº 338, de 6 de maio de 2004, na forma do Anexo XXVIII.

Seção II
Das Políticas de Atenção a Agravos Específicos

Art. 7º. São políticas de atenção a agravos específicos:

I – Política de Atenção à Saúde das Pessoas com Transtornos do Espectro do Autismo no âmbito da Política Nacional de Proteção dos Direitos da Pessoa com Transtorno do Espectro Autista, instituída pela Lei nº 12.764, de 27 de dezembro de 2012, na forma do Anexo XXIX;

II – Política Nacional de Atenção Integral em Reprodução Humana Assistida, na forma do Anexo XXX;

III – Política Nacional de Atenção Cardiovascular de Alta Complexidade, na forma do Anexo XXXI;

IV – Política Nacional de Atenção ao Portador de Doença Neurológica, na forma do Anexo XXXII;

V – Política Nacional de Atenção ao Portador de Doença Renal, na forma do Anexo XXXIII;

VI – Política Nacional de Atenção de Alta Complexidade em Traumato-Ortopedia, na forma do Anexo XXXIV;

VII – Política Nacional de Atenção em Oftalmologia (PNAO), na forma do Anexo XXXV;

VIII – Política Nacional de Atenção Integral às Pessoas com Doença Falciforme e outras Hemoglobinopatias, na forma do Anexo XXXVI;

IX – Política Nacional de Atenção Integral em Genética Clínica, na forma do Anexo XXXVII;

X – Política Nacional de Atenção Integral às Pessoas com Doenças Raras, na forma do Anexo XXXVIII.

Capítulo III
DAS POLÍTICAS DE ORGANIZAÇÃO DO SUS

Art. 8º. São políticas de organização do Sistema Único de Saúde (SUS):

I – Política Nacional de Gestão Estratégica e Participativa (ParticipaSUS), na forma do Anexo XXXIX;

II – Política Nacional de Educação Permanente em Saúde, na forma do Anexo XL;

III – Política Nacional de Ciência, Tecnologia e Inovação em Saúde, aprovada na 2ª Conferência Nacional de Ciência, Tecnologia e Inovação em Saúde, realizada em 2004, e na 147ª Reunião Ordinária do Conselho Nacional de Saúde, realizada em 6 e 7 de outubro de 2004;

IV – Política Nacional de Gestão de Tecnologias em Saúde, na forma do Anexo XLI;

V – Política Nacional de Informação e Informática em Saúde (PNIIS), na forma do Anexo XLII.

Capítulo IV
DAS DISPOSIÇÕES FINAIS

Art. 9º. Ficam revogadas, por consolidação, as seguintes normas:

....

LXXV – Portaria nº 3916/GM/MS, de 30 de outubro de 1998, publicada no Diário Oficial da União, Seção 1, de 10 de novembro de 1998, p. 18;

....

Art. 10. Esta Portaria entra em vigor na data de sua publicação.

Ricardo Barros – DOU de 3.10.2017

ANEXOS
(Excertos)

....

ANEXO XXVII
POLÍTICA NACIONAL DE MEDICAMENTOS (PNM)

(*) Origem: PRT MS/GM 3916/1998

Art. 1º. Fica instituída a Política Nacional de Medicamentos, cuja íntegra consta do Anexo 1 do Anexo XXVII. (Origem: PRT MS/GM 3916/1998, art. 1º)

Art. 2º. Os órgãos e entidades do Ministério da Saúde, cujas ações se relacionem com o tema objeto da Política Nacional de Medicamentos, promoverão a elaboração ou a readequação de seus planos, programas, projetos e atividades na conformidade das diretrizes, prioridades e responsabilidades nela estabelecidas. (Origem: PRT MS/GM 3916/1998, art. 2º)

Capítulo I
DA RELAÇÃO NACIONAL DE MEDICAMENTOS ESSENCIAIS (RENAME)

Seção I
Disposições Gerais

Art. 3º. Fica estabelecido o elenco de medicamentos e insumos da Relação Nacional de Medicamentos Essenciais (RENAME), no âmbito do Sistema Único de Saúde (SUS), conforme a seguinte estrutura: (Origem: PRT MS/GM 533/2012, art. 1º)

I – Relação Nacional de Medicamentos do Componente Básico da Assistência Farmacêutica; (Origem: PRT MS/GM 533/2012, art. 1º, I)

II – Relação Nacional de Medicamentos do Componente Estratégico da Assistência Farmacêutica; (Origem: PRT MS/GM 533/2012, art. 1º, II)

III – Relação Nacional de Medicamentos do Componente Especializado da Assistência Farmacêutica; (Origem: PRT MS/GM 533/2012, art. 1º, III)

IV – Relação Nacional de Insumos; e (Origem: PRT MS/GM 533/2012, art. 1º, IV)

V – Relação Nacional de Medicamentos de Uso Hospitalar. (Origem: PRT MS/GM 533/2012, art. 1º, V)

§ 1º. Incluem-se entre os medicamentos que compõem a RENAME os que forem definidos no âmbito da Política Nacional de Atenção Integral em Genética Clínica. (Origem: PRT MS/GM 533/2012, art. 1º, § 1º)

§ 2º. Os medicamentos inseridos nas ações e serviços de saúde de que tratam as Políticas Nacionais de Atenção Oncológica Oftalmológica e de Urgências e Emergências estão contemplados na Relação Nacional de Ações e Serviços de Saúde (RENASES). (Origem: PRT MS/GM 533/2012, art. 1º, § 2º)

Art. 4º. O elenco de medicamentos e insumos da RENAME encontra-se definido e organizado a partir do emprego dos seguintes critérios: (Origem: PRT MS/GM 533/2012, art. 2º)

I – os medicamentos utilizados na Atenção Básica são aqueles constantes da Relação Nacional dos Medicamentos do Componente Básico da Assistência Farmacêutica; (Origem: PRT MS/GM 533/2012, art. 2º, I)

II – a Relação Nacional de Medicamentos de Uso Hospitalar consiste nos medicamentos descritos nominalmente em códigos específicos na Tabela de Procedimentos, Medicamentos, Órteses, Próteses e Materiais do SUS, cujo financiamento ocorre por meio de procedimento hospitalar; (Origem: PRT MS/GM 533/2012, art. 2º, II)

III – as vacinas e soros integram a Relação Nacional de Medicamentos do Componente Estratégico da Assistência Farmacêutica; (Origem: PRT MS/GM 533/2012, art. 2º, III)

IV – a Anatomical Therapeutic Chemical, da Organização Mundial da Saúde (ATC/MS), utilizando-se o Subgrupo Farmacológico (3º Nível ATC) e o Subgrupo Químico (4º Nível ATC); (Origem: PRT MS/GM 533/2012, art. 2º, IV)

V – as indicações terapêuticas definidas no Formulário Terapêutico Nacional (FTN), nos Protocolos Clínicos e Diretrizes Terapêuticas (PCDT) e/ou diretrizes específicas publicadas pelo Ministério da Saúde foram empregadas para a alocação dos medicamentos na RENAME; e (Origem: PRT MS/GM 533/2012, art. 2º, V)

VI – inclusão dos medicamentos com registro na Agência Nacional de Vigilância Sanitária (ANVISA). (Origem: PRT MS/GM 533/2012, art. 2º, VI)

Art. 5º. A incorporação, exclusão e alteração de medicamentos e insumos na RENAME serão realizadas pelo Ministério da Saúde, assessorado pela Comissão Nacional de Incorporação de Tecnologias no SUS (CONITEC). (Origem: PRT MS/GM 533/2012, art. 3º)

Art. 6º. A RENAME será disponibilizada pelo Ministério da Saúde, no endereço eletrônico http://www.saude.gov.br/medicamentos. (Origem: PRT MS/GM 533/2012, art. 4º)

Art. 7º. O Sistema Nacional de Gestão da Assistência Farmacêutica (HÓRUS) é o instrumento disponibilizado pelo Ministério da Saúde para qualificar a gestão da assistência farmacêutica no âmbito do SUS. (Origem: PRT MS/GM 533/2012, art. 5º)

Seção II
Do Formulário Terapêutico Nacional

Art. 8º. Fica instituído o Formulário Terapêutico Nacional (FTN) da Relação Nacional de Medicamentos Essenciais (RENAME). (Origem: PRT MS/GM 4004/2010, art. 1º)

Parágrafo Único. O FTN será disponibilizado pelo Ministério da Saúde no endereço eletrônico http://www.saude.gov.br/medicamentos. (Origem: PRT MS/GM 4004/2010, art. 1º, Parágrafo Único)

Art. 9º. O FTN contém informações científicas e embasadas em evidências sobre os medicamentos selecionados na RENAME, visando subsidiar os profissionais de saúde em prescrição, dispensação e uso dos medicamentos essenciais. (Origem: PRT MS/GM 4004/2010, art. 2º)

Capítulo II
DAS DIRETRIZES E ESTRATÉGIAS PARA ORGANIZAÇÃO, FORTALECIMENTO E APRIMORAMENTO DAS AÇÕES E SERVIÇOS DE FARMÁCIA NO ÂMBITO DOS HOSPITAIS

Art. 10. Ficam aprovadas as diretrizes e estratégias para organização, fortalecimento e aprimoramento das ações e serviços de farmácia no âmbito dos hospitais, que se encontra no Anexo 2 do Anexo XXVII. (Origem: PRT MS/GM 4283/2010, art. 1º)

Art. 11. As disposições deste Capítulo abrangem as farmácias em hospitais que integram o serviço público, da Administração Direta e Indireta, da União, dos Estados, do Distrito Federal, dos Municípios e de entidades privadas com ou sem fins lucrativos, inclusive filantrópicas. (Origem: PRT MS/GM 4283/2010, art. 2º)

Capítulo III
DOS PRODUTOS OU PROCESSOS FARMACÊUTICOS CONSIDERADOS DE INTERESSE PARA AS POLÍTICAS DE MEDICAMENTO OU DE ASSISTÊNCIA FARMACÊUTICA PARA EXAME DE PRÉVIA ANUÊNCIA DA ANVISA

Art. 12. São considerados de interesse para as políticas de medicamentos ou de assistência farmacêutica no âmbito do SUS, para fins do exame de prévia anuência, realizado pela Agência Nacional de Vigilância Sanitária (ANVISA), de acordo com o art. 229-C da Lei nº 9.279, de 1996, os produtos ou processos farmacêuticos que compreendam, ou resultem em substância constante da Portaria nº 3.089/GM/MS, de 11 de dezembro de 2013 e suas atualizações, conforme os grupos definidos abaixo: (Origem: PRT MS/GM 736/2014, art. 1º)

I – antivirais e antirretrovirais; (Origem: PRT MS/GM 736/2014, art. 1º, I)

II – doenças negligenciadas; (Origem: PRT MS/GM 736/2014, art. 1º, II)

III – doenças degenerativas (Alzheimer/Parkinson); (Origem: PRT MS/GM 736/2014, art. 1º, III)

IV – imunossupressores; (Origem: PRT MS/GM 736/2014, art. 1º, IV)

V – doenças mentais (antipsicóticos/anticonvulsivantes); (Origem: PRT MS/GM 736/2014, art. 1º, V)

VI – produtos obtidos por rotas biológicas; (Origem: PRT MS/GM 736/2014, art. 1º, VI)

VII – vacinas e soros; (Origem: PRT MS/GM 736/2014, art. 1º, VII)

VIII – hemoderivados; e (Origem: PRT MS/GM 736/2014, art. 1º, VIII)

IX – produtos oncológicos. (Origem: PRT MS/GM 736/2014, art. 1º, IX)

Parágrafo Único. Quando o objeto do pedido de invenção não constar da lista de substâncias da referida Portaria deverá ser considerado de interesse para as políticas de medicamentos ou de assistência farmacêutica no âmbito do SUS, para fins do exame de prévia anuência, aqueles relacionados aos grupos definidos no *caput* deste artigo. (Origem: PRT MS/GM 736/2014, art. 1º, Parágrafo Único)

Art. 13. O objeto do pedido de invenção de produtos e processos farmacêuticos, caracterizado como de interesse para as políticas de medicamentos ou de assistência farmacêutica no âmbito do SUS, deverá atender aos critérios de patenteabilidade e demais requisitos da Lei nº 9.279, de 14 de maio de 1996. (Origem: PRT MS/GM 736/2014, art. 2º)

Art. 14. A ANVISA implementará as medidas necessárias à execução do disposto neste Capítulo, segundo sua área de competência. (Origem: PRT MS/GM 736/2014, art. 3º)

Capítulo IV
DOS CRITÉRIOS A SEREM CONSIDERADOS PELOS LABORATÓRIOS OFICIAIS DE PRODUÇÃO DE MEDICAMENTOS EM SUAS LICITAÇÕES PARA AQUISIÇÃO DE MATÉRIA-PRIMA

Art. 15. Os Laboratórios Oficiais de produção de medicamentos, em suas licitações, deverão dar preferência à aquisição dos ingredientes farmacêuticos ativos necessários à sua linha de produção de empresas que produzam essas matérias-primas no País. (Origem: PRT MS/GM 3031/2008, art. 1º)

Art. 16. Quando houver mais de um fornecedor que atenda às condições estabelecidas pelo art. 15, os laboratórios oficiais de produção de medicamentos deverão levar em conta, no processo licitatório, o grau de verticalização da produção no País, apresentado pelos fornecedores. (Origem: PRT MS/GM 3031/2008, art. 2º)

Art. 17. A observância dessa norma ora instituída deverá constituir-se em critério discriminante positivo e deverá estar compulsoriamente presente nas análises de projetos de compras e investimentos realizados pelo Ministério da Saúde junto aos Laboratórios Oficiais de produção de medicamentos. (Origem: PRT MS/GM 3031/2008, art. 3º)

Capítulo V
DA COMISSÃO PERMANENTE DE BAIXA E DESCARTE DE MEDICAMENTOS

Art. 18. Fica instituída a Comissão Permanente de Baixa e Descarte de medicamentos, insumos de saúde e materiais irrecuperáveis (CPBD), subordinada à Secretaria-Executiva do Ministério da Saúde. (Origem: PRT MS/GM 1000/2017, art. 1º)

§ 1º. Consideram-se irrecuperáveis aqueles medicamentos, insumos de saúde e materiais que não mais puderem ser utilizados para o fim a que se destinam. (Origem: PRT MS/GM 1000/2017, art. 1º, § 1º)

§ 2º. A atuação da CPBD poderá abranger todos os órgãos do Ministério da Saúde, inclusive os Núcleos Estaduais. (Origem: PRT MS/GM 1000/2017, art. 1º, § 2º)

Art. 19. A CPBD terá competência para definir os produtos irrecuperáveis que trata o art. 18, § 1º e validar os processos de descarte de medicamentos, insumos de saúde e materiais irrecuperáveis, após levantamento realizado pelas unidades demandantes, ouvido o Departamento de Logística em Saúde da Secretaria-Executiva do Ministério da Saúde (DLOG/SE/MS). (Origem: PRT MS/GM 1000/2017, art. 2º)

Art. 20. A CPBD será composta por um representante, titular e suplente, de cada Secretaria do Ministério da Saúde, nos seguintes termos: (Origem: PRT MS/GM 1000/2017, art. 3º)

I – a Secretaria-Executiva indicará o representante titular e seu suplente; e (Origem: PRT MS/GM 1000/2017, art. 3º, I)

II – os representantes titulares das demais Secretarias serão seus respectivos Chefes de Gabinete, devendo cada Secretaria indicar o suplente. (Origem: PRT MS/GM 1000/2017, art. 3º, II)

§ 1º. A coordenação da CPBD será exercida pelo representante da Secretaria-Executiva. (Origem: PRT MS/GM 1000/2017, art. 3º, § 1º)

§ 2º. A CPBD poderá, quando se fizer necessário, convocar especialistas de outras áreas do Ministério da Saúde para auxiliarem com os subsídios técnicos necessários à tomada de decisão no âmbito da Comissão. (Origem: PRT MS/GM 1000/2017, art. 3º, § 2º)

§ 3º. A Secretaria-Executiva fornecerá o apoio administrativo necessário ao funcionamento da CPBD. (Origem: PRT MS/GM 1000/2017, art. 3º, § 3º)

§ 4º. A participação na CPBD será considerada prestação de serviço público relevante, não remunerada. (Origem: PRT MS/GM 1000/2017, art. 3º, § 4º)

Art. 21. As Secretarias do Ministério da Saúde, como áreas demandantes, serão competentes para encaminhar os processos de descarte de medicamentos, insumos de saúde e materiais irrecuperáveis de suas respectivas unidades à CPBD, acompanhados de nota técnica que atestará o motivo das perdas. (Origem: PRT MS/GM 1000/2017, art. 4º)

§ 1º. A efetivação do descarte dependerá de validação da CPBD e a execução será realizada pelo DLOG/SE/MS. (Origem: PRT MS/GM 1000/2017, art. 4º, § 1º)

§ 2º. O encaminhamento dos processos de que trata o *caput* deverá seguir cronograma com estipulação de prazos para baixa e descarte de medicamentos, insumos de saúde e materiais irrecuperáveis. (Origem: PRT MS/GM 1000/2017, art. 4º, § 2º)

§ 3º. Após cumpridas todas as exigências previstas neste Capítulo e efetivado o descarte de medicamentos, insumos de saúde e materiais irrecuperáveis, o processo deverá ser enviado ao DLOG/SE/MS, para arquivamento. (Origem: PRT MS/GM 1000/2017, art. 4º, § 4º)

Art. 22. Os responsáveis, nas respectivas áreas demandantes, pelos estoques de medicamentos, insumos de saúde e materiais, inclusive os decorrentes de decisão judicial, deverão utilizar ferramentas de controle eficientes, que forneçam informações atualizadas para tomada de decisão, visando a minimizar as perdas. (Origem: PRT MS/GM 1000/2017, art. 5º)

Art. 23. Compete à Secretaria-Executiva do Ministério da Saúde a edição de normas complementares acerca do disposto neste Capítulo. (Origem: PRT MS/GM 1000/2017, art. 6º)

Anexo 1 do ANEXO XXVII
Política Nacional de Medicamentos (PNM)

(*) Origem: PRT MS/GM 3916/1998, Anexo 1

Prefácio

Políticas configuram decisões de caráter geral que apontam os rumos e as linhas estratégicas de atuação de uma determinada gestão. Assim, devem ser explicitadas de forma a:

– tornar públicas e expressas as intenções do Governo;

– permitir o acesso da população em geral e dos formadores de opinião em particular à discussão das propostas de Governo;

– orientar o planejamento governamental no detalhamento de programas, projetos e atividades;

– funcionar como orientadoras da ação do Governo, reduzindo os efeitos da descontinuidade administrativa e potencializando os recursos disponíveis.

No âmbito do Ministério da Saúde, a formulação de políticas desenvolve-se mediante a adoção de metodologia apropriada baseada num processo que favoreça a construção de propostas de forma participativa, e não em um modelo único e acabado.

Esse processo está representado, em especial, pela coleta e sistematização de subsídios básicos, interna e externamente ao Ministério, a partir dos quais é estruturado um documento inicial, destinado a servir de matéria-prima para discussões em diferentes instâncias.

Entre as instâncias consultadas estão os vários órgãos do próprio Ministério, os demais gestores do Sistema Único de Saúde – SUS, os segmentos diretamente envolvidos com o assunto objeto da política e a população em geral, mediante a atuação do Conselho Nacional de Saúde, instância que, no nível federal, tem o imprescindível papel de atuar "na formulação de estratégias e no controle da execução da política de saúde", conforme atribuição que lhe foi conferida pela Lei nº 8.142/90.

A promoção das mencionadas discussões objetiva sistematizar as opiniões acerca da questão e recolher sugestões para a configuração final da política em construção, cuja proposta decorrente é submetida à avaliação e aprovação do Ministro da Saúde.

No nível da direção nacional do Sistema, a responsabilidade pela condução desse processo está afeta à Secretaria de Políticas de Saúde, a qual cabe identificar e atender as demandas por formulação ou reorientação de políticas. Cabe também à Secretaria promover ampla divulgação e operacionalizar a gestão das políticas consideradas estratégicas, além de implementar a sua contínua avaliação, visando, inclusive, ao seu sistemático aperfeiçoamento.

Paralelamente, deve-se ressaltar que a operacionalização das políticas formuladas exige o desenvolvimento de processo voltado à elaboração ou reorientação de planos, projetos e atividades, que permitirão consequência prática às políticas.

1. Introdução

A Política Nacional de Medicamentos, como parte essencial da Política Nacional de Saúde, constitui um dos elementos fundamentais para a efetiva implementação de ações capazes de promover a melhoria das condições da assistência à saúde da população. A Lei nº 8.080/90, em seu art. 60, estabelece como campo de atuação do Sistema Único de Saúde – SUS – a "formulação da política de medicamentos (...) de interesse para a saúde (...)".

O seu propósito precípuo é o de garantir a necessária segurança, eficácia e qualidade dos medicamentos, a promoção do uso racional e o acesso da população àqueles considerados essenciais.

A Política de Medicamentos aqui expressa tem como base os princípios e diretrizes do SUS e exigirá, para a sua implementação, a definição ou redefinição de planos, programas e atividades específicas nas esferas federal, estadual e municipal.

Esta Política concretiza metas do Plano de Governo, integra os esforços voltados à consolidação do SUS, contribui para o desenvolvimento social do País e orienta a execução das ações e metas prioritárias fixadas pelo Ministério da Saúde.

Contempla diretrizes e define prioridades relacionadas à legislação – incluindo a regulamentação –, inspeção, controle e garantia da qualidade, seleção, aquisição e distribuição, uso racional de medicamentos, desenvolvimento de recursos humanos e desenvolvimento científico e tecnológico.

Cabe assinalar, ainda que outros insumos básicos na atenção à saúde, tais como imunobiológicos e hemoderivados, deverão ser objeto de políticas específicas. No caso particular dos produtos derivados do sangue, esta Política trata de aspectos concernentes a estes produtos, de que são exemplos questões relativas às responsabilidades dos três gestores do SUS e ao efetivo controle da qualidade.

2. Justificativa

O sistema de saúde brasileiro, que engloba estabelecimentos públicos e o setor privado de prestação de serviços, inclui desde unidades de atenção básica até centros hospitalares de alta complexidade. A importância e o volume dos serviços prestados pelo setor público de saúde no Brasil – composto pelos serviços estatais e privados conveniados ou contratados pelo SUS – podem ser verificados, por exemplo, no montante de atividades desenvolvidas em 1996, do qual constam a realização de 2,8 milhões de partos, 318 milhões de consultas médicas, 12 milhões de internações hospitalares, 502 milhões de exames e a aplicação de 48 milhões de doses de vacinas.

É indiscutível, portanto, a importância dos serviços de saúde, os quais constituem, ao lado de uma série de outros, fator de extrema importância para a qualidade de vida da população. Esses serviços representam, hoje, preocupação de todos os gestores do setor, seja pela natureza das práticas de assistência nele desenvolvidas, seja pela totalidade dos recursos por eles absorvidos.

A despeito do volume de serviços prestados pelo sistema de saúde, ainda há parcelas da população excluídas de algum tipo de atenção. Verifica-se, além disso, constantes mudanças no perfil epidemiológico que, atualmente, compreende doenças típicas de países em desenvolvimento e agravos característicos de países desenvolvidos. Assim, ao mesmo tempo em que são prevalentes as doenças crônico degenerativas, aumenta a morbimortalidade decorrente da violência, especialmente dos homicídios e dos acidentes de trânsito. Além disso, emergem e reemergem outras doenças, tais como a cólera, a dengue, a malária, as doenças sexualmente transmissíveis e a AIDS.

O envelhecimento populacional gera novas demandas, cujo atendimento requer a constante adequação do sistema de saúde e, certamente, a transformação do modelo de atenção prestada, de modo a conferir prioridade ao caráter preventivo das ações de promoção, proteção e recuperação da saúde. Sob esse enfoque, a política de medicamentos é, indubitavelmente, fundamental nessa transformação.

Deve se considerar, ainda, que modificações qualitativas e quantitativas no consumo de medicamentos são influenciadas pelos indicadores demográficos, os quais têm demonstrado clara tendência de aumento na expectativa de vida ao nascer.

Acarretando um maior consumo e gerando um maior custo social, tem-se novamente o processo de envelhecimento populacional interferindo sobretudo na demanda de medicamentos destinados ao tratamento de doenças crônico degenerativa, além de novos procedimentos terapêuticos com utilização de medicamentos de alto custo. Igualmente, adquire especial relevância o aumento da demanda daqueles de uso contínuo, como é o caso dos utilizados no tratamento de doenças cardiovasculares, reumática, e da diabetes. Frise-se o fato de que é bastante comum, ainda, pacientes sofrerem de todas essas doenças simultaneamente.

Este cenário é também influenciado pela desarticulação da desarticulação da assistência farmacêutica no âmbito de serviços da saúde. Em decorrência, observa-se, por exemplo, a falta de prioridades na adoção, pelo profissional médico, de produtos padronizados, constantes, da Relação de Medicamentos Essenciais (RENAME). Some-se a isso a irregularidade no abastecimento de medicamentos, no nível ambulatorial, o que diminui, em grande parte, a eficácia das ações governamentais no setor saúde.

O processo indutor uso irracional e desnecessário de medicamentos e o estímulo à automedicação, presentes na sociedade brasileira, são fatores que promovem um aumento na demanda por medicamentos requerendo, necessariamente, a promoção do seu uso racional mediante a reorientação destas práticas e o desenvolvimento de um processo criativo tanto para a equipe de saúde quanto para o usuário.

A produção e a venda de medicamento, devem enquadrar-se em um conjunto de leis, regulamentos e outros instrumentos legais direcionados para garantir a eficácia, a segurança e a qualidade dos produtos além dos aspectos atinentes a custos e preços de venda, em defesa do consumidor e dos programas de subsídio institucionais, tais como de compras de medicamentos, reembolsos especiais e planos de saúde.

Essa necessidade torna-se ainda mais significativa na medida em que o mercado farmacêutico brasileiro é um dos cinco maiores do mundo, com vendas que atingem 9,6 bilhões de dólares/ano. Em 1996, esse mercado gerou 47.100 empregos direto, e investimentos globais da ordem de 200 milhões de dólares. O setor é constituído por cerca de 480 empresas, entre produtores de medicamentos, indústrias farmoquímicas e importadores.

Há, no País, cerca de 50 mil farmácias, incluindo as hospitalares e as homeopáticas, que comercializam 5.200 produtos, com 9.200 apresentações.

No tocante ao perfil do consumidor brasileiro, este pode ser dividido em três grupos: o primeiro, formado por aqueles com renda acima de 10 salários mínimos, que corresponde a 15 por cento da população, consome 48% do mercado total e tem uma despesa média anual de 193,40 dólares *per capita*; o segundo, apresenta uma renda entre quatro e 10 salários mínimos, que corresponde a 34% da população, consome anualmente 36% do mercado e gasta, anualmente, em média 64,15 dólares *per capita*, o terceiro, tem renda de zero a quatro salários mínimos, que representa 51% da população, consome 16% do mercado e tem uma despesa média anual de 18,95 dólares *per capita*.

Nitidamente, a análise desse perfil do consumidor indica a necessidade de que a Política de Medicamentos confira especial atenção aos aspectos relativos ao uso racional, bem como à segurança, eficácia e qualidade dos produtos colocados à disposição da população brasileira.

3. Diretrizes

Para assegurar o acesso da população a medicamentos seguros, eficazes e de qualidade, ao menor custo possível, os gestores do SUS, nas três esferas de Governo, atuando em estreita parceria, deverão concentrar esforços no sentido de que o conjunto das ações direcionadas para o alcance deste propósito sejam balizadas pelas diretrizes a seguir explicitadas.

3.1. Adoção de relação de medicamentos essenciais

Integram o elenco dos medicamentos essenciais aqueles produtos considerados básicos e indispensáveis para atender a maioria dos problemas de saúde da população. Esses produtos devem estar continuamente disponíveis aos segmentos da sociedade que deles necessitem, nas formas farmacêuticas apropriadas, e compõem uma relação nacional de referência que servirá de base para o direcionamento da produção farmacêutica e para o desenvolvimento científico e tecnológico, bem como para a definição de listas de medicamentos essenciais nos âmbitos estadual e municipal, que deverão ser estabelecidas com o apoio do gestor federal e segundo a situação epidemiológica respectiva.

O Ministério de Saúde estabelecerá mecanismos que permitam a contínua atualização da Relação Nacional de Medicamentos Essenciais – RENAME, imprescindível instrumento de ação do SUS, na medida em que contempla um elenco de produtos necessários ao tratamento e controle da maioria das patologias prevalentes no País.

O fato de que a Relação Nacional, conforme assinalado acima, deverá ser a base para a organização das listas estaduais e municipais favorecerá o processo de descentralização da gestão, visto que estas instâncias são, com a participação financeira e técnica do Ministério da Saúde, responsáveis pelo suprimento de suas redes de serviços.

Trata-se, portanto, de meio fundamental para orientar a padronização, quer da prescrição, quer do abastecimento de medicamentos, principalmente no âmbito do SUS, constituindo, assim, um mecanismo para a redução dos custos dos produtos. Visando maior veiculação, a RENAME deverá ser continuamente divulgada por diferentes meios, como a Internet, por exemplo, possibilitando, entre outros aspectos, a aquisição de medicamentos a preços menores, tanto por parte do consumidor em geral, quanto por parte dos gestores do Sistema.

No processo de atualização contínua da RENAME, deverá ser dada ênfase ao conjunto dos medicamentos voltados para a assistência ambulatorial, ajustado, no nível local, às doenças mais comuns à população, definidas segundo prévio critério epidemiológico.

3.2. Regulamentação sanitária de medicamentos

Nesse contexto, serão enfatizadas, especialmente pelo gestor federal, as questões relativas ao registro de medicamentos e à autorização para o funcionamento de empresas e estabelecimentos, bem como as restrições e eliminações de produtos que venham a revelar-se inadequados ao uso, na conformidade das informações decorrentes da farmacovigilância.

Para tanto, deverão ser utilizadas comissões técnicas e grupos assessores com a finalidade de respaldar e subsidiar as atividades de regulamentação e as decisões que envolvam questões de natureza científica e técnica.

A promoção do uso de medicamentos genéricos será, igualmente, objeto de atenção especial. Portanto, o gestor federal deverá identificar os mecanismos necessários para tanto, por exemplo, a adequação do instrumento legal específico. Essa adequação deverá contemplar aspectos essenciais que favoreçam a consolidação do uso dos genéricos, tais como:

a) a obrigatoriedade da adoção da denominação genérica nos editais, propostas, contratos e notas fiscais bem como de exigências sobre requisitos de qualidade dos produtos;

b) a obrigatoriedade da adoção da denominação genérica nas compras e licitações públicas de medicamentos realizadas pela Administração Pública;

c) a adoção de exigências específicas para o aviamento de receita médica ou odontológica, relativas à sua forma e à identificação do paciente e do profissional que a prescreve;

d) a apresentação da denominação genérica nas embalagens, rótulos, bulas, prospectos, textos e demais materiais de divulgação e informação médica.

As ações de vigilância sanitária serão gradualmente descentralizadas e transferidas à responsabilidade executiva direta de estados e municípios, com exceção do registro de medicamentos e autorização do funcionamento de empresas, que constituem papéis indelegáveis do gestor federal. Em todos os casos, deverá ser garantida a aplicação das normas existentes e a integração operacional do sistema, em todas as esferas.

3.3. Reorientação da assistência farmacêutica

O modelo de assistência farmacêutica será reorientado de modo a que não se restrinja à aquisição e à distribuição de medicamentos. As ações incluídas nesse campo da assistência terão por objetivo implementar, no âmbito das três esferas do SUS, todas as atividades relacionadas à promoção do acesso da população aos medicamentos essenciais.

A reorientação do modelo de assistência farmacêutica, coordenada e disciplinada em âmbito nacional pelos três gestores do Sistema, deverá estar fundamentada:

a) na descentralização da gestão;

b) na promoção do uso racional dos medicamentos;

c) na otimização e na eficácia do sistema de distribuição no setor público;

d) no desenvolvimento de iniciativas que possibilitem a redução nos preços dos produtos, viabilizando, inclusive, o acesso da população aos produtos no âmbito do setor privado.

A assistência farmacêutica no SUS, por outro lado, englobará as atividades de seleção, programação, aquisição, armazenamento e distribuição, controle da qualidade e utilização – nesta compreendida a prescrição e a dispensação –, o que deverá favorecer a permanente disponibilidade dos produtos segundo as necessidades da população, identificadas com base em critérios epidemiológicos.

No tocante aos agravos e doenças cuja transcendência, magnitude e ou vulnerabilidade tenham repercussão na saúde pública, buscar-se-á a contínua atualização e padronização de protocolos de intervenção terapêutica e dos respectivos esquemas de tratamento.

Assim, o processo de descentralização em curso contemplará a padronização dos produtos, o planejamento adequado e oportuno e a redefinição das atribuições das três instâncias de gestão. Essas responsabilidades ficam, dessa forma, inseridas na ação governamental, o que deverá assegurar o acesso da população a esses produtos. Para o Ministério da Saúde, a premissa básica será a descentralização da aquisição e distribuição de medicamentos essenciais.

O processo de descentralização, no entanto, não exime os gestores federal e estadual da responsabilidade relativa à aquisição e distribuição de medicamentos em situações especiais. Essa decisão, adotada por ocasião das programações anuais, deverá ser precedida da análise de critérios técnicos e administrativos.

Inicialmente, a definição de produtos a serem adquiridos e distribuídos de forma centralizada deverá considerar três pressupostos básicos, de ordem epidemiológica, a saber:

a) doenças que configuram problemas de saúde pública, que atingem ou põem em risco as coletividades, e cuja estratégia de controle concentra-se no tratamento de seus portadores;

b) doenças consideradas de caráter individual que, a despeito de atingir número reduzido de pessoas, requerem tratamento longo ou até permanente, com o uso de medicamentos de custos elevados;

c) doenças cujo tratamento envolve o uso de medicamentos não disponíveis no mercado.

Após essa análise, a decisão deverá, ainda, observar critérios mais específicos, relativos a aspectos técnicos e administrativos, de que são exemplos:

a) o financiamento da aquisição e da distribuição dos produtos, sobretudo no tocante à disponibilidade de recursos financeiros;

b) o custo-benefício e o custo-efetividade da aquisição e distribuição dos produtos em relação ao conjunto das demandas e necessidades de saúde da população;

c) a repercussão do fornecimento e uso dos produtos sobre a prevalência ou incidência de doenças e agravos relacionados aos medicamentos fornecidos;

d) a necessidade de garantir apresentações de medicamentos, em formas farmacêuticas e dosagens adequadas, considerando a sua utilização por grupos populacionais específicos, como crianças e idosos.

É importante ressaltar que, independente da decisão por centralizar ou descentralizar a aquisição e distribuição de medicamentos, deverá ser implementada a cooperação técnica e financeira intergestores. Essa cooperação envolverá a aquisição direta e a transferência de recursos, bem como a orientação e o assessoramento aos processos de aquisição – os quais devem ser efetivados em conformidade com a realidade epidemiológica, visando assegurar o abastecimento de forma oportuna, regular e com menor custo, priorizando os medicamentos essenciais e os de denominação genérica.

Nesse particular, o gestor federal, especialmente, em articulação com a área econômica, deverá identificar medidas com vistas ao acompanhamento das variações e índices de custo dos medicamentos, com ênfase naqueles considerados de uso contínuo. Ainda com relação à articulação, a atuação conjunta com o Ministério da Justiça buscará coibir eventuais abusos econômicos na área de medicamentos.

Essas decisões e a cooperação técnica referida serão viabilizadas por intermédio da articulação intergestores, concretizada, por exemplo, na instituição de grupo técnico-assessor integrado por representações das três esferas de gestão, responsável, principalmente, pela implementação do modelo de assistência farmacêutica a ser adotado, pactuado e submetido à Comissão Intergestores Tripartite – CIT.

O Conselho Nacional de Saúde terá papel preponderante nesse processo, tendo em vista o acompanhamento da implementação da Política de Medicamentos, especialmente no tocante ao cumprimento das medidas pactuadas.

3.4. Promoção do uso racional de medicamentos

No que diz respeito à promoção do uso racional de medicamentos, atenção especial será concedida à informação relativa às repercussões sociais e econômicas do receituário médico, principalmente no nível ambulatorial, no tratamento de doenças prevalentes.

Especial ênfase deverá ser dada, também, ao processo educativo dos usuários ou consumidores acerca dos riscos da automedicação, da interrupção e da troca da medicação prescrita, bem como quanto à necessidade da receita médica, no tocante à dispensação de medicamentos tarjados. Paralelamente, todas essas questões serão objeto de atividades dirigidas aos profissionais prescritores dos produtos e aos dispensadores. Promover-se-á, da mesma forma, a adequação dos currículos dos cursos de formação dos profissionais de saúde.

Além disso, terá importante enfoque a adoção de medicamentos genéricos, envolvendo a produção, a comercialização, a prescrição e o uso, mediante ação intersetorial, vez que esta iniciativa ultrapassa os limites do setor saúde, abrangendo outros ministérios e esferas de Governo, além da sociedade e das corporações profissionais. Nesse particular, é importante ressaltar que a farmácia deve ser considerada estabelecimento comercial diferenciado. Portanto, deve estar em absoluta conformidade com as definições constantes da Lei nº 8.080/90, bem como dispor da obrigatória presença do profissional responsável.

O Ministério da Saúde levará à discussão, no âmbito da Cúpula das Américas, uma proposta de utilização dos genéricos visando a consolidação do uso destes medicamentos pelos países da Região.

A propaganda de produtos farmacêuticos, tanto aquela direcionada aos médicos, quanto especialmente a que se destina ao comércio farmacêutico e à população leiga, deverá se enquadrar em todos os preceitos legais vigentes, nas diretrizes éticas emanadas do Conselho Nacional de Saúde, bem como nos padrões éticos aceitos internacionalmente.

3.5. Desenvolvimento científico e tecnológico

Será incentivada a revisão das tecnologias de formulação farmacêutica e promovida a dinamização de pesquisas na área, com destaque para aquelas consideradas estratégicas para a capacitação e o desenvolvimento tecnológico nacional, incentivando a integração entre universidades, instituições de pesquisa e empresas do setor produtivo.

Além disso, deverá ser continuado e expandido o apoio a pesquisas que visem ao aproveitamento do potencial terapêutico da flora e fauna nacionais, enfatizando-se a certificação de suas propriedades medicamentosas.

Igualmente, serão estimuladas medidas de apoio ao desenvolvimento de tecnologia de produção de fármacos, em especial os constantes da RENAME, e de estímulo à sua produção nacional, de forma a assegurar o fornecimento regular ao mercado interno e a consolidação e expansão do parque produtivo instalado no País.

Esse processo exigirá uma ação articulada dos Ministérios da Saúde, da Educação, da Ciência e Tecnologia, entre outros, bem como a permanente cooperação técnica com organismos e agências internacionais.

A oferta de medicamentos está intrinsecamente relacionada com a pesquisa e o desenvolvimento, os quais, por sua vez, encerram aspectos relativos à estrutura e ao perfil industrial no Brasil, composto por três segmentos de produção: nacional público, nacional privado e de empresas de capital transnacional no setor – este último predominante no País. Caberá ao Ministério da Saúde, por intermédio do órgão responsável pela implementação da Política de Ciência e Tecnologia, estimular uma maior articulação das instituições de pesquisas e das universidades com o setor produtivo, a partir do estabelecimento de prioridades.

Igualmente, deverão ser implementados mecanismos que influenciem na formação e viabilizam o treinamento contínuo dos profissionais no que se refere ao desenvolvimento científico e tecnológico.

Cabe assinalar, ainda, a importância de o País dispor de instrumento estratégico para a divulgação dos avanços científicos que, além de expressar o nível de desenvolvimento alcançado, estabeleça os requisitos mínimos das matérias-primas e especialidades.

Nesse sentido, o Ministério da Saúde deverá promover o processo de revisão permanente da Farmacopeia Brasileira, que constitui mecanismo de fundamental importância para as ações legais de vigilância sanitária e das relações de comércio exterior, tanto de importação, quanto de exportação.

3.6. Promoção da produção de medicamentos

Esforços serão concentrados no sentido de que seja estabelecida uma efetiva articulação das atividades de produção de medicamentos da RENAME, a cargo dos diferentes segmentos industriais (oficial, privado nacional e transnacional).

A capacidade instalada dos laboratórios oficiais – que configura um verdadeiro patrimônio nacional – deverá ser utilizada, preferencialmente, para atender as necessidades de medicamentos essenciais, especialmente os destinados à atenção básica, e estimulada para que supra as demandas oriundas das esferas estadual e municipal do SUS.

O papel desses laboratórios é especialmente importante no que tange ao domínio tecnológico de processos de produção de medicamentos de interesse em saúde pública. Esses laboratórios deverão, ainda, constituir-se em uma das instâncias favorecedoras do monitoramento de preços no mercado, bem como contribuir para a capacitação dos profissionais.

Com referência aos medicamentos genéricos, o Ministério da Saúde, em ação articulada com os demais ministérios e esferas de Governo, deverá estimular a fabricação desses produtos pelo parque produtor nacional, em face do interesse estratégico para a sociedade brasileira, incluindo, também, a produção das matérias primas e dos insumos necessários para esses medicamentos.

Será também incentivada a produção de medicamentos destinados ao tratamento de patologias cujos resultados tenham impacto sobre a saúde pública ou que são adquiridos em sua quase totalidade pelo setor público.

Nesse sentido, deverão ser identificados e implementados mecanismos que possibilitem a eliminação da dependência, ao Governo Federal, dos laboratórios oficiais, a modernização dos seus sistemas de produção e o alcance de níveis de eficiência e competitividade, particularmente no que concerne aos preços dos produtos.

3.7. Garantia da segurança, eficácia e qualidade dos medicamentos

O processo para garantir a qualidade, a segurança e a eficácia dos medicamentos fundamenta-se no cumprimento da regulamentação sanitária, destacando-se as atividades de inspeção e fiscalização, com as quais é feita a verificação regular e sistemática. Essas atividades, coordenadas em âmbito nacional pela Secretaria de Vigilância Sanitária, serão efetivadas mediante ações próprias do Sistema Nacional de Vigilância Sanitária, no cumprimento dos regulamentos concernentes às boas práticas de fabricação. Essa sistemática permitirá a concretização dos preceitos estabelecidos na Lei nº 8.080/90 e em legislações complementares.

Para o exercício dessas ações, a Secretaria de Vigilância Sanitária implementará e consolidará roteiros de inspeções aplicáveis à área de medicamentos e farmoquímicos. Definirá, desenvolverá e implantará sistemas de informação para o setor, envolvendo os três níveis de gestão, estabelecendo procedimentos e instrumentos de avaliação.

A reestruturação, a unificação e o reconhecimento nacional e internacional da Rede Brasileira de Laboratórios Analítico-Certificadores em Saúde REBLAS, no âmbito do sistema brasileiro de certificação, permitirão aos produtores testemunhar, voluntariamente, a qualidade dos seus produtos colocados no comércio, que são adquiridos pelos serviços de saúde e, ainda, a fiscalização e o acompanhamento da conformidade de medicamentos, farmoquímicos e insumos farmacêuticos.

Será promovida a sistematização do arcabouço legal existente, adequando-o aos princípios e diretrizes constitucionais e legais do SUS, bem como ao estágio atual do processo de descentralização da gestão.

3.8. Desenvolvimento e capacitação de recursos humanos

O contínuo desenvolvimento e capacitação do pessoal envolvido nos diferentes planos, programa, e atividades que operacionalizarão a Política Nacional de Medicamentos deverão configurar mecanismos privilegiados de articulação intersetorial de modo a que o setor saúde possa dispor de recursos humanos em qualidade e quantidade – cujo provimento, adequado e oportuno, é de responsabilidade das três esferas gestoras do SUS.

O componente recursos humanos deverá requerer atenção especial, sobretudo no tocante ao estabelecido pela Lei n° 8.080/90, em seu art. 14 e parágrafo único, que definem que a formação e a educação continuada contemplarão uma ação intersetorial articulada. A Lei, inclusive, define como mecanismo fundamental a criação de uma comissão permanente de integração entre os serviços de saúde e as instituições de ensino profissional e superior, com a finalidade de "propor prioridades, métodos e estratégias".

Para o atendimento das necessidades e demandas relativas aos recursos humanos, decorrentes da operacionalização desta Política, o processo de articulação implementado pela Coordenação Geral de Recursos Humanos para o SUS, do Ministério da Saúde, compreenderá a abordagem de todos os aspectos inerentes às diretrizes aqui fixadas, em especial no que se refere à promoção do uso racional de medicamentos e a produção, comercialização e dispensação dos genéricos, bem como a capacitação em manejo de medicamentos. O trabalho conjunto com o Ministério da Educação e do Desporto, especificamente, deverá ser viabilizado, tendo em vista a indispensável adequação dos cursos de formação na área da saúde, sobretudo no tocante à qualificação nos campos da farmacologia e terapêutica aplicada.

Algumas diretrizes e prioridades contidas no texto desta Política explicitam as necessidades e demandas em termos de recursos humanos. Todavia, o desenvolvimento e a capacitação constituirão ações sistemáticas que permearão todas as medidas, iniciativas, programas e atividades dela decorrentes.

Cabe ressaltar, finalmente, que áreas estratégicas, de que é exemplo relevante a vigilância sanitária, cujas atribuições configuram funções típicas e exclusivas de Estado, serão objeto de enfoque particular, haja vista a crônica carência de pessoal capacitado na área, nas três esferas de gestão do SUS, o que exigirá, por parte dos gestores, estudos e medidas concretas voltadas para a recomposição e ou complementação adequada de quadros de pessoal especializado para fazer frente às responsabilidades constitucionalmente definidas.

4. Prioridades

As diretrizes apresentadas no capítulo anterior comportam um conjunto de prioridades que configuram as bases para o alcance do propósito desta Política, bem como para a implementação das diferentes ações indispensáveis ao seu efetivo cumprimento.

4.1. Revisão permanente da RENAME

A consolidação do processo de revisão permanente da RENAME, instrumento básico de racionalização no âmbito do SUS, com atualização contínua, representa medida indispensável haja vista que a seleção baseia-se nas prioridades nacionais de saúde, bem como na segurança, na eficácia terapêutica comprovada, na qualidade e na disponibilidade dos produtos. Esse processo, coordenado pela Secretaria de Políticas de Saúde, do Ministério da Saúde, será desenvolvido mediante a participação dos demais órgãos do Ministério, Secretaria de Vigilância Sanitária e Secretaria de Assistência à Saúde e dos gestores estaduais e municipais, responsáveis pela implementação das ações que operacionalizam esta Política e de instituições científicas que atuam na área de medicamentos.

A RENAME será organizada consoante às patologias e agravos à saúde mais relevantes e prevalentes, respeitadas as diferenças regionais do País. As apresentações dos produtos deverão assegurar as formas farmacêuticas e as dosagens adequadas para a utilização por crianças e idosos.

Cabe ressaltar que, como um dos mecanismos favorecedores da redução de preços dos medicamentos, a RENAME será sistemática e amplamente divulgada.

4.2. Assistência farmacêutica

Em conformidade com as diretrizes relativas à reorientação da assistência farmacêutica anteriormente explicitadas, especialmente no que se refere ao processo de descentralização, as três esferas de Governo assegurarão, nos seus respectivos orçamentos, os recursos para aquisição e distribuição dos medicamentos, de forma direta ou descentralizada.

Nesse contexto, a aquisição de medicamentos será programada pelos estados e municípios de acordo com os critérios técnicos e administrativos referidos no Capítulo 3 "Diretrizes", tópico 3.3 deste documento. O gestor federal participa do processo de aquisição dos produtos mediante o repasse Fundo-a-Fundo de recursos financeiros e a cooperação técnica.

No tocante a essa transferência, atenção especial deverá ser dada aos medicamentos destinados ao atendimento de esquemas terapêuticos continuados, aos que ratificam decisões e compromissos internacionais e àqueles voltados à assistência a pacientes de alto risco, como é o caso dos transplantados e renais crônicos.

A prioridade maior do Ministério da Saúde é a descentralização plena do processo de aquisição e distribuição de medicamentos. No entanto, para que as decisões acerca desse processo possam ser viabilizadas, deverá ser instituído um grupo tripartite, com atribuições específicas, que atuará junto ao setor responsável pela implementação da assistência farmacêutica no Ministério da Saúde.

A aquisição e a distribuição, pelo Ministério, dos produtos componentes da assistência farmacêutica básica serão substituídas pela transferência regular e automática, Fundo-a-Fundo, de recursos federais, sob a forma de incentivo agregado ao Piso da Atenção Básica. Esses recursos serão utilizados prioritariamente para a aquisição, pelos municípios e sob a coordenação dos estados, dos medicamentos necessários à atenção básica à saúde de suas populações.

O gestor estadual deverá coordenar esse processo no âmbito do estado, com a cooperação técnica do gestor federal, de forma a garantir que a aquisição realize-se em conformidade com a situação epidemiológica do município, e que o acesso da população aos produtos ocorra mediante adequada prescrição e dispensação.

Atenção especial deverá ser dada, também, a um outro grupo de medicamentos incluídos na composição dos custos dos procedimentos realizados pelos prestadores de serviços ao SUS e faturados segundo tabela definida pelo Ministério da Saúde. Nesse sentido, a Secretaria a de Assistência à Saúde deverá viabilizar um estudo visando a revisão, atualização e ajuste diferenciado dos valores, considerando:

– o tempo decorrido desde o estabelecimento desses valores, quando da definição da composição de cada procedimento integrante da assistência hospitalar e ambulatorial, que levou em conta, naquela ocasião, um valor médio do custo de medicamentos para determinado grupo de patologias;

– o fato dos reajustes que vêm sendo efetivados levarem em conta somente o valor global do procedimento, e não o custo atualizado dos medicamentos vinculados aos mesmos.

O resultado do ajuste procedido deverá seguir o fluxo já estabelecido, ou seja, a pactuação na CIT e a aprovação no Conselho Nacional de Saúde.

4.3. Promoção do uso racional de medicamentos

A promoção do uso racional de medicamentos envolverá, além da implementação da

RENAME, em especial, as medidas a seguir indicadas.

4.3.1. Campanhas educativas

Serão desencadeadas campanhas de caráter educativo, buscando a participação das entidades representativas dos profissionais de saúde, com vistas a estimular o uso racional de medicamentos.

Caberá aos gestores do SUS em conjunto com entidades da sociedade civil organizada, responsabilizar-se por essa iniciativa.

4.3.2. Registro e uso de medicamentos genéricos

A promoção do uso de medicamentos genéricos será progressivamente levada a efeito, respaldada nos seguintes pontos:

a) estabelecimento de procedimentos para o registro de medicamentos genéricos;

b) estabelecimento dos requisitos nacionais para a demonstração de equivalência terapêutica, principalmente em relação à biodisponibilidade;

c) levantamento e utilização da infraestrutura e da capacidade do País para II realização de estudos de bioequivalência disponível na rede de laboratórios;

d) identificação de mecanismos de incentivo à produção de medicamentos genéricos;

e) estabelecimento de regulamentação referente à comercialização, prescrição e dispensação de medicamentos genéricos em todo o Território Nacional.

4.3.3. Formulário Terapêutico Nacional

Deverá ser elaborado e amplamente divulgado o Formulário Terapêutico Nacional, instrumento importante para a orientação da prescrição e dispensação dos medicamentos, por parte dos profissionais de saúde, e para a racionalização do uso destes produtos. O Formulário conterá todas as informações relativas aos medicamentos, inclusive quanto à sua absorção e ação no organismo.

4.3.4. Farmacoepidemiologia e farmacovigilância

As ações de farmacovigilância, além de tratar dos efeitos adversos, serão utilizadas, também, para assegurar o uso racional dos medicamentos. Para tanto, deverão ser desenvolvidos estudos, análises e avaliações decorrentes dessas ações, de modo a reorientar procedimentos relativos a registros, formas de comercialização, prescrição e dispensação dos produtos.

Quanto à farmacoepidemiologia, deverão ser incentivados estudos sobre a utilização de produtor como forma de contribuir para o uso racional de medicamentos.

4.3.5. Recursos humanos

Será estimulado, por intermédio de diferentes mecanismos de articulação intersetorial, o acesso do profissional a conhecimentos e treinamentos voltados ao desenvolvimento de habilidades específicas, como aquelas relacionadas ao gerenciamento de sistemas de saúde e de informação, guias terapêuticos padronizados e farmacovigilância.

Além disso, buscar-se-é promover a educação continuada dos profissionais de saúde sobre farmacologia e terapêutica aplicada e outros aspectos envolvidos no uso racional de medicamentos, bem como no manejo dos produtos, além da disseminação de informações objetivas e atualizadas.

4.4. Organização das atividades de vigilância sanitária de medicamentos

A Secretaria de Vigilância Sanitária, do Ministério da Saúde, será responsável pela coordenação e monitoramento do Sistema Nacional de Vigilância Sanitária, em articulação com estados e municípios, de forma a estabelecer claramente as medidas que atendam à estratégia da descentralização e o financiamento das ações.

A organização das atividades de vigilância sanitária de medicamentos terá por base a implementação do Sistema referido quanto às questões relativas a medicamentos. Nesse sentido, faz-se necessário desenvolver processo de reestruturação da área de vigilância sanitária na esfera federal, visando, especialmente, a sua revitalização, a flexibilização de procedimentos e a busca por maior consistência técnico-científica no estabelecimento das bases de sua intervenção, o que poderá ser viabilizado, por exemplo, mediante a composição de grupos assessores integrados por representações de diferentes setores, como a academia, os serviços e o setor privado.

Na implementação dessa prioridade, deverão ser considerados, em especial, os aspectos identificados a seguir.

4.4.1. Desenvolvimento e elaboração de procedimentos operacionais sistematizados

Os procedimentos próprios da Vigilância Sanitária serão periodicamente revisados, sistematizados e consolidados em manuais técnico-normativos, roteiros, modelos e instruções de serviço, viabilizando-se, ainda, ampla divulgação. Nesse contexto, aplica-se, inclusive, a revisão dos procedimentos relativos ao registro de medicamentos de marca e similares. A adoção desses instrumentos concorrerá para a equalização e a agilização das atividades e tarefas a serem cumpridas, quer as de natureza técnico-normativa, quer as de caráter administrativo, de que são exemplos: o registro de produtos, as inspeções em linhas de produção, a fiscalização e a farmacovigilância.

4.4.2. Treinamento de pessoal do Sistema de Vigilância Sanitária

O treinamento em serviço recurso efetivo para as mudanças e adequações a serem introduzidas no modelo de atuação da vigilância sanitária – deverá buscar a incorporação:

a) dos recentes avanços tecnológicos do setor, inclusive os da informatização do Sistema de Vigilância Sanitária;

b) da metodologia convalidada de controle e de sistematização dos procedimentos técnicos e operacionais;

c) aos esquemas apropriados de inspeção preventiva em linhas de produção, de serviços e de desembaraço alfandegário sanitário, bem como os de amostragem e coleta de material para o controle de qualidade referencial.

4.4.3. Consolidação do sistema de informação em vigilância sanitária

O aprimoramento do desempenho das ações de vigilância sanitária terá como ponto importante a consolidação do sistema de informação, que deverá compreender, principalmente:

a) produtos registrados, sua composição, indicações principais e formas de comercialização;

b) vigilância de medicamentos (farmacovigilâncla);

c) produtos retirados do mercado e justificativas correspondentes;

d) ensaios clínicos;

e) normas e regulamentos atinentes à determinação do grau de risco de medicamentos e farmoquímicos;

f) registros e regulamentos da qualidade dos produtos de comercialização autorizada e empresas;

g) controle da comercialização e uso de produtos psicotrópicos e entorpecentes, inclusive nas farmácias magistrais;

h) controle da propaganda dos medicamentos de venda livre;

a♦) regulamentação e controle da propaganda realizada pelos fabricantes de medicamentos junto aos prescritores, de modo a resguardarem-se os padrões éticos.

♦ Na publicação oficial, a alínea "i" foi erroneamente identificada como alínea "a".

5. Responsabilidades das Esferas de Governo no Âmbito do SUS

No que respeita às funções de Estado, os gestores, em cumprimento aos princípios do SUS, atuarão no sentido de viabilizar o propósito desta Política de Medicamentos, qual seja, o de garantir a necessária segurança, eficácia e qualidade aos medicamentos, a promoção do uso racional e o acesso da população àqueles considerados essenciais.

5.1. Articulação intersetorial

Caberá, no tocante à implementação desta Política, uma atuação que transcende os limites do setor saúde, conforme já referido anteriormente, voltado para a articulação intersetorial, sobretudo com as áreas envolvidas na questão medicamentos, que deverá ser efetivada nas diferentes instâncias do SUS.

No âmbito federal, de forma específica, a articulação promovida pelo Ministério da Saúde ocorrerá com várias instituições e organizações, conforme exemplificado a seguir.

a) Ministério da Justiça

A articulação com esse Ministério terá por finalidade efetivar medidas no sentido de coibir eventuais abusos econômicos na área de medicamentos, com base nas Leis Antitruste, da Livre Concorrência e de Defesa do Consumidor.

b) Ministérios da área econômica

A articulação com os ministérios da área econômica estará voltada para o acompanhamento das variações dos índices de custo dos medicamentos essenciais, com ênfase naqueles considerados de uso contínuo, no sentido de preservar a capacidade de aquisição dos produtos, por parte da população, de forma direta ou indireta (subsídio governamental, seguro de saúde).

Deverá, além disso, buscar o encaminhamento das questões relativas ao financiamento das ações inseridas na operacionalização desta Política e que incluam, nos termos da lei, as respectivas participações dos governos estaduais e municipais.

c) Ministério da Educação e do Desporto

A articulação com esse Ministério visará o desenvolvimento de ações, junto aos professores, pais e alunos, relativas ao uso correto dos medicamentos, bem como a reorientação dos currículos de formação dos profissionais de saúde.

d) Ministério das Relações Exteriores, Ministério da Ciência e Tecnologia e agências internacionais

A articulação do Ministério da Saúde com essas instituições buscará o estabelecimento de mecanismos e compromissos que viabilizem o fomento à cooperação técnica, científica e tecnológica.

5.2. Gestor federal

Caberá ao Ministério da Saúde, fundamentalmente, a implementação e a avaliação da Política Nacional de Medicamentos, ressaltando-se como responsabilidades:

a) prestar cooperação técnica e financeira às demais instâncias do SUS no desenvolvimento das atividades relativas à Política Nacional de Medicamentos;

b) estabelecer normas e promover a assistência farmacêutica nas três esferas de Governo;

c) apoiar a organização de consórcios destinados à prestação da assistência farmacêutica ou estimular a inclusão desse tipo de assistência como objeto de consórcios de saúde;

d) promover o uso racional de medicamentos junto à população, aos prescritores e aos dispensadores;

e) incentivar a revisão das tecnologias de formulação farmacêutica;

f) promover a dinamização de pesquisas na área farmacêutica, em especial aquelas consideradas estratégicas para a capacitação e o desenvolvimento tecnológico;

g) promover a disseminação de experiências e de informações técnico-científicas;

h) implementar programa específico de capacitação de recursos humanos voltados para o desenvolvimento desta Política;

i) coordenar e monitorar os sistemas nacionais básicos para a Política de Medicamentos, de que são exemplos o de Vigilância Sanitária, o de Vigilância Epidemiológica e o de Rede de Laboratórios de Saúde Pública;

j) promover a reestruturação da Secretaria de Vigilância Sanitária, dotando-a das condições necessárias ao cumprimento das responsabilidades do gestor federal, especialmente no tocante à garantia da segurança e qualidade dos medicamentos;

k) promover a sistematização do arcabouço legal da vigilância sanitária, adequando-o aos princípios e diretrizes do SUS e ao atual momento da descentralização da gestão;

l) promover a atualização da legislação de vigilância sanitária;

m) implementar atividades de controle da qualidade de medicamentos;

n) promover a revisão periódica e a atualização contínua da RENAME e a sua divulgação, inclusive via Internet;

o) promover a elaboração, a divulgação e a utilização do Formulário Terapêutico Nacional;

p) promover a atualização permanente da Farmacopeia Brasileira;

q) acompanhar e divulgar o preço dos medicamentos, em especial daqueles constantes da RENAME;

r) destinar recursos para a aquisição de medicamentos, mediante o repasse Fundo-a-Fundo para estados e municípios, definindo, para tanto, critérios básicos para o mesmo;

s) criar mecanismos que vinculem a transferência de recursos ao desenvolvimento de um modelo adequado de atenção à saúde;

t) promover a revisão, atualização e ajuste diferenciado do grupo de medicamentos incluídos na composição dos custos dos procedimentos relativos à assistência hospitalar e ambulatorial faturados segundo tabela;

u) adquirir e distribuir produtos em situações especiais, identificadas por ocasião das programações tendo por base critérios técnicos e administrativos referidos no Capítulo 3, “Diretrizes”, tópico 3.3. deste documento;

v) orientar e assessorar os estados e municípios em seus processos de aquisição de medicamentos essenciais, contribuindo para que esta aquisição esteja consoante à realidade epidemiológica e para que seja assegurado o abastecimento de forma oportuna, regular e com menor custo;

x) orientar e assessorar os estados e os municípios em seus processos relativos à dispensação de medicamentos.

5.3. Gestor estadual

Conforme disciplinado na Lei nº 8.080/90, cabe à direção estadual do SUS, em caráter suplementar, formular, executar, acompanhar e avaliar a política de insumos e equipamentos para a saúde.

Nesse sentido, constituem responsabilidades da esfera estadual:

a) coordenar o processo de articulação intersetorial no seu âmbito, tendo em vista a implementação desta Política;

b) promover a formulação da política estadual de medicamentos;

c) prestar cooperação técnica e financeira aos municípios no desenvolvimento das suas atividades e ações relativas à assistência farmacêutica;

d) coordenar e executar a assistência farmacêutica no seu âmbito;

e) apoiar a organização de consórcios intermunicipais de saúde destinados à prestação da assistência farmacêutica ou estimular a inclusão desse tipo de assistência como objeto de consórcios de saúde;

f) promover o uso racional de medicamentos junto à população, aos prescritores e aos dispensadores;

g) assegurar a adequada dispensação dos medicamentos, promovendo o treinamento dos recursos humanos e a aplicação das normas pertinentes;

h) participar da promoção de pesquisas na área farmacêutica, em especial aquelas consideradas estratégicas para a capacitação e o desenvolvimento tecnológico, bem como do incentivo à revisão das tecnologias de formulações farmacêuticas;

i) investir no desenvolvimento de recursos humanos para a gestão da assistência farmacêutica;

j) coordenar e monitorar o componente estadual de sistemas nacionais básicos para a Política de Medicamentos, de que são exemplos o de Vigilância Sanitária, o de Vigilância Epidemiológica e o de Rede de Laboratórios de Saúde Pública;

k) implementar as ações de vigilância sanitária sob a sua responsabilidade;

l) definir a relação estadual de medicamentos, com base na RENAME, e em conformidade com o perfil epidemiológico do estado;

m) definir elenco de medicamentos que serão adquiridos diretamente pelo estado, inclusive os de dispensação em caráter excepcional, tendo por base critérios técnicos e administrativos referidos no Capítulo 3, "Diretrizes", tópico 3.3. deste documento e destinando orçamento adequado à sua aquisição;

n) utilizar, prioritariamente, a capacidade instalada dos laboratórios oficiais para o suprimento das necessidades de medicamentos do estado;

o) investir em infraestrutura das centrais farmacêuticas, visando garantir a qualidade dos produtos até a sua distribuição;

p) receber, armazenar e distribuir adequadamente os medicamentos sob sua guarda;

q) orientar e assessorar os municípios em seus processos de aquisição de medicamentos essenciais, contribuindo para que esta aquisição esteja consoante à realidade epidemiológica e para que seja assegurado o abastecimento de forma oportuna, regular e com menor custo;

r) coordenar o processo de aquisição de medicamentos pelos municípios, visando assegurar o contido no item anterior e, prioritariamente, que seja utilizada a capacidade instalada dos laboratórios oficiais.

5.4. Gestor municipal

No âmbito municipal, caberá à Secretaria de Saúde ou ao organismo correspondente as seguintes responsabilidades:

a) coordenar e executar a assistência farmacêutica no seu respectivo âmbito;

b) associar-se a outros municípios, por intermédio da organização de consórcios, tendo em vista a execução da assistência farmacêutica;

c) promover o uso racional de medicamentos junto à população, aos prescritores e aos dispensadores;

d) treinar e capacitar os recursos humanos para o cumprimento das responsabilidades do município no que se refere a esta Política;

e) coordenar e monitorar o componente municipal de sistemas nacionais básicos para a Política de Medicamentos, de que são exemplos o de Vigilância Sanitária, o de Vigilância Epidemiológica e o de Rede de Laboratórios de Saúde Pública;

f) implementar as ações de vigilância sanitária sob sua responsabilidade;

g) assegurar a dispensação adequada dos medicamentos;

h) definir a relação municipal de medicamentos essenciais, com base na RENAME, a partir das necessidades decorrentes do perfil nosológico da população;

i) assegurar o suprimento dos medicamentos destinados à atenção básica à saúde de sua população, integrando sua programação à do estado, visando garantir o abastecimento de forma permanente e oportuna;

j) adquirir, além dos produtos destinados à atenção básica, outros medicamentos essenciais que estejam definidos no Plano Municipal de Saúde como responsabilidade concorrente do município;

k) utilizar, prioritariamente, a capacidade dos laboratórios oficiais para o suprimento das necessidades de medicamentos do município;

l) investir na infraestrutura de centrais farmacêuticas e das farmácias dos serviços de saúde, visando assegurar a qualidade dos medicamentos;

m) receber, armazenar e distribuir adequadamente os medicamentos sob sua guarda.

6. Acompanhamento e Avaliação

O propósito desta Política Nacional de Medicamentos será objeto de contínua avaliação, mediante metodologias e indicadores definidos em projeto específico, a ser formulado pela Secretaria de Políticas de Saúde, a quem cabe, também, a responsabilidade da implementação do processo de elaboração ou reorientação de programas, projetos e atividades, de modo a adequá-los às diretrizes e prioridades aqui fixadas.

A principal finalidade da avaliação será conhecer a repercussão da Política de Medicamentos na saúde da população, dentro de uma visão sistêmica e intersetorial, verificando, também, em que medida estão sendo consolidados os princípios e diretrizes do SUS.

Com isso, para além do enfoque meramente operacional, verificar-se-á como estão sendo considerados e consolidados os princípios acima referidos, constantes na Lei nº 8.080/90, de que são exemplos, entre outros:

a) "a divulgação de informações quanto ao potencial dos serviços de saúde e a sua utilização pelo usuário;"

b) "a utilização da epidemiologia para o estabelecimento de prioridades, a alocação de recursos e a orientação programática;"

c) "a descentralização político-administrativa, com direção única em cada esfera de governo."

Além disso, buscar-se-á avaliar resultados e impactos da Política de Medicamentos em termos, por exemplo, de eficiência, cobertura e qualidade. Para essa avaliação, deverão ser definidos parâmetros e indicadores que serão periodicamente monitorados, cujos resultados orientarão a adoção das medidas corretivas necessárias, tanto em relação às linhas gerais da própria Política quanto em termos de redirecionamento de ações a ela vinculadas, tais como a farmácia básica.

Os resultados auferidos pelos programas, projetos e atividades que operacionalizarão a Política Nacional de Medicamentos, os quais estão sob a responsabilidade de diferentes órgãos do Ministério da Saúde, das Secretarias Estaduais e das Municipais de Saúde, constituirão, na verdade, os principais insumos básicos para o processo de acompanhamento e avaliação desta Política. A sistematização desses resultados e sua divulgação serão, da mesma forma, de responsabilidade da Secretaria de Políticas de Saúde.

A Secretaria, por outro lado, deverá apoiar os órgãos do Ministério e as demais instâncias do SUS na identificação e aferição de metodologias e indicadores capazes de mensurar a efetividade e a eficiência de componentes-chave de cada uma das prioridades aqui definidas, incluindo-se aqueles preconizados pela Organização Mundial da Saúde.

O processo de acompanhamento e avaliação desta Política implicará, necessariamente, não só o envolvimento dos órgãos do Sistema e dos outros setores aqui identificados, como, também, diferentes segmentos da sociedade que direta ou indiretamente lidam com a questão medicamentos.

7. Terminologia

1. Assistência ambulatorial	Conjunto de procedimentos médicos e terapêuticos de baixa complexidade, possíveis de realização em ambulatórios e postos de saúde.
2. Assistência farmacêutica	Grupo de atividades relacionadas com o medicamento, destinadas a apoiar as ações de saúde demandadas por uma comunidade. Envolve o abastecimento de medicamentos em todas e em cada uma de suas etapas constitutivas, a conservação e controle de qualidade, a segurança e a eficácia Terapêutica dos medicamentos, o acompanhamento e a avaliação da utilização, a obtenção e a difusão de informação sobre medicamentos e a educação permanente dos profissionais de saúde, do paciente, da comunidade para assegurar o uso racional de medicamentos.
3. Automedicação	Uso de medicamentos sem a prescrição, orientação e ou acompanhamento do médico ou dentista.
4. Biodisponibilidade	Medida da quantidade de medicamento, contida em uma fórmula farmacêutica, que chega à circulação sistêmica e da velocidade na qual ocorre esse processo. A biodisponibilidade se expressa em relação à administração intravenosa do princípio ativo (biodisponibilidade absoluta) ou a administração, por via oral, de um produto de referência (biodisponibilidade relativa ou comparativa). A biodisponibilidade de um medicamento não deve ser confundida com a fração biodisponível, a menos que se refira à biodisponibilidade absoluta.
5. Bioequivalência	Condição que se dá entre dois produtos farmacêuticos que são equivalentes farmacêuticos e que mostram uma mesma ou similar biodisponibilidade segundo uma série de critérios. Para tanto, dois produtos farmacêuticos devem considerar-se como equivalentes terapêuticos.
6. Centrais farmacêuticas	Almoxarifados centrais de medicamentos, geralmente na esfera estadual, onde é feita a estocagem e produção para hospitais, ambulatórios e postos de saúde.
7. Dispensação	É o ato profissional farmacêutico de proporcionar um ou mais medicamentos a um paciente, geralmente como resposta a apresentação de uma receita elaborada por um profissional autorizado. Neste ato o farmacêutico informa e orienta o paciente sobre o uso adequado do medicamento. São elementos importantes da orientação, entre outros, a ênfase no cumprimento da dosagem, a influência dos alimentos, a interação com outros medicamentos, o reconhecimento de reações adversas potenciais e as condições de conservação dos produtos.
8. Doenças crônico degenerativas	Doenças que apresentam evolução de longa duração, acompanhada de alterações degenerativas em tecidos do corpo humano.

9. Doenças prevalentes	Doenças com maior número de casos existentes em função da população de uma região geográfica determinada.
10. Eficácia do medicamento	A capacidade de o medicamento atingir o efeito terapêutico visado.
11. Equivalência *in vitro*	Condições em que dois ou mais medicamentos, ou fármacos, exercem o mesmo efeito farmacológico, quantitativamente em cultivos de células.
12. Ensaios clínicos	Qualquer pesquisa que, individual ou coletivamente, envolva o ser humano, de forma direta ou indireta, em sua totalidade ou partes dele, incluindo o manejo de informações ou materiais.
13. Estudos de Utilização de Medicamentos (EUM)	São aqueles relacionados com comercialização, distribuição, prescrição e uso de medicamentos em uma sociedade, com ênfase sobre as consequências médicas, sociais e econômicas resultantes; complementarmente, tem-se os estudos de farmacovigilância e os ensaios clínicos.
14. Expectativa de vida ao nascer	É o tempo que seria esperado para um recém-nascido poder viver, em média.
15. Farmácias magistrais	Farmácias autorizadas a manipular medicamentos, inclusive o que contém psicotrópicos ou entorpecentes, cuja atividade requer autorização especial de funcionamento expedido pelo órgão competente do Ministério da Saúde.
16. Farmacopeia brasileira	Conjunto de normas e monografias de farmoquímicos, estabelecido por e para um país.
17. Fármacos	Substância química que é o princípio ativo do medicamento.
18. Farmacoepidemiologia	Aplicação do método e raciocínio epidemiológico no estudo dos efeitos – benéficos ou adversos – e do uso de medicamentos em populações humanas.
19. Farmacoterapia	A aplicação dos medicamentos na prevenção ou tratamento de doenças.
20. Farmacovigilância	Identificação e avaliação dos efeitos, agudos ou crônicos, do risco do uso dos tratamentos farmacológicos no conjunto da população ou em grupos de pacientes expostos a tratamentos específicos.
21. Farmoquímicos	Todas as substâncias ativas ou inativas que são empregadas na fabricação de produtos farmacêuticos.
22. Forma de comercialização	Forma na qual o medicamento é vendido: supositório, comprimido, cápsulas.
23. Formulação farmacêutica	Relação quantitativa de farmoquímicos que compõem um medicamento.
24. Formulário terapêutico nacional	Documento que reúne os medicamentos disponíveis em um país e que apresenta informações farmacológicas destinadas a promover o uso efetivo, seguro e econômico destes produtos.

25. Guias terapêuticos padronizados	Coleção de roteiros terapêuticos preconizados para doenças diversas.
26. Hemoderivados	Medicamentos produzidos a partir do sangue humano ou de suas frações.
27. Indicadores demográficos	Representação dos aspectos não sujeitos à observação direta relativa a dados populacionais.
28. Insumos farmacêuticos	Qualquer produto químico, ou material (por exemplo: embalagem) utilizado no processo de fabricação de um medicamento, seja na sua formulação, envase ou acondicionamento.
29. Lei antitruste	Regra de direito destinada a evitar que várias empresas se associem e, assim, passem a constituir uma única, acarretando o monopólio de produtos e ou de mercado.
30. Medicamento	Produto farmacêutico com finalidade profilática, curativa, paliativa ou para fins de diagnóstico.
31. Medicamentos de dispensação em caráter excepcional	Medicamentos utilizados em doenças raras, geralmente de custo elevado, cuja dispensação atende a casos específicos.
32. Medicamentos de uso contínuo	São aqueles empregados no tratamento de doenças crônicas e ou degenerativas, utilizados continuamente.
33. Medicamentos essenciais	São os medicamentos considerados básicos e indispensáveis para atender a maioria dos problemas de saúde da população.
34. Medicamentos genéricos	São aqueles que, ao expirar a patente de marca de um produto, são comercializados sem nome de marca, de acordo com a denominação oficial (no Brasil, Denominações Comuns Brasileiras ou DCB).
35. Medicamentos de interesse em saúde pública	São aqueles utilizados no controle de doenças, que, em determinada comunidade, tem magnitude, transcendência ou vulnerabilidade relevante e cuja estratégias básica de combate é o tratamento dos doentes.
36. Medicamentos para a atenção básica	Produtos necessários à prestação do elenco de ações e procedimentos compreendidos na atenção básica de saúde.
37. Medicamentos tarjados	São os medicamentos cujo uso requer a prescrição do médico ou dentista e que apresentam, em sua embalagem tarja (vermelha ou preta) indicativa desta necessidade.
38. Medicamentos de venda livre	São aqueles cuja dispensação não requerem autorização, ou seja, receita expedida por profissional.
39. Módulo-padrão de suprimento	Elenco de medicamentos repassado por um nível de gestão a outro para abastecer os serviços de saúde compreendidos no sistema estadual ou municipal.
40. Morbimortalidade	Impacto das doenças e dos óbitos que incidem em uma população.
41. Perfil epidemiológico	Estado de saúde de uma determinada comunidade.

42. Perfil nosológico	Conjunto de doenças prevalentes e ou incidentes em uma determinada comunidade.
43. Piso da Atenção Básica (PAB)	Montante de recursos financeiros, da esfera federal, destinado ao custeio de procedimentos e ações compreendidos na atenção básica.
44. Prescrição	Ato de definir o medicamento a ser consumido pelo paciente, com a respectiva dosagem e duração do tratamento. Em geral, esse ato é expresso mediante a elaboração de uma receita médica.
45. Prescritores	Profissionais de saúde credenciados para definir o medicamento a ser usado (médico ou dentista).
46. Produtos psicotrópicos	Substâncias que afetam os processos mentais e podem produzir dependência.
47. Propaganda de produtos farmacêuticos	É a divulgação do medicamento promovida pela indústria, com ênfase na marca, e realizada junto aos prescritores, comércio farmacêutico e população leiga.
48. Protocolos de intervenção farmacêutica	Roteiros de indicação e prescrição, graduados de acordo com as variações e a gravidade de cada afecção.
49. Registro de medicamentos	Ato privativo ao órgão competente do Ministério da Saúde destinado a conceder o direito de fabricação do produto.
50. Uso racional de medicamentos	É o processo que compreende a prescrição apropriada; a disponibilidade oportuna e a preços acessíveis; a dispensação em condições adequadas; e o consumo nas doses indicadas, nos intervalos definidos e no período de tempo indicado de medicamentos eficazes, seguros e de qualidade.

Anexo 2 do ANEXO XXVII
Diretrizes e Estratégias para Organização, Fortalecimento e Aprimoramento das Ações e Serviços de Farmácia no Âmbito dos Hospitais

(*) Origem: PRT MS/GM 4283/2010, Anexo 1

1. INTRODUÇÃO

Tomando como base os princípios e diretrizes do Sistema Único de Saúde (SUS) e a Política Nacional de Assistência Farmacêutica, foram concebidas diretrizes e relacionadas estratégias, objetivando organizar, fortalecer e aprimorar as ações da assistência farmacêutica em hospitais, tendo como eixos estruturantes, a segurança e a promoção do uso racional de medicamentos e de outras tecnologias em saúde.

O gerenciamento inadequado e o uso incorreto de medicamentos e de outras tecnologias em saúde acarretam sérios problemas à sociedade, ao SUS, e às instituições privadas (hospitais, clínicas, operadoras de planos de saúde, entre outros), gerando aumento da morbimortalidade, elevação dos custos diretos e indiretos, e prejuízos à segurança e à qualidade de vida dos usuários. Estas diretrizes reúnem elementos necessários à efetiva implementação de ações capazes de promover a melhoria das condições da assistência à saúde da população, otimizando resultados clínicos, econômicos e aqueles relacionados à qualidade de vida dos usuários.

A elaboração deste conjunto de diretrizes e estratégias foi fruto de amplo processo de discussão participativa, entre gestores do Sistema Único de Saúde – SUS (MS, CONASS e CONASEMS), Agência Nacional de Vigilância Sanitária (ANVISA), Sociedade Brasileira de Farmácia Hospitalar e Serviços de Saúde (SBRAFH), Conselho Federal de Farmácia (CFF), Agência Nacional de Saúde Suplementar (ANS), Confederação Nacional de Saúde

(CNS) e Federação Nacional dos Farmacêuticos (FENAFAR).

2. ABRANGÊNCIA

Estas diretrizes e estratégias são aplicáveis às farmácias em hospitais que integram o serviço público, da administração direta e indireta, da União, dos Estados, do Distrito Federal, dos Municípios e de entidades privadas com ou sem fins lucrativos e filantrópicos.

3. DEFINIÇÕES

3.1. Farmácia hospitalar: é a unidade clínico-assistencial, técnica e administrativa, onde se processam as atividades relacionadas à assistência farmacêutica, dirigida exclusivamente por farmacêutico, compondo a estrutura organizacional do hospital e integrada funcionalmente com as demais unidades administrativas e de assistência ao paciente.

3.2. Tecnologias em saúde: Conjunto de equipamentos, de medicamentos, de insumos e de procedimentos, utilizados na prestação de serviços de saúde, bem como das técnicas de infraestrutura desses serviços e de sua organização. Para efeito desta norma será dada ênfase a medicamentos, produtos para saúde (exceto equipamentos médico-assistenciais), produtos de higiene e saneantes.

3.3. Plano de contingência: plano que descreve as medidas a serem tomadas, em momento de risco, por um estabelecimento de saúde, incluindo a ativação de processos manuais, para fazer que os processos vitais voltem a funcionar plenamente, ou num estado minimamente aceitável, o mais rapidamente possível, evitando paralisação prolongada que possa gerar danos aos pacientes ou prejuízos financeiros à instituição.

3.4. Gerenciamento de risco: aplicação sistemática de políticas de gestão, procedimentos e práticas na análise, avaliação, controle e monitoramento de risco.

3.5. Assistência Farmacêutica: trata de um conjunto de ações voltadas à promoção, à proteção e à recuperação da saúde, tanto individual como coletivo, tendo o medicamento como insumo essencial e visando ao acesso e ao seu uso racional. Esse conjunto envolve a pesquisa, o desenvolvimento e a produção de medicamentos e insumos, bem como a sua seleção, programação, aquisição, distribuição, dispensação, garantia da qualidade dos produtos e serviços, acompanhamento e avaliação de sua utilização, na perspectiva da obtenção de resultados concretos e da melhoria da qualidade de vida da população.

4. DIRETRIZES

Para assegurar o acesso da população a serviços farmacêuticos de qualidade em hospitais, ficam estabelecidas as seguintes diretrizes:

4.1. Gestão;

4.2. Desenvolvimento de ações inseridas na atenção integral à saúde:

Gerenciamento de tecnologias: distribuição, dispensação e controle de medicamentos e de outros produtos para a saúde;

Manipulação: manipulação magistral e oficinal; preparo de doses unitárias e unitarização de doses de medicamentos; manipulação de nutrição parenteral e manipulação de antineoplásicos e radiofármacos; e

Cuidado ao paciente.

4.3. Infraestrutura física, tecnológica e gestão da informação;

4.4. Recursos humanos;

4.5. Informação sobre medicamentos e outras tecnologias em saúde; e

4.6. Ensino, pesquisa e educação permanente em saúde.

4.1. Gestão: São objetivos principais da gestão da farmácia hospitalar: garantir o abastecimento, dispensação, acesso, controle, rastreabilidade e uso racional de medicamentos e de outras tecnologias em saúde; assegurar o desenvolvimento de práticas clínico-assistenciais que permitam monitorar a utilização de medicamentos e outras tecnologias em saúde; otimizar a relação entre custo, benefício e risco das tecnologias e processos assistenciais; desenvolver ações de assistência farmacêutica, articuladas e sincronizadas com as diretrizes institucionais; e participar ativamente do aperfeiçoamento contínuo das práticas da equipe de saúde;

Para o adequado desempenho das atividades da farmácia hospitalar, sugere-se aos hospitais que: (i) provenham estrutura organizacional e infraestrutura física que viabilizem as suas ações, com qualidade, utilizando modelo de gestão sistêmico, integrado e coerente, pautado nas bases da moderna administração, influenciando na qualidade, resolutividade, e custo da assistência, com reflexos positivos para o usuário, estabelecimentos e sistema de saúde, devidamente aferidos por indicadores; (ii) considerem a Relação Nacional de Medicamentos Essenciais (RENAME) vigente, bem como os

Protocolos Clínicos e Diretrizes Terapêuticas do Ministério da Saúde como referência, para a seleção de medicamentos; (iii) promovam programa de educação permanente para farmacêuticos e auxiliares; (iv) incluam a farmácia hospitalar no plano de contingência do estabelecimento; e (v) habilitem a efetiva participação do farmacêutico, de acordo com a complexidade do estabelecimento, nas Comissões existentes, tais como: Farmácia e Terapêutica, Comissão Controle de Infecção Hospitalar, Comissão de Ética em Pesquisa, Comissão de Gerenciamento de Resíduos de Serviços de Saúde e outras que tenham interface com a assistência farmacêutica hospitalar.

Para o acompanhamento das principais atividades da farmácia em hospitais, recomenda-se a adoção de indicadores de gestão, logísticos, de assistência ao paciente e de educação.

4.2. Desenvolvimento de Ações Inseridas na Atenção Integral à Saúde: Dentro da visão da integralidade do cuidado, a farmácia hospitalar, além das atividades logísticas tradicionais, deve desenvolver ações assistenciais e técnico-científicas, contribuindo para a qualidade e racionalidade do processo de utilização dos medicamentos e de outros produtos para a saúde e para a humanização da atenção ao usuário. Esta atividade deve ser desenvolvida, preferencialmente, no contexto multidisciplinar, privilegiando a interação direta com os usuários.

As ações do farmacêutico hospitalar devem ser registradas de modo a contribuírem para a avaliação do impacto dessas ações na promoção do uso seguro e racional de medicamentos e de outros produtos para a saúde.

O elenco de atividades farmacêuticas ofertadas depende da complexidade dos hospitais, bem como da disponibilidade de tecnologia e recursos humanos.

Entre as atividades que podem ser desenvolvidas destacam-se:

A) Gerenciamento de Tecnologias: A farmácia hospitalar deve participar do gerenciamento de tecnologias, englobando a qualificação de fornecedores, armazenamento, distribuição, dispensação e controle dos medicamentos, outros produtos para a saúde, produtos de higiene e saneantes usados pelos pacientes, em atendimento pré-hospitalar, pré-hospitalar de urgência e emergência, hospitalar (internamento e ambulatorial) e domiciliar, bem como pelo fracionamento e preparo de medicamentos. As políticas e procedimentos que regulam essas atividades devem ser estabelecidos com a participação da equipe multiprofissional e comissões assessoras.

B) Distribuição e Dispensação: A implantação de um sistema racional de distribuição de medicamentos e de outros produtos para a saúde deve ser priorizada pelo estabelecimento de saúde e pelo farmacêutico, de forma a buscar processos que garantam a segurança do paciente, a orientação necessária ao uso racional do medicamento, sendo recomendada a adoção do sistema individual ou unitário de dispensação. No contexto da segurança, a avaliação farmacêutica das prescrições, deve priorizar aquelas que contenham antimicrobianos e medicamentos potencialmente perigosos, observando concentração, viabilidade, compatibilidade físico-química e farmacológica dos componentes, dose, dosagem, forma farmacêutica, via e horários de administração, devendo ser realizada antes do início da dispensação e manipulação. Com base nos dados da prescrição, devem ser registrados os cálculos necessários ao atendimento da mesma, ou à manipulação da formulação prescrita, observando a aplicação dos fatores de conversão, correção e equvalêcia, quando aplicável, sendo apostos e assinado pelo farmacêutico.

Para promover o Uso Racional de Medicamentos e ampliar a adesão ao tratamento o estabelecimento, em conformidade com a complexidade das ações desenvolvidas, deve dispor de local para o atendimento individualizado e humanizado ao paciente em tratamento ambulatorial e/ou em alta hospitalar.

C) Manipulação

C.1) Manipulação Magistral e Oficinal: A manipulação magistral e oficinal permite a personalização da terapêutica, utilização de sistemas seguros de dispensação de medicamentos (individual ou unitário), a racionalização de custos, sendo recomendada, sempre que necessária a sua utilização em hospitais, em sintonia com os dispositivos legais que regulam a matéria.

C.2) Preparo de Doses Unitárias e Unitarização de Doses de Medicamentos: A unitarização de doses e o preparo de doses unitárias de medicamentos compreendem o fracionamento, a subdivisão e a transformação de formas farmacêuticas. O preparo de doses unitárias e a unitarização de doses contribui para a redução de custos, devendo ser garantida a rastreabilidade, por meio de procedimentos definidos e registro. Deve existir plano de prevenção de trocas ou misturas de medicamentos em atendimento à legislação vigente.

C.3) Manipulação de Nutrição Parenteral: A manipulação de nutrição parenteral realizada em hospitais compreende operações inerentes a preparação (avaliação farmacêutica, manipulação, controle de qualidade, conservação e orientações para o transporte). A equipe multiprofissional de terapia nutricional deve realizar a monitorização do uso da nutrição parenteral mantendo registro sistematizado das suas ações e intervenções.

C.4) Manipulação de Antineoplásicos e Radiofármacos: A manipulação de antineoplásicos e radiofármacos realizada em hospitais requer a análise das prescrições previamente à manipulação, a verificação do disposto nos protocolos clínicos, e a observação das doses máximas diárias e cumulativas, com foco na biossegurança e uso seguro pelo paciente.

No desenvolvimento destas atividades o farmacêutico deverá antes da realização da manipulação, sanar todas as dúvidas, diretamente com o prescritor, mantendo registro sistematizado das análises realizadas, problemas identificados e intervenções; monitorar os pacientes em uso destes medicamentos e notificar queixas técnicas e eventos adversos.

D) Cuidado ao Paciente: O cuidado ao paciente objetiva contribuir para a promoção da atenção integral à saúde, à humanização do cuidado e à efetividade da intervenção terapêutica. Promove, também, o uso seguro e racional de medicamentos e outras tecnologias em saúde e reduz custos decorrentes do uso irracional do arsenal terapêutico e do prolongamento da hospitalização. Tem por função retroalimentar os demais membros da equipe de saúde com informações que subsidiem as condutas. A atividade do farmacêutico no cuidado ao paciente pressupõe o acesso a ele e seus familiares, ao prontuário, resultados de exames e demais informações, incluindo o diálogo com a equipe que assiste o paciente.

O farmacêutico deve registrar as informações relevantes para a tomada de decisão da equipe multiprofissional, bem como sugestões de conduta no manejo da farmacoterapia, assinando as anotações apostas.

Os hospitais devem adotar práticas seguras baseadas na legislação vigente, em recomendações governamentais, e em recomendações de entidades científicas e afins, nacionais e internacionais.

4.3. Gestão da Informação, Infraestrutura Física e Tecnológica: A gestão da informação reveste-se de fundamental importância no desenvolvimento das atividades da farmácia hospitalar, devendo-se empreender esforços para possibilitar a sua realização.

A infraestrutura física e tecnológica é entendida como a base necessária ao pleno desenvolvimento das atividades da farmácia hospitalar, sendo um fator determinante para o desenvolvimento da assistência farmacêutica, devendo ser mantidas em condições adequadas de funcionamento e segurança. A infraestrutura física para a realização das atividades farmacêuticas deve ser compatível com as atividades desenvolvidas, atendendo às normas vigentes.

A localização da farmácia deve facilitar o abastecimento e a provisão de insumos e serviços aos pacientes, devendo contar com meios de transporte internos e externos adequados, em quantidade e qualidade à atividade, de forma a preservar a integridade dos medicamentos e demais produtos para a saúde, bem como a saúde dos trabalhadores.

4.4. Recursos Humanos: A farmácia em hospitais deve contar com farmacêuticos e auxiliares, necessários ao pleno desenvolvimento de suas atividades, considerando a complexidade do hospital, os serviços ofertados, o grau de informatização e mecanização, o horário de funcionamento, a segurança para o trabalhador e usuários.

A responsabilidade técnica da farmácia hospitalar é atribuição do farmacêutico, inscrito no Conselho Regional de Farmácia de sua jurisdição, nos termos da legislação vigente. A farmácia hospitalar deve promover ações de educação permanente dos profissionais que atuam no hospital, nos temas que envolvam as atividades por elas desenvolvidas.

Os hospitais devem direcionar esforços para o fortalecimento dos recursos humanos da farmácia hospitalar, com foco na adoção de práticas seguras na assistência e cuidados de saúde, bem como propiciar a realização de ações de educação permanente para farmacêuticos e auxiliares.

....

RESOLUÇÕES DO CONSELHO FEDERAL DE FARMÁCIA

RESOLUÇÃO CFF Nº 357, DE 20 DE ABRIL DE 2001

Aprova o regulamento técnico das BOAS PRÁTICAS DE FARMÁCIA.

O Conselho Federal de Farmácia, no uso de suas atribuições legais e regimentais,

Considerando o disposto no art. 5º, XIII, da Constituição Federal, que outorga liberdade de exercício, trabalho ou profissão, atendidas as qualificações que a lei estabelecer;

Considerando que o Conselho Federal de Farmácia, no âmbito de sua área específica de atuação e como Conselho de Profissão Regulamentada, exerce atividade típica do Estado, nos termos dos arts. 5º, XIII; 21, XXIV, e 22, XVI, todos da Constituição Federal;

Considerando que é atribuição do Conselho Federal de Farmácia expedir Resoluções para eficácia da Lei Federal nº 3.820/1960 e ainda, compete-lhe o múnus de definir ou modificar a competência dos profissionais de farmácia em seu âmbito, conforme o art. 6º, alíneas "g" e "m", da Lei Federal nº 3.820, de 11 de novembro de 1960;

Considerando, ainda a outorga legal ao Conselho Federal de Farmácia de zelar pela saúde pública, promovendo ações que implementem a assistência farmacêutica em todos os níveis de atenção à saúde, conforme alínea "p", do art. 6º, da Lei Federal nº 3.820/1960 com as alterações da Lei Federal nº 9.120/1995;

Considerando ainda, o disposto nas Leis Federal nº 8.078/1990 (Código de Defesa do Consumidor) e nº 9.787/1999 (Lei dos Medicamentos Genéricos),

Resolve:

Art. 1º. Aprovar as BOAS PRÁTICAS EM FARMÁCIA, nos termos do Anexo "I", "II" e "III" desta Resolução, constantes de boas práticas de farmácia, ficha de consentimento informado e ficha de verificação das condições do exercício profissional, respectivamente.

Art. 2º. Adotar a referência legal e doutrinária utilizada nesta Resolução, podendo a qualquer tempo ser atualizada, por determinação do Conselho Federal de Farmácia:

(*) Disponível em: <http://www.cff.org.br/userfiles/file/resolucoes/357.pdf>.

Art. 3º. Esta Resolução entra em vigor na data de sua publicação, revogando-se às disposições em contrário.

Sala das sessões, 20 de abril de 2001.

Jaldo de Souza Santos – Presidente – DOU de 27.4.2001

ANEXOS

ANEXO I
BOAS PRÁTICAS EM FARMÁCIA

Capítulo I
DAS DISPOSIÇÕES PRELIMINARES

Art. 1º. O exercício da profissão farmacêutica, sem prejuízo de outorga legal já conferida, abrange com privatividade e exclusividade as farmácias, drogarias e ervanarias no que concerne as competências de farmacêuticos nesses estabelecimentos.

Parágrafo único. Caracteriza-se além da aplicação de conhecimentos técnicos, completa autonomia técnico-científica e conduta elevada que se enquadra dentro dos padrões éticos que norteiam a profissão.

Art. 2º. É permitido ao farmacêutico, quando no exercício da assistência e direção técnica em farmácia:

I – manipular e dispensar fórmulas alopáticas e homeopáticas, com finalidade profilática, curativa, paliativa, estética ou para fins de diagnóstico;

II – dispensar medicamentos alopáticos;

III – Dispensar medicamentos homeopáticos;

IV – dispensar e fracionar plantas de aplicações terapêuticas e medicamentos fitoterápicos, observados o acondicionamento adequado e a classificação botânica;

V – executar o fracionamento;

VI – dispensar drogas (matérias-primas), insumos farmacêuticos (matérias-primas aditivas), correlatos e alimentos para fins especiais;

VII – dispensar produtos dietéticos;

VIII – prestar serviços farmacêuticos de acordo com a legislação sanitária;

IX – promover ações de informação e educação sanitária;

X – prestar serviço de aplicação de injeção;

XI – desempenhar serviços e funções não especificadas no âmbito desta Resolução que se situem no domínio de capacitação técnico-científica profissional.

Art. 3º. É permitido ao farmacêutico, quando no exercício da assistência e direção técnica em drogaria:

I – dispensar medicamentos alopáticos em suas embalagens originais;

II – dispensar drogas (matérias-primas), insumos farmacêuticos (matérias-primas aditivas), correlatos e alimentos para fins especiais;

III – dispensar produtos dietéticos;

IV – promover ações de informação e educação sanitária;

V – prestar serviço de aplicação de injeção.

Art. 4º. No exercício da assistência e direção técnica em ervanaria, é permitido ao farmacêutico, dispensar e fracionar plantas de aplicação terapêuticas, observados o acondicionamento adequado e a classificação botânica.

Art. 5º. O farmacêutico diretor técnico das farmácias, drogarias e ervanarias é obrigado a manter exemplar atualizado da Farmacopeia Brasileira nas dependências do estabelecimento.

Art. 6º. Para efeito do controle do exercício profissional serão adotadas as seguintes definições:

6.1. Adoçantes com restrição de sacarose, frutose e/ou glicose (adoçante dietético): são adoçantes formulados para dietas com restrição destes açúcares para atender as necessidades de pessoas sujeitas à restrição da ingestão desses carboidratos. As matérias-primas sacarose, frutose e glicose não podem ser utilizadas na formulação desses produtos.

6.2. Alimentos funcionais: são divididos em 2 (dois) grupos:

6.2.1. Alegação de propriedade funcional: é aquela relativa ao papel metabólico ou fisiológico que o nutriente e não nutriente tem no crescimento, desenvolvimento, manutenção e outras funções normais do organismo humano.

6.2.2. Alegação de propriedade de saúde: é aquela que afirma, sugere ou implica a existência de relação entre o alimento ou ingrediente com doença ou condição relacionada a saúde.

6.3. Alimentos para controle de peso: são alimentos especialmente formulados e elaborados de forma a apresentar composição definida, adequada a suprir parcialmente as necessidades nutricionais do indivíduo e que sejam destinados a proporcionar redução, manutenção ou ganho de peso corporal.

6.4. Alimentos para dietas com restrição de carboidratos: são alimentos para dietas de restrição de açúcares, constituídos por 2 (duas) subcategorias:

6.4.1. Restrição de sacarose, frutose e/ou glicose (dextrose).

6.4.2. Restrição de outros mono ou dissacarídeos.

6.5. Alimentos para dietas com restrição de gorduras: são alimentos especialmente formulados para pessoas que necessitam de dietas com restrição de gorduras. Podem conter no máximo 0,5 grama de gordura total por 100 gramas ou 100ml do produto final a ser consumido.

6.6. Alimentos para dietas com restrição de outros mono e/ou dissacarídeos: são alimentos especialmente formulados para atender as necessidades de portadores de intolerância à ingestão de dissacarídeos e/ou portadores de erros inatos do metabolismo de carboidratos. Podem conter no máximo 0,5g do nutriente em referência por 100,0g ou 100,0ml do produto final a ser consumido.

6.7. Alimentos para dietas com restrição de proteínas: são alimentos especialmente elaborados para atender às necessidades de portadores de erros inatos do metabolismo, intolerância, síndromes de má absorção e outros distúrbios relacionados a ingestão de aminoácidos e/ou proteínas. Esses produtos devem ser totalmente isentos do componente associado ao distúrbio.

6.8. Alimentos para dietas com restrição de sacarose, frutose e/ou glicose (dextrose):

são alimentos especialmente formulados para atender as necessidades de pessoas com distúrbios no metabolismo desses açúcares.

6.9. Alimentos para dietas com restrição de sódio: alimentos hipossódicos: são alimentos especialmente elaborados para pessoas que necessitam de dietas com restrição de sódio, cujo valor dietético especial é o resultado da redução ou restrição de sódio.

6.10. Alimentos para dietas para nutrição enteral: são alimentos especialmente formulados e elaborados de forma a apresentarem composição definida e características físicas que permitam sua administração através de sondas gastroentéricas e a serem utilizados para substituir ou complementar a alimentação oral. Neste último caso, também poderão ser administrados por via oral.

6.11. Alimentos para fins especiais: são alimentos especialmente formulados ou processados, nos quais se introduzem modificações no conteúdo de nutrientes adequados à utilização em dietas diferenciadas e opcionais, atendendo as necessidades de pessoas em condições metabólicas e fisiológicas específicas.

6.12. Alimentos para geriatria: são alimentos que atendem as necessidades nutricionais e fisiológicas especiais dos idosos.

6.13. Alimentos para lactentes sucedâneos ou substitutos do leite materno: são alimentos que de alguma forma possam substituir parcial ou totalmente o leite materno.

6.14. Alimentos para praticantes de atividades físicas: são alimentos especialmente formulados para atender as necessidades de pessoas praticantes de atividades físicas. São subdivididos em 2 (duas) categorias:

6.14.1. Repositores hidroeletrolíticos: são produtos formulados a partir de concentração variada de eletrólitos, associada a concentrações variadas de carboidratos, com objetivo de reposição hídrica e eletrolítica decorrente da prática de atividade física.

6.14.2. Repositor energético: são produtos formulados com nutrientes que permitam o alcance e/ou manutenção do nível apropriado de energia para atletas.

6.15. Alimentos protéicos: são produtos com predominância de proteínas, formulados para aumentar a ingestão proteica ou complementar à dieta de atletas, cujas necessidades proteicas não estejam sendo satisfatoriamente supridas pelas fontes alimentares habituais.

6.16. Aminoácidos de cadeia ramificada: são produtos formulados a partir de concentrações variadas de aminoácidos de cadeia ramificada, com o objetivo de fornecimento de energia para atletas.

6.17. Alimentos compensadores: são produtos formulados de forma variada para serem utilizados na adequação de nutrientes da dieta de praticantes de atividade física.

6.18. Antissepsia: emprego de substância capaz de impedir a ação de micro-organismos pela inativação ou destruição.

6.19. Armazenamento / Estocagem: procedimento que possibilita o estoque ordenado e racional de várias categorias de materiais e produtos, garantindo a sua adequada conservação.

6.20. Assistência Farmacêutica: é o conjunto de ações e serviços que visam assegurar a assistência integral, a promoção, a proteção e a recuperação da saúde nos estabelecimentos públicos ou privados, desempenhados pelo farmacêutico ou sob sua supervisão.

6.21. Assistência Técnica: é o conjunto de atividades profissionais que requer obrigatoriamente a presença física do farmacêutico nos serviços inerentes ao âmbito da profissão farmacêutica efetuando a assistência e atenção farmacêutica.

6.22. Atenção Farmacêutica: é um conceito de prática profissional no qual o paciente é o principal beneficiário das ações do farmacêutico. A atenção é o compêndio das atitudes, dos comportamentos, dos compromissos, das inquietudes, dos valores éticos, das funções, dos conhecimentos, das responsabilidades e das habilidades do farmacêutico na prestação da farmacoterapia, com objetivo de alcançar resultados terapêuticos definidos na saúde e na qualidade de vida do paciente.

6.23. Ato Farmacêutico: ato privativo do farmacêutico por seus conhecimentos adquiridos durante sua formação acadêmica como perito do medicamento.

6.24. Automedicação Responsável: uso de medicamento não prescrito sob a orientação e acompanhamento do farmacêutico.

6.25. Aviamento de Receitas: manipulação de uma prescrição na farmácia, seguida de um conjunto de orientações adequadas, para um paciente específico.

6.26. (Revogado).

(*) Item 6.26 revogado pela Resolução CFF nº 579, de 26.7.2013.

6.27. Complementos alimentares para gestantes ou nutrizes: são alimentos que se destinam a complementar a alimentação de gestantes ou nutrizes e que forneçam 100% das quantidades adicionais de energia e de todos os nutrientes.

6.28. Correlato: substância, produto, aparelho ou acessório, cujo uso ou aplicação esteja ligado à defesa e proteção da saúde individual ou coletiva, à higiene pessoal ou de ambientes, ou a fins diagnósticos e analíticos, os cosméticos, perfumes e produtos de higiene e, ainda, os produtos óticos, de acústica médica, odontológicos, dietéticos e veterinários.

6.29. Denominação Comum Brasileira (DCB): denominação do fármaco ou princípio farmacologicamente ativo aprovada pela Agencia Nacional de Vigilância Sanitária.

6.30. Denominação Comum internacional (DCI): denominação do fármaco ou princípio farmacologicamente ativo recomendada pela Organização Mundial de Saúde.

6.31. Direção Técnica: compreende a coordenação de todos os serviços farmacêuticos do estabelecimento e é o fator determinante do gerenciamento da disponibilização do medicamento, devendo atender aos seguintes objetivos: atendimento ao paciente, economia, eficiência e cooperação com a equipe de saúde.

6.32. Diretor Técnico: é o farmacêutico responsável que trata a Lei nº 5.991/1973, cuja função é a assistência e a direção técnica do estabelecimento farmacêutico.

6.33. Dispensação: ato do farmacêutico de orientação e fornecimento ao usuário de medicamentos, insumos farmacêuticos e correlatos, a título remunerado ou não.

6.34. Drogaria: estabelecimento de dispensação e comércio de drogas, medicamentos, insumos farmacêuticos e correlato em suas embalagens originais.

6.35. Ervanaria: estabelecimento que realiza dispensação de plantas medicinais.

6.36. Especialidade Farmacêutica: produto oriundo da indústria farmacêutica com registro na Agência Nacional de Vigilância Sanitária e disponível no mercado.

6.37. Farmácia: estabelecimento de prestação de serviços farmacêutico de interesse público e/ou privado, articulada ao Sistema Único de Saúde, destinada a prestar assistência farmacêutica e orientação sanitária individual ou coletiva, onde se processe a manipulação e/ou dispensação de produtos e correlatos com finalidade profilática, curativa, paliativa, estética ou para fins de diagnósticos.

6.38. Fármaco: substância que é o principio ativo do medicamento.

6.39. Farmacopeia Brasileira: conjunto de normas e monografias de farmoquímicos, estabelecido por e para o país.

6.40. Farmacoquímico: todas as substâncias ativas ou inativas que são empregadas na fabricação de produtos farmacêuticos.

6.41. Farmacovigilância: identificação e avaliação dos efeitos, agudos ou crônicos, do risco do uso dos tratamentos farmacológicos no conjunto da população ou em grupos de pacientes expostos a tratamentos específicos.

6.42. Formulário Terapêutico Nacional: documento que reúne os medicamentos disponíveis no país e que apresenta informações farmacológicas destinadas a promover o uso efetivo, seguro e econômico destes produtos.

6.43. Fórmulas infantis destinadas a lactentes: são produtos que devem ser nutricionalmente adequados para proporcionar o crescimento e desenvolvimento normal do lactente.

6.44. Fórmulas magistrais: fórmula constante de uma prescrição que estabelece a composição, a forma farmacêutica e a posologia.

6.45. Fórmulas oficinais: fórmulas constantes das Farmacopeias Brasileiras ou de outros compêndios oficiais reconhecidos pelo Ministério da Saúde.

6.46. Fracionamento: subdivisão de um medicamento em frações menores a partir da sua embalagem original, sem o rompimento do invólucro primário e mantendo os seus dados de identificação.

6.47. Insumo Farmacêutico: droga ou matéria-prima aditiva ou complementar de qualquer natureza, destinada a emprego em medicamentos, quando for o caso, ou em seus recipientes.

6.48. Lactentes: são crianças menores de 1 ano de idade.

6.49. Manipulação: Conjunto de operações farmacotécnicas, realizadas na farmácia, com a finalidade de elaborar produtos e fracionar especialidades farmacêuticas.

6.50. Medicamento: produto farmacêutico, tecnicamente obtido ou elaborado, com finalidade profilática, curativa, paliativa ou para fins de diagnóstico.

6.51. Medicamento de Referência: produto inovador registrado no órgão federal responsável pela vigilância sanitária e comercializado no país, cuja eficácia, segurança, e qualidade foram comprovados cientificamente junto ao órgão federal competente, por ocasião do registro.

6.52. Medicamento Genérico: medicamento similar a um produto de referência ou inovador, que se pretende ser por este intercambiável, geralmente produzido após expiração ou renuncia da proteção patentária ou de outros direitos de exclusividade, comprovada a sua eficácia, segurança e qualidade, e designado pela DCB ou na sua ausência pela DCI.

6.53. Medicamento Homeopático: são preparações manipuladas de forma específica de acordo com regras farmacotécnicas bem definidas, descritas na Farmacopeia Homeopática Brasileira.

6.54. Medicamento Similar: aquele que contém o mesmo ou os mesmos princípios ativos, apresenta a mesma concentração, forma farmacêutica, via de administração, posologia e indicação terapêutica, preventiva ou diagnóstico, do medicamento de referência registrado no órgão federal responsável pela vigilância sanitária, podendo diferir somente em característica relativas ao tamanho e forma do produto, prazo de validade, embalagem, rotulagem, excipiente e veículos, devendo sempre ser identificado por nome comercial ou marca.

6.55. Medicamentos de Controle Especial: medicamentos entorpecentes ou psicotrópicos e outros relacionados pela Agência Nacional de Vigilância Sanitária capazes de causar dependência física ou psíquicas.

6.56. Medicamentos de Uso Contínuo: são aqueles empregados no tratamento de doenças crônicas e ou degenerativas, utilizados continuamente.

6.57. Medicamentos Essenciais: medicamentos considerados básicos e indispensáveis para atender a maioria dos problemas de saúde da população.

6.58. Medicamentos Não Prescritos: são aqueles cuja dispensação não requer prescrição por profissional habilitado.

6.59. Medicamentos Órfãos: medicamentos utilizados em doenças raras, cuja dispensação atende a casos específicos.

6.60. Medicamentos Tarjados: são os medicamentos cujo uso requer a prescrição por profissional habilitado e que apresentem, em sua embalagem, tarja (vermelha ou preta) indicativa desta necessidade.

6.61. Notificação de Receita: documento padronizado, acompanhado de receita, destinado à notificação da prescrição de substâncias e de medicamentos sujeitos a controle especial.

6.62. Preparações Magistrais: é aquela preparada na farmácia atendendo a uma prescrição de um profissional habilitado, que estabelece sua composição, forma farmacêutica, posologia e modo de usar.

6.63. Preparações Oficinais: é aquela preparada na farmácia, cuja fórmula esteja inscrita na Farmacopeia Brasileira ou Compêndios ou Formulários reconhecidos pelo Ministério da Saúde.

6.64. Procedimento Operacional Padrão (POP): descrição escrita pormenorizada de técnicas e operações a serem utilizadas na farmácia e drogaria, visando proteger, garantir a preservação da qualidade dos produtos, a uniformidade dos serviços e a segurança dos profissionais.

6.65. Produto: substância ou mistura de substâncias minerais, animais, vegetais ou química, com finalidade terapêutica, profilática, estética ou de diagnóstico.

6.66. Produto Farmacêutico intercambiável: equivalente terapêutico de um medicamento de referência, comprovado, essencialmente, os mesmos efeitos de eficácia e segurança.

6.67. Receita: prescrição de medicamento, contendo orientação de uso para o paciente, efetuada por profissional legalmente habilitado.

6.68. Responsabilidade Técnica: é o ato de aplicação dos conhecimentos técnicos e profissionais, cuja responsabilidade objetiva, está sujeita à sanções de natureza cível, penal e administrativa.

6.69. Sal com reduzido teor de sódio: pode conter no máximo 60% de teor de sódio no produto final.

6.70. Sal para dieta com restrição de sódio: pode conter no máximo 20% de teor de sódio no produto final.

6.71. Serviços Farmacêuticos: serviços de atenção à saúde prestados pelo farmacêutico.

6.72. Sucedâneas do sal (sal hipossódico): é produto elaborado a partir da mistura de cloreto de sódio com outros sais, com poder salgante semelhante ao sal de mesa, pode conter no máximo 50% do teor de sódio do cloreto de sódio.

6.73. Supervisão farmacêutica: constitui a supervisão, no estabelecimento, efetuada pelo farmacêutico responsável técnico ou seu farmacêutico substituto.

6.74. Suplementos vitamínicos e/ou minerais: são alimentos que servem para complementar a dieta diária de uma pessoa, em casos onde sua ingestão, a partir da alimentação seja insuficiente, ou quando a dieta requer suplementação. Devem conter no mínimo 25% e no máximo até 100% da ingestão diária recomendada (IDR), na porção indicada pelo fabricante, não podendo substituir os alimentos, nem serem considerados como dieta exclusiva.

Capítulo II
DA DIREÇÃO, RESPONSABILIDADE E ASSISTÊNCIA TÉCNICA

Art. 7º. Toda a farmácia ou drogaria contará obrigatoriamente, com profissional farmacêutico responsável, que efetiva e permanentemente assuma e exerça a sua direção técnica, sem prejuízo de mantença de farmacêutico substituto, para atendimento às exigências de lei.

Art. 8º. Nos requerimentos para registro de empresas e de seus estabelecimentos de dispensação deverá ser indicado, pelo representante legal, o horário de funcionamento do estabelecimento.

§ 1º. Os estabelecimentos de que trata este artigo contarão obrigatoriamente com a presença e assistência técnica de tantos farmacêuticos quantos forem necessários para cobrir todo o seu horário de funcionamento.

§ 2º. Além do farmacêutico que presta a assistência e a direção técnica, o estabelecimento poderá manter outro farmacêutico substituto para prestar a assistência e responder tecnicamente na ausência do efetivo.

Art. 9º. Será afixado em lugar visível ao público, dentro da farmácia ou drogaria, o Certificado de Regularidade Técnica emitido pelo Conselho Regional da respectiva jurisdição, indicando o nome, função e o horário de assistência de cada farmacêutico e o horário de funcionamento do estabelecimento.

Parágrafo único. (Revogado).

(*) Parágrafo único revogado
pela Resolução CFF nº 579, de 26.7.2013.

Art. 10. O farmacêutico que exerce a direção técnica é o principal responsável pelo funcionamento do estabelecimento farmacêutico de que trata a Lei nº 5.991/1973 e terá obrigatoriamente sob sua responsabilidade a supervisão e coordenação de todos os serviços técnicos do estabelecimento que a ele ficam subordinados hierarquicamente.

Parágrafo único. A designação da função de diretor técnico deverá ser requerida ao Conselho Regional de Farmácia para a devida anotação, com a informação de seu horário de trabalho.

Art. 11. Ocorrida a rescisão contratual, o desligamento da empresa ou o abandono do emprego do farmacêutico diretor técnico ou farmacêutico responsável técnico ou, ainda, do farmacêutico assistente técnico, bem como do farmacêutico substituto técnico responsável, ou de seu substituto farmacêutico, a empresa ou estabelecimento terá o prazo de 30 (trinta) dias para regularizar-se.

Parágrafo único. O início do prazo dar-se-á a partir da data de rescisão contratual, declaração do profissional, ou da data de comunicação de baixa definitiva protocolizada pelo farmacêutico no CRF ou, ainda, da data de outro fator gerador de afastamento constatado pelo serviço de fiscalização, sob pena de incorrer em infração ao art. 24 da Lei Federal nº 3.820, de 11 de novembro de 1960, além das demais sanções previstas na legislação vigente.

(*) Art. 11 com redação dada
pela Resolução CFF nº 597, de 24.4.2014.

Art. 12. Somente será permitido o funcionamento de farmácia e drogaria sem a assistência do farmacêutico diretor técnico ou farmacêutico responsável técnico ou, ainda, do farmacêutico assistente técnico, bem como do farmacêutico substituto, pelo prazo de até 30 (trinta) dias, sendo que nesse período não serão:

I – aviadas fórmulas magistrais ou oficiais;

II – dispensados medicamentos com retenção de receita ou sujeitos a regime especial de controle;

III – fracionados medicamentos;

IV – efetuados procedimentos de intercambialidade;

V – executados serviços farmacêuticos; e

VI – realizadas quaisquer atividades privativas do farmacêutico.

(*) Art. 12 com redação dada
pela Resolução CFF nº 597, de 24.4.2014.

Art. 13. Qualquer alteração quanto à direção técnica e/ou responsabilidade profissional e assistência técnica dos estabelecimentos, implicará a caducidade do Certificado de Regularidade.

Parágrafo único. Qualquer alteração nos horários de assistência técnica dos farmacêuticos dos estabelecimentos de que trata o art. 1º deverá ser comunicada ao Conselho Regional de Farmácia.

Art. 14. Ao requerer a assistência técnica e o exercício da direção técnica pelo estabelecimento, o farmacêutico deverá declarar junto ao Conselho Regional de Farmácia da jurisdição, que tem meios de prestar a assistência e a direção técnica com disponibilidade de horário.

Parágrafo único. A informação falsa ou a não declaração de outras atividades em horário proposto de assistência técnica perante o Conselho Regional, pelo farmacêutico, implicará sanções disciplinares sem prejuízo das ações civis e penais pertinentes, nos termos da lei.

Art. 15. (Revogado).

(*) Art. 15 revogado
pela Resolução CFF nº 579, de 26.7.2013.

Art. 16. O diretor técnico e/ou seus substitutos responderão disciplinarmente caso os representantes legais do estabelecimento tentem obstar, negar ou dificultar o acesso dos fiscais do Conselho Regional de farmácia às dependências dos mesmos com o objetivo de realizar inspeção do exercício da profissão farmacêutica.

§ 1º. Em caso de intransigência do representante legal e constatada a defesa do diretor técnico em favor da inspeção, o fiscal deverá buscar medidas legais a fim de garantir a sua atividade.

§ 2º. A recusa ou a imposição de dificuldade à inspeção do exercício profissional, pelo diretor técnico, implicará em sanções previstas na Lei nº 3.820, de 11 de novembro de 1960 ou nos atos dela decorrentes e nas medidas judiciais cabíveis, nos termos da lei.

Art. 17. A responsabilidade profissional e a assistência técnica são indelegáveis e obriga o(s) farmacêutico(s) a participação efetiva e pessoal nos trabalhos a seu cargo.

Art. 18. Cabe exclusivamente ao farmacêutico diretor técnico representar a empresa e/ou estabelecimento em todos os aspectos técnico-científicos.

Art. 19. São atribuições dos farmacêuticos que respondem pela direção técnica da farmácia ou drogaria, respeitada as suas peculiaridades:

I – assumir a responsabilidade pela execução de todos os atos farmacêuticos praticados na farmácia, cumprindo-lhe respeitar e fazer respeitar as normas referentes ao exercício da profissão farmacêutica;

II – fazer com que sejam prestados ao público esclarecimentos quanto ao modo de utilização dos medicamentos, nomeadamente de medicamentos que tenham efeitos colaterais indesejáveis ou alterem as funções nervosas superiores;

III – manter os medicamentos e substâncias medicamentosas em bom estado de conservação, de modo a serem fornecidos nas devidas condições de pureza e eficiência;

IV – garantir que na farmácia sejam mantidas boas condições de higiene e segurança;

V – manter e fazer cumprir o sigilo profissional;

VI – manter os livros de substâncias sujeitas a regime de controle especial em ordem e assinados, demais livros e documentos previstos na legislação vigente;

VII – garantir a seleção de produtos farmacêuticos na intercambialidade, no caso de prescrição pelo nome genérico do medicamento;

VIII – assegurar condições para o cumprimento das atribuições gerais de todos envolvidos, visando prioritariamente a qualidade, eficácia e segurança do produto;

IX – favorecer e incentivar programas de educação continuada para todos os envolvidos nas atividades realizadas na farmácia;

XII♦ – gerenciar aspectos técnico-administrativos de todas atividades;

XIII♦ – assegurar a atualização dos conhecimentos técnico-científicos e sua aplicação;

XII♦ – garantir a qualidade dos procedimentos de manipulação;

XIII♦ – prestar a sua colaboração ao Conselho Federal e Conselho Regional de Farmácia de sua jurisdição e autoridades sanitárias;

XII♦ – informar as autoridades sanitárias e o Conselho Regional de Farmácia sobre as irregularidades detectadas em medicamentos no estabelecimento sob sua direção técnica;

♦ Na publicação oficial, a sequência da numeração dos incisos de X a XVI foi erroneamente apresentada. Mantivemos aqui a redação original.

XIII♦ – manter os medicamentos e demais produtos sob sua guarda com controle de estoque que garanta no mínimo o reconhecimento do lote e do distribuidor;

XIV♦ – realizar treinamento aos auxiliares onde constem por escrito suas atividades, direitos e deveres compatíveis com a hierarquia técnica.

♦ Na publicação oficial, a sequência da numeração dos incisos de X a XVI foi erroneamente apresentada. Mantivemos aqui a redação original.

Parágrafo único. Todos os farmacêuticos respondem solidariamente pelos itens constantes neste artigo.

Capítulo III
DA DISPENSAÇÃO

Seção I
Dos Medicamentos Prescritos

Art. 20. A presença e atuação do farmacêutico é requisito essencial para a dispensação de medicamentos aos pacientes, cuja atribuição é indelegável, não podendo ser exercida por mandato nem representação.

§ 1º. É obrigatório o uso de cartão e/ou crachá de identificação do farmacêutico, expedido pelo Conselho Regional de Farmácia da jurisdição.

§ 2º. O cartão de identificação do farmacêutico deve conter em destaque a palavra "FARMACÊUTICO(A)" e atender os seguintes requisitos: nome, fotografia 3 x 4, registro no CRF, nº da identidade civil e função exercida.

Art. 21. O farmacêutico é responsável pela avaliação farmacêutica do receituário e somente será aviada/dispensada a receita que:

I – estiver escrita a tinta, em português, em letra de forma, clara e legível, observada a nomenclatura oficial dos medicamentos e o sistema de pesos e medidas oficiais do Brasil. A datilografia ou impressão por computador é aceitável;

II – contiver o nome e o endereço residencial do paciente;

III – contiver a forma farmacêutica, posologia, apresentação, método de administração e duração do tratamento;

IV – contiver a data e a assinatura do profissional, endereço do consultório e o número de inscrição no respectivo Conselho Profissional. A prescrição deve ser assinada claramente e acompanhada do carimbo, permitindo identificar o profissional em caso de necessidade;

V – a prescrição não deve conter rasuras e emendas.

Parágrafo único. Deve-se observar o receituário específico e a notificação de receita para a dispensação de medicamentos sujeitos a controle especial.

Art. 22. Não poderão ser aviadas receitas ilegíveis e/ou que possam induzir a erro ou troca na dispensação dos medicamentos ou que se apresentem em código (sob siglas, números, etc.);

Art. 23. Na interpretação do receituário deve o farmacêutico fazê-lo com fundamento nos seguintes aspectos:

I – aspectos terapêuticos (farmacêuticos e farmacológicos);

II – adequação ao indivíduo;

III – contraindicações e interações;

IV – aspectos legais, sociais e econômicos.

Parágrafo único♦. Em havendo necessidade, o farmacêutico deve entrar em contato com o profissional prescritor para esclarecer eventuais problemas que tenha detectado.

♦ Na publicação oficial, o parágrafo único foi erroneamente numerado também como inciso V.

Art. 24. Quando a dosagem ou posologia dos medicamentos prescritos ultrapassar os limites farmacológicos, ou a prescrição apresentar incompatibilidade ou interação potencialmente perigosa com demais medicamentos prescritos ou de uso do paciente, o farmacêutico exigirá confirmação expressa ao profissional que prescreveu.

§ 1º. Na ausência ou negativa da confirmação, o farmacêutico não pode aviar e/ou dispensar os medicamentos prescritos ao paciente, expostos os seus motivos por escrito, com nome legível, nº do CRF e assinatura em duas vias, sendo 01 (uma) via entregue ao paciente e outra arquivada no estabelecimento farmacêutico com assinatura do paciente;

§ 2º. Pode ser transcrito no verso da prescrição devolvida ao paciente os motivos expostos;

§ 3º. O farmacêutico pode enviar cópia de sua via ao Conselho Regional de Farmácia respectivo para análise e encaminhamento ao Conselho do profissional prescritor.

Art. 25. Na obtenção e dispensação do medicamento prescrito devem ser desenvolvidas as seguintes ações pelo farmacêutico:

I – seleção do medicamento em função de racionalidade de farmacoterapia;

II – seleção de fornecedores de medicamentos e outros produtos para a saúde;

III – preparação e garantia de qualidade das preparações extemporâneas/manipuladas.

Art. 26. No ato de dispensação ao paciente, o farmacêutico deve assegurar as condições de estabilidade do medicamento e ainda verificar o estado da embalagem e o prazo de validade.

Art. 27. Deve o farmacêutico notificar a ocorrência de reações adversas, de interações medicamentosas e qualquer desvio de qualidade e/ou irregularidade a medicamentos e produtos dispensados no estabelecimento às autoridades competentes, através de ficha apropriada.

Art. 28. É vedado ao farmacêutico manter em estoque e dispensar ao paciente medicamentos divulgados como amostras grátis, medicamentos do SUS e medicamentos de uso exclusivo hospitalar.

Art. 29. É vedado a dispensação de medicamentos sujeitos a controle especial ao usuário, por meios eletrônicos.

Art. 30. É vedada a dispensação de medicamentos ao público pelo sistema de autoatendimento.

Art. 31. O farmacêutico deve explicar clara e detalhadamente ao paciente o benefício do tratamento, conferindo-se a sua perfeita compreensão, adotando os seguintes procedimentos:

I – o farmacêutico deve fornecer toda a informação necessária para o uso correto, seguro e eficaz dos medicamentos de acordo com as necessidades individuais do usuário;

II – além da informação oral, as orientações prestadas pelo farmacêutico podem ser reforçadas por escrito ou com material de apoio adequado;

III – as contraindicações, interações e possíveis efeitos secundários do medicamento devem ser explicados no momento da dispensação;

IV – o farmacêutico deve procurar os meios adequados para ficar ciente de que o paciente não tem dúvidas sobre o modo de ação dos medicamentos, a forma de usar (como, quando e quanto), a duração do tratamento, possíveis efeitos adversos e precauções especiais.

Art. 32. É recomendável que o farmacêutico estabeleça os procedimentos para acompanhamento da adesão e do efeito dos tratamentos prescritos.

Art. 33. A documentação e o registro das atividades profissionais do farmacêutico é uma forma de permitir rápido acesso à informação.

I – o farmacêutico deve registrar todas as ações profissionais que possam requerer confirmação no futuro;

II – deverão ser mantidos registros atualizados das prescrições de medicamentos que exigem controle e de outras em que são obrigatórias por lei ou por exigência dos organismos profissionais;

III – a origem do fornecimento de um medicamento genérico à farmácia deve ser rapidamente acessível, bem como a sua disponibilidade;

IV – qualquer advertência ou precaução emitidas pelos organismos profissionais ou autoridades oficiais relativamente a medicamentos ou legislação farmacêutica deve ser registrada e aplicada imediatamente.

Seção II
Dos Medicamentos Genéricos

Art. 34. É dever dos farmacêuticos responsáveis técnicos por farmácia e drogaria:

I – esclarecer ao usuário sobre a existência do medicamento genérico, substituindo, se for o caso, o medicamento prescrito exclusivamente pelo medicamento genérico correspondente, salvo restrições expressas do próprio punho consignadas no documento pelo profissional prescritor;

II – indicar, no verso da prescrição a substituição realizada, citando o nome genérico do medicamento e a indústria produtora, apondo o carimbo que conste seu nome e número de inscrição no CRF, local e data, assinando a declaração;

III – no ato da dispensação explicar detalhadamente ao paciente sobre a utilização do medicamento, fornecendo toda a orientação necessária ao seu consumo racional;

IV – informar ao paciente e ao prescritor sobre a existência ou não de medicamentos genérico, diferenciando-os dos similares;

§ 1º. O farmacêutico não deverá indicar ou dispensar medicamentos similares em substituição à prescrição dos medicamentos genéricos, registrados e comercializados, mesmo que não possua genéricos em estoque;

§ 2º. (Revogado).

(*) § 2º revogado pela Resolução CFF nº 416, de 27.8.2004.

Art. 35. Os estabelecimentos ficam obrigados a manter à disposição dos consumidores lista atualizada dos medicamentos genéricos, conforme relação publicada mensalmente pela Agência Nacional de Vigilância Sanitária no Diário Oficial.

§ 1º. A relação dos medicamentos genéricos deve ser exposta nos estabelecimentos de dispensação de medicamentos em local de fácil visualização, de modo a permitir imediata identificação pelos consumidores.

§ 2º. Na dispensação de medicamentos genéricos de fármacos idênticos os profissionais farmacêuticos deverão ofertar mais de uma alternativa dos medicamentos genéricos cuja compra foi solicitada, a fim de possibilitar a escolha por parte do usuário e prevenir que o fornecedor do produto se prevaleça da fraqueza ou ignorância do consumidor, tendo em vista sua idade, saúde, conhecimento ou condição social, para impingir-lhe marca de produto.

Seção III
Das Substâncias e/ou Medicamentos Sujeitos a Controle Especial

Art. 36. O farmacêutico deverá proceder o controle das substâncias e/ou medicamentos sujeitos a controle especial, cumprindo as determinações contidas em normativas do órgão de vigilância sanitária federal, estadual ou municipal, quando houver.

Parágrafo único. Em caso do estabelecimento decidir pelo controle e emissão de relatórios pelo sistema informatizado, o mesmo será efetuado com a concordância e sob a responsabilidade do farmacêutico diretor técnico, respeitando-se as normas sanitárias vigentes sobre a matéria.

Art. 37. A dispensação das substâncias e medicamentos sujeitos a controle especial, deverá ser feita exclusivamente por farmacêutico, sendo vedado a delegação de responsabilidade sobre a chave dos armários a outros funcionários da farmácia que não sejam farmacêuticos.

Art. 38. O farmacêutico que manipular, fracionar e/ou dispensar substâncias e/ou medicamentos sujeitos a controle especial deverá escriturar e manter no estabelecimento para efeito de fiscalização e controle, livros de escrituração conforme discriminado a seguir:

a) Livro de Registro Específico para escrituração de substâncias e/ou medicamentos sujeitos a controle especial;

b) Livro de Receituário Geral para prescrições magistrais.

Art. 39. Os Livros de Receituário Geral e de Registro Específico deverão conter Termos de Abertura e de Encerramento lavrados pela Autoridade Sanitária local.

Parágrafo único. Os livros a que se refere o *caput* deste artigo, poderão ser elaborados através de sistema informatizado previamente avaliado pelo farmacêutico e aprovado pela Autoridade Sanitária local.

Art. 40. Para a baixa da responsabilidade técnica, o farmacêutico deve apresentar à autoridade sanitária local um levantamento do estoque das substâncias sujeitas a controle especial e/ou dos medicamentos que as contenham até seu último dia de trabalho naquele estabelecimento.

Art. 41. Na assunção da responsabilidade técnica pelo estabelecimento, o farmacêutico deve identificar, datar e assinar o livro de registro geral e/ou específico logo abaixo da assinatura do farmacêutico responsável técnico anterior.

Seção IV
Dos Medicamentos Manipulados

Art. 42. Na elaboração de medicamentos e insumos farmacêuticos serão observadas as normas e condições estabelecidas na Farmacopeia Brasileira e seus fascículos.

Art. 43. O farmacêutico é responsável pela manipulação e manutenção da qualidade das preparações até a sua dispensação ao cliente, devendo orientar e treinar os funcionários que realizam o seu transporte, quando for o caso.

Art. 44. A preparação das formulações envolve a avaliação farmacêutica da prescrição, a manipulação, o controle de qualidade, a conservação e a dispensação.

Art. 45. A avaliação farmacêutica das prescrições quanto à concentração, compatibilidade físico-química e farmacológica dos componentes, dose e via de administração, é de responsabilidade do farmacêutico e deve ser feita antes do início da manipulação. Qualquer alteração na prescrição, que se fizer necessária, em função desta avaliação, deve ser discutida com o profissional prescritor.

Art. 46. As alterações realizadas na prescrição, após contato com o prescritor, devem ser anotadas, datadas e assinadas pelo farmacêutico na receita e a fórmula, devidamente corrigida, registrada no Livro de Receituário, podendo este ser informatizado.

Art. 47. É vedado fazer alterações nas prescrições de medicamentos a base de substâncias sujeitas a controle especial.

Art. 48. O farmacêutico pode transformar especialidade farmacêutica, quando da indisponibilidade da matéria-prima no mercado e na ausência da especialidade na dose e concentração e/ou forma farmacêutica compatíveis com as condições clínicas do paciente, de forma a adequá-la à prescrição.

Art. 49. O farmacêutico deve assegurar a qualidade microbiológica, química e física de todos os produtos manipulados, fracionados, reconstituídos, diluídos, adicionados, misturados ou de alguma maneira manuseados antes da sua dispensação.

Art. 50. É indispensável a supervisão farmacêutica em todo o processo de obtenção dos produtos manipulados na farmácia, de modo a garantir ao paciente um produto com qualidade.

Art. 51. São inerentes ao farmacêutico na manipulação as seguintes atribuições:

I – conhecer, interpretar, cumprir e estabelecer condições para cumprimento da legislação pertinente;

II – especificar, selecionar, inspecionar e armazenar criteriosamente as matérias-primas e materiais de embalagem necessários ao preparo dos produtos manipulados;

III – assegurar que os rótulos ou etiquetas dos produtos manipulados contenham todas as informações necessárias de acordo com a legislação específica;

IV – assegurar que todas os rótulos ou etiquetas de advertência necessárias venham auxiliar e garantir o uso correto do produto;

V – adquirir insumos de fabricantes/ fornecedores qualificados e assegurar que a recepção da matéria-prima seja acompanhada de certificado de análise emitido pelo fabricante/fornecedor;

VI – estabelecer critérios e supervisionar o processo de aquisição;

VII – avaliar a prescrição quanto à concentração e compatibilidade físico-química dos componentes, dose e via de administração;

VIII – assegurar condições adequadas de manipulação, conservação, dispensação e avaliação final do produto manipulado;

IX – atender aos requisitos técnicos dos produtos manipulados;

X – manter arquivo que pode ser informatizado ou não, de toda a documentação correspondente à preparação;

XI – determinar o prazo de validade para cada produto manipulado;

XII – participar de estudos para o desenvolvimento de novas preparações;

XIII – participar, promover e registrar as atividades de treinamento operacional e de educação continuada, garantindo a atualização dos seus colaboradores, bem como de todos os profissionais envolvidos na manipulação;

XIV – manter atualizado o livro de receituário, podendo ser informatizado;

XV – desenvolver e atualizar regularmente as diretrizes e procedimentos relativos aos aspectos operacionais da manipulação de produtos magistrais e oficinais.

Seção V
Das Preparações Homeopáticas

Art. 52. O farmacêutico diretor técnico da farmácia com manipulação de preparações homeopáticas é obrigado a manter exemplar atualizado da Farmacopeia Homeopática Brasileira nas dependências do estabelecimento.

Art. 53. Na manipulação de preparações homeopáticas serão observadas as normas e condições estabelecidas na Farmacopeia Homeopática Brasileira e/ou compêndios reconhecidos pelo Ministério da Saúde.

Art. 54. São inerentes ao farmacêutico na manipulação de preparações homeopáticas as seguintes atribuições:

I – garantir a aquisição de materiais com qualidade assegurada;

II – avaliar a prescrição quanto a sua nomenclatura, forma farmacêutica e o grau de toxicidade;

III – manipular e/ou supervisionar a formulação de acordo com o receituário, obedecendo os procedimentos adequados para que seja obtida a qualidade exigida;

IV – aprovar e supervisionar os procedimentos relativos às operações de preparação e garantir a implementação dos mesmos;

V – garantir que seja realizado treinamento específico, inicial e contínuo dos funcionários e que os mesmos sejam adaptados conforme as necessidades;

VI – assegurar que os rótulos dos produtos manipulados apresentem, de maneira clara e precisa, todas as informações exigidas pela legislação específica a fim de auxiliar e garantir o uso correto do produto;

VII – preparar isoterápicos provenientes de especialidades farmacêuticas;

VIII – preparar isoterápicos provenientes de medicamentos e/ou substâncias sujeitos a controle especial.

Seção VI
Dos Medicamentos Não Prescritos

Art. 55. A automedicação responsável é responsabilidade do farmacêutico relativamente a cada patologia que possa ser objeto de sua intervenção no processo saúde-doença.

I – o farmacêutico deve promover ações de informação e educação sanitária dirigidas ao consumidor ou doente de modo que relativamente aos medicamentos se possa fazer uma opção e não um abuso;

II – o farmacêutico deverá desenvolver ações na seleção e dispensação de medicamentos não prescritos.

Art. 56. A avaliação das necessidades na automedicação responsável pelos usuário deve ser efetuada com base no interesse dos que são beneficiários dos serviços prestados pelo farmacêutico.

I – o farmacêutico deve avaliar as necessidades do usuário através da análise dos sintomas e das características individuais para decidir corretamente sobre o problema específico de cada paciente;

II – o farmacêutico deve avaliar se os sintomas podem ou não estar associados a uma patologia grave e em sua ocorrência recomendar a assistência médica;

III – no caso de patologias menores, deverão ser dados conselhos adequados ao usuário, só devendo ser-lhe dispensados os medicamentos em caso de absoluta necessidade.

Art. 57. A seleção para a dispensação de medicamentos não sujeitos a prescrição deve ser realizada em função do perfil farmacológico.

a) o farmacêutico na dispensação de medicamentos não sujeitos a prescrição, deve ter em conta a sua qualidade, eficácia e segurança, bem como, as vantagens e desvantagens de certas formulações específicas na seleção de medicamentos;

b) na dispensação de um medicamento não sujeito a prescrição, o farmacêutico deve estar ciente de que o usuário não apresenta dúvidas a respeito dos seguintes aspectos:

I – o modo de ação do medicamento;

II – a forma como deve ser tomado (como, quando, quanto);

III – a duração do tratamento;

IV – possíveis reações adversas, contraindicações e interações.

Art. 58. A seleção para a dispensação de medicamentos não sujeitos a prescrição deve ser realizada em função do perfil do usuário, atendidos os seguintes requisitos:

a) o farmacêutico deve avaliar a eficácia do produto em estreita colaboração com o usuário;

b) a orientação farmacêutica deve levar em consideração situações especiais relativas ao perfil do doente: gravidez, aleitamento materno, pediatria e doentes idosos, alertando para eventuais riscos decorrentes do estado fisiológico ou patológico de cada usuário;

c) o farmacêutico deve orientar o usuário a recorrer a uma consulta médica se os sintomas persistirem além de um período determinado.

Seção VII
Dos Medicamentos Fitorerápicos

Art. 59. É atribuição privativa do farmacêutico a dispensação de plantas de aplicações terapêuticas.

Art. 60. O farmacêutico somente poderá dispensar plantas medicinais em farmácias e ervanárias devidamente legalizadas perante o órgão sanitário competente e o Conselho Regional de Farmácia da Jurisdição.

Art. 61. A dispensação de plantas medicinais somente poderá ser efetuada pelo farmacêutico em farmácias e ervanarias, desde que observados os seguintes requisitos:

a) se verificado o acondicionamento adequado;

b) se indicada a classificação botânica correspondente no acondicionamento, que deve ser aposta em etiqueta ou impresso na respectiva embalagem.

Art. 62. Apenas poderão ser dispensadas pelo farmacêutico, os medicamentos fitoterápicos que obedeçam aos padrões de qualidade oficialmente reconhecidos pelo órgão sanitário federal competente.

Art. 63. As plantas dispensadas sob classificação botânica falsa, bem como as desprovidas de ação terapêutica e entregues ao consumo com o mesmo nome vulgar de outras terapêuticas ativas, constitui infração ética, sendo os infratores exemplarmente punidos, quando constatados produtos alterados ou falsificados.

Capítulo IV
PERFIL FARMACOTERAPÊUTICO

Art. 64. O farmacêutico deverá estar em condições de instrumentalizar procedimentos adequados que propiciem a construção do perfil farmacoterapêutico dos pacientes que acorram à farmácia.

Art. 65. O perfil farmacoterapêutico de um paciente é o registro cronológico da informação relacionada com o consumo de medicamentos, permitindo ao farmacêutico realizar o acompanhamento de cada paciente para garantir o uso seguro e eficaz dos medicamentos.

Parágrafo único. O perfil farmacoterapêutico de um paciente inclui os medicamentos prescritos ou não, o consumo de plantas medicinais, os regimes dietéticos, o consumo de bebidas (álcool, café, chá e outras), reação adversas ou hipersensibilidade a certos medicamentos e demais fatores que podem alterar a relação paciente – medicamento.

Art. 66. A confecção da ficha do perfil farmacoterapêutico e o acompanhamento do paciente permite ao farmacêutico:

I – relacionar os problemas do paciente com a administração dos medicamentos;

II – controlar o cumprimento da prescrição;

III – relacionar a ingestão alimentar com os medicamentos e os horários de administração;

IV – dar informação ao paciente sobre os medicamentos prescritos referindo-se aos seguintes aspectos:

a) modo de empregar os medicamentos;

b) necessidade de respeitar os horários de administração;

c) importância de duração do tratamento;

d) necessidade de alterar hábitos dietéticos ou bebidas (álcool, café, chá e outros) que prejudiquem o tratamento terapêutico.

Art. 67. O farmacêutico no estabelecimento de critérios de seleção dos pacientes para fazer a ficha do perfil farmacoterapêutico deve incluir aqueles que:

I – apresentam sinais ou sintomas que sugerem problemas relacionados com os medicamentos: reações adversas a medicamentos ou resposta terapêutica inadequada;

II – recebem medicamentos com uma estreita margem entre a ação terapêutica e tóxica, que podem requerer a monitorização da concentração no sangue;

III – consomem muitos medicamentos ou padecem de várias enfermidades;

IV – são psiquiátricos ou idosos que recebem um grande número de medicamentos e que com elevada frequência apresentam problemas relacionados com a medicação.

Art. 68. O farmacêutico ao elaborar a ficha do perfil farmacoterapêutico deve incluir os seguintes dados:

I – identificação do paciente;

II – dados clínico-patológicos:

a) regimes dietéticos;

b) consumo frequente de bebidas alcoólicas, fumo e consumo de bebidas com cafeína e outras;

c) alergias a medicamentos ou alimentos;

d) doenças crônicas;

e) tratamento medicamentoso atual e do passado;

III – medicamentos prescritos:

a) nome genérico, concentração, forma farmacêutica, via de administração, quantidade e indicações;

b) nome dos prescritores;

c) registro de reações adversas a medicamentos;

IV – cumprimento dos tratamentos.

Art. 69. A farmácia deve dispor de local adequado que assegure a privacidade necessária para a entrevista do farmacêutico com o paciente e a garantia do sigilo profissional.

Art. 70. O farmacêutico deve estar em condição de identificar os medicamentos que possam provocar reações adversas e enfermidades induzidas por fármacos e comunicá-las ao órgão sanitário competente das localidade em que exerçam a atividade profissional.

Capítulo V
DO FRACIONAMENTO DE MEDICAMENTOS

Art. 71. O fracionamento de medicamentos será efetuado pelo farmacêutico, observadas as seguintes exigências e condições:

I – será realizado apenas na farmácia e sob a responsabilidade e assistência do farmacêutico;

II – o fracionamento se efetuará na quantidade que atenda a prescrição;

III – o fracionamento será feito, a partir da embalagem original, para a unidade comprimido, drágea, supositório, flaconete, ou ampola;

IV – outra formulação líquida não se poderá fracionar; sua unidade será a embalagem original;

V – a embalagem para medicamento fracionado deverá ser adequada às normas de conservação do produto;

V♦ – junto com o medicamento fracionado deverá seguir as informações sobre:

♦ Na publicação oficial, o inciso VI foi erroneamente numerado como inciso V.

a) o seu nome genérico e de marca;

b) a concentração da unidade básica referente ao genérico;

c) o número do lote de sua fabricação;

d) o seu prazo de validade;

e) o nome da empresa que o produziu;

f) o nome do farmacêutico responsável técnico pela farmácia e o seu número de inscrição no Conselho Regional de Farmácia da jurisdição;

VII – o fracionamento de medicamento será da inteira responsabilidade do farmacêutico que deverá obedecer as normas de farmacotécnica de modo a preservar a qualidade, segurança e eficácia do medicamento.

Capítulo VI
DO ARMAZENAMENTO E CONSERVAÇÃO DO MEDICAMENTO

Art. 72. O armazenamento e a conservação de medicamentos é atribuição e responsabilidade do farmacêutico para os quais deve atender os seguintes requisitos:

I – se as condições de transporte foram compatíveis com as condições de armazenamento necessárias aos medicamentos e produtos;

II – os medicamentos e produtos devem estar acompanhados dos respectivos prazos de validade, número do lote, número de registro no Ministério da Saúde, bem como se apresentarem com composição especificada e embalagens, bulas e rótulos íntegros;

III – é vedado a colocação de etiquetas com novos prazos de validade e/ou número de lote sobre o prazo de validade e/ou número de lote na embalagem original, bem como a dispensação ao público de produtos e medicamentos com o prazo de validade expirado;

IV – todos os produtos e medicamentos que apresentem problemas e/ou irregularidades devem ser retirados da área de dispensação ao público e comunicado ao Serviço de Vigilância Sanitária para as providências cabíveis, em especial aos relacionados para interdição cautelar e/ ou inutilização;

V – os medicamentos e produtos que necessitarem de guarda em baixa temperatura deverão estar acondicionados em geladeira ou congelador conforme a especificação.

Capítulo VII
DOS ALIMENTOS

Art. 73. O farmacêutico poderá dispensar as seguintes categorias de alimentos:

I – os alimentos para fins especiais, regulamentados por legislação específica vigente, abaixo especificados:

a) alimentos para dietas com restrição de nutrientes:

a.1. alimentos com restrição de carboidratos (adoçantes dietéticos e isentos de açúcares);

a.2. alimentos para dietas com restrição de gorduras;

a.3. alimentos para dietas com restrição de proteínas (fenilcetonúria);

a.4. alimentos para dietas com restrição de sódio;

b) alimentos para ingestão controlada de nutrientes:

b.1. alimentos para controle de peso;

b.2. alimentos para praticantes de atividades físicas;

b.3. alimentos para dietas de nutrição enteral;

b.4. alimentos para dietas de ingestão controlada de açúcares;

c) alimentos para grupos populacionais específicos:

c.1. alimentos para lactentes, sucedâneos do leite materno (leite em pó modificado / leite em pó integral);

c.2. complementos alimentares para gestantes e nutrizes;

c.3. alimentos para idosos;

d) outros alimentos específicos:

d.1. suplementos vitamínicos e/ou minerais;

d.2. sucedâneos do sal (sal hiposódico);

d.3. alimentos ricos em fibras;

d.4. alimentos funcionais;

d.5. mel e derivados;

d.6. chás aromáticos;

d.7. reconstituidores da flora intestinal liofilizados.

§ 1º. O farmacêutico diretor técnico não poderá permitir a dispensação nas farmácias e drogarias dos seguintes alimentos:

I – alimentos convencionais e bebidas em geral, *in natura* e/ou industrializados;

II – refrigerantes dietéticos;

III – leites pasteurizados, esterilizados, e outros derivados do leite na forma líquida;

IV – alimentos para fins especiais não incluídos na Lei de Vigilância Sanitária;

V – alimentos convencionais modificados classificados como: baixo teor, reduzido teor, alto teor, fonte de, ou *low*, *light*, *rich or high*, *source*.

§ 2º. Deverão ser observados os seguintes procedimentos quanto a guarda e dispensação dos alimentos facultados pela legislação:

I – os alimentos devem ter registro no Ministério competente;

II – devem estar separados dos demais produtos e medicamentos;

III – os produtos devem obedecer a rotulagem da legislação específica;

IV – devem estar em unidades pré-embaladas sendo vedado o seu fracionamento;

V – os consumidores devem ser orientados quanto as diferenças, indicações e riscos do uso destes alimentos.

Capítulo VIII
DOS SERVIÇOS FARMACÊUTICOS

Art. 74. O farmacêutico poderá prestar serviços obedecidas as Legislações Federal, Estadual e Municipal quando houver.

Art. 75. A presença do farmacêutico é indispensável à realização dos serviços.

Art. 76. A autorização expressa ao auxiliar ou profissional habilitado e a manutenção de treinamentos periódicos, definição de procedimentos operacionais padrões e seu aperfeiçoamento é condicional para o farmacêutico prestar os serviços desejados no estabelecimento.

Art. 77. O farmacêutico deverá exibir em lugar visível nome, endereço e telefone dos estabelecimentos hospitalares mais próximos para atendimento de emergência aos pacientes que necessitarem de tratamento hospitalar e/ou ambulatorial.

Seção I
Da Aplicação de Injetáveis

Art. 78. É atribuição do farmacêutico, na farmácia e drogaria, a prestação do serviço de aplicação de injetáveis desde que o estabelecimento possua local devidamente aparelhado, em condições técnicas higiênicas e sanitárias nos termos estabelecidos pelo órgão competente da Secretaria de Saúde.

Art. 79. Os medicamentos só devem ser administrados mediante prescrição de profissional habilitado.

Art. 80. As injeções realizadas nas farmácias ou drogarias, só poderão ser ministradas pelo farmacêutico ou por profissional habilitado com autorização expressa do farmacêutico diretor técnico pela farmácia ou drogaria, preenchidas as exigências legais.

Parágrafo único. A presença e/ou supervisão do profissional farmacêutico é condição e requisito essencial para aplicação de medicamentos injetáveis aos pacientes.

Art. 81. A responsabilidade técnica referida no *caput* do artigo anterior caracteriza-se, além da aplicação de conhecimentos técnicos, por assistência técnica, completa autonomia técnico-científica, conduta elevada que se enquadra dentro dos padrões éticos que norteiam a profissão e atendimento, como parte diretamente responsável às autoridades sanitárias profissionais.

Art. 82. O farmacêutico responsável técnico deverá possuir um livro de receituário destinado aos registros das injeções efetuadas.

Art. 83. Na aplicação dos medicamentos injetáveis não poderão existir dúvidas quanto a qualidade do produto a ser administrado e caso o medicamento apresentar características diferenciadas como cor, odor, turvação ou presença de corpo estranho no interior do medicamento, o mesmo não deverá ser administrado, devendo o profissional notificar os serviços de Vigilância Sanitária.

Seção II
Dos Pequenos Curativos

Art. 84. É facultado ao farmacêutico, a realização de pequenos curativos, desde que atendidas as normas supletivas do órgão sanitário competente dos Estados e Municípios e as condições abaixo:

I – presença de cadeira ou poltrona de material liso, resistente e lavável;

II – armário de material liso, resistente, de fácil limpeza e desinfecção para o preparo e armazenamento de materiais;

III – local independente das salas de aplicação e inalação;

IV – presença de estojo ou armário com material de primeiros socorros e emergências, dotado no mínimo de:

a) antissépticos para ferimentos contaminados;

b) soluções estéreis de soro fisiológico ou água destilada para a lavagem de feridas;

c) luvas e gazes estéreis;

d) algodão e esparadrapo;

e) espátulas descartáveis e outros conforme a necessidade.

Parágrafo único. Todo o material supracitado deverá ser descartável, sendo proibido o seu reaproveitamento.

Art. 85. Na realização dos curativos deverão ser seguidas as técnicas de biossegurança preconizadas pelo órgão federal competente.

Art. 86. Só poderão ser realizados pequenos curativos, na ausência de sangramento arterial, onde não haja a necessidade de realização de suturas ou procedimentos mais complexos.

Art. 87. É vedada a realização de curativos nos casos de haver infecção profunda ou abcesso, nos casos de mordidas de animais, perfurações profundas, retiradas de pontos, curativos na região ocular, ouvido, lavagem de ouvido, e outros procedimentos que necessitam atendimento ambulatorial ou hospitalar, devendo estes casos serem prontamente encaminhados à unidade ambulatorial ou hospitalar mais próxima.

Seção III
Da Nebulização e/ou Inalação

Art. 88. Os medicamentos só devem ser administrados mediante prescrição.

Art. 89. O local de nebulização e/ou inalação deve oferecer condições técnicas, higiênicas e sanitárias adequadas.

Art. 90. Os procedimentos realizados deverão ser registrados em livro específico, segundo normas sanitárias vigentes.

Seção IV
Da Verificação de Temperatura e Pressão Arterial

Art. 91. É facultado ao farmacêutico, para serviço de verificação de temperatura e pressão arterial, a manutenção de aparelhos como: termômetro, estetoscópio e esfignomanômetro ou aparelhos eletrônicos, ficando ditos aparelhos sob sua responsabilidade.

Parágrafo único. No exercício das disposições do *caput* deste artigo, quando em acompanhamento de pacientes hipertensos, serão observados os seguintes procedimentos:

a) é vedada a utilização de procedimentos técnicos para indicação ou prescrição de medicamentos;

b) os aparelhos de verificação de pressão arterial devem ser aferidos anualmente ou quando necessário, por instituição oficial (Selo do INMETRO, IPEM) ou assistência técnica autorizada.

c) devem ser seguidas as técnicas preconizadas para verificação de pressão arterial e temperatura;

d) na observação de alterações significativas na temperatura e pressão dos pacientes, os mesmos devem ser encaminhados ao serviço de saúde mais próximo para a devida assistência médica;

e) as verificações de pressão arterial devem ser registradas em ficha e/ou carteira de hipertenso do paciente caso o mesmo possua;

f) os registros, citados no item anterior, devem ser fornecidos ao profissional que assiste o paciente mediante solicitação do mesmo e autorização do paciente;

g) deverá haver próximo ao local onde é verificada a pressão, cartaz com os seguintes dizeres: "ISTO NÃO É UMA CONSULTA MÉDICA, NÃO SE AUTOMEDIQUE E NÃO ACEITE INDICAÇÃO DE MEDICAMENTOS PARA REGULAÇÃO DE PRESSÃO ARTERIAL. CONSULTE O SEU MÉDICO!".

Seção V
Da Determinação de Parâmetros Bioquímicos e Fisiológicos

Art. 92. O farmacêutico, no âmbito da farmácia, poderá desenvolver atividades de determinação dos parâmetros bioquímicos e fisiológicos dos usuários como forma de contribuição para a melhoria do nível de saúde da comunidade.

Art. 93. Para a determinação dos parâmetros bioquímicos e fisiológicos deverão ser estabelecidos protocolos relativos ao registro de resultado dos teste e que permitam a validação da qualidade dos métodos e instrumentos usados para o rasteio.

Art. 94. No caso de detecção de qualquer anormalidade nos parâmetros bioquímicos e fisiológicos deve o paciente ser aconselhado ao atendimento hospitalar ou ambulatorial adequado.

Seção VI
Da Colocação de Brincos

Art. 95. Será permitido ao farmacêutico a colocação de brincos, observadas as condições de assepsia, desinfecção e existência de equipamento adequado para este fim.

Art. 96. Na colocação de brincos o farmacêutico deverá observar as condições estabelecidas abaixo:

I – deverá ser feita com aparelho próprio para colocação de brincos, na sala de aplicações de injetáveis;

II – a colocação deverá ser feita pelo farmacêutico, ou profissional sob sua supervisão, observadas as condições de assepsia das mãos e bioproteção;

III – perfeita condição de antissepsia dos locais de colocação de brinco, através de fricção de algodão embebido com antisséptico recomendado pelo Ministério da Saúde;

IV – o aparelho de colocação de brincos deve estar perfeitamente desinfetado, conforme as normas preconizadas pelo Ministério da Saúde;

V – só poderá haver a colocação de brincos acondicionados em embalagens estéreis, visando a proteção ao consumidor;

VI – é vedada a utilização de agulhas de aplicação de injeção, agulhas de suturas, e outros objetos para a realização da perfuração.

Capítulo IX
DA PRESTAÇÃO DE ASSISTÊNCIA FARMACÊUTICA DOMICILIAR

Art. 97. A prestação da assistência farmacêutica domiciliar no estrito cumprimento da legislação vigente, dos princípios éticos da profissão farmacêutica e dos requisitos mínimos contemplados neste regulamento deve atender a melhoria do acesso dos pacientes e da população em geral aos cuidados farmacêuticos.

Parágrafo único. A prestação da assistência farmacêutica domiciliar somente é permitida em farmácias e drogarias, abertas ao público, definidas nos termos da Lei Federal nº 5.991, de 17 de dezembro de 1973.

Seção I
Dos Princípios Gerais

Art. 98. A ação do farmacêutico deve pautar-se pelos princípios éticos que regem o seu exercício profissional especialmente à propaganda, publicidade, promoção de medicamentos, a relação com o paciente, colegas e outros profissionais de saúde.

Art. 99. Deve ser assegurado o princípio da livre escolha da farmácia e do farmacêutico pelo usuário.

Art. 100. Cabe ao farmacêutico diretor técnico a garantia do cumprimento da legislação em vigor, das normas éticas dentro e fora da farmácia no estrito cumprimento dos atos inerentes ao farmacêutico e com vista a adequar a qualidade do serviço com as necessidades do paciente.

Art. 101. A prestação deste serviço por parte do farmacêutico na farmácia e drogaria é facultativo.

Art. 102. O farmacêutico diretor técnico pela farmácia prestadora de assistência farmacêutica domiciliar deve articular-se com outros colegas no sentido de proporcionar a melhor assistência possível ao atendimento dos usuários.

Art. 103. As informações e condições da prestação desta assistência deve ser dada à população tendo em atenção os princípios gerais e as normas específicas estipuladas de forma a não afetar a dignidade profissional dos farmacêuticos.

Art. 104. A remuneração da prestação desta assistência é obrigatória.

Seção II
Das Normas Específicas

Art. 105. É assegurada a prestação dos serviços farmacêuticos domiciliar quando da solicitação através dos meios de comunicação existentes, sejam estes fax, telefone, correio, Internet ou similares, desde que comprovado pelo estabelecimento farmacêutico e farmacêutico diretor técnico, o cadastro prévio do beneficiário, o qual deverá ser disponibilizado às autoridades de fiscalização, em qualquer tempo.

Parágrafo único. É obrigatório o prévio cadastramento por parte do usuário da assistência farmacêutica domiciliar, cabendo aos Conselhos Regionais de Farmácia expedirem deliberações necessárias a elaboração do cadastro mencionado neste artigo, cujo procedimento é de obrigação do farmacêutico diretor técnico ou substituto.

Art. 106. O farmacêutico deverá manter na farmácia toda a informação necessária: identificação do paciente, identificação do prescritor, prescrição, produtos dispensados, características particulares do paciente e patologias. Caso não seja possível dispor de toda informação especificamente da prescrição deverá o farmacêutico de acordo com o paciente, encontrar uma forma de avaliação e acompanhamento.

Art. 107. O farmacêutico é responsável pela validação da informação recebida, solicitando ao usuário ou ao prescritor os esclarecimentos adicionais necessárias à dispensação dos medicamentos.

Art. 108. Os produtos a serem dispensados devem ser acondicionados em embalagens seladas e individualizadas por usuário de acordo com as características dos produtos requeridos. Deve ainda constar todas as informações necessárias para a sua correta utilização.

Art. 109. O transporte dos medicamentos deverá assegurar que os produtos chegarão aos usuários em perfeitas condições de conservação e segurança, tendo para qual que cumprir as adequadas condições de temperatura, luminosidade e umidade de acordo com as definições da Farmacopeia brasileira ou de outras normas determinados pela ANVISA.

Art. 110. A dispensação de medicamentos domiciliar será acompanhada por documento onde deverão constar as seguintes informações: nome do usuário, residência do usuário, nome da farmácia, nome do farmacêutico, meio de contato, endereço da farmácia e a descrição dos produtos dispensados.

Art. 111. O usuário deverá conferir os produtos solicitados, bem como as informações que devem acompanha-los. Em caso de dúvida deve se reportar ao farmacêutico.

Parágrafo único. No caso de não haver contato por parte do usuário, deverá o farmacêutico obrigatoriamente entrar em contato com o mesmo, para averiguação de eventuais dúvidas na utilização dos produtos dispensados.

Art. 112. Fica vedada a dispensação de medicamentos domiciliar fora de suas embalagens originais.

Art. 113. Para medicamentos manipulados o farmacêutico deverá dispensar em embalagens com lacre ou outro mecanismo que assegure a inviolabilidade do conteúdo.

Art. 114. Os registros decorrentes da prestação de assistência farmacêutica domiciliar devem ser elaboradas com o prévio consentimento por expresso dos usuários e respeitando a sua privacidade. (Anexo II)

I – a confidencialidade dos dados, a privacidade do paciente e a garantia de que acessos indevidos ou não autorizados a estes dados sejam evitados e que seu sigilo seja garantido;

II – que os dados sobre pacientes, armazenados em formato eletrônico, não serão utilizados para qualquer forma de promoção, publicidade, propaganda ou outra forma de indução de consumo de medicamentos.

Capítulo X
DA FISCALIZAÇÃO

Art. 115. Não se admitirá o exercício da atividade técnica científica e sanitária sem a presença física do profissional farmacêutico no estabelecimento.

Art. 116. Compete aos Conselhos Regionais de Farmácia, a fiscalização dos estabelecimentos farmacêuticos, para verificação das condições de Atenção Farmacêutica.

Parágrafo único. A Atenção Farmacêutica será comprovada através da ficha de verificação das condições do exercício profissional (Anexo III), que passa a fazer parte da Resolução Nº 299/1996 – do Conselho Federal de Farmácia.

Art. 117. Os Conselhos Regionais de Farmácia, deverão comunicar prontamente os Serviços Municipais e/ou Regionais de Vigilância Sanitária, Promotoria Pública, Delegacia do Consumidor e outros órgãos afins.

Art. 118. Todo diretor técnico de estabelecimento farmacêutico deverá afixar em local visível ao público, informações com telefone para reclamação junto ao Conselho Regional de Farmácia e a Vigilância Sanitária municipal ou regional.

Art. 119. A inobservância de qualquer destes procedimentos constitui infração do Código de Ética da Profissão Farmacêutica.

Art. 120. O farmacêutico que não prestar efetiva assistência farmacêutica aos estabelecimentos sob sua responsabilidade técnica, ficam sujeitos às penas previstas pela legislação.

Art. 121. O poder de punir disciplinarmente compete, com exclusividade, ao Conselho Regional de Farmácia que o faltoso estiver inscrito ao tempo do fato punível em que incorreu.

Capítulo XI
DAS DISPOSIÇÕES GERAIS

Art. 122. Deverão ser observados os seguintes procedimentos quanto à dispensação e guarda dos produtos de que trata esta Resolução:

I – Os produtos devem dispor de registro, ou manifestação expressa de isenção de registro, e rotulagem obedecendo a normatização específica que o classifica dentre os de dispensação permitido por esta Resolução;

II – Os saneantes domissanitários e os produtos veterinários devem estar em local específico, separados dos demais produtos e medicamentos;

III – Os produtos, aparelhos e acessórios devem estar em local específico, separados dos demais produtos e medicamentos;

Art. 123. Para o perfeito cumprimento deste regulamento o farmacêutico deverá denunciar ao Conselho Regional de Farmácia respectivo constrangimento para exercer a atividade profissional, a falta de condição de trabalho e o descumprimento deste regulamento.

Art. 124. Os casos omissos na presente Resolução e questões de âmbito profissional, serão resolvidos pelo Plenário do Conselho Federal de Farmácia.

ANEXO II
ASSISTÊNCIA FARMACÊUTICA DOMICILIAR – CONSENTIMENTO INFORMADO

(*) Anexo disponível em: <http://www.cff.org.br/userfiles/file/resolucoes/357.pdf>.

ANEXO III
FICHA DE VERIFICAÇÃO DAS CONDIÇÕES DO EXERCÍCIO PROFISSIONAL

(*) Anexo disponível em: <http://www.cff.org.br/userfiles/file/resolucoes/357.pdf>.

RESOLUÇÃO CFF Nº 499, DE 17 DE DEZEMBRO DE 2008

Dispõe sobre a prestação de serviços farmacêuticos, em farmácias e drogarias, e dá outras providências.

O Conselho Federal de Farmácia, no uso de suas atribuições legais e regimentais;

Considerando o disposto no art. 5º, inciso XIII, da Constituição Federal, que outorga liberdade de exercício, trabalho ou profissão, atendidas as qualificações que a lei estabelecer;

Considerando que o Conselho Federal de Farmácia, no âmbito de sua área específica de atuação e como Conselho de Profissão Regulamentada, exerce atividade típica do Estado, nos termos dos arts. 5º, inciso XIII; 21, inciso XXIV e 22, inciso XVI, todos da Constituição Federal;

Considerando que é atribuição do Conselho Federal de Farmácia expedir resoluções para eficiência da Lei Federal nº 3.820/1960 e ainda, compete-lhe o múnus de definir ou modificar a competência dos farmacêuticos em seu âmbito, de acordo com o art. 6º, alíneas “g” e “m”, da norma assinalada;

Considerando, ainda, a outorga legal ao Conselho Federal de Farmácia de zelar pela saúde pública, promovendo ações de assistência farmacêutica em todos os níveis de atenção à saúde, de acordo com a alínea “p”, do art. 6º, da Lei Federal nº 3.820/1960, com as alterações da Lei Federal nº 9.120/1995;

Considerando a Lei Federal nº. 5.991/1973, que dispõe sobre o controle sanitário do comércio de drogas, medicamentos, insumos farmacêuticos e correlatos, e dá outras providências;

Considerando o Decreto Federal nº 74.170/1974, que regula a Lei nº 5.991/1973;

Considerando o Decreto Federal nº 85.878/1981, que regula a Lei nº 3.820/1960 e atribui atividades aos farmacêuticos;

Considerando o Decreto nº 20.377/1931, que aprova a regulamentação do exercício da profissão farmacêutica no Brasil;

Considerando que a Lei nº. 8.080/1990, em seu art. 6º, inciso I, alínea “d”, estabelece que está incluída, ainda, no campo de atuação do Sistema Único de Saúde (SUS), a assistência terapêutica integral, inclusive a farmacêutica;

Considerando a Lei Federal nº 9.787/1999, que dispõe sobre a vigilância sanitária, estabelece o medicamento genérico, dispõe sobre a utilização de nomes genéricos em produtos farmacêuticos, e dá outras providências;

Considerando o disposto na Resolução CFF nº 349, de 20 de janeiro de 2000, que estabelece a competência do farmacêutico em proceder a intercambialidade ou substituição genérica de medicamentos;

Considerando as proposições contidas no Relatório Final da I Conferência Nacional de Medicamentos e Assistência Farmacêutica, realizada em setembro de 2003, que trata da qualidade da assistência farmacêutica, formação e capacitação de recursos humanos;

Considerando o disposto no Decreto nº 5.775/2006, que regula o fracionamento de medicamentos;

Considerando o disposto na Resolução CFF nº 357, de 20 de abril de 2001, que aprova o regulamento técnico das Boas Práticas de Farmácia;

Considerando as diretrizes, as prioridades e as responsabilidades estabelecidas na Política Nacional de Medicamentos, instituída pela Portaria nº 3.916/MS/GM, de 30 de outubro de 1998, que busca garantir condições para segurança e qualidade dos medicamentos consumidos no país, promover o uso racional e o acesso da população àqueles considerados essenciais;

Considerando a Resolução nº 338, de 6 de maio de 2004, do Conselho Nacional de Saúde, que aprova a Política Nacional de Assistência Farmacêutica;

Considerando o disposto na Resolução CFF nº 477, de 28 de maio de 2008, que define Farmácia Comunitária como o estabelecimento de prestação de serviços farmacêuticos, de natureza estatal ou privada, dirigido por profissional farmacêutico, destinado a prestar assistência e atenção farmacêutica ao público, incluindo educação para a saúde individual e coletiva, onde se processe a manipulação ou a dispensação de medicamentos magistrais, oficinais ou industrializados, cosméticos e produtos para a saúde,

Resolve:

Capítulo I
DAS CONDIÇÕES GERAIS

Art. 1º. Estabelecer que somente o farmacêutico inscrito no Conselho Regional de Farmácia de sua jurisdição, poderá prestar serviços farmacêuticos, em farmácias e drogarias.

§ 1º. Os serviços farmacêuticos de que trata o *caput* deste artigo são os seguintes:

I – elaboração do perfil farmacoterapêutico, avaliação e acompanhamento da terapêutica farmacológica de usuários de medicamentos;

II – determinação quantitativa do teor sanguíneo de glicose, mediante coleta de amostras de sangue por punção capilar, utilizando-se de medidor portátil;

(*) Inciso II com redação dada pela Resolução CFF nº 505, de 23.6.2009.

III – verificação de pressão arterial;

IV – verificação de temperatura corporal;

V – aplicação de medicamentos injetáveis;

VI – execução de procedimentos de inalação e nebulização;

VII – realização de curativos de pequeno porte;

VIII – colocação de brincos;

IX – participação em campanhas de saúde;

X – prestação de assistência farmacêutica domiciliar.

§ 2º. Os serviços realizados e os resultados obtidos deverão ser registrados, monitorados, avaliados e arquivados.

(*) § 2º com redação dada pela Resolução CFF nº 505, de 23.6.2009.

§ 3º. Outros serviços farmacêuticos, não especificados nesta Resolução, também poderão ser executados, desde que se situem no domínio da capacitação técnica, cientifica ou profissional.

(*) § 3º acrescido pela Resolução CFF nº 505, de 23.6.2009.

Art. 2º. (Revogado).

(*) Art. 2º revogado pela Resolução CFF nº 505, de 23.6.2009.

Art. 3º. Os serviços farmacêuticos realizados deverão ser registrados em formulário próprio (anexo II), em tantas vias quantas necessárias, sendo a original arquivada no estabelecimento farmacêutico, uma entregue ao usuário e as demais encaminhadas aos profissionais de saúde correspondentes, quando for o caso.

Art. 4º. Deverão ser estabelecidos, pela farmácia ou drogaria, os procedimentos operacionais padrão (POPs) correspondentes a cada um dos serviços farmacêuticos, devidamente acompanhados dos seus respectivos formulários.

§ 1º. Recomenda-se que os POPs sejam revisados, pelo menos anualmente, tendo em vista eventuais modificações nos procedimentos técnicos ou mudanças nos parâmetros de normalidade utilizados.

§ 2º. Os Conselhos Federal e Regionais de Farmácia poderão oferecer, a qualquer tempo, modelos de formulários, que poderão ser adaptados à realidade de cada estabelecimento farmacêutico.

Capítulo II
DOS SERVIÇOS FARMACÊUTICOS

Seção I
Do Perfil Farmacoterapêutico e Acompanhamento da Terapêutica Farmacológica

Art. 5º. O farmacêutico deverá estar em condições de realizar procedimentos que possibilitem a construção do perfil farmacoterapêutico e o acompanhamento da terapêutica farmacológica de usuários de medicamentos, atendidos no estabelecimento farmacêutico.

Art. 6º. O perfil farmacoterapêutico é o registro cronológico das informações relacionadas à utilização de medicamentos, permitindo ao farmacêutico realizar o acompanhamento de cada usuário, de modo a garantir o uso racional dos medicamentos.

Parágrafo único. O perfil farmacoterapêutico a que se refere o *caput* deste artigo deve incluir informações relativas aos medicamentos, prescritos ou não, em especial as que se referem à dosagem, dose, forma farmacêutica, técnica, via e horários de administração, interações, reações adversas e aos parâmetros de monitorização de risco/benefício, bem como aquelas que dizem respeito ao consumo de álcool e de outras bebidas, uso de fumo, terapias alternativas e tipo de alimentação, além de outros fatores que possam interferir na resposta terapêutica.

Art. 7º. O perfil farmacoterapêutico e o acompanhamento da terapêutica farmacológica permitem ao farmacêutico identificar, prevenir e solucionar problemas relacionados com a terapêutica farmacológica.

Parágrafo único. Os problemas relacionados com a terapêutica farmacológica de que trata o *caput* deste artigo referem-se a:

I – necessidade de um medicamento adicional;

II – uso de um medicamento que é desnecessário;

III – ausência de resposta terapêutica;

IV – utilização de dose subterapêutica;

V – presença de reação adversa a medicamento;

VI – emprego de superdose;

VII – não adesão.

Art. 8º. Compete ao farmacêutico estabelecer as prioridades a serem adotadas para a seleção dos usuários, que terão os perfis farmacoterapêuticos elaborados e a terapêutica farmacológica devidamente acompanhada.

Parágrafo único. Dentre as prioridades referidas no *caput* deste artigo, destacam-se:

I – características do usuário;

II – tipo de enfermidade(s);

III – característica do(s) medicamento(s);

IV – quantidade de medicamentos.

Art. 9º. A farmácia deve dispor de local adequado, que assegure a privacidade necessária ao atendimento do usuário e a garantia do sigilo profissional.

Seção II
Da Determinação dos Parâmetros Bioquímicos

Art. 10. Para a determinação quantitativa do teor sanguíneo de glicose, deverão ser estabelecidos protocolos relativos ao registro dos testes, de modo a que sirvam para a validação da qualidade dos métodos e aparelhos usados para o rasteio.

(*) Art. 10 com redação dada pela Resolução CFF nº 505, de 23.6.2009.

Art. 11. O farmacêutico deverá, antes de realizar a determinação, esclarecer o usuário de que o procedimento se destina apenas à prevenção de enfermidades ou ao monitoramento do tratamento em curso, cabendo o devido preenchimento do anexo II.

Parágrafo único. Os resultados da determinação quantitativa do teor sanguíneo de glicose não poderão ser fornecidos como diagnóstico, sob qualquer hipótese.

(*) Parágrafo único com redação dada pela Resolução CFF nº 505, de 23.6.2009.

Art. 12. No caso de identificação de qualquer alteração quantitativa dos parâmetros bioquímicos avaliados, o usuário deverá ser aconselhado a procurar a devida assistência médica.

Seção III
Da Verificação de Pressão Arterial

Art. 13. O farmacêutico deverá, antes da verificação da pressão arterial, esclarecer ao usuário que o procedimento tem o propósito de prevenir enfermidades ou monitorar o tratamento farmacológico.

Art. 14. É facultada ao farmacêutico, para fins de verificação da pressão arterial, a manutenção de estetoscópio e esfignomanômetro, ou de aparelhos eletrônicos, ficando os mesmos sob sua total responsabilidade.

Art. 15. Os resultados da verificação da pressão arterial não poderão ser fornecidos como diagnóstico clínico, tampouco utilizados como parâmetros para a indicação ou prescrição de medicamentos.

Art. 16. As verificações de pressão arterial deverão ser feitas com base nas técnicas preconizadas, sendo os resultados devidamente registrados em ficha e/ou carteira de hipertenso do usuário, caso o mesmo a possua.

Art. 17. No caso de observação de qualquer alteração dos níveis pressóricos, o usuário deverá ser aconselhado a procurar a devida assistência médica.

Seção IV
Da Verificação de Temperatura Corporal

Art. 18. O farmacêutico deverá, antes da verificação da temperatura corporal, esclarecer ao usuário que o procedimento tem o propósito de prevenir enfermidades ou monitorar o tratamento farmacológico.

Art. 19. É facultada ao farmacêutico a verificação da temperatura corporal, para promover ações de informação e educação sanitária.

Parágrafo único. A avaliação das necessidades de autocuidados de saúde, incluindo as opções pelo uso de produtos farmacêuticos isentos de prescrição, deverá ser efetuada com base no interesse do usuário.

Art. 20. No caso de observação de qualquer alteração da temperatura corporal, o usuário poderá ser aconselhado a procurar a devida assistência médica.

Seção V
Da Aplicação de Medicamentos Injetáveis

Art. 21. As aplicações de medicamentos injetáveis em farmácias ou drogarias só poderão ser feitas pelo farmacêutico ou por profissional habilitado, com autorização expressa do farmacêutico diretor ou responsável técnico.

Parágrafo único. A presença e/ou supervisão do farmacêutico é condição e requisito essencial para aplicação de medicamentos injetáveis.

Art. 22. Só poderão ser aplicados medicamentos injetáveis, quando não houver qualquer dúvida em relação a sua qualidade.

Parágrafo único. Caso o medicamento apresente características diferenciadas em sua cor ou odor, ou contenha corpo estranho em seu interior, o mesmo não deverá ser administrado, devendo o fato ser notificado aos serviços de Vigilância Sanitária.

Art. 23. Os medicamentos injetáveis só deverão ser administrados mediante prescrição de profissional habilitado, cabendo o preenchimento do anexo II.

Art. 24. O farmacêutico deverá registrar, em livro próprio, as aplicações de medicamentos injetáveis realizadas.

Seção VI
Da Execução de Procedimentos de Inalação e Nebulização

Art. 25. O farmacêutico deverá certificar-se de que os medicamentos a serem administrados estão de acordo com o receituário, cabendo o preenchimento do anexo II.

Art. 26. O farmacêutico deverá registrar, em livro próprio, os procedimentos de inalação e nebulização realizados.

Seção VII
Da Realização de Curativos de Pequeno Porte

Art. 27. Só poderão ser realizados pequenos curativos secos, na ausência de hemorragia arterial, em lesões cutâneas, onde não haja a necessidade de fazer suturas ou procedimentos mais complexos.

Art. 28. É vedada a realização de lavagem de ouvido e também de curativos nas regiões ocular e do ouvido, nos casos de infecção profunda ou abscesso, mordidas de animais, perfurações profundas e retirada de pontos, bem como de outros procedimentos que necessitem de atendimento ambulatorial ou hospitalar.

Seção VIII
Da Colocação de Brincos

Art. 29. Será permitida ao farmacêutico a colocação de brincos, observadas as condições adequadas para este fim.

Art. 30. Só poderá haver a colocação de brincos que estiverem devidamente acondicionados em embalagens estéreis, visando à proteção do usuário.

Seção IX
Da Participação em Campanhas de Saúde

Art. 31. As farmácias e drogarias são estabelecimentos de saúde, destinadas à prestação de serviços de assistência farmacêutica e orientação sanitária, individual e coletiva, devidamente articuladas com o Sistema Único de Saúde (SUS).

Art. 32. As farmácias e drogarias, sob a coordenação ou supervisão do farmacêutico diretor ou responsável técnico, poderão participar de programas e campanhas promovidos por autoridades sanitárias ou pela sociedade civil, sobre promoção e proteção da saúde, prevenção de enfermidades e educação sanitária.

Parágrafo único. O farmacêutico diretor ou responsável técnico deverá comunicar, previamente, à autoridade sanitária local, sua participação na respectiva campanha, detalhando as atividades a serem desenvolvidas.

Seção X
Da Prestação de Assistência Farmacêutica Domiciliar

Art. 33. A prestação de assistência farmacêutica domiciliar, no estrito cumprimento da legislação vigente, dos princípios éticos e dos requisitos mínimos previstos neste regulamento, deve possibilitar a melhoria do acesso dos pacientes e da população em geral aos cuidados farmacêuticos.

Capítulo III
DAS DISPOSIÇÕES FINAIS

(*) Título do Capítulo III com redação dada pela Resolução CFF nº 505, de 23.6.2009.

Art. 34. (Revogado).

(*) Art. 34 revogado pela Resolução CFF nº 505, de 23.6.2009.

Art. 35. Os casos omissos nesta Resolução e as questões de âmbito profissional nela envolvidas serão resolvidos pelo Plenário do Conselho Federal de Farmácia.

Art. 36. Esta Resolução entra em vigor na data de sua publicação, revogando-se as disposições em contrário.

Jaldo de Souza Santos – Presidente CFF – DOU de 23.12.2008

ANEXOS

(*) Anexos disponíveis em: <http://www.cff.org.br/userfiles/file/resolucoes/res499_08.pdf>.

ANEXO I

REQUERIMENTO DE AUTORIZAÇÃO PARA PRESTAÇÃO DE SERVIÇOS FARMACÊUTICOS

(*) Anexo I com redação dada pela Resolução CFF nº 505, de 23.6.2009.

ANEXO II

REGISTRO DOS SERVIÇOS FARMACÊUTICOS REALIZADOS

(*) Anexo II com redação dada pela Resolução CFF nº 505, de 23.6.2009.

RESOLUÇÃO CFF Nº 585, DE 29 DE AGOSTO DE 2013

Regulamenta as atribuições clínicas do farmacêutico e dá outras providências.

Preâmbulo

Esta Resolução regulamenta as atribuições clínicas do farmacêutico que, por definição, constituem os direitos e responsabilidades desse profissional no que concerne a sua área de atuação.

É necessário diferenciar o significado de "atribuições", escopo desta Resolução, de "atividades" e de "serviços".

As atividades correspondem às ações do processo de trabalho. O conjunto de atividades será identificado no plano institucional, pelo paciente ou pela sociedade como "serviços".

Os diferentes serviços clínicos farmacêuticos, por exemplo, o acompanhamento farmacoterapêutico, a conciliação terapêutica ou a revisão da farmacoterapia caracterizam-se por um conjunto de atividades específicas de natureza técnica. A realização dessas atividades encontra embasamento legal na definição de atribuições clínicas do farmacêutico. Assim, uma lista de atribuições não corresponde, por definição, a uma lista de serviços.

A Farmácia Clínica, que teve início no âmbito hospitalar, nos Estados Unidos, a partir da década de sessenta, atualmente incorpora a filosofia do *Pharmaceutical Care* e, como tal, expande-se a todos os níveis de atenção à saúde. Esta prática pode ser desenvolvida em hospitais, ambulatórios, unidades de atenção primária à saúde, farmácias comunitárias, instituições de longa permanência e domicílios de pacientes, entre outros.

A expansão das atividades clínicas do farmacêutico ocorreu, em parte, como resposta ao fenômeno da transição demográfica e epidemiológica observado na sociedade. A crescente morbimortalidade relativa às doenças e agravos não transmissíveis e à farmacoterapia repercutiu nos sistemas de saúde e exigiu um novo perfil do farmacêutico.

Nesse contexto, o farmacêutico contemporâneo atua no cuidado direto ao paciente, promove o uso racional de medicamentos e de outras tecnologias em saúde, redefinindo sua prática a partir das necessidades dos pacientes, família, cuidadores e sociedade.

Por fim, é preciso reconhecer que a prática clínica do farmacêutico em nosso país avançou nas últimas décadas. Isso se deve ao esforço visionário daqueles que criaram os primeiros serviços de Farmácia Clínica no Brasil, assim como às ações lideradas por entidades profissionais, instituições acadêmicas, organismos internacionais e iniciativas governamentais.

As distintas realidades e as necessidades singulares de saúde da população brasileira exigem bastante trabalho e união de todos. O êxito das atribuições descritas nesta Resolução deverá ser medido pela efetividade das ações propostas e pelo reconhecimento por parte da sociedade do papel do farmacêutico no contexto da saúde.

O Conselho Federal de Farmácia (CFF), no uso de suas atribuições legais e regimentais previstas na Lei nº 3.820, de 11 de novembro 1960, e

Considerando o disposto no art. 5º, inciso XIII, da Constituição Federal, que outorga liberdade de exercício, trabalho ou profissão, desde que atendidas as qualificações que a lei estabelecer;

Considerando que o CFF, no âmbito de sua área específica de atuação e, como entidade de profissão regulamentada, exerce atividade típica de Estado, nos termos do art. 5º, inciso XIII; art. 21, inciso XXIV e art. 22, inciso XVI, todos da Constituição Federal;

Considerando a outorga legal ao CFF de zelar pela saúde pública, promovendo ações de assistência farmacêutica em todos os níveis de atenção à saúde, de acordo com a alínea "p" do art. 6º da Lei Federal nº 3.820, de 11 de novembro de 1960, com as alterações da Lei Federal nº 9.120, de 26 de outubro de 1995;

Considerando que é atribuição do CFF expedir resoluções para eficácia da Lei Federal nº 3.820, de 11 de novembro de 1960 e, ainda, compete-lhe o múnus de definir ou modificar a competência dos profissionais de Farmácia em seu âmbito, conforme o art. 6º, alíneas "g" e "m";

Considerando o disposto na Lei Federal nº 8.078, de 11 de setembro de 1990, que estabelece o Código de Defesa do Consumidor;

Considerando que a Lei Federal nº 8.080, de 19 de setembro de 1990, em seu art. 6º, alínea "d", inclui no campo de atuação do Sistema Único de Saúde (SUS) a assistência terapêutica integral, inclusive farmacêutica;

Considerando as disposições do Decreto Federal nº 20.377, de 8 de setembro de 1931, que aprova a regulamentação do exercício da profissão farmacêutica no Brasil;

Considerando as disposições do Decreto Federal nº 85.878, de 7 de abril de 1981, que estabelece normas para execução da Lei Federal nº 3.820, de 11 de novembro de 1960, que dispõe sobre o exercício da profissão farmacêutica, e dá outras providências;

Considerando a Portaria MS/SNVS nº 272, de 8 de abril de 1998, que aprova o regulamento técnico dos requisitos mínimos para terapia de nutrição parenteral;

Considerando a Portaria MS/GM nº 2.616, de 12 de maio de 1998, que institui as diretrizes e normas para a prevenção e o controle das infecções hospitalares;

Considerando a Portaria MS/GM nº 3.916, de 30 de outubro de 1998, que aprova a Política Nacional de Medicamentos;

Considerando a Portaria MS/GM nº 687, de 30 de março de 2006, que aprova a Política de Promoção da Saúde;

Considerando a Portaria MS/GM nº 4.283, de 30 de dezembro de 2010, que aprova as diretrizes e estratégias para organização, fortalecimento e aprimoramento das ações e serviços de farmácia no âmbito dos hospitais, com destaque para o capítulo 4.2, alínea "d";

Considerando a Portaria MS/GM nº 3.124, de 28 de dezembro de 2012, que redefine os parâmetros de vinculação dos Núcleos de Apoio à Saúde da Família (NASF) Modalidades 1 e 2 às Equipes Saúde da Família e/ou Equipes de Atenção Básica para populações específicas, cria a Modalidade NASF 3, e dá outras providências;

Considerando a Portaria MS/GM nº 529, de 1º de abril de 2013, que institui o Programa Nacional de Segurança do Paciente (PNSP);

Considerando a Resolução MS/CNS nº 338, de 6 de maio de 2004, que aprova a Política Nacional de Assistência Farmacêutica;

Considerando o disposto na Resolução nº 2, de 19 de fevereiro de 2002, do Conselho Nacional de Educação, que institui as Diretrizes Curriculares Nacionais do Curso de Graduação em Farmácia;

Considerando a Portaria do Ministério do Trabalho e Emprego (MTE) nº 397, de 9 de outubro de 2002, que institui a Classificação Brasileira de Ocupações – CBO (atualizada em 31 de janeiro de 2013), que trata da identificação das ocupações no mercado de trabalho, para fins classificatórios junto aos registros administrativos e domiciliares;

Considerando a Resolução/CFF nº 160, de 23 de abril de 1982, que dispõe sobre o exercício profissional farmacêutico;

Considerando a Resolução/CFF nº 357, de 20 de abril de 2001, que aprova o regulamento técnico das Boas Práticas de Farmácia;

Considerando a Resolução/CFF nº 386, de 12 de novembro de 2002, que dispõe sobre as atribuições do farmacêutico no âmbito da assistência domiciliar em equipes multidisciplinares;

Considerando a Resolução/CFF nº 486, de 23 de setembro de 2008, que dispõe sobre as atribuições do farmacêutico na área de radiofarmácia e dá outras providências;

Considerando a Resolução/CFF nº 492, de 26 de novembro de 2008, que regulamenta o exercício profissional nos serviços de atendimento pré-hospitalar, na farmácia hospitalar e em outros serviços de saúde, de natureza pública ou privada, alterada pela Resolução/CFF nº 568, de 6 de dezembro de 2012;

Considerando a Resolução/CFF nº 499, de 17 de dezembro de 2008, que dispõe sobre a prestação de serviços farmacêuticos em farmácias e drogarias, e dá outras providências, alterada pela Resolução/CFF nº 505, de 23 de junho de 2009;

Considerando a Resolução/CFF nº 500, de 19 de janeiro de 2009, que dispõe sobre as atribuições do farmacêutico no âmbito dos serviços de diálise, de natureza pública ou privada;

Considerando a Resolução/CFF nº 509, de 29 de julho de 2009, que regula a atuação do farmacêutico em centros de pesquisa clínica, organizações representativas de pesquisa clínica, indústria ou outras instituições que realizem pesquisa clínica;

Considerando a Resolução/CFF nº 546, de 21 de julho de 2011, que dispõe sobre a indicação farmacêutica de plantas medicinais e fitoterápicos isentos de prescrição, e o seu registro;

Considerando a Resolução/CFF nº 555, de 30 de novembro de 2011, que regulamenta o registro, a guarda e o manuseio de informações resultantes da prática da assistência farmacêutica nos serviços de saúde;

Considerando a RDC ANVISA n° 220, de 21 de setembro de 2004, que regulamenta o funcionamento dos serviços de terapia antineoplásica e institui que a equipe multidisciplinar em terapia antineoplásica (EMTA) deve ter obrigatoriamente em sua composição um farmacêutico;

Considerando a RDC ANVISA nº 7, de 24 de fevereiro de 2010, que na seção IV, art. 18, estabelece a necessidade da assistência farmacêutica à beira do leito na Unidade de Terapia Intensiva e, em seu art. 23, dispõe que a assistência farmacêutica deve integrar a equipe multidisciplinar,

Resolve:

Art. 1º. Regulamentar as atribuições clínicas do farmacêutico nos termos desta Resolução.

Parágrafo único. As atribuições clínicas regulamentadas pela presente Resolução constituem prerrogativa do farmacêutico legalmente habilitado e registrado no Conselho Regional de Farmácia de sua jurisdição.

Art. 2º. As atribuições clínicas do farmacêutico visam à promoção, proteção e recuperação da saúde, além da prevenção de doenças e de outros problemas de saúde.

Parágrafo único. As atribuições clínicas do farmacêutico visam proporcionar cuidado ao paciente, família e comunidade, de forma a promover o uso racional de medicamentos e otimizar a farmacoterapia, com o propósito de alcançar resultados definidos que melhorem a qualidade de vida do paciente.

Art. 3º. No âmbito de suas atribuições, o farmacêutico presta cuidados à saúde, em todos os lugares e níveis de atenção, em serviços públicos ou privados.

Art. 4º. O farmacêutico exerce sua atividade com autonomia, baseado em princípios e valores bioéticos e profissionais, por meio de processos de trabalho, com padrões estabelecidos e modelos de gestão da prática.

Art. 5º. As atribuições clínicas do farmacêutico estabelecidas nesta Resolução visam atender às necessidades de saúde do paciente, da família, dos cuidadores e da sociedade, e são exercidas em conformidade com as políticas de saúde, com as normas sanitárias e da instituição à qual esteja vinculado.

Art. 6º. O farmacêutico, no exercício das atribuições clínicas, tem o dever de contribuir para a geração, difusão e aplicação de novos conhecimentos que promovam a saúde e o bem-estar do paciente, da família e da comunidade.

Capítulo I
DAS ATRIBUIÇÕES CLÍNICAS DO FARMACÊUTICO

Art. 7º. São atribuições clínicas do farmacêutico relativas ao cuidado à saúde, nos âmbitos individual e coletivo:

I – Estabelecer e conduzir uma relação de cuidado centrada no paciente;

II – Desenvolver, em colaboração com os demais membros da equipe de saúde, ações para a promoção, proteção e recuperação da saúde, e a prevenção de doenças e de outros problemas de saúde;

III – Participar do planejamento e da avaliação da farmacoterapia, para que o paciente utilize de forma segura os medicamentos de que necessita, nas doses, frequência, horários, vias de administração e duração adequados, contribuindo para que o mesmo tenha condições de realizar o tratamento e alcançar os objetivos terapêuticos;

IV – Analisar a prescrição de medicamentos quanto aos aspectos legais e técnicos;

V – Realizar intervenções farmacêuticas e emitir parecer farmacêutico a outros membros da equipe de saúde, com o propósito de auxiliar na seleção, adição, substituição, ajuste ou interrupção da farmacoterapia do paciente;

VI – Participar e promover discussões de casos clínicos de forma integrada com os demais membros da equipe de saúde;

VII – Prover a consulta farmacêutica em consultório farmacêutico ou em outro ambiente adequado, que garanta a privacidade do atendimento;

VIII – Fazer a anamnese farmacêutica, bem como verificar sinais e sintomas, com o propósito de prover cuidado ao paciente;

IX – Acessar e conhecer as informações constantes no prontuário do paciente;

X – Organizar, interpretar e, se necessário, resumir os dados do paciente, a fim de proceder à avaliação farmacêutica;

XI – Solicitar exames laboratoriais, no âmbito de sua competência profissional, com a finalidade de monitorar os resultados da farmacoterapia;

XII – Avaliar resultados de exames clínico-laboratoriais do paciente, como instrumento para individualização da farmacoterapia;

XIII – Monitorar níveis terapêuticos de medicamentos, por meio de dados de farmacocinética clínica;

XIV – Determinar parâmetros bioquímicos e fisiológicos do paciente, para fins de acompanhamento da farmacoterapia e rastreamento em saúde;

XV – Prevenir, identificar, avaliar e intervir nos incidentes relacionados aos medicamentos e a outros problemas relacionados à farmacoterapia;

XVI – Identificar, avaliar e intervir nas interações medicamentosas indesejadas e clinicamente significantes;

XVII – Elaborar o plano de cuidado farmacêutico do paciente;

XVIII – Pactuar com o paciente e, se necessário, com outros profissionais da saúde, as ações de seu plano de cuidado;

XIX – Realizar e registrar as intervenções farmacêuticas junto ao paciente, família, cuidadores e sociedade;

XX – Avaliar, periodicamente, os resultados das intervenções farmacêuticas realizadas, construindo indicadores de qualidade dos serviços clínicos prestados;

XXI – Realizar, no âmbito de sua competência profissional, administração de medicamentos ao paciente;

XXII – Orientar e auxiliar pacientes, cuidadores e equipe de saúde quanto à administração de formas farmacêuticas, fazendo o registro destas ações, quando couber;

XXIII – Fazer a evolução farmacêutica e registrar no prontuário do paciente;

XXIV – Elaborar uma lista atualizada e conciliada de medicamentos em uso pelo paciente durante os processos de admissão, transferência e alta entre os serviços e níveis de atenção à saúde;

XXV – Dar suporte ao paciente, aos cuidadores, à família e à comunidade com vistas ao processo de autocuidado, incluindo o manejo de problemas de saúde autolimitados;

XXVI – Prescrever, conforme legislação específica, no âmbito de sua competência profissional;

XXVII – Avaliar e acompanhar a adesão dos pacientes ao tratamento, e realizar ações para a sua promoção;

XXVIII – Realizar ações de rastreamento em saúde, baseadas em evidências técnico-científicas e em consonância com as políticas de saúde vigentes.

Art. 8º. São atribuições do farmacêutico relacionadas à comunicação e educação em saúde:

I – Estabelecer processo adequado de comunicação com pacientes, cuidadores, família, equipe de saúde e sociedade, incluindo a utilização dos meios de comunicação de massa;

II – Fornecer informação sobre medicamentos à equipe de saúde;

III – Informar, orientar e educar os pacientes, a família, os cuidadores e a sociedade sobre temas relacionados à saúde, ao uso racional de medicamentos e a outras tecnologias em saúde;

IV – Desenvolver e participar de programas educativos para grupos de pacientes;

V – Elaborar materiais educativos destinados à promoção, proteção e recuperação da saúde e prevenção de doenças e de outros problemas relacionados;

VI – Atuar no processo de formação e desenvolvimento profissional de farmacêuticos;

VII – Desenvolver e participar de programas de treinamento e educação continuada de recursos humanos na área da saúde.

Art. 9º. São atribuições do farmacêutico relacionadas à gestão da prática, produção e aplicação do conhecimento:

I – Participar da coordenação, supervisão, auditoria, acreditação e certificação de ações e serviços no âmbito das atividades clínicas do farmacêutico;

II – Realizar a gestão de processos e projetos, por meio de ferramentas e indicadores de qualidade dos serviços clínicos prestados;

III – Buscar, selecionar, organizar, interpretar e divulgar informações que orientem a tomada de decisões baseadas em evidência, no processo de cuidado à saúde;

IV – Interpretar e integrar dados obtidos de diferentes fontes de informação no processo de avaliação de tecnologias de saúde;

V – Participar da elaboração, aplicação e atualização de formulários terapêuticos e protocolos clínicos para a utilização de medicamentos e outras tecnologias em saúde;

VI – Participar da elaboração de protocolos de serviços e demais normativas que envolvam as atividades clínicas;

VII – Desenvolver ações para prevenção, identificação e notificação de incidentes e queixas técnicas relacionados aos medicamentos e a outras tecnologias em saúde;

VIII – Participar de comissões e comitês no âmbito das instituições e serviços de saúde, voltados para a promoção do uso racional de medicamentos e da segurança do paciente;

IX – Participar do planejamento, coordenação e execução de estudos epidemiológicos e demais investigações de caráter técnico-científico na área da saúde;

X – Integrar comitês de ética em pesquisa;

XI – Documentar todo o processo de trabalho do farmacêutico.

Capítulo II
DAS DISPOSIÇÕES FINAIS

Art. 10. As atribuições dispostas nesta Resolução correspondem aos direitos, responsabilidades e competências do farmacêutico no desenvolvimento das atividades clínicas e na provisão de serviços farmacêuticos.

Art. 11. Consideram-se, para os fins desta Resolução, as definições de termos (glossário) e referências contidas no Anexo.

Art. 12. Esta Resolução entra em vigor nesta data, revogando-se as disposições em contrário.

Walter da Silva Jorge João – Presidente CFF – DOU de 25.9.2013

ANEXO
GLOSSÁRIO

Anamnese farmacêutica: procedimento de coleta de dados sobre o paciente, realizada pelo farmacêutico por meio de entrevista, com a finalidade de conhecer sua história de saúde, elaborar o perfil farmacoterapêutico e identificar suas necessidades relacionadas à saúde.

Bioética: ética aplicada especificamente ao campo das ciências médicas e biológicas. Representa o estudo sistemático da conduta humana na atenção à saúde à luz de valores e princípios morais. Abrange dilemas éticos e deontológicos relacionados à ética médica e farmacêutica, incluindo assistência à saúde, as investigações biomédicas em seres humanos e as questões humanísticas e sociais como o acesso e o direito à saúde, recursos e políticas públicas de atenção à saúde. A bioética se fundamenta em princípios, valores e virtudes tais como a justiça, a beneficência, a não maleficência, a equidade, a autonomia, o que pressupõe nas relações humanas a responsabilidade, o livre-arbítrio, a consciência, a decisão moral e o respeito à dignidade do ser humano na assistência, pesquisa e convívio social.

Consulta farmacêutica: atendimento realizado pelo farmacêutico ao paciente, respeitando os princípios éticos e profissionais, com a finalidade de obter os melhores resultados com a farmacoterapia e promover o uso racional de medicamentos e de outras tecnologias em saúde.

Consultório farmacêutico: lugar de trabalho do farmacêutico para atendimento de pacientes, familiares e cuidadores, onde se realiza com privacidade a consulta farmacêutica. Pode funcionar de modo autônomo ou como dependência de hospitais, ambulatórios, farmácias comunitárias, unidades multiprofissionais de atenção à saúde, instituições de longa permanência e demais serviços de saúde, no âmbito público e privado.

Cuidado centrado no paciente: relação humanizada que envolve o respeito às crenças, expectativas, experiências, atitudes e preocupações do paciente ou cuidadores quanto às suas condições de saúde e ao uso de medicamentos, na qual farmacêutico e paciente compartilham a tomada de decisão e a responsabilidade pelos resultados em saúde alcançados.

Cuidador: pessoa que exerce a função de cuidar de pacientes com dependência numa relação de proximidade física e afetiva. O cuidador pode ser um parente, que assume o papel a partir de relações familiares, ou um profissional, especialmente treinado para tal fim.

Evolução farmacêutica: registros efetuados pelo farmacêutico no prontuário do paciente, com a finalidade de documentar o cuidado em saúde prestado, propiciando a comunicação entre os diversos membros da equipe de saúde.

Farmácia clínica: área da farmácia voltada à ciência e prática do uso racional de medicamentos, na qual os farmacêuticos prestam cuidado ao paciente, de forma a otimizar a farmacoterapia, promover saúde e bem-estar, e prevenir doenças.

Farmacoterapia: tratamento de doenças e de outras condições de saúde, por meio do uso de medicamentos.

Incidente: evento ou circunstância que poderia ter resultado, ou resultou, em dano desnecessário ao paciente.

Intervenção farmacêutica: ato profissional planejado, documentado e realizado pelo farmacêutico, com a finalidade de otimização da farmacoterapia, promoção, proteção e da recuperação da saúde, prevenção de doenças e de outros problemas de saúde.

Lista de medicamentos do paciente: relação completa e atualizada dos medicamentos em uso pelo paciente, incluindo os prescritos e os não prescritos, as plantas medicinais, os suplementos e os demais produtos com finalidade terapêutica.

Otimização da farmacoterapia: processo pelo qual se obtém os melhores resultados possíveis da farmacoterapia do paciente, considerando suas necessidades individuais, expectativas, condições de saúde, contexto cultural e determinantes de saúde.

Paciente: pessoa que solicita, recebe ou contrata orientação, aconselhamento ou prestação de outros serviços de um profissional da saúde.

Parecer farmacêutico: documento emitido e assinado pelo farmacêutico, que contém manifestação técnica fundamentada e resumida sobre questões específicas no âmbito de sua atuação. O parecer pode ser elaborado como resposta a uma consulta, ou por iniciativa do farmacêutico, ao identificar problemas relativos ao seu âmbito de atuação.

Plano de cuidado: planejamento documentado para a gestão clínica das doenças, de outros problemas de saúde e da terapia do paciente, delineado para atingir os objetivos do tratamento. Inclui as responsabilidades e atividades pactuadas entre o paciente e o farmacêutico, a definição das metas terapêuticas, as intervenções farmacêuticas, as ações a serem realizadas pelo paciente e o agendamento para retorno e acompanhamento.

Prescrição: conjunto de ações documentadas relativas ao cuidado à saúde, visando à promoção, proteção e recuperação da saúde, e à prevenção de doenças.

Prescrição de medicamentos: ato pelo qual o prescritor seleciona, inicia, adiciona, substitui, ajusta, repete ou interrompe a farmacoterapia do paciente e documenta essas ações, visando à promoção, proteção e recuperação da saúde, e a prevenção de doenças e de outros problemas de saúde.

Prescrição farmacêutica: ato pelo qual o farmacêutico seleciona e documenta terapias farmacológicas e não farmacológicas, e outras intervenções relativas ao cuidado à saúde do paciente, visando à promoção, proteção e recuperação da saúde, e à prevenção de doenças e de outros problemas de saúde.

Problema de saúde autolimitado: enfermidade aguda de baixa gravidade, de breve período de latência, que desencadeia uma reação orgânica a qual tende a cursar sem dano para o paciente e que pode ser tratada de forma eficaz e segura com medicamentos e outros produtos com finalidade terapêutica, cuja dispensação não exija prescrição médica, incluindo medicamentos industrializados e preparações magistrais – alopáticos ou dinamizados –, plantas medicinais, drogas vegetais ou com medidas não farmacológicas.

Queixa técnica: notificação feita pelo profissional de saúde quando observado um afastamento dos parâmetros de qualidade exigidos para a comercialização ou aprovação no processo de registro de um produto farmacêutico.

Rastreamento em saúde: identificação provável de doença ou condição de saúde não identificada, pela aplicação de testes, exames ou outros procedimentos que possam ser realizados rapidamente, com subsequente orientação e encaminhamento do paciente a outro profissional ou serviço de saúde para diagnóstico e tratamento.

Saúde baseada em evidência: é uma abordagem que utiliza as ferramentas da epidemiologia clínica, da estatística, da metodologia científica e da informática para trabalhar a pesquisa, o conhecimento e a atuação em saúde, com o objetivo de oferecer a melhor informação disponível para a tomada de decisão nesse campo.

Serviços de saúde: serviços que lidam com o diagnóstico e o tratamento de doenças ou com a promoção, manutenção e recuperação da saúde. Incluem os consultórios, clínicas, hospitais, entre outros, públicos e privados.

Tecnologias em saúde: medicamentos, equipamentos e procedimentos técnicos, sistemas organizacionais, informacionais, educacionais e de suporte, e programas e protocolos assistenciais, por meio dos quais a atenção e os cuidados com a saúde são prestados à população.

Uso racional de medicamentos: processo pelo qual os pacientes recebem medicamentos apropriados para suas necessidades clínicas, em doses adequadas às suas características individuais, pelo período de tempo adequado e ao menor custo possível, para si e para a sociedade.

Uso seguro de medicamentos: inexistência de injúria acidental ou evitável durante o uso dos medicamentos. O uso seguro engloba atividades de prevenção e minimização dos danos provocados por eventos adversos, que resultam do processo de uso dos medicamentos.

REFERÊNCIAS

(*) Disponível em: <http://www.cff.org.br/userfiles/file/resolucoes/585.pdf>.

RESOLUÇÃO CFF Nº 586, DE 29 DE AGOSTO DE 2013

Regula a prescrição farmacêutica e dá outras providências.

Preâmbulo

No mundo contemporâneo, os modelos de assistência à saúde passam por profundas e sensíveis transformações resultantes da demanda por serviços, da incorporação de tecnologias e dos desafios de sustentabilidade do seu financiamento. Esses fatores provocam mudanças na forma de produzir o cuidado à saúde das pessoas, a um tempo em que contribuem para a redefinição da divisão social do trabalho entre as profissões da saúde.

A ideia de expandir para outros profissionais, entre os quais o farmacêutico, maior responsabilidade no manejo clínico dos pacientes, intensificando o processo de cuidado, tem propiciado alterações nos marcos de regulação em vários países. Com base nessas mudanças, foi estabelecida, entre outras, a autorização para que distintos profissionais possam selecionar, iniciar, adicionar, substituir, ajustar, repetir ou interromper a terapia farmacológica. Essa tendência surgiu pela necessidade de ampliar a cobertura dos serviços de saúde e incrementar a capacidade de resolução desses serviços.

É fato que, em vários sistemas de saúde, profissionais não médicos estão autorizados a prescrever medicamentos. É assim que surge o novo modelo de prescrição como prática multiprofissional. Esta prática tem modos específicos para cada profissão e é efetivada de acordo com as necessidades de cuidado do paciente, e com as responsabilidades e limites de atuação de cada profissional. Isso favorece o acesso e aumenta o controle sobre os gastos, reduzindo, assim, os custos com a provisão de farmacoterapia racional, além de propiciar a obtenção de melhores resultados terapêuticos.

A literatura internacional demonstra benefícios da prescrição por farmacêuticos segundo diferentes modelos, realizada tanto de forma independente ou em colaboração com outros profissionais da equipe de saúde. O farmacêutico, neste último caso, prescreve medicamentos definidos em programas de saúde no âmbito dos sistemas públicos, em rotinas de instituições ou conforme protocolos clínicos e diretrizes terapêuticas pré-estabelecidos.

Esta Resolução encerra a concepção de prescrição como a ação de recomendar algo ao paciente. Tal recomendação pode incluir a seleção de opção terapêutica, a oferta de serviços farmacêuticos, ou o encaminhamento a outros profissionais ou serviços de saúde.

Vale ressaltar que concepções de prescrição farmacêutica encontram-se fragmentadas na legislação vigente, tanto sanitária como profissional. Esta Resolução inova ao considerar a prescrição como uma atribuição clínica do farmacêutico, definir sua natureza, especificar e ampliar o seu escopo para além do produto e descrever seu processo na perspectiva das boas práticas, estabelecendo seus limites e a necessidade de documentar e avaliar as atividades de prescrição.

O Conselho Federal de Farmácia, ao regular a prescrição farmacêutica, o faz em consonância com as tendências de maior integração da profissão farmacêutica com as demais profissões da área da saúde, reforça a sua missão de zelar pelo bem-estar da população e de propiciar a valorização técnico-científica e ética do farmacêutico.

O Conselho Federal de Farmácia (CFF), no uso de suas atribuições previstas na Lei Federal nº 3.820, de 11 de novembro 1960, e

Considerando o disposto no art. 5º, inciso XIII, da Constituição Federal, que outorga liberdade de exercício, trabalho ou profissão, desde que atendidas as qualificações que a lei estabelecer;

Considerando que o CFF, no âmbito de sua área específica de atuação e, como entidade de profissão regulamentada, exerce atividade típica de Estado, nos termos do art. 5º, inciso XIII; art. 21, inciso XXIV e art. 22, inciso XVI, todos da Constituição Federal;

Considerando a outorga legal ao CFF de zelar pela saúde pública, promovendo ações de assistência farmacêutica em todos os níveis de atenção à saúde, de acordo com a alínea "p", do art. 6º da Lei Federal nº 3.820, de 11 de novembro de 1960, com as alterações da Lei Federal nº 9.120, de 26 de outubro de 1995;

Considerando que é atribuição do CFF expedir resoluções para eficácia da Lei Federal nº 3.820, de 11 de novembro de 1960, e, que ainda, compete-lhe o múnus de definir ou modificar a competência dos profissionais de Farmácia em seu âmbito, conforme o art. 6º, alíneas "g" e "m";

Considerando a Lei Federal nº 8.078, de 11 de setembro de 1990, que dispõe sobre a proteção do consumidor e dá outras providências;

Considerando o Decreto Federal nº 85.878, de 7 de abril de 1981, que estabelece normas para execução da Lei Federal nº 3.820, de 11 de novembro de 1960, que dispõe sobre o exercício da profissão farmacêutica, e dá outras providências;

Considerando as deliberações da Conferência Internacional sobre Cuidados Primários em Saúde realizada em Alma-Ata, promovida pela Organização Mundial da Saúde (OMS) e Fundo das Nações Unidas para a Infância (UNICEF), de 6/12 de setembro de 1978;

Considerando a Portaria MS/GM nº 687, de 30 de março de 2006, que aprova a Política de Promoção da Saúde;

Considerando a Portaria MS/GM nº 4.279, de 30 de dezembro de 2010, que estabelece diretrizes para a organização da rede de atenção à saúde no âmbito do sistema único de saúde (SUS);

Considerando a Portaria MS/GM nº 3.124, de 28 de dezembro de 2012, que redefine os parâmetros de vinculação dos Núcleos de Apoio à Saúde da Família (NASF) Modalidades 1 e 2 às Equipes Saúde da Família e/ou Equipes de Atenção Básica para populações específicas, cria a Modalidade NASF 3, e dá outras providências;

Considerando a Portaria MS/GM nº 529, de 1º de abril de 2013, que institui o Programa Nacional de Segurança do Paciente (PNSP);

Considerando a Resolução do Conselho Nacional de Saúde (CNS) nº 338, de 6 de maio de 2004, que aprova a Política Nacional de Assistência Farmacêutica, em particular o inciso IV do art. 1º, no que se refere à atenção farmacêutica;

Considerando a Resolução/CFF nº 386, de 12 de novembro de 2002, que dispõe sobre as atribuições do farmacêutico no âmbito da assistência domiciliar em equipes multidisciplinares;

Considerando a Resolução/CFF nº 357, de 27 de abril de 2001, que aprova o regulamento técnico das boas práticas de farmácia;

Considerando a Resolução/CFF nº 417, de 29 de setembro de 2004, que aprova o Código de Ética da Profissão Farmacêutica;

Considerando a Resolução/CFF nº 467, de 28 de novembro de 2007, que regulamenta e estabelece as atribuições e competências do farmacêutico na manipulação de medicamentos e de outros produtos farmacêuticos;

Considerando a Resolução/CFF nº 499, de 17 de dezembro de 2008, que dispõe sobre a prestação de serviços farmacêuticos em farmácias e drogarias, e dá outras providências, alterada pela Resolução/CFF nº 505, de 23 de junho de 2009;

Considerando a Resolução/CFF nº 546, de 21 de julho de 2011, que dispõe sobre a indicação farmacêutica de plantas medicinais e fitoterápicos isentos de prescrição e o seu registro;

Considerando a Resolução/CFF nº 555, de 30 de novembro de 2011, que regulamenta o registro, a guarda e o manuseio de informações resultantes da prática da assistência farmacêutica em serviços de saúde;

Considerando a Resolução/CFF nº 585, de 29 de agosto de 2013, que regulamenta as atribuições clínicas do farmacêutico e dá outras providências;

Considerando a Instrução Normativa (IN) da Agência Nacional de Vigilância Sanitária (ANVISA) nº 5, de 11 de abril de 2007, que dispõe sobre os limites sobre potência para o registro e notificação de medicamentos dinamizados;

Considerando a Resolução da Diretoria Colegiada (RDC) ANVISA nº 138, de 29 de maio de 2003, que dispõe sobre o enquadramento na categoria de venda de medicamentos;

Considerando a RDC ANVISA nº 222, de 29 de julho de 2005, que aprova a 1ª Edição do Formulário Nacional, elaborado pela Subcomissão do Formulário Nacional, da Comissão Permanente de Revisão da Farmacopeia Brasileira (CPRVD);

Considerando a RDC ANVISA nº 26, de 30 de março de 2007, que dispõe sobre o registro de medicamentos dinamizados industrializados homeopáticos, antroposóficos e anti-homotóxicos;

Considerando a RDC ANVISA nº 67, de 8 de outubro de 2007, que dispõe sobre Boas Práticas de Manipulação de Preparações Magistrais e Oficinais para Uso Humano em Farmácias, alterada pela RDC ANVISA nº 87, de 21 de novembro de 2008; e,

Considerando a RDC ANVISA nº 44, de 17 de agosto de 2009, que dispõe sobre boas práticas farmacêuticas para o controle sanitário do funcionamento, da dispensação e da comercialização de produtos e da prestação de serviços farmacêuticos em farmácias e drogarias e dá outras providências,

Resolve:

Art. 1º. Regulamentar a prescrição farmacêutica, nos termos desta Resolução.

Art. 2º. O ato da prescrição farmacêutica constitui prerrogativa do farmacêutico legalmente habilitado e registrado no Conselho Regional de Farmácia de sua jurisdição.

Art. 3º. Para os propósitos desta Resolução, define-se a prescrição farmacêutica como ato pelo qual o farmacêutico seleciona e documenta terapias farmacológicas e não farmacológicas, e outras intervenções relativas ao cuidado à saúde do paciente, visando à promoção, proteção e recuperação da saúde, e à prevenção de doenças e de outros problemas de saúde.

Parágrafo único. A prescrição farmacêutica de que trata o *caput* deste artigo constitui uma atribuição clínica do farmacêutico e deverá ser realizada com base nas necessidades de saúde do paciente, nas melhores evidências científicas, em princípios éticos e em conformidade com as políticas de saúde vigentes.

Art. 4º. O ato da prescrição farmacêutica poderá ocorrer em diferentes estabelecimentos farmacêuticos, consultórios, serviços e níveis de atenção à saúde, desde que respeitado o princípio da confidencialidade e a privacidade do paciente no atendimento.

Art. 5º. O farmacêutico poderá realizar a prescrição de medicamentos e outros produtos com finalidade terapêutica, cuja dispensação não exija prescrição médica, incluindo medicamentos industrializados e preparações magistrais – alopáticos ou dinamizados –, plantas medicinais, drogas vegetais e outras categorias ou relações de medicamentos que venham a ser aprovadas pelo órgão sanitário federal para prescrição do farmacêutico.

§ 1º. O exercício deste ato deverá estar fundamentado em conhecimentos e habilidades clínicas que abranjam boas práticas de prescrição, fisiopatologia, semiologia, comunicação interpessoal, farmacologia clínica e terapêutica.

§ 2º. O ato da prescrição de medicamentos dinamizados e de terapias relacionadas às práticas integrativas e complementares, deverá estar fundamentado em conhecimentos e habilidades relacionados a estas práticas.

Art. 6º. O farmacêutico poderá prescrever medicamentos cuja dispensação exija prescrição médica, desde que condicionado à existência de diagnóstico prévio e apenas quando estiver previsto em programas, protocolos, diretrizes ou normas técnicas, aprovados para uso no âmbito de instituições de saúde ou quando da formalização de acordos de colaboração com outros prescritores ou instituições de saúde.

§ 1º. Para o exercício deste ato será exigido, pelo Conselho Regional de Farmácia de sua jurisdição, o reconhecimento de título de especialista ou de especialista profissional farmacêutico na área clínica, com comprovação de formação que inclua conhecimentos e habilidades em boas práticas de prescrição, fisiopatologia, semiologia, comunicação interpessoal, farmacologia clínica e terapêutica.

§ 2º. Para a prescrição de medicamentos dinamizados será exigido, pelo Conselho Regional de Farmácia de sua jurisdição, o reconhecimento de título de especialista em Homeopatia ou Antroposofia.

§ 3º. É vedado ao farmacêutico modificar a prescrição de medicamentos do paciente, emitida por outro prescritor, salvo quando previsto em acordo de colaboração, sendo que, neste caso, a modificação, acompanhada da justificativa correspondente, deverá ser comunicada ao outro prescritor.

Art. 7º. O processo de prescrição farmacêutica é constituído das seguintes etapas:

I – identificação das necessidades do paciente relacionadas à saúde;

II – definição do objetivo terapêutico;

III – seleção da terapia ou intervenções relativas ao cuidado à saúde, com base em sua segurança, eficácia, custo e conveniência, dentro do plano de cuidado;

IV – redação da prescrição;

V – orientação ao paciente;

VI – avaliação dos resultados;

VII – documentação do processo de prescrição.

Art. 8º. No ato da prescrição, o farmacêutico deverá adotar medidas que contribuam para a promoção da segurança do paciente, entre as quais se destacam:

I – basear suas ações nas melhores evidências científicas;

II – tomar decisões de forma compartilhada e centrada no paciente;

III – considerar a existência de outras condições clínicas, o uso de outros medicamentos, os hábitos de vida e o contexto de cuidado no entorno do paciente;

IV – estar atento aos aspectos legais e éticos relativos aos documentos que serão entregues ao paciente;

V – comunicar adequadamente ao paciente, seu responsável ou cuidador, as suas decisões e recomendações, de modo que estes as compreendam de forma completa;

VI – adotar medidas para que os resultados em saúde do paciente, decorrentes da prescrição farmacêutica, sejam acompanhados e avaliados.

Art. 9º. A prescrição farmacêutica deverá ser redigida em vernáculo, por extenso, de modo legível, observados a nomenclatura e o sistema de pesos e medidas oficiais, sem emendas ou rasuras, devendo conter os seguintes componentes mínimos:

I – identificação do estabelecimento farmacêutico, consultório ou do serviço de saúde ao qual o farmacêutico está vinculado;

II – nome completo e contato do paciente;

III – descrição da terapia farmacológica, quando houver, incluindo as seguintes informações:

a) nome do medicamento ou formulação, concentração/dinamização, forma farmacêutica e via de administração;

b) dose, frequência de administração do medicamento e duração do tratamento;

c) instruções adicionais, quando necessário.

IV – descrição da terapia não farmacológica ou de outra intervenção relativa ao cuidado do paciente, quando houver;

V – nome completo do farmacêutico, assinatura e número de registro no Conselho Regional de Farmácia;

VI – local e data da prescrição.

Art. 10. A prescrição de medicamentos, no âmbito do Sistema Único de Saúde (SUS), estará necessariamente em conformidade com a Denominação Comum Brasileira (DCB) ou, em sua falta, com a Denominação Comum Internacional (DCI).

Art. 11. A prescrição de medicamentos, no âmbito privado, estará preferentemente em conformidade com a DCB ou, em sua falta, com a DCI.

Art. 12. É vedado ao farmacêutico prescrever sem a sua identificação ou a do paciente, de forma secreta, codificada, abreviada, ilegível ou assinar folhas de receituários em branco.

Art. 13. Será garantido o sigilo dos dados e informações do paciente, obtidos em decorrência da prescrição farmacêutica, sendo vedada a sua utilização para qualquer finalidade que não seja de interesse sanitário ou de fiscalização do exercício profissional.

Art. 14. No ato da prescrição, o farmacêutico deverá orientar suas ações de maneira ética, sempre observando o benefício e o interesse do paciente, mantendo autonomia profissional e científica em relação às empresas, instituições e pessoas físicas que tenham interesse comercial ou possam obter vantagens com a prescrição farmacêutica.

Art. 15. É vedado o uso da prescrição farmacêutica como meio de propaganda e publicidade de qualquer natureza.

Art. 16. O farmacêutico manterá registro de todo o processo de prescrição na forma da lei.

Art. 17. Consideram-se, para os fins desta Resolução, o preâmbulo, as definições de termos (glossário) e as referências contidas no Anexo.

Art. 18. Esta Resolução entrará em vigor nesta data, revogando-se as disposições em contrário.

Walter da Silva Jorge João – Presidente CFF – DOU de 26.9.2013

ANEXO
GLOSSÁRIO

Acordo de colaboração: é a parceria formal entre o farmacêutico e o prescritor ou a instituição, com explícito acordo entre quem está delegando (prescritor ou instituição) e quem está recebendo a autorização (farmacêutico) para prescrever.

Concentração: quantidade de substância(s) ativa(s) ou inativa(s) contida(s) em determinada unidade de massa ou volume do produto farmacêutico.

Consultório farmacêutico: lugar de trabalho do farmacêutico para atendimento de pacientes, familiares e cuidadores, onde se realiza com privacidade a consulta farmacêutica. Pode funcionar de modo autônomo ou como dependência de hospitais, ambulatórios, farmácias comunitárias, unidades multiprofissionais de atenção à saúde, instituições de longa permanência e demais serviços de saúde, no âmbito público e privado.

Dose: quantidade de medicamento que se administra de uma só vez ou total das quantidades fracionadas administradas durante um período de tempo determinado.

Dinamização: processo de diluição seguido de agitação ritmada ou de sucussão, e/ou triturações sucessivas do insumo ativo em insumo inerte adequado, cuja finalidade é o desenvolvimento da capacidade terapêutica do medicamento.

Denominação Comum Brasileira: denominação do fármaco ou princípio farmacologicamente ativo, aprovado pelo Órgão Federal responsável pela Vigilância Sanitária.

Denominação Comum Internacional: denominação do fármaco ou princípio farmacologicamente ativo, recomendada pela Organização Mundial da Saúde.

Droga vegetal: planta medicinal, ou suas partes, que contenham as substâncias, ou classes de substâncias, responsáveis pela ação terapêutica, após processos de coleta, estabilização, quando aplicável, e secagem, podendo estar na forma íntegra, rasurada, triturada ou pulverizada.

Estabelecimento farmacêutico: estabelecimento sustentável centrado no atendimento das necessidades de saúde do indivíduo, da família e da comunidade, por meio da prestação de serviços farmacêuticos e da provisão de medicamentos e outros produtos para a saúde, que visem à promoção e recuperação da saúde, a prevenção de doenças e de outros problemas de saúde.

Farmácia clínica: área da farmácia voltada à ciência e prática do uso racional de medicamentos, na qual os farmacêuticos prestam cuidado ao paciente, de forma a otimizar a farmacoterapia, promover saúde e bem-estar, e prevenir doenças.

Medicamento: produto farmacêutico, tecnicamente obtido ou elaborado, com finalidade profilática, curativa, paliativa ou para fins de diagnóstico.

Medicamento dinamizado: medicamento preparado a partir de substâncias que são submetidas a triturações sucessivas ou diluições seguidas de sucussão, ou outra forma de agitação ritmada, com finalidade preventiva ou curativa a ser administrado conforme a terapêutica homeopática, homotoxicológica ou antroposófica.

Medicamento fitoterápico: medicamento alopático, obtido por processos tecnologicamente adequados, empregando-se exclusivamente matérias-primas vegetais, com finalidade profilática, curativa, paliativa ou para fins de diagnóstico.

Paciente: pessoa que solicita, recebe ou contrata orientação, aconselhamento ou prestação de outros serviços de um profissional da saúde.

Planta medicinal: espécie vegetal, cultivada ou não, utilizada com propósitos terapêuticos.

Plano de cuidado: planejamento documentado para a gestão clínica das doenças, outros problemas de saúde e da terapia do paciente, delineado para atingir os objetivos do tratamento. Inclui as responsabilidades e atividades pactuadas entre o paciente e o farmacêutico, a definição das metas terapêuticas, as intervenções farmacêuticas, as ações a serem realizadas pelo paciente e o agendamento para retorno e acompanhamento.

Prescrição: conjunto de ações documentadas relativas ao cuidado à saúde, visando à promoção, proteção e recuperação da saúde, e à prevenção de doenças e outros problemas relacionados.

Prescrição de medicamentos: ato pelo qual o prescritor seleciona, inicia, adiciona, substitui, ajusta, repete ou interrompe a farmacoterapia do paciente e documenta essas ações, visando à promoção, proteção e recuperação da saúde, e a prevenção de doenças e de outros problemas de saúde.

Saúde baseada em evidência: é uma abordagem que utiliza as ferramentas da epidemiologia clínica, da estatística, da metodologia científica, e da informática para trabalhar a pesquisa, o conhecimento, e a atuação em saúde, com o objetivo de oferecer a melhor informação disponível para a tomada de decisão nesse campo.

Serviços de saúde: serviços que lidam com o diagnóstico e o tratamento de doenças ou com a promoção, manutenção e recuperação da saúde. Incluem os consultórios, clínicas, hospitais, entre outros, públicos e privados.

Uso racional de medicamentos: processo pelo qual os pacientes recebem medicamentos apropriados para suas necessidades clínicas, em doses adequadas às suas características individuais, pelo período de tempo adequado e ao menor custo possível, para si e para a sociedade.

Uso seguro de medicamentos: inexistência de injúria acidental ou evitável durante o uso dos medicamentos. O uso seguro engloba atividades de prevenção e minimização dos danos provocados por eventos adversos, que resultam do processo de uso dos medicamentos.

REFERÊNCIAS

(*) Disponível em: <http://www.cff.org.br/userfiles/file/resolucoes/586.pdf>.

RESOLUÇÃO Nº 638, DE 24 DE MARÇO DE 2017

Dispõe sobre a inscrição, o registro, o cancelamento, a baixa e a averbação nos Conselhos Regionais de Farmácia, além de outras providências.

O Plenário do Conselho Federal de Farmácia (CFF), no uso das atribuições que lhe são conferidas pelo artigo 6º da Lei Federal nº 3.820, de 11 de novembro de 1960, modificada pela Lei Federal nº 9.120, de 26 de outubro de 1995;

Considerando os termos da Lei Federal nº 6.839, de 30 de outubro de 1980;

Considerando os termos dos artigos 5º, XIII; 21, XXIV; 22, XVI; 70, 149 e 226, todos da Constituição Federal e;

Considerando a necessidade de regulamentar a inscrição e o registro nos Conselhos Regionais de Farmácia de profissionais farmacêuticos e não farmacêuticos, bem como de empresas que exerçam atividades farmacêuticas privativas e afins,

Resolve:

Capítulo I
INSCRIÇÃO

Art. 1º. A pessoa física definida no artigo 14 da Lei Federal nº 3.820/60 e que pretenda exercer atividades profissionais farmacêuticas no país, fica obrigada a inscrição no Conselho Regional de Farmácia (CRF) da respectiva unidade federativa.

§ 1º. É considerado bacharel em Farmácia o diplomado em curso superior de graduação em Farmácia, desde que devidamente reconhecido pelo Ministério da Educação.

§ 2º. São considerados "não farmacêuticos" os práticos e oficiais de farmácia licenciados e provisionados; os auxiliares técnicos de laboratórios industriais farmacêuticos, laboratórios de análises clínicas e laboratórios de controle e pesquisas relativas a alimentos, drogas, tóxicos, medicamentos e áreas afins, desde que preenchidos os requisitos previstos em lei.

§ 3º. Os auxiliares técnicos, definidos no parágrafo anterior, são apenas os egressos de curso técnico de nível médio devidamente reconhecido e conforme regulamentação expedida pelo Conselho Nacional de Educação, os quais não terão direito à assunção de responsabilidade técnica por estabelecimentos inscritos no Conselho Regional de Farmácia.

Art. 2º. A comprovação da regularidade do curso de graduação em Farmácia no Ministério da Educação é condição necessária e se dará mediante a verificação documental do ato de reconhecimento e de renovação, conforme legislação da educação superior do sistema federal de ensino.

§ 1º. Para os cursos que ainda não tenham expedido diploma, deverá o Conselho Regional de Farmácia, antes de efetivar protocolo de qualquer requerimento de inscrição provisória, verificar o efetivo reconhecimento do curso pelo Ministério da Educação, por meio da publicação do respectivo ato.

§ 2º. A comprovação do reconhecimento do curso deverá ser feita pelo requerente, anexando cópia autenticada ou certificada digitalmente da publicação no Diário Oficial da União.

§ 3º. A instituição de ensino superior é obrigada a apresentar ao concluinte o documento que comprove o ato regulatório, para fins de registro de diploma.

§ 4º. Em casos excepcionais em que a instituição de ensino superior, embora não possua a publicação do ato de renovação do reconhecimento, mas comprova que obedeceu aos trâmites legais em tempo hábil e de acordo com a legislação educacional, a inscrição do profissional no respectivo Conselho Regional de Farmácia poderá ser mantida após a interlocução do Conselho Federal de Farmácia com o Ministério da Educação.

§ 5º. A comprovação da regularidade do curso de nível médio no Ministério da Educação é condição necessária e se dará mediante a verificação documental do ato de reconhecimento, conforme legislação do sistema federal de ensino.

Art. 3º. As inscrições obedecerão à ordem numérica estabelecida no Conselho Regional de Farmácia e serão determinadas conforme os seguintes quadros:

I – Farmacêutico.

II – Não Farmacêutico:

a) Auxiliares técnicos em laboratórios industriais farmacêuticos, laboratórios de análises clínicas e laboratórios de pesquisas relativas a alimentos, drogas, tóxicos ou medicamentos e áreas afins;

b) PO. 1 – Prático ou Oficial de Farmácia Licenciado;

c) PO. 2 – Prático ou Oficial de Farmácia Provisionado.

§ 1º. Para inscrever-se nos quadros constantes na alínea "a", o requerente deverá preencher requerimento e:

a) ter capacidade civil;

b) ter diploma, certificado, atestado ou documento hábil comprobatório da conclusão do curso para a atividade profissional;

c) apresentar histórico escolar;

d) não ser nem estar proibido de exercer sua atividade profissional.

§ 2º. Os referidos profissionais devem comunicar ao Conselho Regional de Farmácia, qualquer alteração de que trata o parágrafo anterior, sob pena de incorrerem em infração ética.

Art. 4º. Os processos de inscrição, transferência, registro e provisionamento deverão ser concluídos em até 30 (trinta) dias, conferindo ao interessado o direito à ampla defesa e de recurso ao Conselho Federal de Farmácia no prazo de até 15 (quinze) dias, contados a partir da ciência do fato pelos interessados.

Art. 5º. O farmacêutico em serviço ativo nas Forças Armadas como integrante dos respectivos Serviços de Saúde inscrever-se-á mediante prova que ateste essa condição, fornecida pelos órgãos competentes subordinados ao Ministério da Defesa.

Parágrafo único. A inscrição será efetuada no Conselho Regional de Farmácia sob a jurisdição do qual se achar o local de atividades a que se refere o presente artigo, independentemente do pagamento da anuidade, desde que atue exclusivamente no âmbito das forças armadas.

Art. 6º. Nas carteiras profissionais a serem expedidas pelo Conselho Regional de Farmácia, constará, além das indicações estatuídas em lei ou regulamento, a qualificação de farmacêutico militar.

Art. 7º. O farmacêutico em serviço ativo nas Forças Armadas, quando inscrito em um Conselho Regional de Farmácia e mandado servir em área situada na jurisdição de outro Conselho Regional de Farmácia, apresentará ao Presidente deste, para fins de visto, na carteira profissional de que é portador.

Capítulo II
DO PROVISIONAMENTO

Art. 8º. Para o provisionamento do Prático ou Oficial de Farmácia, o requerente deverá preencher requerimento padronizado e satisfazer os seguintes requisitos:

a) ser Prático ou Oficial de Farmácia por título legalmente expedido até 19 de dezembro de 1973;

b) ter sido proprietário ou coproprietário de farmácia em 11 de novembro de 1960, por meio de certidão expedida pela Junta Comercial do Estado;

c) estar em plena atividade na data em que a Lei Federal nº 5.991/73 entrou em vigor;

d) satisfazer os requisitos de capacidade civil;

e) ter licença, certificado ou título, passado por autoridade competente;

f) não ser nem estar proibido de exercer sua atividade profissional;

g) pagamento da taxa de inscrição e anuidade proporcional.

Parágrafo único. Considera-se título de Prático de Farmácia ou de Oficial de Farmácia o expedido pelo órgão sanitário estadual até 21 de maio de 1967, data esta que cessou a vigência da Portaria nº 71, do Departamento Nacional de Saúde.

Art. 9º. O deferimento do provisionamento pelo Conselho Regional de Farmácia deverá ser homologado pelo Conselho Federal de Farmácia para que tenha efeito legal.

Art. 10. Ficam reconhecidos aos Práticos de Farmácia e Oficiais de Farmácia todos os direitos anteriormente adquiridos perante o Conselho Regional de Farmácia, concedidos dentro das prescrições legais vigentes à época.

Capítulo III
DOS PROCESSOS DE INSCRIÇÃO DEFINITIVA E PROVISÓRIA, DE TRANSFERÊNCIA E DE CANCELAMENTO

Art. 11. O egresso do curso devidamente reconhecido de Farmácia, para o exercício da profissão de farmacêutico, além de estar obrigatoriamente inscrito no Conselho Regional de Farmácia a cuja jurisdição estiver sujeito, fica obrigado ao pagamento de anuidade até 31 de março de cada ano, acrescida de 20% (vinte por cento) de multa, quando fora desse prazo.

Art. 12. Será efetivada a inscrição, provisória ou definitiva, no quadro de Farmacêutico do Conselho Regional de Farmácia, do egresso da Instituição de Ensino Superior que atenda aos requisitos desta norma e da Lei Federal nº 3.820/60.

Art. 13. Autuado e numerado o processo com o pagamento prévio dos custos de serviço e emissão, será encaminhado ao Conselheiro Relator e, posteriormente, apresentado na primeira reunião plenária do Conselho Regional de Farmácia.

Art. 14. Caracterizada a urgência, perecimento de direito, necessidade ou interesse público, o Presidente do Conselho Regional de Farmácia ou o substituto regimental poderá, *ad referendum* do Plenário, deferir o pedido, fundamentando sua decisão e submetê-la na reunião subsequente para a devida apreciação, seguindo as regras previstas no regimento interno.

Art. 15. A decisão do Plenário do Conselho Regional de Farmácia será comunicada ao interessado por via postal, com aviso de recebimento ou por meio eletrônico (e-mail).

Art. 16. Para o processo de inscrição, serão anexadas fotocópias dos documentos apresentados na entrega do requerimento, devendo o funcionário responsável pelo recebimento atestar, por escrito, mediante conferência com as originais, que as fotocópias conferem com os originais, apondo carimbo com os dizeres "confere com o original" sob a rubrica.

Seção I

Da Inscrição Definitiva do Farmacêutico

Art. 17. Para a inscrição definitiva no quadro de farmacêutico do Conselho Regional de Farmácia serão exigidos os seguintes documentos:

a) diploma e histórico escolar do curso de bacharelado em Farmácia, Farmácia-Bioquímica ou Farmácia Industrial de acordo com a Resolução CFE nº 4 de 1º/07/1969; ou diploma com formação de acordo com a Resolução CNE/CES nº 2 de 19/02/2002, de instituição de ensino superior devidamente reconhecida pelo órgão competente;

b) não estar proibido de exercer a profissão farmacêutica;

c) 3 (três) fotos coloridas 3x4 (três por quatro) em fundo branco, de frente e recente;

d) documentos de identidade pessoal, CPF, título de eleitor e reservista;

e) recolhimento dos custos de emissão e serviços específicos e a anuidade proporcional.

Art. 18. Uma vez de posse de toda a documentação exigida no artigo anterior para inscrição no Conselho Regional de Farmácia e cumpridas todas as prerrogativas necessárias, o bacharel em Farmácia solicitará ao Presidente do Conselho Regional de Farmácia a sua inscrição definitiva, por meio de formulário próprio.

Parágrafo único. O farmacêutico deverá devolver ao Conselho Regional de Farmácia, junto com a solicitação de inscrição definitiva, a sua cédula de identidade profissional provisória.

Art. 19. O farmacêutico inscrito definitivamente no Conselho Regional de Farmácia receberá cédula de identidade profissional e carteira de identidade profissional, conforme especificações contidas em resolução do Conselho Federal de Farmácia, ambas com validade em todo o território nacional, como prova de identificação para qualquer efeito.

Parágrafo único. Aplica-se aos auxiliares técnicos de nível médio, idêntico procedimento conforme especificações contidas em resolução do Conselho Federal de Farmácia.

Seção II

Da Inscrição Provisória de Farmacêutico

Art. 20. Fica instituída a inscrição provisória no Conselho Regional de Farmácia, ocasião em que serão exigidos os seguintes requisitos:

a) certidão ou declaração original expedida pela universidade ou faculdade comprovando a conclusão do curso e a colação de grau.

b) a certidão ou declaração de que trata a alínea "a" deverá vir acompanhada dos demais documentos descritos no artigo 17, exceto o diploma de graduação.

Art. 21. A todo profissional inscrito, de acordo com esta seção, será entregue Cédula de Identidade Profissional de Inscrição Provisória, conforme modelo estabelecido pelo Conselho Federal de Farmácia.

§ 1º. A inscrição provisória será concedida pelo prazo de 12 (doze) meses.

§ 2º. Na cédula de identidade profissional de inscrição provisória estará mencionado o prazo de validade da inscrição constando dia, mês e ano do seu vencimento.

§ 3º. Esgotado o prazo de inscrição provisória sem que tenha sido solicitada sua renovação, ou pedido de inscrição definitiva, o Conselho Regional de Farmácia cancelará automaticamente a inscrição e adotará as providências necessárias para apurar o eventual exercício ilegal da profissão.

§ 4º. A substituição da Cédula de Identidade Profissional de Inscrição Provisória dependerá de requerimento instruído com prova de que o diploma ou seu registro continua em fase de processamento.

Art. 22. O Conselho Regional de Farmácia adotará as medidas necessárias para o efetivo controle das inscrições provisórias.

Art. 23. Ao inscrito, em caráter provisório, serão conferidos todos os direitos assegurados ao profissional com inscrição definitiva, assim como estará sujeito a todas as respectivas obrigações e responsabilidades.

Art. 24. O farmacêutico com inscrição provisória terá exercício na jurisdição do Conselho Regional de Farmácia onde está inscrito, sendo permitida sua transferência e inscrição secundária, com a manutenção do prazo de validade da inscrição provisória no de origem para o de destino.

Seção III
Do Visto e da Inscrição Secundária

Art. 25. No caso em que o interessado venha exercer provisoriamente por até 90 (noventa) dias a profissão em outra jurisdição, apresentará sua carteira profissional para ser vistada, sem ônus, pelo Presidente do respectivo Conselho Regional de Farmácia de destino.

§ 1º. Aos que não possuírem carteira profissional, será anotado o visto no prontuário do profissional.

§ 2º. O Conselho Regional de Farmácia de destino solicitará ao de origem uma certidão constando que o profissional não se encontra suspenso ou eliminado, mencionando a sua atividade atual e razão social do estabelecimento ou nome da instituição, endereço e horário de trabalho.

Art. 26. Acaso o farmacêutico pretenda exercer atividade em mais de uma jurisdição por mais de 90 (noventa) dias, deverá inscrever-se secundariamente no respectivo Conselho Regional de Farmácia.

§ 1º. Na inscrição secundária, o farmacêutico deverá esclarecer, em seu requerimento, que o pedido não implica em transferência e juntar os seguintes documentos:

a) carteira de identidade de profissional farmacêutico para ser vistada pelo Presidente do Conselho Regional de Farmácia;

b) certidão fornecida pelo Conselho Regional de Farmácia de origem de que não se encontra suspenso ou eliminado, mencionando a sua atividade atual e razão social do estabelecimento ou nome da instituição, endereço e horário de trabalho;

c) 2 (duas) fotografias, de frente, tamanho 3x4 (três por quatro), recentes.

§ 2º. Os Conselhos Regionais de Farmácia deverão manter comunicação entre si, prestando informações sobre atividades profissionais e eventuais processos éticos, quando possuírem farmacêutico com inscrição em comum.

§ 3º. O farmacêutico não terá direito a voto nem a ser votado no Conselho Regional de Farmácia onde possuir visto ou inscrição secundária.

§ 4º. Todas as despesas resultantes do pedido de inscrição secundária correrão por conta do profissional solicitante.

§ 5º. A inscrição secundária terá o número sequencial do Conselho Regional de Farmácia de destino, seguida da letra "S" ligada por hífen.

Seção IV
Da Inscrição de Estrangeiros e de Brasileiros Portadores de Diplomas Emitidos no Exterior

Art. 27. Para inscrição no Conselho Regional de Farmácia, o requerente estrangeiro deverá preencher requerimento padronizado e apresentar os seguintes documentos, ressalvado os acordos ou regras internacionais vigentes:

a) cópia autenticada do diploma com visto da autoridade consular brasileira no país em que foi expedido;

b) documento de identidade;

c) cópia autenticada do passaporte estrangeiro com visto permanente;

d) comprovante autenticado do diploma revalidado por instituição de ensino de caráter público, com o mesmo curso acadêmico a ser revalidado, de acordo com regulamentação do Conselho Nacional de Educação – CNE;

e) com as firmas dos documentos originais e das cópias legíveis.

§ 1º. Os documentos a serem apresentados, quando não redigidos no idioma oficial do país deverão estar acompanhados de cópia autenticada com tradução juramentada.

§ 2º. Além dos procedimentos de verificação de autenticidade dos referidos documentos, poderá ser realizada consulta à instituição de origem sobre a veracidade da emissão dos mesmos.

§ 3º. Aplicam-se ao requerente brasileiro formado no exterior todas as exigências deste artigo, à exceção da alínea "c".

§ 4º. Aplicam-se os procedimentos previstos, neste artigo, ao concluinte de curso técnico de nível médio no exterior e desde que compatível com a legislação farmacêutica no país.

Art. 28. A decisão do Plenário do Conselho Regional de Farmácia será comunicada ao interessado por via postal com aviso de recebimento ou por meio eletrônico (e-mail).

Art. 29. Não será permitida a inscrição provisória de estrangeiros ou egressos de curso no exterior.

Seção V
Da Inscrição Remida

Art. 30. Entende-se por inscrição remida aquela concedida por solicitação do profissional que atenda aos seguintes requisitos:

a) idade mínima de 65 (sessenta e cinco) anos;

(*) Alínea "a" com redação dada pela Resolução CFF nº 651, de 30.11.2017.

b) contribuição mínima de 30 (trinta) anos no Conselho Regional de Farmácia;

c) estar quite no Conselho Regional de Farmácia;

d) não estar suspenso ou respondendo processo ético-disciplinar.

§ 1º. O profissional com inscrição remida fica dispensado do recolhimento das anuidades.

§ 2º. O profissional que possuir doenças incapacitantes, mediante comprovação por laudo de uma junta médica oficial atestando o referido diagnóstico, assim como o tratamento e a impossibilidade do exercício laboral, também será considerado remido.

Art. 31. Requerida a transformação, será feita, na carteira profissional, a anotação respectiva, vistada pelo Presidente e pelo Secretário-Geral do Conselho Regional de Farmácia, ou seus substitutos regimentais, da qual constará a indicação do registro da Inscrição Remida e a data da concessão.

Seção VI
Da Transferência

Art. 32. O pedido de transferência será solicitado por meio de requerimento em duas vias dirigido ao Conselho Regional de Farmácia de destino.

Art. 33. O requerente deverá instruir seu pedido mediante a apresentação de certidão de transferência solicitada ao Conselho Regional de Farmácia de origem, que o emitirá em até 15 (quinze) dias, na qual conste:

a) que não se encontra suspenso ou eliminado;

b) se possui processo ético em andamento, sendo que, após o trânsito em julgado, o Conselho Regional de Farmácia de origem deverá informar o arquivamento ou penalidade imposta a qual deverá ser aplicada pelo Conselho Regional de Farmácia de destino;

c) outras proibições, impedimentos e penalidades não prescritas.

Parágrafo único. O Conselho Regional de Farmácia de origem reterá a cédula de identidade profissional quando da entrega da certidão de transferência.

Art. 34. A certidão de transferência terá validade de 60 (sessenta) dias a partir de sua emissão.

Art. 35. Para efetivação da inscrição no Conselho Regional de Farmácia de destino, além da certidão de transferência, o farmacêutico apresentará 2 (duas) fotografias coloridas 3 X 4 (três por quatro) em fundo branco de frente, recentes.

Art. 36. A transferência será anotada na carteira profissional do requerente, na qual se consignará o número de inscrição que lhe caberá no Conselho Regional de Farmácia do destino.

Parágrafo único. No Conselho Regional de Farmácia de origem será anotado para efeito de suspensão de atividades do profissional na região, sem que isso implique no cancelamento do número de inscrição originária.

Art. 37. O Conselho Regional de Farmácia de destino promoverá, após o pagamento dos custos de emissão e serviço, a confecção de nova cédula de identidade profissional.

Art. 38. O Farmacêutico deverá pagar a anuidade apenas em um Conselho Regional de Farmácia, seja no de origem ou no de destino, a depender do momento de sua transferência, sendo vedada a cobrança simultânea, ainda que proporcional.

Art. 39. As despesas resultantes a cada solicitação do pedido de transferência serão de responsabilidade do farmacêutico.

Seção VII
Do Cancelamento de Inscrição de Pessoa Física

Art. 40. O pedido de cancelamento de inscrição será por meio de requerimento em 2 (duas) vias dirigido ao Conselho Regional de Farmácia.

Parágrafo único. O pedido de cancelamento da inscrição será por meio de formulário próprio, disponível no Conselho Regional de Farmácia.

Art. 41. O Conselho Regional de Farmácia, quando da solicitação de cancelamento de inscrição deverá, obrigatoriamente, recolher a cédula e a carteira de identidade profissional, arquivando-as junto com o prontuário do profissional.

§ 1º. Na hipótese de extravio, furto ou roubo da cédula e/ou carteira, o profissional deverá entregar ao Conselho Regional de Farmácia o Boletim de Ocorrência Policial constando o fato.

§ 2º. Na ocorrência da reativação de inscrição, serão devolvidas a cédula e a carteira profissional.

§ 3º. Todas as despesas resultantes da reativação profissional ficarão por conta do profissional.

Art. 42. O fato gerador para cobrança de anuidade de pessoa física é a inscrição, sendo irrelevante o exercício da profissão, nos termos da Lei Federal nº 12.514/11.

Capítulo IV
DO REGISTRO E DO CANCELAMENTO DE PESSOA JURÍDICA

Art. 43. Fica obrigada ao registro no Conselho Regional de Farmácia de sua jurisdição, cada unidade da pessoa jurídica que tenha por objetivo social atividades profissionais privativas farmacêuticas e afins, cujo responsável técnico seja farmacêutico, nos termos dos artigos 22 e 24 da Lei Federal nº 3.820/60.

Parágrafo único. O requerimento de registro de pessoa jurídica no Conselho Regional de Farmácia somente será deferido se os objetivos sociais forem compatíveis com as atividades, atribuições e campos de atuação profissional do farmacêutico.

Art. 44. Fica sujeito à averbação no registro, toda alteração de qualificação profissional e assunção de responsabilidade técnica, bem como as alterações contratuais das pessoas jurídicas.

§ 1º. A assunção da responsabilidade técnica é conferida pela Certidão de Regularidade Técnica (CRT) fornecida pelo Conselho Regional de Farmácia, que será cancelada na ocorrência de qualquer alteração da relação contratual entre o farmacêutico e a pessoa jurídica.

§ 2º. O farmacêutico deverá comunicar ao Conselho Regional de Farmácia toda e qualquer alteração de que trata o parágrafo anterior, sob pena de incorrer em infração ética.

Art. 45. O registro inicial de pessoa jurídica deverá ser requerido por meio do preenchimento de formulário próprio, disponível no Conselho Regional de Farmácia, ao qual deve ser anexada a seguinte documentação:

a) ato constitutivo, devidamente registrado no órgão competente, incluindo as alterações, ou se for o caso, a consolidação e as alterações posteriores;

b) comprovante de inscrição no Cadastro Nacional de Pessoas Jurídicas (CNPJ);

c) pedido de assunção de responsabilidade técnica do farmacêutico.

Parágrafo único. Para a validação da responsabilidade técnica, que é pessoal e indelegável, ressalvada a hipótese de farmacêutico substituto, será necessária a comprovação de vínculo entre o profissional à pessoa jurídica, por meio de contrato social, carteira de trabalho e previdência social (CTPS), portaria de nomeação ou contrato de prestação de serviços.

Art. 46. O processo de registro de pessoa jurídica será submetido à avaliação do Conselho Regional de Farmácia que, no prazo de até 30 (trinta) dias, deverá:

I – deferir o registro, se o requerente atender aos dispositivos da Lei Federal n° 3.820/1960 e demais normas aplicáveis à espécie, além de resoluções emitidas pelo Conselho Federal de Farmácia;

II – promover diligências para saneamento de pendências, concedendo prazo de 10 (dez) dias para manifestação do requerente;

III – indeferir o registro quando configurada a sua impossibilidade.

Parágrafo único. Caso a pessoa jurídica não atenda ao disposto no inciso II deste artigo ou não promova o saneamento das pendências verificadas, o processo de pedido de registro será arquivado.

Art. 47. Efetivado o registro em qualquer das situações previstas nesta norma, a pessoa jurídica poderá, em conformidade com a legislação vigente, exercer as atividades relacionadas em seus objetivos sociais, desde que sob a responsabilidade técnica de farmacêutico devidamente registrado.

Art. 48. A constituição de unidade filial de pessoa jurídica obriga ao registro desta, no Conselho Regional de Farmácia da localidade da sede desse estabelecimento, sendo considerada, para todos os fins, como unidade autônoma, inclusive no tocante ao pagamento de anuidade e expedição de CRT.

Art. 49. O fato gerador para cobrança de anuidade de pessoa jurídica é o registro, o qual será desconsiderado apenas se houver prova inequívoca de encerramento das atividades.

§ 1º. Presume-se dissolvida irregularmente a empresa que deixar de funcionar no seu domicílio sem comunicação ao Conselho Regional de Farmácia, legitimando o redirecionamento dos débitos e da execução fiscal ao sócio-gerente.

§ 2º. Será representada no Conselho Regional de Farmácia, ativa e passivamente, a pessoa jurídica irregular ou eventualmente sem personalidade jurídica, por quem couber a administração de seus bens.

Art. 50. Para cancelamento de registro, a pessoa jurídica deverá, mediante formulário padrão do Conselho Regional de Farmácia, apresentar contrato social, estatuto ou ata que conste o encerramento das atividades ou declaração da empresa indicando que não atuará mais nas atividades que necessitem de responsabilidade técnica do farmacêutico.

Art. 51. O Conselho Regional de Farmácia poderá, excepcionalmente, promover a baixa *ex officio* da pessoa jurídica após a adoção dos seguintes procedimentos, a fim de que não se caracterize improbidade administrativa e renúncia fiscal:

a) pesquisa na Junta Comercial;

b) envio de 3 (três) correspondências com aviso de recebimento (AR), solicitando que a empresa se regularize perante o Conselho Regional de Farmácia;

c) análise do Plenário do relatório emitido pelo setor de fiscalização que constate a aparente extinção da empresa ou encerramento das atividades farmacêuticas, para deliberação.

Art. 52. A pessoa jurídica pública ou privada, que exerça atividade a seguir discriminada ou outras que vierem a ser regulamentadas, está obrigada a possuir responsabilidade técnica de farmacêutico e ao registro no Conselho Regional de Farmácia:

I – Dispensação e/ou manipulação de fórmulas magistrais e de medicamentos industrializados;

II – Dispensação e/ou manipulação de produtos homeopáticos;

III – Dispensação e/ou manipulação de produtos fitoterápicos, plantas medicinais, drogas vegetais e intermediários farmacêuticos;

IV – Manipulação ou dispensação de radioisótopos e/ou radiofármacos;

V – Fabricação de produtos que tenham indicações e/ou ações terapêuticas, cosméticos, anestésicos ou auxiliares de diagnóstico, ou capazes de criar dependência física ou psíquica;

VI – Controle e/ou inspeção de qualidade, análise prévia, análise de controle e análise fiscal de produtos que tenham destinação terapêutica, anestésica ou auxiliar de diagnósticos ou capaz de determinar dependência física ou psíquica;

VII – Extração, purificação, controle de qualidade, inspeção de qualidade, análise prévia, análise de controle e análise fiscal de insumos farmacêuticos de origem vegetal, animal e mineral;

VIII – Comércio atacadista de medicamentos em suas embalagens originais e de insumos farmacêuticos;

IX – Produção e controle de artefatos de látex, borracha e similares com fins de uso como preservativos;

X – Consultoria ou assessoria farmacêutica;

XI – Manipulação de nutrição parenteral;

XII – Transporte de medicamentos e insumos farmacêuticos;

XIII – Farmácia Clínica;

XIV – Armazenamento e distribuição de medicamentos.

Art. 53. A pessoa jurídica pública ou privada, que exerça quaisquer das atividades abaixo relacionadas ou outras que vierem a ser regulamentadas, pode funcionar sob a Responsabilidade Técnica de Farmacêutico e, nesse caso, está obrigada a registrar-se no Conselho Regional de Farmácia:

I – Fabricação de produtos biológicos, imunoterápicos, soros, vacinas, alérgenos, opoterápicos para uso humano e veterinário, bem como hemoderivados;

II – Fabricação de produtos farmacêuticos para uso veterinário;

III – Fabricação de insumos farmacêuticos para uso humano ou veterinário e insumos para produtos dietéticos e cosméticos com indicação terapêutica;

IV – Fabricação e distribuição de produtos saneantes, inseticidas, raticidas, antissépticos e desinfetantes;

V – Produção de conjuntos de reativos e/ou reagentes destinados às diferentes análises auxiliares do diagnóstico médico;

VI – Fabricação de produtos cosméticos sem indicações terapêuticas;

VII – Análises Clínicas, análises químico-toxicológicas, químico-bromatológicas, químico-farmacêuticas, biológicas, microbiológicas, fitoquímicas, sanitárias e outras de interesse da saúde pública;

VIII – Controle, pesquisa e perícias bromatológicas e toxicológicas, da poluição atmosférica e ambiental, e tratamento dos despejos industriais;

IX – Tratamento e controle de qualidade das águas de consumo humano, de indústria farmacêuticas, de piscinas, praias e balneários;

X – Produção de artefatos de látex para uso sanitário e médico hospitalar;

X – Produção de fibras e de fios e tecidos naturais ou sintéticos para uso médico hospitalar;

XII – Produção de óleos, gorduras, ceras vegetais e animais e óleos essenciais;

XIII – Fabricação de concentrados aromáticos naturais, artificiais e sintéticos inclusive mesclas;

XIV – Fabricação de produtos de perfumaria;

XV – Fabricação de sabões, detergentes e glicerina;

XVI – Fabricação de artigos de material plástico para embalagem e acondicionamento, impressos ou não;

XVII – Beneficiamento de café, cereais e produtos afins;

XVIII – Fabricação de café, chás solúveis e seus concentrados;

XIX – Fabricação de produtos de milho;

XX – Fabricação de produtos de mandioca;

XXI – Fabricação de farinhas diversas;

XXII – Beneficiamento, moagem, torrefação e fabricação de produtos alimentares de origem vegetal;

XXIII – Preparação de refeições conservadas, conservas de frutas, legumes e outros vegetais, de especiarias e condimentos e fabricação de doces;

XXIV – Preparação de conservas de carnes e produtos de salsicharia, não processada em matadouros e frigoríficos;

XXV – Preparação de conservas de carne – inclusive subprodutos, não mencionados;

XXVI – Preparação do pescado e fabricação de conservas do pescado;

XXVII – Preparação do leite e fabricação de produtos de laticínios;

XXVIII – Fabricação de açúcar, de álcool e derivados;

XXIX – Refinação e moagem de açúcar;

XXX – Fabricação de balas, caramelos, pastilhas, bombons, chocolates e gomas de mascar;

XXXI – Fabricação de massas alimentícias e biscoitos;

XXXII – Refinação e preparação de óleos e gorduras vegetais, produção de manteiga de cacau e de gorduras de origem animal destinadas à alimentação;

XXXIII – Fabricação de sorvetes, bolos e/ou tortas geladas – inclusive coberturas;

XXXIV – Preparação de sal de cozinha;

XXXV – Fabricação de vinagre;

XXXVI – Fabricação de fermentos e leveduras;

XXXVII – Fabricação de condimentos e de outros produtos alimentares, não mencionados, bem como as respectivas transformações;

XXXVIII – Fabricação de vinhos e derivados;

XXXIX – Fabricação de aguardentes, licores e outras bebidas alcoólicas;

XL – Fabricação de cervejas, chopes e maltes;

XLI – Fabricação de bebidas não alcoólicas;

XLII – Engarrafamento e gaseificação de águas minerais;

XLIII – Fabricação de material para usos em medicina, cirurgia e odontologia;

XLIV – Extração vegetal;

XLV – Fabricação e controle de produtos dietéticos;

XLVI – Controle, pesquisa e perícia da poluição atmosférica e tratamento de despejos industriais;

XLVII – Planejamento, consultoria, assessoria, construção e organização de fábricas de produtos farmacêuticos, cosméticos e alimentícios;

XLVIII – Transporte de produtos para a saúde, alimentos especiais, cosméticos, perfumes, produtos saneantes, inseticidas, raticidas, antissépticos e desinfetantes;

XLIX – Transporte e acondicionamento de material biológico em suas diferentes modalidades e formas;

L – Saúde Estética;

LI – Práticas integrativas e complementares tais como acupuntura, antroposofia, floralterapia e termalismo social/crenoterapia;

LII – Produção, envase, distribuição primária e secundária, transporte e controle de qualidade de gases medicinais e misturas de uso terapêutico;

LIII – Bancos de sangue, de sêmen, de leite humano, de materiais biológicos e de órgãos, tecidos e células;

LIV – Preparação de nutrição enteral;

LV – Produção de radioisótopos e radiofármacos.

Capítulo V
DA CARTEIRA E DA CÉDULA PROFISSIONAIS

Art. 54. A cada expedição da carteira ou da cédula de identidade profissional, provisória ou definitiva, cujos modelos serão regulamentados em resolução específica, será cobrado o respectivo custo de emissão e serviço.

Capítulo VI
DA CERTIDÃO DE REGULARIDADE

Art. 55. As empresas e os estabelecimentos que explorem serviços para os quais são necessárias atividades de farmacêutico, para que provem que estas são exercidas por profissional habilitado e devidamente registrado no Conselho Regional de Farmácia, inclusive quando a legislação exigir a presença em horário integral de funcionamento, deverão possuir certidão de regularidade técnica.

§ 1º. A certidão de regularidade técnica será expedida conforme modelo definido pelo Conselho Federal de Farmácia em resolução específica.

§ 2º. É vedada a expedição da certidão de regularidade técnica quando houver impedimento profissional ou inabilitação do farmacêutico, bem como se a carga horária de assistência técnica prevista em lei for insuficiente à atividade pretendida ou exercida pela empresa/estabelecimento.

§ 3º. Na certidão de regularidade deverá constar em destaque, na parte frontal, o ano correspondente, devendo ser afixada no estabelecimento em lugar visível ao público.

§ 4º. A certidão de regularidade conterá um código de segurança gerado a cada emissão, que será declarado nulo ao término da sua validade.

§ 5º. A certidão de regularidade perderá a validade quando houver:

I – modificação no quadro da assistência farmacêutica ou baixa de responsabilidade técnica de quaisquer dos farmacêuticos;

II – alteração dos dados cadastrais da empresa referentes ao objetivo social, horário de funcionamento e endereço.

Art. 56. Obedecendo aos parâmetros do modelo único e de segurança, poderá o Conselho Regional de Farmácia utilizar-se de sistema informatizado para expedição da Certidão de Regularidade.

Capítulo VII
DAS DISPOSIÇÕES FINAIS

Art. 57. Aos profissionais inscritos no Conselho Regional de Farmácia nos quadros descritos no artigo 3º, inciso II e respectivas alíneas, é vedada tanto a assinatura de laudos e exames como a assunção de responsabilidade técnica por qualquer estabelecimento cuja lei exija-lhe a inscrição no Conselho Regional de Farmácia, exceto os permitidos por lei.

Art. 58. O Conselho Regional de Farmácia deverá comunicar trimestralmente ao Conselho Federal de Farmácia os registros e baixas de pessoas jurídicas.

Art. 59. A averbação de nome do profissional é ato sumário, sendo aprovado *ad referendum* frente à certidão expedida pelo cartório.

Art. 60. Os casos omissos referentes às matérias tratadas, nesta Resolução serão resolvidos pelo Plenário do Conselho Federal de Farmácia.

Art. 61. Fica revogada a Resolução/CFF nº 521/09 e demais disposições em contrário.

Walter da Silva Jorge João, Presidente – CFF

RESOLUÇÃO Nº 654, DE 22 DE FEVEREIRO DE 2018

Dispõe sobre os requisitos necessários à prestação do serviço de vacinação pelo farmacêutico e dá outras providências.

O Conselho Federal de Farmácia (CFF), no uso de suas atribuições previstas na Lei Federal nº 3.820, de 11 de novembro de 1960 e,

Considerando que o CFF, no âmbito de sua área específica de atuação e, como entidade de profissão regulamentada, exerce atividade típica de Estado, nos termos do artigo 5º, inciso XIII; artigo 21, inciso XXIV e artigo 22, inciso XVI, todos da Constituição Federal;

Considerando a outorga legal ao CFF de zelar pela saúde pública, promovendo ações de assistência farmacêutica em todos os níveis de atenção à saúde, de acordo com a alínea "p", do artigo 6º da Lei Federal nº 3.820, de 11 de novembro de 1960, com as alterações da Lei Federal nº 9.120, de 26 de outubro de 1995;

Considerando que é atribuição do CFF expedir resoluções para eficácia da Lei Federal nº 3.820, de 11 de novembro de 1960, e que compete-lhe o múnus de definir ou modificar a competência dos profissionais de Farmácia em seu âmbito, conforme o artigo 6º, alíneas "g" e "m";

Considerando a Lei Federal nº 5.991, de 17 de dezembro de 1973, que estabelece em seu artigo 4º, inciso II, que medicamento é o produto farmacêutico, tecnicamente obtido ou elaborado, com finalidade profilática, curativa, paliativa ou para fins de diagnósticos; e, em seu artigo 18, que é facultado à farmácia ou drogaria manter serviço de atendimento ao público para aplicação de injeções a cargo de técnico habilitado, observada a prescrição médica;

Considerando a Lei Federal nº 8.078, de 11 de setembro de 1990, que dispõe sobre a proteção do consumidor e dá outras providências;

Considerando a Lei Federal nº 8.080, de 19 de setembro de 1990, que dispõe sobre as condições para a promoção, proteção e recuperação da saúde, a organização e o funcionamento dos serviços correspondentes, prevendo em seu artigo 6º que estão incluídas no campo de atuação do Sistema Único de Saúde (SUS) a execução de ações de assistência terapêutica integral, inclusive farmacêutica;

Considerando a Lei Federal nº 13.021, de 11 de agosto de 2014, que dispõe sobre o exercício e a fiscalização das atividades farmacêuticas, prevendo em seu artigo 7º que poderão as farmácias de qualquer natureza dispor, para atendimento imediato à população, de medicamentos, vacinas e soros que atendam o perfil epidemiológico de sua região demográfica;

Considerando o Decreto Federal nº 85.878, de 7 de abril de 1981, que estabelece normas para execução da Lei Federal nº 3.820, de 11 de novembro de 1960, dispondo sobre o exercício da profissão farmacêutica, e dá outras providências;

Considerando as deliberações da Conferência Internacional sobre Cuidados Primários em Saúde realizada em Alma-Ata, promovida pela Organização Mundial da Saúde (OMS) e Fundo das Nações Unidas para a Infância (Unicef), de 6/12 de setembro de 1978;

Considerando a Portaria MS/GM nº 687, de 30 de março de 2006, que aprova a Política de Promoção da Saúde;

Considerando a Portaria MS/GM nº 529, de 1º de abril de 2013, que institui o Programa Nacional de Segurança do Paciente (PNSP);

Considerando a Resolução do Conselho Nacional de Saúde (CNS) nº 338, de 6 de maio de 2004, que aprova a Política Nacional de Assistência Farmacêutica, em particular o inciso IV do artigo 1º, no que se refere à atenção farmacêutica;

Considerando a Resolução/CFF nº 386, de 12 de novembro de 2002, que dispõe sobre as atribuições do farmacêutico no âmbito da assistência domiciliar em equipes multidisciplinares;

Considerando a Resolução/CFF nº 357, de 27 de abril de 2001, que aprova o regulamento técnico das boas práticas de farmácia;

Considerando a Resolução/CFF nº 499, de 17 de dezembro de 2008, que dispõe sobre a prestação de serviços farmacêuticos em farmácias e drogarias, e dá outras providências, alterada pela Resolução/CFF nº 505, de 23 de junho de 2009;

Considerando a Resolução/CFF nº 555, de 30 de novembro de 2011, que regulamenta o registro, a guarda e o manuseio de informações resultantes da prática da assistência farmacêutica em serviços de saúde;

Considerando a Resolução/CFF nº 585, de 29 de agosto de 2013, que regulamenta as atribuições clínicas do farmacêutico e dá outras providências;

Considerando a Resolução/CFF nº 596, de 21 de fevereiro de 2014, que dispõe sobre o Código de Ética Farmacêutica, o Código de Processo Ético e estabelece as infrações e as regras de aplicação das sanções disciplinares;

Considerando a Resolução de Diretoria Colegiada (RDC) da Agência Nacional de Vigilância Sanitária (Anvisa) nº 306, de 07 de dezembro de 2004, que dispõe sobre o regulamento técnico para o gerenciamento de resíduos de serviços de saúde;

Considerando a RDC da Anvisa nº 315, de 26 de outubro de 2005, que dispõe sobre o Regulamento Técnico de Registro, Alterações Pós-Registro e Revalidação de Registro dos Produtos Biológicos Terminados, e que estabelece em seu Anexo, que os medicamentos biológicos considerados no Regulamento são: vacinas; soros hiperimunes; hemoderivados; biomedicamentos; medicamentos obtidos a partir de fluidos biológicos ou de tecidos de origem animal; medicamentos obtidos por procedimentos biotecnológicos; anticorpos monoclonais; medicamentos contendo microrganismos vivos, atenuados ou mortos; probióticos e alérgenos;

Considerando a (RDC) da Anvisa nº 44, de 17 de agosto de 2009, que dispõe sobre boas práticas farmacêuticas para o controle sanitário do funcionamento, da dispensação e da comercialização de produtos e da prestação de serviços farmacêuticos em farmácias e drogarias e dá outras providências;

Considerando a RDC da Anvisa nº 197, de 26 de dezembro de 2017, que dispõe sobre os requisitos mínimos para o funcionamento dos serviços de vacinação humana;

Resolve:

Capítulo I
DAS DISPOSIÇÕES INICIAIS

Art. 1º. Esta Resolução estabelece os requisitos necessários à prestação do serviço de vacinação pelo farmacêutico.

Art. 2º. Para fins desta Resolução são adotadas as seguintes definições:

I – Serviço de vacinação pelo farmacêutico: aquele que atende às necessidades de saúde relativas à imunização e ao estado vacinal da pessoa, compreendendo as seguintes etapas:

a) acolhimento da demanda relativa ao estado vacinal;

b) identificação das necessidades e problemas de saúde, situações especiais, precauções, contraindicações relativas à vacinação e, quando couber, análise da prescrição médica;

c) definição da conduta a ser adotada, incluindo o uso da vacina, o esquema de administração e os insumos necessários;

d) preparo, administração da vacina indicada e descarte de resíduos;

e) educação da pessoa sobre os cuidados e as precauções relativos à vacinação;

f) acompanhamento e, se necessário, atendimento da pessoa quanto aos possíveis problemas relacionados à imunização;

g) encaminhamento a outro profissional ou serviço de saúde, quando necessário.

II – Administração de vacinas: procedimento que corresponde a uma etapa do serviço de vacinação pelo farmacêutico, mediante o qual se coloca o medicamento em contato com o ser humano, pela via injetável, oral ou outra, para que possa exercer sua ação local ou ser absorvido e exerça ação sistêmica.

Capítulo II
DAS CONDIÇÕES GERAIS

Art. 3º. É obrigatória, durante todo o período de funcionamento do estabelecimento que oferece o serviço de vacinação, a presença de farmacêutico apto a prestar o referido serviço na forma da lei.

Parágrafo único. No caso de vacinação extramuros, o farmacêutico deverá comunicar o referido serviço ao Conselho Regional de Farmácia de sua jurisdição, informando data, período de realização e local.

Art. 4º. Ao farmacêutico apto a prestar o serviço de vacinação nos termos dessa resolução deverá ser garantida a autonomia técnica para realizá-la.

Capítulo III
DOS RECURSOS HUMANOS DAS ATRIBUIÇÕES E COMPETÊNCIAS

Art. 5º. O serviço de vacinação deve ser prestado exclusivamente por farmacêutico devidamente apto, nos termos desta Resolução.

Art. 6º. São atribuições do farmacêutico:

I – Elaborar Procedimentos Operacionais Padrão (POPs) relacionados à prestação do serviço de vacinação.

II – Notificar ao sistema de notificações da Anvisa, ou outro que venha a substitui-lo, a ocorrência de incidentes, eventos adversos pós-vacinação (EAPV) e queixas técnicas (QT), relacionados à utilização de vacinas, investigando eventuais falhas relacionadas em seu gerenciamento de tecnologias e processos.

III – Fornecer ao paciente/usuário a declaração do serviço prestado, nos termos da legislação vigente, contendo, ainda, as seguintes informações:

a) nome da vacina;

b) informações complementares, tais como nome do fabricante, número de lote e prazo de validade da vacina administrada;

c) orientação farmacêutica quando couber;

d) data, assinatura e identificação do farmacêutico responsável pelo serviço prestado, incluindo número de inscrição no Conselho Regional de Farmácia (CRF) da sua jurisdição;

e) data da próxima dose, quando couber.

IV – Registrar as informações referentes às vacinas aplicadas no cartão de vacinação do paciente/usuário, no sistema de informação definido pelo Ministério da Saúde e no prontuário individual do paciente/usuário.

V – Enviar à Secretaria Municipal de Saúde, mensalmente, as doses administradas segundo modelos padronizados no Sistema de Informação do Programa Nacional de Imunização (SIPNI) ou outro que venha a substituí-lo.

VI – Utilizar, preferencialmente, um sistema informatizado como o REGISTRE do Conselho Federal de Farmácia ou outro que venha a substituí-lo.

VII – Elaborar Plano de Gerenciamento de Resíduos de Serviços de Saúde (PGRSS) relacionado à prestação do serviço de vacinação.

Capítulo IV
DOS REFERENCIAIS MÍNIMOS OBRIGATÓRIOS PARA PRESTAÇÃO DO SERVIÇO DE VACINAÇÃO PELO FARMACÊUTICO

Art. 7º. Os referenciais mínimos obrigatórios para a prestação do serviço de vacinação pelo farmacêutico estão descritos no Anexo desta Resolução.

§ 1º. Os referenciais práticos dos cursos de formação complementar deverão ser realizados, obrigatoriamente, na modalidade presencial.

§ 2º. Recomenda-se que, além dos referenciais descritos no anexo desta Resolução, o farmacêutico realize curso de Suporte Básico de Vida atualizado.

Art. 8º. A aptidão do farmacêutico nos termos dessa resolução dar-se-á mediante o atendimento dos seguintes requisitos:

a) Ser aprovado em curso de formação complementar que atenda aos referenciais mínimos estabelecidos no Anexo desta Resolução, credenciado pelo Conselho Federal de Farmácia ou ministrado por Instituição de Ensino Superior reconhecida pelo Ministério da Educação ou, ainda, ofertado pelo Programa Nacional de Imunização (PNI);

b) Apresentar ao Conselho Regional de Farmácia de sua jurisdição documento comprobatório do curso de formação realizado, que atenda aos requisitos desta Resolução, para averbação, devendo conter, obrigatoriamente, o nome do curso, a data de realização, a carga horária, o conteúdo ministrado, o nome e a formação profissional do instrutor.

Parágrafo único. Os farmacêuticos que comprovarem a realização de curso pós-graduação cujo conteúdo preencha os requisitos mínimos previstos no Anexo dessa resolução, ou que tenham experiência de, no mínimo, 12 (doze) meses de atuação na área devidamente comprovada junto ao Conselho Regional de Farmácia da sua jurisdição até a data de publicação desta Resolução, também serão considerados aptos a prestar o serviço de vacinação.

Art. 9º. O farmacêutico deverá afixar no local de prestação do serviço de vacinação, declaração emitida pelo Conselho Regional de Farmácia da sua jurisdição que ateste sua identificação e aptidão.

Art. 10. Recomenda-se que o farmacêutico realize, no mínimo, atualização anual relativa aos conteúdos teóricos afins ao serviço de vacinação pelo farmacêutico e ao Programa Nacional de Imunização.

Capítulo V
DAS DISPOSIÇÕES FINAIS

Art. 11. Esta Resolução entra em vigor na data da sua publicação, revogando os dispositivos em contrário, em especial a Resolução/CFF nº 574, de 22 de maio de 2013.

Walter da Silva Jorge João, Presidente – CFF – DOU de 27.2.2018

ANEXO
REFERENCIAIS MÍNIMOS OBRIGATÓRIOS PARA CURSO DE FORMAÇÃO COMPLEMENTAR

O curso deverá ter critérios claros de avaliação e aprovação que demonstrem o alcance dos objetivos de aprendizagem.

Ao final do curso, o farmacêutico deverá estar apto a:

I – Referenciais teóricos:

a) Conhecer os benefícios da vacinação para a saúde pública;

b) Conhecer a estratégia de vacinação (Programa Nacional de Imunização – PNI) e dados epidemiológicos das doenças evitáveis por vacinação no Brasil;

c) Descrever as características das doenças evitáveis por vacinação, natureza e frequência das complicações;

d) Identificar as diferenças entre imunização ativa e passiva;

e) Descrever como a resposta imunológica desencadeada após administração de vacinas confere proteção contra doenças;

f) Conhecer e interpretar os calendários vacinais;

g) Caracterizar os tipos de vacinas, esquemas de vacinação, vias de administração e sua adequação ao público-alvo;

h) Identificar os diferentes constituintes de uma vacina, como adjuvantes, conservantes e estabilizantes;

i) Educar a população acerca das medidas preventivas e dos aspectos da vacinação das doenças evitáveis por vacinação;

j) Entender os requisitos técnicos e legais relacionadas à vacinação;

k) Interpretar legislações e descrever medidas relacionadas à segurança ocupacional;

l) Elaborar o plano de gerenciamento de resíduos em serviços de saúde;

m) Conhecer a importância da rede de frio e sua manutenção;

n) Conhecer o papel do farmacêutico e as etapas do serviço de vacinação;

o) Identificar as técnicas de preparo, administração de vacinas pelas diferentes vias e atividades pós-vacinação;

p) Identificar os locais anatômicos adequados para a vacinação de acordo com as características da população;

q) Conhecer os protocolos de segurança do paciente durante a administração de vacinas;

r) Conhecer o sistema de notificações e identificar incidentes, eventos adversos pós-vacinação e queixas técnicas notificáveis;

s) Conhecer as condutas a serem adotadas frente aos possíveis eventos adversos pós-vacinação e outros problemas a ela relacionados;

t) Identificar sinais e sintomas diferenciais de reação anafilática, síncope vaso vagal e ansiedade;

u) Definir condutas para o manejo adequado de anafilaxia relacionada à vacinação;

v) Conhecer as necessidades de saúde que demandem encaminhamento do paciente a outro profissional ou serviço de saúde;

w) Descrever a forma correta de documentação do processo de cuidado ao paciente;

x) Planejar campanhas de vacinação;

II – Referenciais práticos:

a) Acolher a demanda e analisar o estado vacinal do paciente;

b) Identificar as necessidades e problemas de saúde, situações especiais, precauções, contraindicações relativas à vacinação e, quando couber, analisar a prescrição médica;

c) Construir o plano de cuidado e selecionar as condutas a serem adotadas, incluindo vacina, esquema de administração e insumos necessários;

d) Preparar, administrar a vacina necessária e descartar adequadamente os resíduos;

e) Educar a pessoa sobre os cuidados e as precauções relativos à vacinação;

f) Acompanhar e manejar eventos adversos pós-vacinação e outros problemas relacionados à imunização;

g) Notificar incidentes, eventos adversos pós-vacinação e queixas técnicas;

Interagir com outros profissionais e proceder ao encaminhamento do paciente;

h) Documentar o processo de cuidado ao paciente;

i) Instituir as medidas de higiene das mãos no serviço de vacinação.

Este livro foi impresso pela Paym para a Edipro
em fonte Arial sobre papel Offset 75 g/m².